Schulausgabe mit Materialien

Christian Nürnberger

MUTIGE MENSCHEN

für Frieden, Freiheit
und Menschenrechte

Mit Illustrationen von Katharina Bußhoff

gabriel

Für Livia und Moritz

Inhalt

Vorwort

Mut ist etwas Sonderbares. Man hält die Sache für klar und denkt nicht weiter darüber nach, aber in meiner Familie lebt ein Kater, der mich lehrte, dass es so einfach auch wieder nicht ist.

Regelmäßig sehe ich ihn jenseits unseres Gartenzauns durch den Stadtpark streifen. Manchmal kommt ein Hund des Weges, erspäht von Weitem den mit seinem weiß-roten Fell gut sichtbaren Kater – und sofort passiert, was für solche Fälle die Natur vorgesehen hat: Adrenalingetrieben schießt der Hund wie eine Rakete aus dreißig Metern Entfernung auf seine Beute zu. Nun müsste eigentlich Teil zwei des von der Natur vorgesehenen Programms starten: Mein Kater sollte in höchster Eile auf den nächsten Baum oder über den Zaun fliehen.

Tut er aber nicht. Er stellt sich mit seiner Breitseite auf, macht einen Buckel, sträubt das Fell, faucht und hebt die Tatze. Und macht die Erfahrung, dass es wirkt. Die meisten Hunde ziehen in gebührendem Abstand die Notbremse, trollen sich und tun so, als ob nichts gewesen sei. Einige andere aber lassen sich davon nicht beeindrucken oder glauben es nicht und rasen in unvermindertem Tempo auf meinen Kater zu, bis sie für ihn in Reichweite sind – und bekommen von ihm fürchterlich eine gewischt. Wer jemals die ausgefahrenen Krallen einer Katze auf seiner Haut gespürt hat, kann sich deren Wirkung in der weichen Hundeschnauze vorstellen. Solche Hunde, und seien sie noch so groß, ziehen gedemütigt winselnd von dannen.

Einmal, ein einziges Mal, habe ich bisher indirekt beobachten können, dass die Strategie, dem Gegner furchtlos drohend ins Gesicht zu blicken, offenbar nicht funktionierte. Ich weiß nicht, warum. Ich war nicht im Park, habe den Hund nicht gesehen, sondern saß im Garten und sah, wie unser Kater panisch über den Zaun sprang, durch den Garten raste, über den Fischteich zu springen versuchte und ins Wasser platschte.

Das hat mich nicht nur amüsiert, sondern auch beruhigt, denn ich dachte immer: Mut ist für solche Fälle von der Natur aus guten Gründen nicht vorgesehen. Realistisch betrachtet hat mein Kater gegen einen großen Hund keine Chance. Irgendwann kommt eine Dogge oder ein Kampfhund und zerfetzt ihn in der Luft, darum wäre es für ihn stets »vernünftiger«, davonzulaufen. Aber offenbar kann mein Kater unterscheiden, welche Hunde von seinem Mut zu beeindrucken sind und welche nicht. Jedenfalls hoffe ich das.

Den Mut verloren hat er durch diese Begegnung mit einem Hund, der es offenbar »ernster meinte« als die anderen, übrigens nicht. Schon wenige Tage nach seiner »Schlappe« habe ich wieder einen Hund winselnd das Feld räumen sehen.

Ich frage mich: Woher nimmt mein Kater diesen Mut? Die meisten Katzen fliehen. Er bleibt stehen. Und woher weiß er, wann es besser ist zu fliehen? Warum setzt er sich überhaupt der Gefahr aus, wenn er sich durch einen einfachen Sprung über den Zaun sofort in Sicherheit bringen könnte? Ich glaube nicht, dass es Abenteuerlust ist, dass es ihm Spaß macht, sich einem Hund in den Weg zu stellen. Ich bin mir sicher, dass er Angst hat, wenn so eine Bestie auf ihn zustürmt. Aber irgendetwas zwingt ihn, seine Angst zu überwinden und dem Fluchtreflex zu widerstehen. Vielleicht verfügt mein mutiger Kater über eine Art Wertesystem, das ihm sagt: Das hier ist dein Revier, darauf haben fremde Eindringlinge nichts zu melden, und wer es dennoch probiert, kriegt deine Krallen zu spüren.

Großes Gewicht bekommt die Frage nach dem Mut, sobald man sie auf Menschen, Gruppen, Völker anwendet. Warum kuschen die meisten Menschen vor ihrem Chef? Warum schweigen so viele in der U-Bahn, oder sehen weg, wenn ein paar Skinheads einen dunkelhäutigen Menschen anpöbeln oder junge Türken einen Deutschen? Warum schweigen in Deutschland ganze Dörfer, wenn einer kommt und nach der Zeit zwischen 1933 und 1945 fragt?

Ja, es gab Ausnahmen, gibt immer Ausnahmen. Es gibt Menschen, die in der U-Bahn nicht schweigen, die vor ihrem Chef nicht katzbuckeln, die unangenehme Wahrheiten aussprechen. Immer gab es Widerstand gegen Lüge, Unrecht, Unterdrückung, Armut, Krieg. Aber immer ging dieser Widerstand von kleinen Minderheiten, oft nur von Einzelnen aus. Und nicht selten endete dieser Widerstand mit deren Tod.

Mut ist wohl keine Sache des Willens und des bewussten Entschlusses, sondern die Menschheit scheint eben aus zwei Gruppen zu bestehen: einer Minderheit, die keine Angst kennt und »von Natur aus« mutig ist, und einer Mehrheit, die »von Natur aus« feige ist. Also gibt es eigentlich gar keine mutigen Menschen, denn wer keine Angst hat, braucht keinen Mut. Und wer ihn bräuchte, hat ihn nicht.

Dieser Meinung scheinen die meisten Feiglinge anzuhängen und manche von ihnen rechtfertigen damit sogar ihre Feigheit. Feigheit sei ein Menschenrecht, hatte ein deutscher Dichter gesagt, nachdem ihm vorgeworfen wurde, in der DDR als Spitzel für die Staatssicherheit gearbeitet zu haben. Dem widersprach emphatisch Joachim Gauck, Vorsitzender des Vereins »Gegen Vergessen – für Demokratie«. Wer so etwas sage, sei »ein Idiot. Feigheit ist menschlich. Sie ist Schwäche, Versagen. Aber sie als Menschenrecht in den Rang dessen zu erheben, was in der Wertordnung ganz oben steht – da begegnet uns nicht nur Irrtum, sondern da beginnt schon die Lüge.«[1]

Von Natur aus sind die meisten feige. Angst und Furcht sind natürliche, evolutionär entstandene genetische Überlebensprogramme. Darum ist Mut die Ausnahme und Feigheit die Regel. Eben deshalb ist instinktives, gedankenloses Mitläufertum die beste Basis für jeden Diktator und der Mut weniger Einzelner die größte Gefahr für die Inhaber der Macht.

Wer Mut beweist, riskiert etwas, gefährdet sich, setzt seine Karriere aufs Spiel, seine Gesundheit, seine Freiheit, sein Leben. Er riskiert den Bruch mit seiner Familie, mit Freunden, mit Traditionen, nimmt Liebesentzug in Kauf, Drohungen, Spott und Verletzungen. Und in dem Moment, in dem er das tut, kann er nie wissen, ob sich der Einsatz lohnt, ob er zum Erfolg führt. Aber Erfolg, der »Lohn« ist nicht das höchste Ziel des Mutigen. Vielmehr zeigt er Mut, weil er davon durchdrungen ist, dass bestimmte Werte – Würde, Anstand, Frieden, Freiheit, Wahrheit, Gerechtigkeit – unbedingt gelten müssen,

---

[1] Joachim Gauck über »Die Liebe zur Wahrheit« in: Chrismon 05.2008, S. 24

und im Extremfall kann dann dieses unbedingte Festhalten an bestimmten Werten das eigene Leben kosten. Dieses Risiko nicht einzugehen, liegt in der Natur des Menschen.

Aber der Gehorsam gegen unsere Natur ist eben kein Menschenrecht, denn das Menschsein beginnt immer erst dort, wo wir diesen Gehorsam bewusst aufkündigen. Es bedarf eines bewussten Entschlusses aus Freiheit. Dazu gehört dann auch die Überwindung unserer natürlichen Angst.

Das können wir nicht von Natur aus. Das muss gelernt, geübt, trainiert werden. Darum ist es zu bequem, sich darauf hinauszureden, dass es eben Mutige und Feiglinge gibt, und niemand etwas dafür könne, wenn er zu den Feigen gehört. »Man ist nicht mutig oder feige, sondern meist beides«, sagt Gauck. »Vielleicht schweigt man erst mal nur, wenn andere Unrecht tun. Dann sagt man im kleinen Kreis etwas dagegen. Dann sucht man Verbündete, eine Öffentlichkeit. Wer will, kann erleben, wie Mut und Widerstandswille wachsen.«

Immer dort, wo ein Samenkörnchen Mut in den Boden fällt und ausnahmsweise mal aufgeht, verändert sich die Welt. Am Anfang jeder Weltveränderung steht meistens ein Mutiger. Oder der Mut einer kleinen Gruppe. Der Mut, sich seines eigenen Verstandes zu bedienen. Der Mut, einfach die Wahrheit auszusprechen. Der Mut, einer Übermacht die Stirn zu bieten. Der Mut, sich einen neuen Weg zu bahnen. Der Mut, die Dinge anders zu sehen. Der Mut zur Umkehr. Der Mut, etwas Neues zu wagen. Der Mut zu einem Umweg. Der Mut, sein Leben in die eigene Hand zu nehmen. Der Mut, mit seiner eigenen Tradition zu brechen, aus einer Religionsgemeinschaft auszutreten – oder auch das Gegenteil davon: der Mut, an einer Tradition festzuhalten, die von allen verraten wird, der Mut, in eine Religionsgemeinschaft einzutreten oder einen bestimmten Glauben gegen deren eigene Priester zu verteidigen.

Auch Mahatma Gandhi hat als Feigling angefangen. Jedenfalls hat er das über sich selbst so gesagt: »Ich war ein Feigling.« Wobei die Betonung auf »war« liegt. Irgendwann in seinem Leben war er dann kein Feigling mehr, spätestens als er in Südafrika unter den Schlägen der Polizei öffentlich Pässe verbrannte.

Diese Wandlung vom normal natürlichen Feigling zum mutigen Menschen haben alle hier Porträtierten durchgemacht. Keiner von ihnen war schon von Geburt an mutig, sondern ist es geworden, der eine ganz plötzlich, der andere im Verlauf vieler Jahre. Erst dann, als diese Wandlung vollzogen war, konnten sie zu den Kämpfern für Freiheit, Frieden und Menschenrechte werden, als die wir sie kennen und als die wir sie heute verehren.

Erzählt werden all diese Geschichten aber nicht, um Heldenverehrung zu betreiben, auch nicht, um aus Feiglingen Mutige zu machen, sondern in der Absicht, so etwas wie ein »Lernen von den Meistern« zu ermöglichen. Wie baut sich Widerstand auf? Wie lässt sich Angst überwinden? Wofür zu kämpfen lohnt sich?

Es geht weiterhin darum, zu zeigen, wie aus einem ersten kleinen mutigen Schritt der Mut wächst, den zweiten zu machen, und mit diesem der Mut zum dritten und allen weiteren Schritten. Manchmal, wenn gerade eine günstige Konstellation herrscht, endet so eine Reihe von Schritten plötzlich in einem Umsturz von gewaltigen Ausmaßen, wie etwa bei Martin Luther, bei dem man sich fragt: Wie war es möglich, dass ein kleiner unbekannter Mönch aus der deutschen Provinz eine europäische Supermacht, nämlich die römische Kirche, zum Beben bringen konnte?

Was dieses Buch auch zeigen kann: Sichtbarer Mut hat immer eine unsichtbare Vorgeschichte, und diese Vorgeschichten sind es, die heute allen jenen Mut machen können, die wegen anhaltenden Misserfolgs mutlos zu werden drohen und kurz davor sind, resigniert aufzugeben. Dafür steht die Näherin Rosa Parks. Sie blieb eines Tages im Bus einfach sitzen, als sie aufstehen sollte, um einem Weißen Platz zu machen. Aber Rosa Parks war zu dem Zeitpunkt bereits seit zwölf Jahren Mitglied einer gewerkschaftsähnlichen Vereinigung von schwarzen Bürgerrechtlern. Ihrem einsamen Widerstandsakt im Bus sind also zwölf Jahre Bewusstseinsbildung vorausgegangen.

Das zeigt: Der kleine Mut der kleinen Leute ist nicht vergeblich. Und auch das Schreiben gegen das Unrecht ist es nicht. Dass aus dem Feigling Gandhi der gewaltfreie Kämpfer gegen das britische Empire wurde, hatte viel damit zu tun, dass Gandhi das Neue Testament und Bücher von Tolstoj und Thoreau gelesen hatte. Gandhis Taten und Schriften wiederum haben Nelson Mandela und Martin Luther King inspiriert. Geschriebenes entfaltet seine Wirkung, auch wenn man nicht sagen kann, wann, wo und wie.

Wem der Mut fehlt, sich wie Gandhi niederknüppeln zu lassen, oder wie Mandela für Jahrzehnte ins Gefängnis zu gehen, muss nicht verzweifeln. Pe-

ter Benenson ist eine ideale Konstruktion eingefallen für alle, die zwar gerne
etwas zur Verbesserung der Welt beisteuern möchten, aber nicht über den
Heldenmut verfügen, ihr Leben oder ihre Gesundheit zu riskieren. Benenson
ist der Gründer von *amnesty international* und diese Organisation bietet jedem die Gelegenheit, sich nach seinem eigenen Maß zu engagieren. Schon
mit einer einzigen E-Mail, vorformuliert von *amnesty*, kann man politisch Verfolgten helfen. Allein die gelegentliche Information auf den Websites von
amnesty über deren aktuelle Kampagnen ist ein Wert an sich, weil diese Informationen zur politischen Bewusstseinsbildung beitragen, und diese ist
die Voraussetzung für Mut.

Damit ist implizit auch gesagt: Der Mut, um den es hier geht, ist etwas anderes als Abenteuerlust. Allein in einem Einhandsegler durch die Ozeane zu
pflügen, mit einem Heißluft-Ballon um die Erde zu schweben, den Mount Eve-
rest zu erklimmen oder die Arktis zu durchqueren, mag eine wertvolle Selbst-
erfahrung für den sein, der sich mit solchen Übungen an die Grenzen des
Menschenmöglichen begibt. Aber deren Nutzen für die Menschheit dürfte
ähnlich begrenzt sein wie der Nutzen des Mutes meines Katers für die Katzen dieser Welt.

Jedoch 27 Jahre ins Gefängnis zu gehen wie Nelson Mandela, um die Rassentrennung zu beenden und geraubtes Land an dessen legitime Erben zurückzugeben, oder sich in Lebensgefahr begeben und tatsächlich in der Gefahr umkommen wie Anna Politkowskaja, um die Welt über die Wahrheit des
»Systems Putin« und die Realität des Tschetschenienkriegs aufzuklären, das
ist echter Mut. Es ist ein Mut, der sich für andere Menschen auszahlt.

Man kann von niemandem verlangen, seine Existenz aufs Spiel zu setzen.
Aber sich vor sich selbst und anderen einzugestehen, dass man bequem und
feige war oder es ist, das zumindest sollte verlangt werden. Nach dem Fall der
Mauer haben wir erlebt, dass die Bürgerrechtler, die sich gegen das DDR-Re-
gime zur Wehr gesetzt hatten, von den Mitläufern nicht verehrt, sondern de-
nunziert und beschimpft worden sind, vermutlich, weil sie den lebenden Beweis für das eigene Versagen darstellten. Wer selber keinen Mut bewiesen
hat, sollte wenigstens jenen Respekt erweisen, die ihn bewiesen haben, statt
sie auch noch schlechtzumachen.

Und alle anderen, denen nie Mut abverlangt wurde, weil sie in einem Land
leben, das keine Helden nötig hat, sollten dankbar sein für das Glück, in solch

einem Land leben zu dürfen. Das Buch möchte daher auch bewusst machen, wie wenig selbstverständlich Frieden, Freiheit, Demokratie und Rechtsstaatlichkeit in der Geschichte waren und wie hart dafür in anderen Regionen unserer Welt immer noch gekämpft werden muss. Eine Verfassung, wie wir sie seit mehr als sechs Jahrzehnten in Deutschland haben, ist eine Kostbarkeit. Wir sollten sie hegen und pflegen, denn sie erhält sich nicht von selbst.

Dafür braucht es zum Glück keinen Mut, schon gar keinen Heldenmut, nur manchmal ein bisschen Engagement und Zivilcourage. Wenigstens dazu sollten wir uns von den wirklich Mutigen anspornen lassen.

Weil oft vergessen wird, wie hart für die Freiheit gekämpft werden musste, erscheinen Geschichten darüber vielen als Gähn- und Abnick-Thema. Was soll daran schon interessant oder spannend sein? Für Frieden, Freiheit, Menschenrechte sind wir doch alle, wer dagegen ist, ist nicht ernst zu nehmen, und letztlich ist es für die betreffenden Freiheitskämpfer doch ein lukratives Geschäft. Irgendwann werden sie mit Ansehen, Preisen, Ehrungen und Geld überschüttet und ihre Bücher verkaufen sich bestens.

So zu denken ist man versucht, weil die meisten derer, die hier porträtiert werden, sich längst durchgesetzt haben und fast unumschränkt anerkannt sind. Selbst Alice Schwarzer ist schon auf dem besten Weg, von ihren früheren Gegnern heiliggesprochen zu werden.

Tatsächlich aber war Alice Schwarzer, wie jeder Kämpfer und jede Kämpferin für Freiheit, zu Beginn des Kampfes umstritten und angefeindet, sie ist verhöhnt, lächerlich gemacht und nicht selten auch bedroht worden. Wie Alice Schwarzer haben deshalb die Porträtierten tatsächlich alle sehr viel Mut, Selbstbewusstsein, Durchhaltewillen, Stehvermögen, Unbeirrbarkeit und einen langen Atem gebraucht.

Freiheit, Frieden, Menschenrechte werden nicht vom Christkind gebracht, sondern müssen unter Gefahr erkämpft werden, und sind verbunden mit Entzweiung, Streit, ja Hass. Daher sind Freiheitskämpfe nichts Romantisches. Freiheitskämpfer sind keine Helden, keine Ritter ohne Fehl und Tadel, auch wenn spätere Generationen stets dazu neigen, die Kämpfer zu verklären, Helden aus ihnen zu machen, sie zu Autoritäten aufzubauen. Das gelingt so gut wie immer, wenn sich die Rauchwolken schon lange verzogen haben.

Daher wird in der ersten Geschichte dieses Buches von einer Frau erzählt, die noch mitten im Kampfgetümmel steckt, diesen Kampf noch lange nicht gewonnen hat und tatsächlich höchst umstritten ist. Ayaan Hirsi Ali entzweit, polarisiert, an ihr scheiden sich die Geister, und es ist keineswegs so, dass man blind sagen könnte: Wer für sie ist, gehört zu den Guten, und wer gegen sie ist, zu den Bösen. So einfach ist es nie. So einfach stellt es sich immer erst hinterher, nach gewonnenem oder verlorenem Kampf dar. Aber die Gegner dieser Frau sollten sich schon mal mit dem Gedanken vertraut machen, dass man sie in einigen Jahrzehnten in den Geschichtsbüchern als Freiheitsheldin feiern wird.

Christian Nürnberger

Ayaan Hirsi Ali

Ein afrikanisches Mädchen wagt den Exodus

* 1969 in Mogadischu, Somalia ✦ 1979 Vertreibung aus Mogadischu, Einreise nach Äthiopien und später Nairobi, Kenia ✦ Besuch der englisch orientierten Muslim Girls' Secondary School ✦ Ausbildung als Sekretärin ✦ 1992 Flucht über Deutschland in die Niederlande ✦ ab 1995 Studium der Politologie, anschließend wissenschaftliche Mitarbeiterin bei der Wiardi Beckman-Stiftung ✦ 2003 Abgeordnete im Niederländischen Parlament der rechtsliberalen Partei VVD ✦ 2005 Hirsi Ali wird vom *Time magazine* unter die 100 einflussreichsten Menschen der Welt gewählt ✦ 2006 Ausbürgerungsstreit um die niederländische Staatsbürgerschaft ✦ Ausreise in die USA ✦ 2007 erzwungene Rückkehr aus den USA in die Niederlande

Am 2. November 2004 fährt der Filmemacher Theo van Gogh mit seinem Rad durch einen trüben Amsterdamer Morgen. Er will in seine Firma. Auf der Linnaeusstraat tritt aus einem Hauseingang ein Mann mit grauem Regenmantel und schwarzem Hut hervor, richtet eine Schusswaffe auf van Gogh und feuert.

Schwer verletzt fällt der in ganz Holland bekannte Künstler vom Rad, schleppt sich über die Straße und bricht zusammen. Der Schütze folgt ihm, beugt sich seelenruhig über ihn und hört sein Opfer um sein Leben betteln. »Können wir nicht darüber reden?«, keucht der am Boden liegende van Gogh. Statt zu antworten oder irgendetwas zu sagen, richtet der Mann mit dem Hut abermals seine Waffe auf van Gogh, und während dieser »Tu's nicht, tu's nicht« schreit, schießt der Mörder noch vier- oder fünfmal auf das sein Leben aushauchende Opfer, zieht ein langes Schlachtermesser aus dem Mantel und schneidet van Gogh die Kehle durch. Ein zweites Messer stößt er ihm in die Brust. An das Messer ist ein fünfseitiger Brief geheftet, adressiert an eine Frau namens Ayaan Hirsi Ali.

Theo van Gogh und Ayaan Hirsi Ali haben den Islam beleidigt, wird man später in dem Brief des Mörders lesen, der sich jetzt von dem Ermordeten entfernt, gemächlichen Schrittes in Richtung Oosterpark geht und dabei in aller Ruhe seine Waffe nachlädt. »Das können Sie nicht tun«, schreit eine zufällig vorbeikommende Frau dem Mörder zu. »Doch, kann ich«, antwortet der seelenruhig, »und nun wisst ihr, was ihr in Zukunft zu erwarten habt.« Dann geht er weiter.

Er weiß, dass gleich die Polizei kommen wird, er hat nicht vor zu fliehen, sondern will im Feuergefecht mit der Polizei sterben als Soldat eines heiligen Krieges, als Märtyrer und Held, der für seine Tat mit einem Platz im himmlischen Paradies belohnt wird. Dieser letzte Punkt seines kaltblütig durchgeführten Plans geht nicht auf. Die Polizei schießt ihn nicht tot, sondern nur kampfunfähig, identifiziert ihn als Mohammed B., Holländer marokkanischer Herkunft, sechsundzwanzig Jahre alt, geboren in Amsterdam, zu lebenslanger Haft verurteilt im Juli 2005.

Warum musste Theo van Gogh sterben? Was hatte Ayaan Hirsi Ali verbrochen? Beide haben einen religionskritischen Kurzfilm gedreht, bei dem frauenfeindliche Koranverse auf Frauenhaut zu sehen waren. Der Film mit dem Titel »Submission« (Unterwerfung) zeigt muslimische Frauen, die zu Allah beten. Doch statt die Augen zu senken, wie es ihnen seit Jahrhunderten geboten ist, blicken die Frauen nach oben und sagen ihrem Gott, dass sie nicht mehr länger gewillt sind, sich zu unterwerfen.

Theo van Gogh und Ayaan Hirsi Ali haben Religionskritik betrieben, ihre Kritik aber nicht diplomatisch-höflich geäußert. Sie haben nicht den vornehm-respektvollen Ton eines europäisch-islamischen Dialogs gewählt, sich auch nicht der objektivierenden Sprache der Wissenschaft bedient. Sie haben keine Rücksicht auf »religiöse Gefühle« genommen, sondern gegen alle Regeln der Political Correctness verstoßen und sich so geäußert, wie Kunst sich in Europa seit der Aufklärung nun mal äußert: frei.

Das aber soll, wenn es um den Islam geht, auf dieser Welt niemandem erlaubt sein, weder Gläubigen noch Ungläubigen, weder in islamischen Ländern noch in nicht-islamischen Ländern, dachte und denkt Mohammed B.

Deshalb musste Theo van Gogh sterben. Deshalb steht Ayaan Hirsi Ali auf der Todesliste.

Sie werde manchmal gefragt, ob sie Todessehnsucht habe, schreibt sie in ihrer Autobiografie. Nein, sie möchte gerne weiterleben. »Doch manches muss gesagt werden, und es gibt Zeiten, in denen Schweigen einen zum Komplizen des Unrechts macht.« Weil sie wusste, dass das gefährlich ist, hat sie Theo van Goghs Namen aus der Liste der Mitwirkenden an ihrem Film streichen wollen. Doch dieses Ansinnen habe er wütend zurückgewiesen mit den Worten: »Wenn ich in Holland meinen Namen nicht mehr unter einen Film setzen kann, dann ist Holland nicht mehr Holland.« Seit dem Mord an ihm ist Holland nicht mehr Holland.

Und ist Europa noch Europa? Oder ist öffentliche Kritik am Islam in Europa nur noch unter Todesgefahr möglich? Bis zum Mord an Theo van Gogh waren vielen Europäern diese Fragen nicht bewusst. Aber seit van Goghs Tod wächst das Bewusstsein dafür, dass es um etwas anderes, Tieferes, Unheimlicheres geht als nur um ein paar normale Konflikte im Zusammenleben von Menschen unterschiedlicher Herkunft. Und Ayaan Hirsi Ali gehört zu den wenigen Menschen auf der Welt, die genau dieses Bewusstsein bei den Europäern zu wecken versuchen, und sie tut es unter Lebensgefahr. Wie kommt sie dazu? Woher kommt diese Entschlossenheit, mit der sie argumentiert?

Lange Zeit haben wir angenommen, dass sich die unter uns lebenden Muslime mit der Zeit gesellschaftlich anpassen und früher oder später integrieren würden. Außerdem dachten viele, dass in der Diaspora der Islam mehr und mehr an Bedeutung verlöre und die muslimische Minderheit ihre Religion im westlichen Umfeld immer weniger praktizieren würde. Das Gegenteil ist eingetreten.

Seit der Zerstörung der New Yorker Twintowers, bei der 3000 Menschen ums Leben kamen, zieht sich eine islamische Blutspur durch die ganze Welt. Nach jedem Terroranschlag hieß es in europäischen Medien, Talkshows, Diskussionen, Regierungsverlautbarungen und Politikerstatements immer: Missbrauch der Religion, Instrumentalisierung des Glaubens durch ein paar verrückt gewordene Fanatiker. Und der Westen habe das zum Teil auch selber provoziert, weil er in den Irak einmarschiert ist und in Guantanamo und Abu Ghraib Gefangene gefoltert, gedemütigt und seine eigenen Werte mit Füßen getreten hat.

Doch abgesehen von der Tatsache, dass dem Einmarsch in den Irak die Zerstörung der Twintowers vorausging, sei diese Ableitung muslimischer Attentate aus westlicher Schuld zu harmlos, ja falsch, sagt Ayaan Hirsi Ali. Es gehe bei diesen Terroraktionen nur scheinbar um den Nahost-Konflikt. Dieser werde nur als Vorwand gegen etwas ganz anderes instrumentalisiert: gegen die Freiheit der Kunst, die Meinungsfreiheit, die Trennung von Kirche und Staat, gegen Schwule und Lesben, gegen die Emanzipation der Frau, gegen die Aufklärung, gegen die Juden, gegen Rechtsstaatlichkeit und Demokratie, kurz: Es gehe gegen die Werte, die der westlichen Welt heilig sind oder doch zumindest heilig sein sollten. Darum sei, wer diese Werte gegen den Islam verteidigt, nicht rechtspopulistisch und nicht islamfeindlich, sondern einfach nur demokratisch.

Ihr Freund Theo van Gogh habe einfach immer nur seine Meinung gesagt, frech, provokant, zum Widerspruch reizend, oft aggressiv und beleidigend gegen jedermann, auch gegen die USA und Israel, und eben auch gegen Muslime. Die hatte er »Ziegenficker« genannt. Dass er sich dafür den Hass aller in Holland lebender Muslime zuzog und auch von Holländern dafür kritisiert wurde, sei ihm klar gewesen. Das habe er in Kauf genommen, weil er eine Debatte über das Zusammenleben von Muslimen mit Holländern anzetteln wollte. Für ihn gab es bei diesem Thema zu viele Tabus, zu viel Wegsehen, zu viel Lüge und Heuchelei.

Natürlich erhielt er Todesdrohungen. Er hatte sie nicht ernst genommen. Offenbar hatte er von den verspotteten Muslimen insgeheim eine höhere Meinung, als er verbal ausdrückte. Dass einer wie er in seinem eigenen Land wegen bloßer Worte – und seien sie noch so verletzend – würde sterben müssen, lag außerhalb seines Vorstellungsvermögens. Es lag auch außerhalb des Vorstellungsvermögens seiner holländischen Landsleute.

Wenn sich in Holland jemand von einem anderen beleidigt fühlte, ging er vor Gericht. Und entweder hat dann das Gericht entschieden, dass die Beleidigung innerhalb der Grenzen der Meinungsfreiheit liege und daher hingenommen werden müsse, oder es entschied, dass diese Grenze überschritten sei, und dann gab es eine Geldstrafe und die Auflage, die Beleidigung nicht mehr zu wiederholen. So war das bisher üblich in Holland. So ist es die Regel in der ganzen Europäischen Union.

Nun aber muss einer, der mit den Mitteln der Übertreibung, Satire, Ironie, Karikatur und Provokation eine wichtige Debatte anstoßen will, mit dem Tod rechnen, weil unter uns Menschen leben, die ihre eigenen Regeln haben und diese gewaltsam und durch Verbreitung von Angst und Schrecken durchsetzen wollen. Das ist neu in Europa. Wie sollen wir damit umgehen?

Von der Antwort auf diese Frage hängt viel ab. In Europa leben rund zwanzig Millionen Muslime unter uns. Wir möchten in Frieden mit ihnen leben, aber geht das, ist das möglich, wenn die Richtschnur für ihr tägliches Handeln der Koran ist?

Was ist, wenn die Zerstörung der Twintowers in New York am 11. September 2001 nicht als Entgleisung, sondern als Teil eines systematischen Angriffs der islamischen Kultur auf die westliche verstanden werden muss? Was ist, wenn der Frieden mit den Muslimen nur um den Preis zu kriegen ist, dass wir Europäer Abstriche bei unserer Freiheit machen? Dass wir Kritik am Islam unterlassen, die Freiheit der Kunst und die Meinungsfreiheit einschränken? Käme das nicht einer westlichen Selbstaufgabe gleich? Wäre das nicht Kapitulation vor dem Terror?

Genau diese Frage hatte sich damals vor den Fernsehbildern der einstürzenden Twintowers eine 32-jährige muslimische Somalierin im holländischen Leiden gestellt, Ayaan Hirsi Ali, die Frau, an die drei Jahre später der Brief des Mörders Mohammed B. adressiert war. So wie dieses Datum einen Wendepunkt im Verhältnis zwischen der westlichen und islamischen Kultur markiert, so markiert es auch einen Wendepunkt im Leben der Ayaan Hirsi Ali. Sie nämlich beantwortete die Frage nach der Bedeutung des Attentats konträr zu den meisten westlichen Intellektuellen.

»Das basiert auf dem Glauben«, sagte sie. »Das ist der Islam.« Also nicht Islamismus, nicht der Missbrauch einer Religion durch eine verrückte Minderheit, sondern die Religion selbst. Der Anschlag sei eine in der ganzen islamischen Welt mehr oder weniger offen gefeierte Tat von heldischen Glaubenskämpfern, sagte Ali. »Im Namen des Islam, meiner Religion, war der Krieg erklärt worden.«

Tatsächlich sah Ayaan Hirsi Ali abends im holländischen Fernsehen den Jubel holländischer muslimischer Jugendlicher. Und auch außerhalb Hollands, in anderen Teilen der Welt, gab es muslimischen Jubel. Und es war nicht die al-Qaida, die da jubelte, es waren nicht die Taliban und nicht die radikalen Islamisten und Hassprediger, sondern es waren normale, bisher als friedfertig geltende Muslime, die ihrer Freude über den Anschlag Ausdruck verliehen und auf den Straßen getanzt hatten. Von muslimischer Selbstkritik sei in den Tagen und Wochen nach dem Anschlag nichts zu sehen gewesen, sagt Ayaan Hirsi Ali.

Westliche Selbstkritik dagegen habe es zuhauf gegeben. Bei westlichen Kommentatoren, Journalisten, Politikern, Intellektuellen und bei ihren Freunden habe sie nachdenkliches Innehalten erlebt, sagt Ayaan Hirsi Ali. Es hätte das Bemühen gegeben, die Attentäter zu verstehen. Es sei der Versuch gemacht worden, den Anschlag als etwas Verqueres, ein von blindem Hass geleitetes Verzweiflungsattentat ohnmächtiger, gedemütigter Orientalen, die sich seit Jahrzehnten von einem übermächtigen Imperium, der Welt- und Supermacht USA, unterdrückt fühlen, zu deuten. Man habe versucht, das Ereignis auf Politik zu reduzieren. Man habe nach Gründen gesucht und das Ereignis mit einer langen westlichen Schuldgeschichte – Kreuzzüge, Sklaverei, Kolonialismus, Imperialismus, US-Vorherrschaft im Nahen Osten, Öl – zu begründen versucht. Daher sei an die USA die Mahnung ergangen, besonnen zu reagieren. Und immer wieder habe sie die gegenseitige Versicherung gehört, dass man sich mit Pauschalurteilen über den Islam zurückhalten solle.

Die somalische Muslima Ayaan Hirsi Ali, die ohne westliche Schuldkomplexe aufgewachsen war, hatte die Sache unbefangener betrachtet. Und weil sie auch die islamische Welt besser kannte als alle westlichen Intellektuellen, kam sie zu einer ganz anderen Sicht der Dinge, als sie Osama Bin Laden im Fernsehen sagen hörte: »Und wenn ihr die Ungläubigen trefft, dann herunter mit dem Haupt. (…) tötet die Heiden, wo immer ihr sie findet, greift sie, umzingelt sie und lauert ihnen überall auf.«

Das sind nicht die Worte eines Verrückten, dachte sie, sondern die Worte des Propheten Mohammed. Sie kannte solche Worte aus dem Koran (z. B. Sure 9, 4–5).

Der Somalierin, die auch in Saudi-Arabien, Äthiopien und Kenia gelebt hatte, immer in muslimischem Umfeld, und auch mal ein frommes muslimisches Kind hatte sein wollen, waren diese Sätze zutiefst vertraut. Es sind Worte aus der für alle Muslime verbindlichen heiligen Schrift.

Nach dem Anschlag auf die Twintowers besuchte Ayaan Hirsi Ali in Holland zahlreiche Diskussionsveranstaltungen, ergriff dort öffentlich das Wort und warnte die Europäer vor dem radikalen, vor nichts haltmachenden Absolutheitsanspruch des Islam. Viele wunderten sich. Wohlmeinende Freunde hielten ihr vor: Die katholische Kirche beansprucht ebenfalls, die allein gültige Wahrheit zu verkünden, zeigt sich ebenfalls immun gegen jegliche Kritik. In der Heiligen Schrift der Christen wimmelt es nur so von blutrünstigen Zitaten, und die Geschichte der Kirche kann über weite Teile als eine Geschichte der Gewalt, der Verbrechen, der Lüge, der Unterdrückung und der Ausbeutung von Menschen geschrieben werden.

Ayaan Hirsi Ali widersprach: Die christliche Kirche habe schon seit Jahrhunderten keinen Kritiker mehr umgebracht. Aus ihr könne man gefahrlos austreten, sie sei den weltanschaulich neutralen Gesetzen des Staates unterworfen, und ihre blutige Geschichte, ihr vielfältiges Versagen während zurückliegender Jahrhunderte sei von Historikern wie Theologen umfangreich dokumentiert und wird von den Mitgliedern der christlichen Kirchen selbst heftig beklagt. Ihre Priester, Pfarrer und Theologen hätten längst anerkannt, dass die Bibel kein vom Himmel gefallenes Buch und kein von Gott diktierter Text ist, sondern Menschenwerk, das kritisch hinterfragt und relativiert und auf der Basis der jeweils neuesten wissenschaftlichen Erkenntnisse immer wieder neu ausgelegt werden muss.

Diesen Weg habe der Islam noch vor sich, und Ayaan Hirsi Ali ist der festen Überzeugung: Nur wenn er bereit sei, ihn zu gehen, würden Muslime, Christen, Buddhisten, Hinduisten und Atheisten in Europa und der übrigen Welt friedlich zusammenleben können. Sollte der Islam sich dem Weg der Aufklärung verweigern und der Westen seiner schleichenden Islamisierung keinen Widerstand entgegensetzen, werde Europa irgendwann unter der Scharia stehen, statt unter demokratischen Verfassungen. Das ist die Botschaft der Ayaan Hirsi Ali an die Europäer.

Mit solch einer bis dato in Europa noch kaum gehörten Botschaft erregte sie Aufsehen in Holland, erntete heftigen Widerspruch von Sozialdemokraten und Liberalen und zog sich den Hass der Muslime zu. Bald schon war sie häufiger Gast in Talkshows des holländischen Fernsehens. Zeitungen erbaten Artikel von ihr. Immer häufiger gab sie Interviews, denen erste Drohbriefe und Todesdrohungen folgten.

Sie trat der holländischen Partei der Arbeit (Sozialdemokraten) bei und bekam eine Anstellung als Mitarbeiterin bei der Wiardi-Beckman-Stiftung, dem wissenschaftlichen Institut dieser Partei. Es dauerte allerdings nicht lange, bis sie dort wegen ihrer Ansichten heftig aneckte.

Das Markenzeichen sozialdemokratischer Politik war es, tolerant zu sein, anderen Kulturen und Religionen prinzipiell aufgeschlossen, respektvoll und freundlich zu begegnen und sie in ihrer Eigenart anzuerkennen und gewähren zu lassen. Muslime bekamen daher in Holland nicht nur ihre Moscheen, sondern auch Friedhöfe, Schlachthöfe, Gemeindezentren, Schulen, Sozialhilfe und Sozialwohnungen, die mit Satellitenschüsseln für den Empfang arabischer, marokkanischer und türkischer Fernsehsender ausgestattet wurden. In all dem sahen Hollands Sozialdemokraten eine Maßnahme zur Integration fremder Kulturen in die holländische Gesellschaft und eine Voraussetzung für gedeihliches Zusammenleben. Freundlichkeit werde mit Freundlichkeit beantwortet werden, dachten die Holländer.

Ayaan Hirsi Ali sah es fundamental anders. In den Satellitenschüsseln erkannte sie das Instrument zur muslimischen Beeinflussung der Einwanderer, in den Sozialwohnungen die Keimzellen für die Bildung muslimischer Enklaven in Holland. Die muslimischen Schulen unterstützten ihrer Meinung nach die integrationsfeindliche muslimische Erziehung der Kinder. Überhaupt sah sie in der ganzen den Muslimen zur Verfügung gestellten Infrastruktur die Voraussetzung für das Wachstum einer muslimischen Parallelgesellschaft, die es den Einwanderern erspart, Holländisch zu lernen, sich mit der Kultur ihres Gastlandes auseinanderzusetzen und in sie zu integrieren. Statt Respekt und Freundlichkeit, wie es die Holländer erwarteten, ernteten sie von den Muslimen Feindschaft und Verachtung.

Ayaan Hirsi Ali, die nach ihrer Aufnahme in einem holländischen Flüchtlingsheim sich dort von Anfang an nützlich machte, indem sie bei Konflikten half, dolmetschte, vermittelte, sich an den dort anfallenden Arbeiten beteiligte und putzen ging, um eigenes Geld zu verdienen, berichtet über ihre Landsleute im Flüchtlingsheim: Die Somalis »arbeiteten nicht; sie hatten nichts anderes zu tun, als im Asylbewerberheim herumzuhängen und Essen zu schnorren. Es gab ein paar, die Radfahren lernten, ehrgeizig waren, studierten und arbeiteten«, aber andere »saßen herum und redeten darüber, wie furchtbar Holland sei« – »Dass so viele Somalis Sozialhilfe annahmen und sich dann gegen die Gesellschaft wandten, die ihnen half, war mir peinlich«, schreibt Ayaan Hirsi Ali.

Statt sich anzustrengen und die Chancen zu nutzen, die ihnen die offene holländische Gesellschaft bot, hätten sich viele Somalis stolz auf ihre vermeintlich bessere »Herkunft zurückgezogen« und sich der Vorstellung hingegeben, »dass sie als Somalis alles besser wüssten als die minderwertigen Weißen«. »Sein Atem stinkt nach Schwein, er ist nur Busfahrer, wie kann er es wagen, mir zu sagen, wie ich mich verhalten soll« - das sei einer der von ihr oft gehörten typischen Sätze für diese Haltung.

Eine Haltung, die auch sie zu spüren bekam. Wenn sie im Kreis ihrer Landsleute abends sagte, es tue ihr leid, jetzt gehen zu müssen, denn morgen müsse sie früh aufstehen, bekam sie gesagt, sie würde sich wie eine Weiße benehmen, und wurde gefragt, für wen sie sich eigentlich halte.

Und was schloss Ayaan Hirsi Ali aus diesen Erlebnissen in holländischen Asylbewerberheimen und muslimischen Wohnvierteln? Sie verlangte von der holländischen Politik eine Änderung im Umgang mit Einwanderern und Flüchtlingen: eine mehr fordernde Haltung, und zwar im Interesse der Einwanderer. In der sozialdemokratischen Politik sah Ayaan Hirsi Ali die Gefahr, dass unbeabsichtigt ganzen Generationen von Einwanderern Bildung, Aufklärung, Wissenschaft, Kritik, Freiheit, Gleichheit und Selbstbestimmung vorenthalten wurde. Daher forderte sie eine europäische Bildung und Erziehung für die Kinder aller Einwanderer und die unterschiedslose Anwendung der holländischen Gesetze auf alle, auch auf die Muslime, ohne Ansehen der Person, ohne Rücksichtnahme auf die Religion.

Es könne nicht zweierlei Recht gelten, argumentiert Ali. Es könne nicht sein, dass alteingesessene Holländer bestraft würden, wenn sie ihre Frauen schlugen, muslimische Einwanderer dagegen nicht. Es könne nicht geduldet werden, dass in Holland lebende Muslime in ihren Heimatländern junge Mädchen, ja Kinder, zur Zwangsverheiratung ins Land holten. Es könne nicht länger hingenommen werden, dass afrikanische und arabische Clans das Schicksal von in Holland geborenen Mädchen zu bestimmen versuchen. Und es könne nicht geduldet werden, dass die Bindung der Ehre ganzer Clans an die Jungfräulichkeit nach Holland importiert wird und hier einfach weitergeht. Die Beschneidung der Mädchen, ihre Abschottung in den wie Ali ihn nennt »Jungfrauenkäfig«, Prügel für aufsässige Frauen, Gewalt gegen Frauen, die vor der Ehe Geschlechtsverkehr hatten, bis hin zu »Ehrenmorden« seien die permanente Begleiterscheinung der unterdrückerischen islamischen Sexualmoral. Und wenn eine islamische Frau vergewaltigt wird, wird nicht der Vergewaltiger bestraft, sondern die Vergewaltigte.

Gegen all das erhebt Ayaan Hirsi Ali ihre Stimme.

Die holländische Rücksichtnahme auf Religion und kulturelle Eigenheiten, die holländische Bereitschaft zu Toleranz und respektvollem Umgang mit Minderheiten sei sympathisch, so Ali. Im Fall des Umgangs mit dem Islam jedoch sei sie unangebracht, weil Toleranz und Respekt nicht erwidert würden und die praktizierte Politik den Muslimen den Weg aus ihren Gettos verbaue. Den Frauen werde die Möglichkeit auf Emanzipation und ein selbstbestimmtes Leben vorenthalten.

Für solche Ansichten gab es in der holländischen Sozialdemokratie noch keine Mehrheit. Wo Ayaan Hirsi Ali über Religionskritik sprach, hörten Sozialdemokraten, Liberale und andere politisch korrekte Sympathisanten der kulturellen Vielfalt Sätze heraus, die eine gewisse Ähnlichkeit mit ausländerfeindlichen Parolen der Rechtsradikalen hatten. Als Ayaan Hirsi Ali das erkannt hatte, wusste sie, was künftig ihre Aufgabe sein würde: den Holländern und eigentlich allen Europäern bewusst zu machen, dass sie Intoleranz nicht tolerieren dürfen, und die Wohlmeinenden in den westlichen Demokratien darauf aufmerksam zu machen, dass unter ihrer freundlichen Duldung und unter dem Schutz der Religionsfreiheit massiv versucht wird, den Westen zu islamisieren, und das heißt: zu entdemokratisieren und zu theokratisieren.

Die Konsequenz daraus müsse eine kritische Auseinandersetzung mit dem Islam sein. Es gehe also nicht um Rassismus, sondern um Religionskritik, nicht um Ausländerfeindlichkeit, sondern um Demokratiefreundlichkeit, nicht um Hass auf Minderheiten, sondern um Liebe zur Wahrheit. Die Europäer müssen islamischen Religionsfunktionären zumuten, was sie ihren eigenen christlichen Funktionären längst zugemutet haben: Kritik an religiösen Absolutheitsansprüchen, Zweifel an dogmatischen Behauptungen, kritisch-wissenschaftliche Untersuchungen der heiligen Schriften, Fragen nach ihrer Herkunft, ihrer Entstehung, ihrem historischen Wahrheitsgehalt, Prüfung bestimmter Aussagen dieser heiligen Schriften durch Heranziehung anderer – außerchristlicher und außerislamischer – Quellen, Berücksichtigung archäologischer und anderer wissenschaftlicher Befunde.

Die christlichen Theologen haben diese Arbeit schon lange geleistet, arbeiten noch immer daran und kommen daher zu ganz neuen Interpretationen der heiligen Texte. Und vor allem sagen sie selber: Wir wissen jetzt, dass die Bibel kein vom Himmel gefallenes Buch ist und ihren Verfassern die Texte auch nicht von einer göttlichen Stimme zum Mitschreiben diktiert wurden, sondern dass sämtliche biblischen Texte von Menschen geschrieben wurden. Die wiederum sind, wie alle Menschen, fehlbar gewesen und von ihren jeweiligen zeitbedingten Umständen beeinflusst worden. Deshalb wissen wir auch, dass wir die Texte nicht wörtlich nehmen dürfen, sondern sie in unsere Zeit hineinübersetzen und -interpretieren müssen. Genau derselbe Umgang sei von den Muslimen mit ihrem Koran zu verlangen, sagt Ayaan Hirsi Ali.

Und: Muslime in Europa leben in Staaten, deren absolute Wahrheit lautet, dass niemand im Besitz der absoluten Wahrheit ist und daher auch keine absoluten Forderungen an alle richten kann. Dieser Tatsache haben sich die Anhänger absoluter Wahrheiten zu beugen. Welche Regeln gelten sollen, wird per Abstimmung demokratisch entschieden. Minderheiten müssen Mehrheitsentscheidungen akzeptieren, aber diese Mehrheitsentscheidungen dürfen jene bestimmten Grundregeln nicht verletzen, die in den westlichen Verfassungen als ehernes Gesetz gelten.

Deshalb muss beispielsweise die katholische Kirche in zahlreichen europäischen Ländern mit Abtreibungsgesetzen leben, welche der Klerus und viele Katholiken für verwerflich halten. Für sie ist Abtreibung Mord und gehört bestraft. Für eine demokratische Mehrheit jedoch ist Abtreibung etwas anderes, keinesfalls etwas Wünschenswertes, sondern natürlich etwas, das es besser nicht gäbe. Aber wenn eine Frau abtreibt, hat niemand das Recht, über sie zu richten. Die katholische Kirche hält das für falsch, versucht, die öffentliche Meinung von der Richtigkeit ihres Standpunktes zu überzeugen, aber versucht nicht, ihren Standpunkt gegen die Mehrheit mit Macht oder gar Gewalt durchzusetzen. Sie beugt sich dem Recht des weltanschaulich neutralen Staates. Eben das sei auch vom Islam zu verlangen, sagt Ayaan Hirsi Ali.

Mehr noch: In den westlichen, weltanschaulich neutralen Staaten herrscht Rede- und Meinungsfreiheit, die Presse ist frei und die Kunst ist frei. Darum dürfen, etwa in Deutschland, Soldaten der Bundeswehr als Mörder beleidigt werden. Die Kirche und der Klerus dürfen satirisch und polemisch kritisiert werden, christliche Glaubensinhalte dürfen öffentlich verhöhnt und verspottet werden. Und die Christen, die sich dadurch beleidigt fühlen, müssen diese Beleidigung meistens hinnehmen, weil die Freiheit des Wortes oder Kunst hierzulande in der Regel einen höheren Rang haben als individuelle religiöse Gefühle. Die Kirche hat gelernt, das auszuhalten und damit zu leben. Die Kirche hat sogar gelernt, durch würdevolles Schweigen und souveränes Ignorieren der geschmacklosesten Gehässigkeiten gegen sie die öffentliche Meinung für sich zu gewinnen und die Beleidiger, die ein bestimmtes Niveau unterschreiten, dem schnellen Vergessen anheimfallen zu lassen. Der Islam wird das entweder auch lernen oder wieder aus Europa auswandern müssen.

Weil Hollands sozialdemokratische Arbeiterpartei für solch hammerharte Aussagen ihres Mitglieds Ayaan Hirsi Ali im Jahr 2002 noch nicht offen war, wechselte diese zur rechtsliberalen VVD, zu der ihre politischen Forderungen besser passten. Für diese Partei wurde sie 2003 als Abgeordnete ins holländische Parlament gewählt. Nun war sie endgültig eine öffentliche Person, eine weit über die Grenzen Hollands hinaus bekannte, angesehene, aber auch heftig umstrittene Politikerin, die permanent beschützt werden und an ständig wechselnden Orten leben musste.

Vor allem aber war sie in Europa eine Ausnahmeerscheinung, die nicht nur geografisch, sondern noch viel mehr biografisch einen sehr weiten Weg zurückgelegt hatte. Auf diesem Weg hatte sie sich von einer frommen Muslima zu einer atheistischen Afrikanerin entwickelt, die in Holland für die Verteidigung europäischer Errungenschaften kämpft. Wenn eine Wahrsagerin dem 1969 in der somalischen Hauptstadt Mogadischu geborenen Kind diese Zukunft vorausgesagt hätte – seine Familie hätte es nicht geglaubt.

»Osman Mahamud, so heißt der Unterclan meines Vaters, und so heiße auch ich. Da gehöre ich hin, das bin ich«, lernt das Kind in seiner Betonhütte, wo es ohne Vater aufwächst. Der sitzt als politischer Häftling im Gefängnis. Erzogen wird sie von der Mutter und Großmutter – falls man das, was ihr als Kind widerfuhr, Erziehung nennen kann.

Der Fünfjährigen wird unter Androhung von Prügeln von der Großmutter beigebracht, ihre Vorväter aufzuzählen, wobei die Linie bis 300 Jahre zurückreicht. In den weiteren Jahren zwingt und prügelt die Großmutter das Kind dazu, die Abstammungslinie ihres Vaters über achthundert Jahre auswendig zu lernen, bis zum Beginn des großen Clans der Darod.

»Diese Namen machen dich stark«, bringt ihr die Großmutter bei. »Wenn du sie ehrst, halten sie dich am Leben. Wenn du ihnen Schande bereitest, wirst du verlassen sein. Du wirst ein Nichts sein. Du wirst ein elendes Leben führen und einsam sterben.«

Die Großmutter erzählt auch Geschichten, aber sie laufen immer auf dieselbe Botschaft hinaus: Ehre oder Schande, geborgen im Clan oder von diesem ausgestoßen sein. Darum kreist alles, auch in den anderen Familien. Und die Ehre des ganzen Clans, auch das bekommen alle Kinder, besonders die Mädchen, beigebracht, hängt an der Jungfräulichkeit. »Wir mussten den Regeln des Clans gehorchen. Misstrauen ist gut, besonders für ein Mädchen«, denn »wenn einer jungen Frau ihre Jungfräulichkeit geraubt wird, verliert sie nicht nur ihre eigene Ehre. Sie beschmutzt auch die Ehre ihres Vaters, ihrer Onkel, Brüder und Cousins. Es gibt nichts Schlimmeres, als Ursache einer solchen Katastrophe zu werden.«

Eben deshalb, um das größte anzunehmende Unglück zu verhindern, sorgt jede Familie mit so viel Energie und Einfallsreichtum dafür, dass die Jungfernhäutchen ihrer Mädchen bis zur Ehe intakt bleiben. Daher werden sie in einen unsichtbaren Jungfrauenkäfig gesperrt, der aus Hausarrest ab der Pubertät besteht. In Saudi-Arabien wird dieser Arrest sogar noch dadurch verschärft, dass sich Männer und Frauen, die keine Verwandten ersten Grades sind, innerhalb eines Hauses in getrennten Räumen aufhalten müssen. Wenn eine junge Frau das Haus verlassen will, darf sie das nur, wenn sie den Kopf bedeckt, sich verhüllt, sich unsichtbar macht, und möglichst nur in Begleitung eines Mannes. Dieser »Mann« kann auch ein zehnjähriger Junge sein, der seine Mutter begleitet.

Eine junge Frau mit einem beschädigten Jungfernhäutchen sei wie ein gebrauchter Gegenstand, schreibt Ayaan Hirsi Ali. Eine Frau, die vor der Eheschließung ihr »Unberührtheitssiegel« verloren hat, werde keine Ehe mehr schließen, weil sie keinen Ehepartner mehr finde. Es sei denn, sie hat das »Glück«, mit einem Mann zwangsverheiratet zu werden, der so großzügig ist, die »Scham der Familie« zu bemänteln. Aber solche »großzügigen« Männer seien entweder bettelarm, schwachsinnig, alt, impotent oder alles zusammen.

Eine Frau, die ihre Ehre verloren hat, gleicht in ihrer Verlassenheit »einem Klumpen Schafsfett in der Sonne«, sagt die Großmutter. »Alle kommen und tun sich an dem Fett gütlich. Ehe man es sich versieht, krabbeln die Ameisen und Insekten darauf herum.« Die Männer, sagte die Großmutter, seien »wie diese Ameisen und Fliegen: Wenn sie eine Frau sehen, können sie ihre Begierden nicht mehr beherrschen.«

An dieses Bild musste die erwachsene Ayaan denken, als sie - auf der Flucht vor einem Bürgerkrieg in Somalia - in einem kenianischen Flüchtlingslager von einer vergewaltigten Frau hörte. Weil sie allein da war, ohne Mann, war sie für die Soldaten Freiwild. Sie hatten sie in der Nacht aus ihrer Hütte gezerrt und vergewaltigt. Ayaan besuchte sie, kümmerte sich, ging Wasser holen für sie und bekam von den anderen Leuten ihrer Umgebung gesagt: »Du solltest dich nicht mir ihr einlassen. Sie ist unrein.« Die Vergewaltigte war nun eine Geächtete. Und es wurden immer mehr, je länger der Bürgerkrieg andauerte.

»Alle im Lager verstanden sich als Muslime«, schreibt Ayaan Hirsi Ali in ihrer Autobiografie, »doch niemand half diesen Frauen im Namen Allahs. Alle beteten - auch die Frau in der Hütte hatte gebetet -, doch keiner zeigte Mitgefühl.« Die vergewaltigten Opfer selbst fühlten sich schuldig und unrein und zu Recht gemieden. Sie hatten die islamische Sexualmoral so verinnerlicht, dass sie gar nicht in der Lage waren, auf die eigentlich Schuldigen hinzuweisen.

Später, in Holland, wo Ayaan Hirsi Ali rasch Holländisch lernt und als Dolmetscherin ihren Lebensunterhalt verdient, erhält sie einen tiefen Einblick in die multikulturelle Realität Hollands. Oft wird sie von der Polizei zum Dolmetschen geholt, auch von der Sittenpolizei. Dabei lernt sie die erschreckende Verwahrlosung kennen, in welche die islamische Sexualmoral führt, wenn sie mit der westlichen Welt zusammenstößt, beispielsweise im Fall von Anab, einer Freundin ihrer Cousine.

Mit dieser Freundin besucht sie Anab in deren Haus in Utrecht. Es stinkt nach Urin. Zwei kleine Kinder krabbeln in Windeln herum, die lange nicht mehr gewechselt worden sind. Das Wohnzimmer liegt voller schmutziger Windeln. Anab bietet ihnen Tee an, geht in die Küche, bleibt sehr lange weg. Die Freundin sagt: »Siehst du die Videobänder dort? Alles Porno. Hardcore. Anabs Mann leiht sich Pornofilme aus und zwingt Anab, sich die Bänder anzuschauen und all die perversen Dinge zu tun, die dort gezeigt werden.«

Jetzt erinnert sich Ayaan, dass sie Anabs Fall aus den Polizeiakten kennt. Anab und ihre Schwester Shukri sind als Minderjährige nach Holland zu ihrem Halbbruder Said gekommen. Dieser bekommt von den Behörden die Vormundschaft über die beiden Mädchen zugesprochen. Er nutzt sie, um beide sexuell zu missbrauchen, so lange, bis Shukri einer Sozialarbeiterin alles erzählt. Said wird verhaftet und zu einer Gefängnisstrafe verurteilt.

Aber Anab ist jetzt »entehrt«. Die ganze Familie, der ganze Clan ist »entehrt«. Dass die junge Frau Schreckliches durchlitten hat, dass sie jetzt die Hilfe und Unterstützung ihrer Familie bräuchte, dass sie traumatisiert ist und psychologische Hilfe bräuchte, das alles spielt keine Rolle. Für ihre Angehörigen gibt es nur ein einziges Problem zu lösen: die Wiederherstellung der Ehre der Familie.

Die Lösung findet sich in Gestalt eines Cousins, mit dem sie zwangsverheiratet wird. Dieser Cousin war vermutlich ein »Übriggebliebener«, sagt Ayaan, einer, der auf andere Weise keine Frau finden konnte. Daher habe die Familie zu ihm gesagt: Da ist eine für dich. »Die kannst du haben, aber dann musst du den Mund halten und darfst nichts über die Dinge sagen, die ihr zugestoßen sind.«

Und der Cousin nimmt sie und benutzt sie, wie sie zuvor von ihrem Halbbruder benutzt worden war. Sie gilt als ein Stück Dreck, »ein Klumpen Schafsfett in der Sonne«, an dem man sich gütlich tun kann. Und außerdem hat die Familie ihre Ehre wieder, also ist doch alles in Ordnung.

Nicht für Ayaan Hirsi Ali. Sie fragt sich und die islamische Kultur:

Wo sind die Mullahs, Imame und Ayatollahs, die solche Fälle zur Kenntnis nehmen, daraus sinnvolle Schlussfolgerungen ziehen und die islamische Sexualmoral und das islamische Mann-Frau-Verhältnis überprüfen? Wo ist die islamische Gemeinde, die für Frauen wie Anab ein Netz aufspannt, sich um sie kümmert und nach der Verantwortung der Männer fragt? Worauf eigentlich gründet die Ehre eines islamischen Mannes, der angesichts einer leichtbekleideten Frau so vorhersehbar jegliche Beherrschung zu verlieren droht, dass man die Frauen vor den Männern wegsperren und sie so verhüllen muss, dass kein Fitzelchen Haut mehr zu sehen ist?

Dazu sagt sie Sätze, die in westlichen Ohren schockierend klingen: »Im Islam wird der Mann als Ziegenbock beschrieben. Wenn er eine unverhüllte Frau sieht, bespringt er sie sofort.« Männer gälten in der islamischen Kultur »als verantwortungslose, gefährliche Tiere, die beim Anblick einer Frau sofort jede Selbstbeherrschung verlieren«. Das funktioniere aber nach dem

Schema einer sich selbst erfüllenden Prophetie. »Ein Muslim hat keinen Grund, warum er lernen sollte, sich zu beherrschen. Er braucht es nicht. Es wird ihm nicht beigebracht.« Den Mädchen dagegen werde beigebracht: »Etwas an ihnen macht Männer verrückt.« Die ganze Verantwortung laste daher auf den Frauen. »Darum müssen die Mädchen sich verhüllen und unsichtbar machen; darum fühlen sie sich ständig schuldig und schamerfüllt - weil es beinahe unmöglich ist, normal zu leben und gleichzeitig für die Männer unsichtbar zu sein.«

Aber auch an die westliche Kultur richtet Ayaan Hirsi Ali ihre Fragen:

Warum schreitet ihr nicht ein? Warum lasst ihr zu, dass auf europäischem Boden in Ländern mit demokratischen, rechtsstaatlichen Verfassungen islamisches Recht und Moral angewendet werden? Warum unternehmt ihr nichts gegen die schleichende Islamisierung? Glaubt ihr, muslimischen Frauen zu helfen, wenn ihr vor dem islamischen Machtanspruch zurückweicht, vor islamischen Männerbünden in die Knie geht?

Viele westliche Intellektuelle, politisch Korrekte, postmoderne Relativisten und romantische Verklärer des multikulturellen Zusammenlebens antworten mit Belehrungen und Vorhaltungen. Sie ermahnen die somalische Freiheitskämpferin, es nicht zu übertreiben mit ihrer Kritik am Islam. Fordern sie auf, genauer zu differenzieren, sich zu mäßigen, sich mehr Zurückhaltung aufzuerlegen und mehr Rücksicht auf die religiösen Gefühle der Muslime zu nehmen. Sie werfen ihr vor, mit ihren provozierenden Äußerungen alles nur noch schlimmer zu machen. Im günstigsten Fall bezeichnen sie ihre Aussagen als »brisant«.

»Brisant?«, fragt sie zurück. »In einem Land, in dem die Prostitution und weiche Drogen legal sind, in dem Sterbehilfe und Abtreibung praktiziert werden, in dem junge Männer im Fernsehen weinen, am Strand nackte Leute herumlaufen und im Fernsehen Witze über den Papst gerissen werden? Warum sollten meine Aussagen in einem solchen Kontext auch nur ansatzweise ›brisant‹ sein?«

Sie empfinde eher als brisant, dass ihren Kritikern, besonders den muslimischen, offenbar jegliches Mitgefühl für die Opfer der islamischen Sexualmoral fehle. Warum gibt es keine Kritik an der Verlogenheit dieser Moral, fragt sie, warum nicht einmal so etwas wie Nachdenklichkeit? Empathie?

Und gibt sich gleich selbst die Antwort: Weil es nicht gelernt wurde. Gelehrt wird und wurde das Gegenteil. Gelehrt wird, was im Koran steht. Seit ihrer Kindheit kennt sie die einschlägigen Suren, etwa jene, in der es heißt: »Wenn eine Frau und ein Mann Unzucht begehen, dann geißelt jeden von ihnen mit hundert Hieben. Habt kein Mitleid mit ihnen angesichts der Religion Gottes, so ihr an Gott und den Jüngsten Tag glaubt.« Zwingender noch als das Gebot, Unzüchtige zu geißeln, sei also, dass der Gläubige kein Mitleid zeige.

Kritik, Nachfragen, Erklärungen, warum das so sein müsse, seien ausgeschlossen. Ihr und den anderen Kindern sei nie etwas erklärt oder begründet worden, erinnert sich Ayaan Hirsi Ali. Für die Erwachsenen waren Kinder »wie kleine Tiere, Wesen, die man in das Erwachsenendasein zerren und prügeln muss, bis sie es wert sind, mit ihnen zu reden«. Bis es so weit war, hatten die meisten Kinder und Jugendlichen es aufgegeben, nach Gründen, Argumenten, Erklärungen, Sinnzusammenhängen zu suchen.

Daran erinnerte sie sich wieder, als sie in Holland einen Kurs über Psychologie und kindliche Entwicklung belegte. Erstmals im Leben hörte sie von Sigmund Freud, von Sexualtrieben, vom Unbewussten und vom Zusammenwirken von Ich, Es und Über-Ich. Erstmals hörte sie, dass es so etwas wie Entwicklungsphasen gebe, und sie fragte sich, wie sie »überhaupt im entferntesten Sinne normal sein konnte«, denn in ihrer Kindheit ist auf all das, was die Entwicklung fördert – kindliches Erleben, Bildung, Lesen, emotionale Geborgenheit, Denken, motorische Fähigkeiten, soziale Kompetenz –, keinerlei Rücksicht genommen worden.

Sie war die Lieblingstochter ihres Vaters, aber der war nie da. Mutter und Großmutter bevorzugten ihren Bruder Mahad. Die Mutter hielt Ayaans Schwester Haweya für tüchtiger und klüger. Verprügelt wurden alle drei Kinder von beiden Frauen immerzu, Mahud seltener als die Mädchen, und diese auch noch nach der Pubertät und als fast schon erwachsene Frauen.

Als sie mit vierzehn ihre Periode bekam, war sie von niemandem darauf vorbereitet, erhielt sie keine Hilfe von ihrer Mutter oder Großmutter, keine Erklärung, sondern Hiebe, und ihre Mutter schrie: »Dreckige Hure! Unfruchtbar sollst du sein! Krebs sollst du bekommen!« Was eigentlich mit ihr los ist, was das Blut zwischen ihren Beinen zu bedeuten hatte, hat ihr dann ihr Bruder erklärt. Von ihm kam auch der Hinweis auf den Laden, in dem man Binden kaufen konnte.

Angesichts solch einer Kindheit ist die Frage wahrlich berechtigt, wie sich Ayaan Hirsi Ali zu einem normalen, geistig regen und seelisch gesunden Menschen entwickeln konnte und wie sie es geschafft hat, ihrem Jungfrauengefängnis zu entkommen und in Holland zu einer weltweit bekannten Persönlichkeit zu werden. Die Frage ist umso berechtigter, wenn man auf ihre Geschwister sieht. Ihr Bruder Mahud entwickelt sich, wie sie selber sagt, zum »Taugenichts«. Ihre Schwester Haweya, von der Ayaan immer geglaubt hatte, sie sei die Stärkere, kam nach Holland, weil sie in Afrika abgetrieben hatte. Sie ließ sich in Holland ein zweites Mal schwängern, trieb erneut ab, entwickelte eine Psychose, kam in die Psychiatrie, kehrte nach Afrika zurück, bekam dort keine Medikamente gegen ihre Psychose und starb.

Warum hat sich Ayaan so ganz anders entwickelt als ihr Bruder und ihre Schwester? Warum gelang ihr nicht nur die Flucht in die Freiheit, sondern auch die Bewährung in der Freiheit?

Sie selbst hat sich diese Frage gar nicht gestellt. Zumindest ist keine öffentliche Äußerung von ihr dazu bekannt. Man muss es aus dem erschließen, was sie erzählt, und da fällt auf: Ayaan hat schon als Kind das, was sie erlebte, nicht unhinterfragt hingenommen, sondern sich Gedanken gemacht, nach Erklärungen und Sinnzusammenhängen gesucht, Theorien entwickelt, und um diese zu überprüfen, ihre Wirklichkeit beobachtet, dadurch Neugier und Wissensdurst entwickelt, ihre Sinne geschärft, ihren Verstand benutzt, sich für ihre Umwelt interessiert.

Schon als Kind fiel ihr die total unterschiedliche Behandlung von Jungen und Mädchen auf. Fragen nach dem Warum wurden von Mutter, Großmutter und Lehrern mit Koranversen beantwortet. Damit waren für die Erwachsenen alle Fragen beantwortet, also auch für Ayaan. Vorläufig. Dann ergaben sich neue Fragen. Allah sei großzügig, gütig und gerecht, wurde sie gelehrt, aber »warum wurden Frauen dann so unterdrückt?« Allah sei gnädig, aber »warum mussten wir Muslime dann Nichtmuslime meiden?« Allah sei weise, und nach seiner Weisheit zu leben, sei das sicherste Mittel für ein gutes Leben in der Familie, im Clan, im Gottesstaat. Aber Ayaans nach den Maximen Allahs lebende Familie zerfiel, die muslimischen Clans fielen übereinander her, und in den Gottesstaaten, die sie kennenlernte, herrschten Armut, Chaos, Unterdrückung und Krieg. Warum?

Die Antworten, die sie bekam, befriedigten sie nicht. Aber sie hatte niemanden, mit dem sie darüber reden konnte. Oberflächlich funktionierte sie daher immer weiter als gutes muslimisches Mädchen, das seinen Eltern eine gute Tochter sein und seinem Clan zur Ehre gereichen wollte. Unter der Oberfläche brodelte es. Unter der Oberfläche nisteten sich Zweifel ein, wuchs eine unbestimmte Sehnsucht nach Wahrheit, Freiheit und einem anderen Leben heran.

Es waren dann Chaos, Krieg und Flucht, die der jungen Ayaan wachsende Spielräume und Möglichkeiten von Freiheit bescherten. Das Leben auf der Flucht vor dem Krieg, die Verantwortung für Familienangehörige, die Notwendigkeit, etwas zu erlernen, um Geld zu verdienen, das Leben im Flüchtlingslager - all das nötigte die junge Frau, eigenverantwortlich zu handeln, ermöglichte ihr, selbstständige Entscheidungen zu treffen und die Erfahrung zu machen, dass sie das kann. So wuchs ihr Selbstvertrauen, so wuchs ihr Selbstbewusstsein. Und als dann der Tag kam, an dem das Schicksal jeder muslimischen Frau besiegelt wird, widersetzte sie sich.

Ihr Vater hatte stolz einen wohlhabenden, gut ausgebildeten, in Kanada lebenden Somalier als Schwiegersohn auserkoren. Es war ein Schock für Ayaan. Sie wusste, dass dieses Schicksal sie eines Tages unweigerlich treffen würde. Sie hatte sich doch schon längst heimlich davon weggeträumt, auf eine Liebesheirat gehofft, auf eine romantische Geschichte, wie sie in westlichen Romanen beschrieben wird, von denen sie schon so viele - gute wie schlechte - gelesen hatte, als sie 1992, dreiundzwanzig Jahre alt, Osman Moussa gegenüberstand, dem wildfremden Mann, mit dem sie leben sollte, dem sie das Essen kochen, Kinder gebären, den Haushalt führen sollte, mit dem sie Sex haben sollte, so oft er es wollte.

Der Mann »stieß mich weder ab, noch zog er mich an. Ich war gleichgültig und fühlte überhaupt nichts. Ich hatte auch nicht den Eindruck, dass er sich sonderlich für mich interessierte. Die Hochzeit sollte am Samstag in sechs Tagen stattfinden.«

Sie fühlte sich wie ein Tier in der Falle. Sie wollte diese Ehe nicht. Und wusste doch: Es ist bereits alles arrangiert. Ihr Vater hatte alle nötigen Formalitäten erledigt, den zuständigen Beamten unterrichtet, den Ort der Zeremonie festgelegt, die Schafe gekauft, die fürs Festessen zu schlachten waren. Sie saß in einem Zug, der nicht mehr aufzuhalten war. Und alle lobten ihren Vater für seine gute Wahl, die Weisheit seiner Entscheidung. Alle beglückwünschten Ayaan und lebten in freudiger Erwartung auf das Fest, alles ging seinen geordneten Gang.

Sie ging trotzdem zu ihrem Vater, um ihm zu sagen, dass sie nicht einverstanden sei. Der, obwohl Akademiker, obwohl in Italien und in den USA auf der Universität ausgebildet, nahm sie überhaupt nicht ernst. Ayaan wurde verheiratet.

Sechs Tage hatte sie Zeit, ihren Mann kennenzulernen, dann reiste er nach Kanada ab. Sie sollte ihm folgen, sobald sie über ein Visum verfügte. Das war kompliziert, dauerte, weil die kanadische Botschaft in Nairobi mit ausreisenden Somalis überfüllt war. Ayaans Vater erfuhr, dass es in Deutschland schneller gehen würde mit dem Visum. In Düsseldorf wurde ein Verwandter um Hilfe gebeten, und so flog Ayaan nach Frankfurt und fuhr von dort mit dem Zug zu ihrem Onkel Mursal nach Düsseldorf weiter. Der quartierte sie bei einer Verwandten in Bonn ein.

In Bonn denkt sie noch einmal über ihr Leben nach. Sie will diese Ehe nicht, aber sie will ihren Vater, ihre Mutter, ihren ganzen Clan auch nicht enttäuschen, will eine gute Tochter sein, in Frieden mit ihrer Familie leben. Aber ist der Preis für diesen Frieden nicht zu hoch?

Ja, sagt sie sich, dieser Preis ist mir zu hoch. Lieber nehme ich das Zerwürfnis mit meiner Familie in Kauf, als dass ich ein Leben führe, das ich nicht will, das mir zutiefst widerstrebt. Lieber lebe ich einsam, allein und ausgestoßen, aber frei, als im Einverständnis mit meinem Clan und meiner Herkunft unfrei.

Und da beschließt Ayaan: Ich werde nicht nach Kanada fliegen. Ich tauche unter. Nicht in Deutschland, da wird man mich finden, alle wissen, dass ich hier bin. Ich werde nach Holland gehen.

Am Freitag, dem 24. Juli 1992, steigt sie in Bonn in den Zug nach Amsterdam. Jedes Jahr denkt sie an diesen Tag, feiert ihn als ihren eigenen Geburtstag, den Tag, an dem sie in die Freiheit entkam und in Holland freundlich aufgenommen wurde.

Ayaan Hirsi Ali hatte sich von Kindheit an beigebracht, in Ketten zu tanzen. Und hatte irgendwann die Erfahrung gemacht, dass die Ketten dabei von einem abfallen. Das letzte Glied dieser Kette fiel ab, als sie im Flüchtlings-Aufnahmezentrum von Zeewolde vor einem Polizisten stand, um sich registrieren zu lassen.

»Für mich war ein Polizist ein Tyrann, der bestochen werden wollte und alles andere als hilfsbereit war«, schreibt Ayaan. Darum fragt sie den Polizisten: »Warum helfen Sie mir?«

Er habe gelächelt und gesagt: »So sind die Regeln.«

Ob alle Polizisten so freundlich seien, fragte sie. Und er antwortete, das wolle er doch schwer hoffen.

»Für mich war der Staat immer etwas Schlechtes gewesen. Er war korrupt, verlogen und repressiv. Hier dagegen bemühten sich alle zu helfen, und zwar ihnen völlig fremden Menschen – wie behandelten die wohl erst ihre eigenen Clans?«

»Nun war alles möglich«, schloss sie, und wenn sie je von Perikles gehört hätte, hätte sie vielleicht zitiert, was dieser vor 2500 Jahren gesagt hatte: »Das Geheimnis des Glücks ist die Freiheit, und das Geheimnis der Freiheit ist der Mut.«

Alice Schwarzer
Die Hälfte der Welt für die Frau

* 1942 in Wuppertal als uneheliches Kind ✿ kaufmännische Lehre, Arbeit als Sekretärin in verschiedenen Firmen ✿ 1964 geht sie als Au-pair nach Paris ✿ Volontariat bei den *Düsseldorfer Nachrichten* ✿ danach freie Journalistin für verschiedene Zeitungen ✿ 1969 Rückkehr nach Paris, Kontakt mit Simone de Beauvoir ✿ 1971 startet Schwarzer die Aktion »Frauen gegen § 218« ✿ 1975 erscheint ihr erstes Buch *Der »kleine Unterschied« und seine großen Folge*n ✿ 1977 Gründung der Frauenzeitschrift *Emma*

Für Europäer, vor allem für Deutsche, gibt es keinen Grund, sich über die islamische Kultur besonders erhaben zu fühlen und den 500-jährigen Vorsprung europäischer Aufgeklärtheit gegenüber dem Islam hervorzukehren. Es ist gerade mal ein halbes Jahrhundert her, dass sich aus Europa der Rauch aus den Kaminen von Auschwitz verzogen hatte. Der europäische Boden war getränkt mit dem Blut der in zwei Weltkriegen verheizten Soldaten und Zivilisten, und der Motor dieser Kriege waren Nationalismus, Fundamentalismus, Rassenwahn und Hass gegen die Moderne.

Auch bei den Frauenrechten waren wir keineswegs so fortschrittlich, wie wir uns heute angesichts türkischer Kopftuchträgerinnen fühlen. Das aktive und passive Wahlrecht der Frauen wurde in Deutschland erst 1919 eingeführt und das passive Wahlrecht war von den Nationalsozialisten nach 1933 wieder kassiert worden.

Französinnen mussten bis 1944 warten, bis sie wählen und sich wählen lassen durften, Belgierinnen und Italienerinnen bis 1946. In der Schweiz bekamen die Frauen erst 1971 das Recht, bundesweit an Wahlen teilzunehmen, und im Schweizer Kanton Appenzell Innerrhoden dauerte es bis 1990.

Die typische Rollenverteilung zwischen Mann und Frau in der Bundesrepublik, die Bindung der Frau ans Haus und ihre Bevormundung durch den Mann wurden erst seit ungefähr den Siebzigerjahren infrage gestellt, und bis daraus ein Gesetz wurde, vergingen sechs Jahre. Erst seit 1977 müssen deutsche Frauen ihre Ehemänner nicht mehr um Erlaubnis bitten, wenn sie einer Erwerbsarbeit nachgehen wollen.

Dass eine Frau jungfräulich in die Ehe ging, wurde in Deutschland bis weit in die Sechzigerjahre hinein gefordert. Vor der Ehe schwanger zu werden, galt als peinlich. Als Frau ein Kind in die Welt zu bringen, ohne einen Mann dazu vorweisen zu können, war für die betreffende Frau eine Tragödie und eine Schande für ihre Familie. Das Zusammenleben unverheirateter Paare war verboten. Es herrschte eine bürgerliche Doppelmoral. Einerseits sollten natürlich alle Frauen jungfräulich heiraten, andererseits erwartete man von einem richtigen Kerl, dass er schon ein paar voreheliche Sex-Erfahrungen vorweisen konnte. Einerseits stand eheliche Treue hoch im Kurs, andererseits hatten viele Frauen und noch mehr Männer immer auch außereheliche Beziehungen. Aber solange das im Verborgenen geschah und geheim blieb, war offiziell alles in Ordnung. Die Fassade musste stimmen. Wie dahinter gelogen wurde, ging niemand etwas an. Erst in den Siebzigerjahren bröckelte dieses Modell.

Bis dahin und noch lange darüber hinaus spukte ein Frauenbild durch die Köpfe, das in einem Bericht der Bundesregierung von 1966 so beschrieben war: »Pflegerin und Trösterin soll die Frau sein; Sinnbild bescheidener Harmonie, Ordnungsfaktor in der einzig verlässlichen Welt des Privaten; Erwerbstätigkeit und gesellschaftliches Engagement sollte die Frau nur eingehen, wenn es die familiären Anforderungen zulassen.«

Dabei war das Buch gegen die Unterdrückung der Frauen und deren Abkommandierung in die Pfleger- und Trösterrolle längst geschrieben. Nur war es rasch wieder vergessen worden, obwohl es bei Erscheinen im Jahr 1948 großes Aufsehen erregt, Männer wie Frauen empört und seine Verfasserin schlagartig weltberühmt gemacht hatte. Es hatte den Titel *Das andere Geschlecht* und seine Verfasserin hieß Simone de Beauvoir, geboren 1908.

Erstmals hatte eine Frau konsequent und radikal darüber nachgedacht, was es heißt, eine Frau zu sein, was es für Frauen bedeutet, vom Mann gegängelt, bevormundet, angebetet, verachtet, idealisiert, mythisiert, definiert und, ja, auch penetriert zu werden. Simone de Beauvoir ging es nicht primär um gleichen Lohn für gleiche Arbeit, um Bildungschancen und um politische Rechte, sondern um die tatsächlichen und vermeintlichen Unterschiede in der Biologie des Mannes und der Frau und den daraus abgeleiteten Rollenzuweisungen für Männer und Frauen.

Mit welchem Recht wird die Frau auf eine Trösterin und Pflegerin reduziert, ins Haus verwiesen, zur Mutterschaft verpflichtet? Wer definiert das Wesen der Frau? Mit welcher Begründung? Zu welchem Zweck?

Und Beauvoir antwortet: Frausein sei eine Erfindung männlicher List zur Abwälzung unangenehmer Aufgaben. Sie formuliert den historisch einschneidenden Satz: »Man wird nicht als Frau geboren, man wird es.« Man werde vom Tag der Geburt an zur Frau gemacht in der Familie und in der Gesellschaft durch Erziehung, Bücher, Filme, Spielzeug, Vorbilder. Mädchen würden für ihre spätere Funktion als Hausfrauen, Mütter und Alten- und Krankenpflegerinnen regelrecht zugerichtet und dressiert. Weibliches Dienen und männliches Herrschen seien aber nicht angeboren, sondern anerzogen. Kein Geschlecht sei von Natur aus körperlich und geistig minder leistungsfähig als das andere. Dass es die Frau ist, die Kinder gebärt, daraus folge nicht zwangsläufig, dass sie sich ausschließlich darum zu kümmern habe, denn jedes Kind hat auch einen Vater.

Simone de Beauvoir machte vor keinem Tabu halt, dachte auch über Sex nach, über weibliche und männliche Geschlechtsteile, über ihre eigene Sexualität, ihre eigenen sexuellen Bedürfnisse. Das war ein Skandal. »Ich habe alles über die Vagina ihrer Chefin erfahren«, sagte der christliche Schriftsteller François Mauriac, mehr empört als spöttisch, zu einem Mitarbeiter von Simone de Beauvoir nach der Lektüre ihres 900 Seiten dicken Buches. Es wurde von der katholischen Kirche auf den Index gesetzt.

Sogar Beauvoirs Freund, der Schriftsteller Albert Camus, tobte, sie habe den französischen Mann lächerlich gemacht. Unbefriedigt und frigide sei sie, wüteten ihre Kritiker, lesbisch, männermordend sei sie, las man in den Medien. Beauvoir kümmerte sich nicht darum, verweigerte die Ehe und die Mutterschaft, führte ein selbstbestimmtes Leben als Schriftstellerin. Zum Philosophen Jean Paul Sartre unterhielt sie eine lebenslange Beziehung, zeitweise auch zu anderen Männern.

Irgendwann legte sich die Aufregung wieder und das Buch verstaubte in den nachfolgenden Jahrzehnten in den Bibliotheken. Kein Wunder. Es war ja niemand da, der sich der Sache der Beauvoir annehmen und ihr Thema im öffentlichen Bewusstsein hätte halten können. Die Wissenschaft, die Verlage, die Zeitungen, die Zeitschriften, das Radio und später das Fernsehen bestanden aus Männern. Die hatten andere Interessen.

Eine der Ersten, die Simone de Beauvoir wiederentdeckte und ihre Thesen im Deutschland der Siebzigerjahre bekannt machte, war eine junge, unbekannte Frau, von der man nicht genau sagen konnte, was sie eigentlich ist: Studentin, freie Journalistin, Jobberin, Aktivistin der 68er-Szene? Heute kann man sagen, dass sie damals im Begriff war, die zu werden, die sie heute ist: Alice Schwarzer. Nur wusste das damals niemand, sie selbst auch nicht.

Die 1942 in Wuppertal geborene Alice Schwarzer hatte kein bürgerliches Elternhaus, das sich um ihre Bildung kümmerte, sie aufs Gymnasium schickte, studieren ließ und über nützliche Kontakte verfügte. Da war niemand, der ihr einen Weg in eine sichere berufliche Existenz hätte bahnen können, niemand, den sie um Rat hätte fragen können. Alice musste sich ihre Schneisen durchs Leben selber schlagen und sich erst selbst erfinden.

Sie kam unehelich auf die Welt, und bei ihrer Geburt meinte der Arzt, das Ereignis gegenüber der gerade 22 Jahre alten Mutter kommentieren zu müssen mit dem Wort: »Na, rein geht's besser als raus?«

Natürlich wurde Alices junger Mutter nicht erlaubt, die volle Verantwortung für ihr Kind zu übernehmen. Das damals geltende Gesetz sah vor, dass ein männlicher Vormund als Erziehungsberechtigter zu bestimmen war. Diese Vormundschaft übernahm der Großvater - ein Glücksfall, wie Alice Schwarzer später sagt. Er sei sehr mütterlich, zärtlich, sensibel, ein »leuchtend positives Beispiel positiver Unmännlichkeit«. Sie sei sehr tolerant erzogen worden. Großeltern und Mutter hätten ihr schon als kleines Kind das Gefühl gegeben, als ein gleichberechtigter Partner anerkannt zu sein.

Die finanzielle Basis der Familie war ein eigenes kleines Tabakwarengeschäft, in dem auch Schwarzers Mutter immer wieder aushalf.

41

Was macht ein intelligentes Mädchen, das aus solchen Verhältnissen kommt? Es absolviert die Handelsschule und weiß danach nicht so recht, wie es weitergehen soll. Was mit so einem Abschluss möglich ist, will sie nicht so richtig, was sie eigentlich will, weiß sie nicht so genau. Also startet sie suchend und tastend, sich ausprobierend ins Leben und hangelt sich von einer sich bietenden Gelegenheit zur nächsten.

Innenarchitektin will sie werden – weil sie Doris Day in einem Film in dieser Rolle gesehen hatte. Dazu ist es zunächst nötig, eine Schreinerlehre zu machen. Die macht sie einen Tag lang. Dann wird sie heimgeschickt mit den Worten: »Es gibt Ärger mit dem Gewerbeaufsichtsamt, wir dürfen keine Frauen ausbilden, weil wir keine Frauentoilette haben.«

Also geht sie nun doch den Weg, der durch einen Handelsschulabschluss vorgezeichnet ist. Sie macht eine kaufmännische Lehre, arbeitet in der Maschinenbuchhaltung einer Fabrik für Autozubehör, als Sekretärin in einer Düsseldorfer Werbeagentur und in einem Münchner Verlag. Glücklich wird sie nirgends, denn sie soll überall immer nur im Büro sitzen, Dinge tippen, die sie nicht interessieren, Chefs haben, die dümmer sind als sie selbst, sich in Hierarchien fügen, die selten sachlich begründet sind, und immerzu nur tippen, tippen, tippen, aber nicht denken.

»Es war der klassische Weg der Frauen«, sagt sie, »die Umgebung, in der man arbeitete, wurde interessanter, aber man selbst blieb als Sekretärin weiter hinter der blöden Maschine und langweilte sich. Irgendwann wird einem klar, dass alle Versuche, das Leben sinnvoll zu gestalten, gescheitert sind.« Es sei die Situation, in der viele junge Mädchen ihren Job aufgeben und lieber heiraten.

Aber nicht Alice. Sie wird hellhörig, als sie in München von der Existenz einer Journalistenschule hört. Journalistin werden – das ist es, denkt sie. Ins Ausland gehen, eine Sprache lernen und dann auf die Journalistenschule gehen. Weiter hinter der Schreibmaschine sitzen und tippen, aber eigene Texte. Schreiben über das, was einen wirklich interessiert, was relevant ist, Bedeutung hat – das wird mein Weg sein, sagt sie sich. Und es wird ihr Weg.

Leicht ist er nicht. Eine wie sie, deren Eltern ihr keinen Auslandsaufenthalt finanzieren können, muss erst einmal einen Umweg in Kauf nehmen: Als Au-pair-Mädchen geht sie 1964 nach Paris. Man kann auch weniger vornehm sagen: Sie geht putzen. Aber sie weiß, wofür. Das Geld, das sie verdient, reicht knapp für Essen, Wohnen, für die Sprachenschule und für die Erkundung von Paris, für Konzerte, fürs Kino, fürs Theater. Weil sie neugierig ist und kontaktfreudig, schon immer viel gelesen hat und nun französische Bücher liest, vor allem Camus und Sartre, lernt sie Französisch quasi nebenbei.

Nach zwei Jahren fühlt sie sich fit für die Journalistenschule, kehrt nach Deutschland zurück, bewirbt sich, schafft die erste Runde des strengen Auswahlverfahrens. Aber in der zweiten fällt sie durch. Nun schreibt sie zahlreiche Bewerbungen für ein Volontariat und wird schließlich genommen von den *Düsseldorfer Nachrichten*. Wieder ist es nicht leicht, sich zu behaupten. Die Konkurrenten haben einen Hochschulabschluss, sie hat nicht einmal Abitur, aber 24 Lebensjahre, in denen sie sich meist allein irgendwie durchschlagen musste. Sie hat ihre Intelligenz, ihre Neugier, ihr Engagement und entwickelt eine Leidenschaft für die Themen, die sie sich sucht und über die sie schreibt – von allem ein bisschen zu viel für die *Düsseldorfer Nachrichten*. Nach dem Ende des Volontariats wird sie nicht übernommen.

Eigentlich gehört eine wie sie zum *Spiegel* oder zur *Zeit*. Die wollen sie nicht. Also nimmt sie, was sie kriegt: eine Stelle bei einem Hochglanzmagazin namens *Film und Frau* – nicht das, was sie sich vorstellte. Aber wenigstens ist sie jetzt schon einmal in Hamburg, also näher an der Chefredakteurin der *Zeit*, Marion Gräfin Dönhoff, ihrem großen journalistischen Vorbild.

Draußen auf den Straßen tobt gerade die 68er-Studentenrevolte, nicht nur in Deutschland und Frankreich, sondern weltweit. Alice Schwarzer nimmt heftig Anteil, vorerst aber hauptsächlich lesend. Nicht nur in der *Zeit*, sondern auch in den Magazinen *Pardon* und *konkret*. Bei *Pardon* bewirbt sie sich. Wird genommen. Soll die Nachfolge von Günter Wallraff antreten, der gerade die Existenzform des Undercover-Reporters für sich entdeckt, sich in bestimmte Unternehmen und Milieus eingeschlichen hatte, um darüber zu berichten, und damit berühmt geworden war.

Alice Schwarzer steigt mutig in dessen große Fußstapfen, berichtet über die Heimatvertriebenen, die katholische Zeitung *Bildpost* und die VDO-Tachowerke. Bei diesem Unternehmen deckt sie, wie Wallraff, die ausbeuterischen Methoden auf. Aber bei ihr kommt jetzt etwas Neues hinzu, was damals wohl noch kaum jemandem als neu aufgefallen ist, vermutlich noch nicht einmal ihr selbst. Es zeichnet sich ihr Thema ab, ihr Lebensthema: der Unterschied zwischen Mann und Frau. »Wenige Tage haben genügt, und ein gön-

43

nerhaftes Meister-Lob lässt mich freudig erröten«, schreibt sie. »Ich niete nicht nur wie die anderen, ich ducke mich auch wie die anderen. Da gibt es kein Ausbrechen. Frau sein heißt bei VDO: bescheiden sein. Frau sein heißt: kleinlaut befolgen, was Männermund großspurig verkündet. Frau sein heißt: viel arbeiten und noch weniger verdienen als die anderen Männer.«

So etwas las man bei Wallraff nicht. So etwas las man damals überhaupt nirgendwo, auch nicht in den fortschrittlichen, linken Blättern, die es doch so sehr mit der Gleichheit hatten und der Solidarität mit den Schwächeren. Aber, und das sah Alice damals schon sehr scharf: Diese Blätter werden von Männern gemacht, und es ist eine Männergleichheit und eine Männersolidarität, die da gepflegt wird, wie übrigens auch in den tonangebenden Studentenzirkeln. Dort waren es ausnahmslos Männer, die das große Wort führten. Sie diktierten die Texte der Flugblätter, die Frauen tippten, kochten den Kaffee und machten den Dreck weg. Und bei den Redaktionskonferenzen von *Pardon* lernte sie den Herrenwitz-Jargon kennen.

Alice, mittlerweile 27, verlässt *Pardon*, geht wieder nach Paris, schreibt von dort Artikel für deutsche Zeitungen, berichtet für den WDR über Streiks in Frankreich, Fabrikbesetzungen und die politischen Aktivitäten von Jean-Paul Sartre und Simone de Beauvoir. Und sie beginnt, in Paris Psychologie und Soziologie zu studieren. Sie gerät dort in die politischen Turbulenzen der damaligen Zeit, und nun wird ihr bewusst, was ihr bei den politischen Auseinandersetzungen in Deutschland gefehlt hat: der Kampf gegen die Unterdrückung der Frau. Jetzt liest sie *Das andere Geschlecht* von Simone de Beauvoir. Und *Der Weiblichkeitswahn* von der amerikanischen Feministin Betty Friedan.

In Deutschland demonstrieren die Studenten noch immer gegen den Vietnamkrieg. In Paris geht es auch um den Geschlechterkrieg. In Deutschland versammeln sich junge Männer, um gegen die Ausbeutung und Unterdrückung der Menschen in der Dritten Welt zu protestieren. In Paris versammeln sich junge Frauen, um gegen ihre eigene Ausbeutung zu protestieren und darauf aufmerksam zu machen, dass Freiheit, Gleichheit und Solidarität universal und unteilbar sind, also auch für Frauen gelten, ja längst hätten gelten müssen.

In Paris, aber auch in Deutschland, lernt Alice Schwarzer den männlichen Kämpfer für Freiheit, Gleichheit und Solidarität zu durchschauen. Er predigt diese Werte immer nur den anderen, weigert sich aber, das gepredigte Wort auch auf sich selbst anzuwenden. »Freiheit für Nicaragua«, ruft dieses Wesen auf der Straße, aber zu Hause in seinen privaten vier Wänden erwartet der Revolutionsheld von seiner weiblichen Partnerin wie selbstverständlich, dass sie seine stinkenden Socken wäscht, regelmäßig etwas zu essen auf den Tisch stellt und ein Mindestmaß an Ordnung und Sauberkeit aufrechterhält. Und auch jederzeitige sexuelle Verfügbarkeit wird erwartet.

Plötzlich kann Alice Schwarzer in Worte fassen, was ihr seit vielen Jahren nur wortloses Unbehagen bereitet hat: Es gibt ein Machtverhältnis zwischen den Geschlechtern, das sich durch alles zieht, durch Rassen und durch Klassen. Wird es erschüttert, beben auch alle anderen Machtverhältnisse.

Jetzt hat sie ihr Lebensthema gefunden, stürzt sich voller Begeisterung in die Pariser Frauenszene, schreibt Flugblätter, organisiert Aktionen und berichtet darüber gleichzeitig nach Deutschland. Sie besucht auch Simone de Beauvoir, interviewt sie und stellt sie in deutschen Medien als eine der wichtigsten Theoretikerinnen der gerade entstehenden Frauenbewegung vor.

Sie pflegt auch eine neue Form des Journalismus, den parteilichen, interessegeleiteten, kämpferischen Journalismus, der die Realität bewusst einseitig aus der Sicht von Betroffenen darstellt und Emotionen nicht scheut. Natürlich wird sie dafür angegriffen, besonders von Männern, die sich viel auf ihre Objektivität und ihren distanzierten, neutralen Blick auf die Wirklichkeit einbilden.

Dagegen kontert sie: »Wollen die Herrn (...) tatsächlich diesen absurden, nie praktizierten und unpraktizierbaren Objektivitätsanspruch aufrechterhalten? Muß man wirklich noch sagen, daß es objektiven Journalismus nicht gibt; nicht geben kann? (...) Nur eingestandene Subjektivität wird dem Leser oder Zuschauer ermöglichen, journalistische Präsentierung (die schon bei der notwendigen Auswahl der Fakten beginnt) nachzuvollziehen, seine Auswahlkriterien zu berücksichtigen und damit einer Realität auf die Spur kommen zu können. Hand in Hand mit dieser Pseudo-Objektivität geht die Ablehnung der Emotionalität, solange es nicht die eigene ist. Während die Mehrzahl der Intendanten und Politiker, manche Journalisten und alle Kirchenfürsten vor Emotionen überschwappen, sollen wir Frauen uns immer schön an die Spielregeln halten. Denn Emotionen, die bringen artig disziplinierte Bürgerinnen, Ehefrauen und Freundinnen auf dumme, aufmüpfige Gedanken. Darum sind sie so gefährlich. Und so richtig.«

Wumm. Es ist diese schnörkellose, immer schnell auf den Punkt zusteu-
ernde Sprache, die eines der Geheimnisse des Erfolgs der Alice Schwarzer
werden wird. Während die meisten ihrer Mitstreiterinnen die feministische
Botschaft in ihren universitär verbildeten, ungenießbaren Soziologenjargon
verpacken, rattert Alice Schwarzer ihre Sätze aus sich heraus wie Patronen
aus einem Maschinengewehr und mäht damit die Männerfront nieder wie
keine andere.

Sie reist jetzt öfter nach Deutschland, um auch dort dabei zu helfen, die Sache der Frauen auf die Tagesordnung zu setzen. Reist wieder zurück nach Paris, pendelt und merkt irgendwann, dass sie sich zwischen beiden Ländern
entscheiden muss. Sie liebt Paris, aber Deutschland ist ihre Heimat. Sie entscheidet 1974 sich für die Heimat.

1971 gilt in Deutschland noch immer der Paragraf 1356 des Bürgerlichen Ge-
setzbuchs: »Die Frau führt den Haushalt in eigener Verantwortung. Sie ist berechtigt, erwerbstätig zu sein, soweit dies mit ihren Pflichten in Ehe und Familie vereinbar ist.«

Das muss sich ändern. Aber wie? Wie lässt sich das, was im Deutschland der
Siebzigerjahre für eine reine Privatsache gehalten wird, also die Ehe, der Sex,
die Mutterschaft, zu einer öffentlichen, politischen Angelegenheit machen?
Dass die Leibeigenschaft der Bauern, die Rechtlosigkeit der Bürger und die
Ausbeutung der Arbeiter politischen Sprengstoff bargen, war für jedermann
unmittelbar einleuchtend. Aber wo liegt der Sprengstoff, wenn Frauen öffentlich über die Frage diskutieren: Wer putzt, wer spült, wer kocht und wer wi-
ckelt das Baby?

Hört auf, uns mit diesem »Weiberkram« zu behelligen, bekamen die Frauen
von Männern und auch von vielen Frauen gesagt. Und noch der spätere Bun-
deskanzler Schröder hatte dafür das verächtliche Wort »Frauen und so'n Gedöns« geprägt. Männer haben das »Gejammere der Frauen« noch über Jahrzehnte für deren Privatsache gehalten, mit der die politische Öffentlichkeit
doch bitte schön nicht zu behelligen sei.

Wie macht man das »Gedöns« politikfähig? Wie macht man den Männern
klar, dass die angeblichen Privatangelegenheiten der Frauen gesellschaftliche Angelegenheiten sind, die auch Männer betreffen? Alice Schwarzer importierte die Antwort aus Frankreich. Dort waren Anfang 1971 französische

Feministinnen öffentlich für das Recht auf Schwangerschaftsunterbrechung eingetreten und hatten sich selbst der illegalen Abtreibung beschuldigt. In Frankreich, wie auch in Deutschland, wurde Frauen, die abtrieben, der Prozess gemacht, sie kamen ins Gefängnis, galten fortan als gemeine Kriminelle. Das wollten die Französinnen nicht mehr länger hinnehmen.

Alice Schwarzer erkannte: Das ist der richtige Ansatz. Der Paragraf 218 des Strafgesetzbuchs sei abzuschaffen, forderte sie. Sie führte Hunderte von Gesprächen mit Frauen, um sie für die Idee zu gewinnen, es den Französinnen gleichzutun. Sie hatte Erfolg. Anfang Juni 1971 erschien das Magazin *Stern* mit einem Titelbild, das rund zwei Dutzend Passfotos von Frauen zeigte mit der Zeile: »Wir haben abgetrieben«. Im Heftinnern veröffentlichte das Blatt eine Liste mit 374 Namen von Frauen, die sich des Verstoßes gegen den Paragrafen 218 bezichtigten, um ihn zu Fall zu bringen. Zehntausende weiterer Unterschriften folgten.

Die Botschaft kam an: Am Zustandekommen eines Kindes sind immer zwei beteiligt. Aber die Folgen hat allein die Frau zu tragen, entweder indem sie die »Schande einer unehelichen Schwangerschaft« in Kauf nimmt und das Kind austrägt oder indem sie sich unter Lebensgefahr einer »Engelmacherin« anvertraut. Der Mann hat mit der ganzen Sache nichts zu tun, kommt allenfalls für die Kosten auf.

Das war nun allerdings brisant. Der Abtreibungsparagraf war hochpolitisch, damit konnte man die Männer aus der Reserve locken. Jetzt bekam die Sache der Frau erstmals öffentliche Aufmerksamkeit. Jetzt konnte man auch über die anderen Themen reden. Und es wurde geredet. Schriftstellerinnen thematisierten ihr Frausein, Journalistinnen berichteten darüber, Politikerinnen arbeiteten an ersten Gesetzesänderungen, es entstand eine Frauenliteratur, Frauenbuchläden wurden gegründet und Alice Schwarzer gründete 1977 die Frauenzeitschrift *Emma*.

Alice Schwarzer sieht in der Aktion 218 das Startsignal für die »zweite deutsche Frauenbewegung«. In einer ersten Bewegung dieser Art hatten sich Anfang des zwanzigsten Jahrhunderts damals als »Suffragetten« bespöttelte Frauen den Zugang zu den Universitäten und das Wahlrecht erkämpft. Jetzt entstand eine zweite, von breiteren Schichten getragene Bewegung, die sich nicht nur gegen den »staatlich verordneten Gebärzwang« solidarisierte, sondern bald schon alle Facetten der offenen und subtilen Formen der Unterdrückung des weiblichen Geschlechts beschrieb.

Aber eigentlich war Schwarzers Aktion 218 der Beginn einer dritten Frauenbewegung, nicht der zweiten. Die erste hatte sie vergessen. Sie war allerdings auch nur eine kurze Episode während der Französischen Revolution, so kurz und von so wenigen Frauen getragen, dass man von »Bewegung« eigentlich nicht sprechen kann. Aber der Gedanke wurde erstmals ausgesprochen während dieser Revolution.

»Freiheit, Gleichheit, Brüderlichkeit« lautete deren Schlachtruf 1789. In der »Erklärung der Menschen- und Bürgerrechte« formulierte die Französische Nationalversammlung im Artikel 1: »Die Menschen sind und bleiben von Geburt frei und gleich an Rechten. Artikel 4 garantiert: Die Freiheit besteht darin, alles tun zu können, was einem anderen nicht schadet. So hat die Ausübung der natürlichen Rechte eines jeden Menschen nur die Grenzen, die den anderen Gliedern der Gesellschaft den Genuß der gleichen Rechte sichern.«

Es war die Schriftstellerin Olympe de Gouges (1748–1793), die daraus eine einfache, im Grunde triviale Dreisatz-Logik ableitete: Die Menschenrechte gelten für Menschen. Frauen sind Menschen. Also gelten die Menschenrechte auch für Frauen – ein eigentlich für jedermann einfach nachzuvollziehender Gedanke. Und doch eine Idee, die um zwei Jahrhunderte zu früh kam.

Dennoch formulierte Olympe de Gouges unerschrocken eine »Erklärung der Rechte der Frau und Bürgerin«. Im ersten Artikel heißt es: »Die Frau ist frei geboren und bleibt dem Manne gleich in allen Rechten.«

Doch die Revolutionäre waren unfähig, das Selbstverständliche an dieser Forderung zu erkennen. Ihre Menschenrechte wollten sie nur auf sich selbst angewandt sehen, auf den männlichen Teil der Menschheit, auf den männlichen weißhäutigen Teil der Menschheit, wie sich im weiteren Verlauf der Geschichte noch herausstellen sollte.

Vier Jahre nach ihrer Erklärung der Frauenrechte landete Olympe de Gouges auf dem Schafott, wurde vergessen. Das bisschen Fortschritt, das sich die Frauen während der Revolution erkämpft hatten, ging im Lauf der Jahrzehnte wieder verloren. Schon im Jahr der Hinrichtung von Olympe de Gouges verbot die Nationalversammlung die während der Revolution entstandenen Frauenclubs, später kam ein generelles Versammlungsverbot für Frauen hinzu.

Von den Fortschritten, die Napoleon gewaltsam in ganz Europa durchzusetzen versuchte, kam bei den Frauen nichts an. Der Ehemann war der gesetzliche Vormund seiner Frau, er durfte ihr nicht einmal eine Generalvollmacht erteilen, und die Ersparnisse der Frau gehörten dem Mann. Ertappte ein Mann seine Frau beim Ehebruch, war er berechtigt, sie zu erschießen. Vom aktiven und passiven Wahlrecht waren die Frauen ausgeschlossen. Diese wurden von der zweiten Frauenbewegung erkämpft. Dann folgte eine Pause im zwanzigsten Jahrhundert. Es waren zwei Weltkriege zu führen, danach mussten der Schutt und die Trümmer dieses Wahnsinns weggeräumt werden, überwiegend von Frauen, die während dieser Zeit gelernt hatten, gut ohne ihre Männer auszukommen. Aber dann kamen sie heim und beanspruchten wieder wie selbstverständlich die Rolle des befehlsgebenden Herrn zu Hause und in der Öffentlichkeit.

Aber ungefähr ab 1970 begann den Pflegerinnen und Trösterinnen aufzufallen: Die Männer ziehen jeden Morgen hinaus in die Welt, während die Frauen zu Hause bleiben müssen, ohne gefragt zu werden, ob sie das eigentlich wollen. Sie sind es, die den Kaffee kochen und das Klo putzen, während ihre Männer draußen von Freiheit und Gleichheit schwatzen. Weiter fiel ihnen auf: Er ist es, der das Geld hat, dem das Haus gehört, das Auto und die Ferienwohnung am Meer. Ihr gehört nichts. Er hat eine Altersversorgung, sie nicht. Bei der Heirat muss sie den Namen ihres Mannes annehmen, und wenn es diesem nach zwanzig Jahren Ehe gefällt, sich eine Jüngere zu nehmen, steht die Ältere da ohne Einkommen, ohne Altersversorgung, und einen Arbeitsplatz bekommt sie nach zwei Jahrzehnten Mutter- und Hausfrauendasein auch nicht mehr.

Die Zeit war reif für eine der letzten Freiheitsbewegungen der Weltgeschichte.

Selbstbewusst forderten die Frauen die volle Teilhabe am öffentlichen Leben: Frauen in die Parlamente, in die Medien, in die Wirtschaft, in die Wissenschaft und auch in die Bundeswehr. Die Hälfte der Welt für die Frau! Und die Hälfte des Haushalts für den Mann. Die Zeit, in der die Männer um gnädige Mithilfe im Haushalt und bei der Erziehung der Kinder gebeten wurden, ging vorbei. Ab jetzt wurde nicht mehr gebeten und gebettelt, sondern gefordert, eingeklagt, was längst im Grundgesetz steht: Männer und Frauen sind gleich. Dieser papierne Satz sei endlich mit Leben zu füllen.

Es gehe nicht darum, sich ohne Männer zu emanzipieren, sondern es gehe darum, Männer mit ihren eigenen Einsichten zu konfrontieren, lehrte Alice Schwarzer ihre Geschlechtsgenossinnen. Und jede Frau solle einen Beruf ausüben. Nicht nur, um ihren Aktionsradius zu vergrößern, nicht nur, um soziale Kontakte außerhalb der Familie zu pflegen, nicht nur, um aktiv am öffentlichen Leben teilzunehmen, sondern auch und vor allem, um wirtschaftlich auf eigenen Füßen zu stehen, um sich aus der finanziellen Abhängigkeit vom allein verdienenden Ehemann zu befreien und eine Ehe oder Partnerschaft gefahrlos aufkündigen zu können.

Im Jahr 1975 veröffentlichte Alice Schwarzer das Buch *Der »kleine Unterschied« und seine großen Folgen. Frauen über sich – Beginn einer Befreiung.* Darin erzählen Frauen aus dem Inneren des deutschen Familienlebens, berichten, wie dieses Leben auf ihre Kosten geht. Selbst Ehefrauen, die sich als »zufrieden« und ihre Männer als »nett« beschreiben, erleben sich als unausgefüllt, überfordert, psychisch labil, ausgebeutet von Angehörigen, frustriert im Bett, fühlen sich durch das Unverständnis des Mannes und erniedrigende Lebensumstände um ihre Sexualität betrogen.

Auch die nackte Herrschaft des Paschas, des Haustyrannen, der seine eigene Ehefrau vergewaltigt und sie und die Kinder verprügelt, spricht Alice Schwarzer immer wieder an, ebenso jedoch die feineren Formen der Männerherrschaft in den gehobenen Kreisen.

In einem Essay von 1985 beschreibt Schwarzer die subtile Form dieser Herrschaft am Beispiel des Schlankheitswahns. Während Männer nach Profil streben, streben Frauen nach Linie. Während Männer Raum einnehmen, machen Frauen sich dünne. Während Männer Karriere machen, machen Frauen Diäten – der weibliche Körper unter dem Druck männlicher Normen. Wie viel weibliche Fantasie und Energie könnten frei werden, wenn Frauen aufhören dürften, ihre ganze Kraft und Aufmerksamkeit im Kampf gegen die Pfunde zu verschleudern. Statt ihre Energie an das kleinliche und unwürdige Kalorienzählen zu verschwenden, könnten sie frei sein zum Kämpfen für etwas, das sich wirklich lohnt.

Einen weiteren Kampf führt sie gegen die Sexualisierung und Pornografisierung der Gesellschaft. Dass immer noch täglich die Nackte vom Dienst auf der ersten Seite der Bildzeitung helfen muss, das Blatt zu verkaufen, findet sie ekelhaft. Trotz des jahrelangen Kampfes gegen die Herabwürdigung der

Frau zum bloßen Sexualobjekt gehe dieses Treiben munter weiter und erreiche in der massenhaft verbreiteten Pornografie seinen Höhepunkt.

Auch diesen Kampf führt sie mit ihren bekannten und gefürchteten Wumm-Wumm-Sätzen: »Es geht bei der Pornographie nicht um Lust. Es geht um Macht. (...) Sexualität ist kaum Natur, sie ist vor allem Kultur. Sie ist Produkt vieler bewußter und unbewußter Einflüsse, Phantasien, Gebote und Zwänge unseres Lebens. Der erste scheue Kuß; der erste heimliche Sex; die Frauen, die eigentlich nicht wollen/dürfen und die mann zur »Liebe« erobert oder zwingt – all das haben nicht nur die Männer drauf, das haben auch wir Frauen drin (...) Sex und Gewalt sind heute in den Phantasien und Bedürfnissen von uns allen nur schwer lösbar miteinander verbunden. Es gibt jetzt wieder Sexualwissenschaftler, die das für angeboren halten. Feministinnen antworten ihnen: Es ist anerzogen und angeprügelt.«

Natürlich braucht es für so ein Leben im Kampf Mut, denn natürlich wurde Alice Schwarzer von Anbeginn gehasst und nicht geschont. Die Bezeichnung »Männerschreck« zählt noch zu den eher harmloseren Titulierungen der Schwarzer. Happiger war es schon, als die Bildzeitung über sie schrieb, sie sähe aus wie früher im Märchen »die böse Hexe mit stechendem Blick«, oder ein Leserbriefschreiber im *Spiegel* ihr »vermännlichte bis leicht akromegale Züge« (Riesenwüchsigkeit) bescheinigte. Auch die Bezeichnungen »neurotische Kuh«, »Schreckgespenst«, »Miss Hängetitt«, »frustrierte Tucke« oder »Nachteule mit dem Sex einer Straßenlaterne«, musste sie sich gefallen lassen. Fanatiker des Althergebrachten unterstellten ihr finsteren Fanatismus, und natürlich fehlte es an Stammtischen und in Leserbriefspalten nicht an Ratschlägen von der Art, ein Mann müsse her, »um es der Alice zu besorgen, dass die Heide weint«, wie sich ein Betriebswirt aus Karlsruhe ausdrückte.

Es gab und gibt auch Männer, die sich bemühten und bemühen, Frauen wie Alice Schwarzer zu verstehen, jedoch vergeblich. Das sind die schwierigsten Fälle, denn sie sind überzeugt, dass sich Alice Schwarzer irrt. Bis heute versuchen diese Männer immer wieder, die herkömmliche Rollenverteilung mit dem grundsätzlichen Anderssein der Frau zu begründen. Immer wieder bemühten sie die Biologie, die Natur und das Tierreich, um die Weisheit und Zweckmäßigkeit der in vielen Jahrtausenden bewährten Geschlechterordnung zu erklären.

Sie verstehen nicht, dass es nicht um Zweckmäßigkeit geht, nicht um Biologie und noch nicht einmal um Glück, sondern um Würde, um Gottebenbildlichkeit. Alice Schwarzer benutzte dieses Wort nie, beschränkte sich auf die Wörtchen Freiheit, Gleichheit und Würde, aber diese haben ihre Wurzeln in der Gottebenbildlichkeit.

Männer, die nur unter der Bedingung mit Frauen leben können, dass diese sich ihnen unterordnen und zu ihnen aufblicken, sind von dieser anzustrebenden, uns als Aufgabe gegebenen Gottebenbildlichkeit um eine ganze historische Epoche weiter entfernt als Männer, die mit Frauen auf gleicher Augenhöhe leben möchten. Dasselbe gilt vice versa. Auch Frauen, die zu einem Mann aufblicken und sich ihm unterwerfen möchten, sind von dieser Gottebenbildlichkeit noch Lichtjahre weiter entfernt als die anderen.

Und eine wichtige Etappe zu diesem Ziel der Gottebenbildlichkeit heißt nun mal Freiheit, Gleichheit, Menschenwürde. Darum sind Diskussionen über die Biologie der Frau überflüssig. Es genügt der Hinweis auf das Grundgesetz. Dort steht, niemand dürfe wegen seines Geschlechts benachteiligt werden.

Wenn also eine Frau Boxerin, Fußballerin oder Soldatin werden will, dann hat die Gesellschaft nicht zu sagen, aber das gehört sich doch nicht für eine Frau, sondern dann hat die Gesellschaft die Voraussetzungen dafür zu schaffen, dass die Frau Boxerin, Fußballerin oder Soldatin werden kann. Das allein aus dem Grund, weil die Gleichheit und alles, was damit zusammenhängt, im Grundgesetz steht und unbestritten zu jener westlichen Wertegesellschaft gehört, die angeblich am Hindukusch verteidigt wird. Und wenn eine Frau sagt, dass sie genau wie die Männer einen Beruf und eine Familie haben will, dann hat die Gesellschaft der Frau nicht zu sagen, aber du gehörst doch ins Haus zu den Kindern, sondern sie hat dafür zu sorgen, dass das Recht der Frau auf Familie und Beruf respektiert wird. Und das heißt: Leben, Wirtschaft und Arbeit müssen so organisiert werden, dass Frauen Kinder haben und zugleich einen Beruf ausüben können.

Es hat Jahrzehnte gedauert, bis sich dieser Gedanke durchsetzte. Alice Schwarzer und ihre Mitstreiterinnen haben mühsam dafür kämpfen müssen. Sie haben den Kampf noch nicht gewonnen, aber sie haben sich im Verlauf von Jahrzehnten immer weitgehender durchgesetzt. Zuerst waren es nur eine Handvoll Frauen, die Alice Schwarzer folgten und sie unterstützten, dann wuchs die Zahl der frauenbewegten Journalistinnen, zuletzt folgten die Politikerinnen, zuerst die der Grünen, dann die der SPD und FDP. Inzwischen sind zentrale Forderungen der Frauen, wie etwa das Ziel der Vereinbarkeit von Familie und Beruf, auch in der CDU und CSU weithin Konsens. Zwar werden von Zeit zu Zeit noch immer Nachhut-Gefechte geführt, aber diese enden regelmäßig mit der Niederlage derer, die das Rad zurückdrehen möchten.

Heute wird Alice Schwarzer als Grande Dame der Frauenbewegung mehr geachtet als gehasst. Sie wurde und wird, vielleicht oft aus dem Gefühl heraus, verspätete Wiedergutmachung leisten zu müssen, mit Preisen und Auszeichnungen geradezu überschüttet – Ehrungen, die hart erarbeitet sind, Ehrungen, die sich wahrhaftig dem Sprichwort »Viel Feind, viel Ehr« verdanken.

Mittlerweile ist die Frauenbewegung so erfolgreich, dass der *FAZ*- Herausgeber Frank Schirrmacher vor ein paar Jahren schon angsterfüllt eine »Männerdämmerung« heraufziehen sah. Weil der Springer-Verlag, einer der größten Zeitungskonzerne Europas, von einer Frau beherrscht wird, Friede Springer, einer der weltgrößten Medienkonzerne, Bertelsmann, von einer Frau geführt wird, die wichtigsten Talkshows im Fernsehen von Frauen moderiert werden und sich der Suhrkamp Verlag, das geistige Zentrum Deutschlands, ebenfalls im Besitz einer Frau befindet, glaubte er, dass die ganze Bewusstseinsindustrie in weiblicher Hand läge, und betrachtete es als eine Frage der Zeit, wann alle Schalthebel der Macht von Frauen bedient werden. Dass er es in seinem eigenen Herausgebergremium mit keiner einzigen Frau zu tun hat und auch sonst Frauen spärlich vertreten sind in Leitungspositionen der *FAZ*-Redaktion, muss Frank Schirrmacher ebenso entgangen sein wie die extrem geringe Zahl von Fernseh-Intendantinnen, Programmdirektorinnen und Chefredakteurinnen, und die weiblichen Vorstände in Deutschlands größten Konzernen kann man an einer Hand abzählen.

Bis zur vollen Gleichberechtigung ist es noch ein weiter Weg, doch wir sind in Deutschland auf diesem Weg ein gutes Stück vorangekommen, nicht zuletzt dank des unermüdlichen Einsatzes einer Frau namens Alice Schwarzer.

Aber wir sind immer in Gefahr, das Erreichte wieder leichtfertig zu verspielen, weil es uns als zu selbstverständlich erscheint. Wenn man heute in fröhlicher Runde oder in einer x-beliebigen Fußgängerzone seine Mitmenschen fragte, was sie für das größte neuere Ereignis der Weltgeschichte halten, bekäme man vermutlich zu hören: der Fall der Mauer und des Eisernen Vorhangs. Andere würden sagen: die Erfindung des Internets, die Globalisierung, der Computer. Vielleicht würde auch die Entschlüsselung des menschlichen Genoms angeführt.

Aber kaum einer würde das Ereignis nennen, das in diese Reihe unbedingt hineingehörte, und alle genannten Ereignisse zumindest in einem Punkt weit überragt: die Emanzipation der Frau, die sexuelle Revolution, das Ende der Herrschaft des Mannes über die Frau – der längsten Herrschaft, die es je gegeben hat.

»Das Weib sei dem Manne untertan und schweige in der Gemeinde« – auf diesen Nenner lässt sich die Stellung der Frau während der letzten fünf bis zehn Jahrtausende bringen. Im Alten Testament, im Neuen Testament und im Koran findet man immer wieder die einschlägigen Stellen. Schon in den ersten Kapiteln der Bibel lernen wir Eva als die Frau kennen, die ihren Mann zum Ungehorsam gegen Gottes Gebot verleitet. Darum spricht Gott zu Eva: »Dein Wille soll deinem Mann unterworfen sein, und er soll dein Herr sein.« Nicht anders sieht es Paulus: »Die Weiber seien untertan ihren Männern (...), denn der Mann ist des Weibes Haupt.«

Man findet auch frauenfreundlichere Stellen in der Bibel, aber diese änderten nichts an der jahrtausendealten Institution des Patriarchats. Es hat Weltreiche, Kriege, Naturkatastrophen, Seuchen und Wirtschaftskrisen überdauert bis in unsere Gegenwart. Erst jetzt geht es mit dieser Herrschaft allmählich zu Ende, nicht freiwillig, nicht überall, nicht gleichzeitig und nur unter Mühen.

Und doch so schnell, dass uns die Errungenschaften der weiblichen Emanzipation als so selbstverständlich erscheinen, dass man glatt vergäße, sie zu benennen, wenn wir nach dem größten neueren Ereignis der Weltgeschichte gefragt würden.

Bartolomé de Las Casas

Entscheidung zwischen Gold oder Evangelium

* 1484 in Sevilla, Spanien ⚜ Studium in Salamanca ⚜ 1502 tätig als Berater des Gouverneurs in Hispaniola ⚜ 1510 Priesterweihe in Santo Domingo als erster Christ der neuen Welt ⚜ 1511/12 Teilnahme am spanischen Eroberungskrieg Kubas ⚜ 1523 Eintritt in den Dominikanerorden und tätig als Priester in Mexiko, Nicaragua, Peru und Guatemala ⚜ 1542 veranlasst Las Casas Schutzgesetze für die Indiosklaven ⚜ 1544 Bischof von Chiapas/Mexiko ⚜ † 1566 in Madrid im Dominikanerkloster Nuestra Señora de Atocha

»Im Morgengrauen sahen wir nackte Leute, und ich begab mich bewaffnet in einem Boot des Schiffes an Land«, schrieb ein unter spanischer Flagge segelnder Kapitän am 12. Oktober 1492 in sein Bordbuch. Christoph Kolumbus, so hieß der Kapitän, hatte soeben Amerika entdeckt. Er wusste es nur noch nicht.

Einen neuen Seeweg nach Indien hatte er finden wollen. Bisher musste, wer nach Indien wollte, entweder den schwierigen, gefährlichen Landweg durch Kleinasien und Arabien nehmen oder mit dem Schiff ganz Afrika umsegeln. Das war noch gefährlicher, weil ganz unten im Süden, rund um das Kap der Guten Hoffnung, meist gewaltige Stürme toben. In Europa hatte sich gerade herumgesprochen, dass die Erde nicht, wie die Kirche lehrte, eine Scheibe sei, sondern eine Kugel. Wenn das stimmt, dachte Kolumbus, müsste man auch nach Indien kommen, wenn man sich in die entgegengesetzte Richtung auf-machte, nach Westen, statt wie bisher üblich, nach Osten. Und so segelte er auf dem Atlantik nach Westen, um sich dem Fernen Osten von der anderen Seite zu nähern.

Dass sich den Seefahrern auf diesem Weg nach Indien ein Hindernis, groß wie ein Kontinent, in den Weg stellen könnte, damit hat in Europa niemand rechnen können. Man wusste ja nichts von diesem Kontinent.

Nun hatte Kolumbus ihn entdeckt, ihn aber für die andere Seite Indiens ge-halten und darum »Westindien« genannt. Tatsächlich war er auf einer Insel in der Karibik gelandet, Hispaniola.

Schön wie im Paradies sei es dort, haben die Seefahrer berichtet, als sie von ihrer Reise wieder zurückgekehrt waren. Und weil es so schön war, fuhren sie schon bald wieder hin, immer öfter. Sie ließen sich dort nieder, immer mehr – und nur zwei Jahrzehnte später hatten sie das Paradies in die Hölle verwan-delt und in ein stinkendes Leichenfeld.

Davon ahnten die Angehörigen von zwei völlig unterschiedlichen Kulturen noch nichts, als sie an jenem weltgeschichtlich folgenschweren Tag erstmals einander gegenüberstanden und übereinander staunten. Die Spanier blick-ten auf Menschen, »die alle so nackt waren, wie ihre Mütter sie geboren hat-ten«. Nicht weniger staunten die Einheimischen – von den Spaniern sogleich Indianer genannt, weil man sich ja in Indien wähnte – über die weißen Män-ner, die auf riesigen schwimmenden Häusern zu ihnen gekommen waren. »Ich denke, sie bedeuteten uns durch ihre Zeichen, als ob wir vom Himmel kämen«, vermutete Kolumbus und beschrieb die Menschen in seinem Bordbuch als sehr anmutig, groß, schlank, von schöner Gestalt, mit sehr feinen Gesichts-zügen und: freundlich und wohlgesinnt.

»Die Indianer sind sanftmütig und wissen nicht um das Böse. Sie töten niemanden und nehmen niemanden als Gefangenen.« Gelehrig seien sie auch. »Sehr schnell lernen sie jedes ihnen vorgesprochene Gebet und sie ma-chen das Kreuz. Daher müssen sich Eure Hoheiten entschließen, sie zu Chris-ten zu machen«, schrieb Kolumbus an seinen König.

Was die Indianer über die Weißen dachten, wissen wir nicht. Wahrschein-lich wussten sie damals noch nicht, was sie von den Fremdlingen halten soll-ten, aber wenige Jahre haben genügt, um es zu wissen. Als Hatuey, einer der letzten Indianerfürsten von Haiti, auf einen von den Weißen errichteten Scheiterhaufen gebunden wurde und ein Franziskanermönch mit einem Kruzifix in der Hand auf ihn zutrat, um ihn im letzten Moment zu bekehren, damit er in den Himmel komme, fragte Hatuey den Missionar, ob denn auch Christen in den Himmel kämen. Ja, antwortete der Mönch, alle guten Christen kämen dahin. Dann wolle er lieber ewig in der Hölle schmoren, als im Himmel mit den Christen leben zu müssen, habe da der Indianer geantwortet.

Freundlich und wohlgesinnt – so sind die europäischen Seefahrer von den Einheimischen empfangen worden. Grausam und barbarisch wurde diese Freundlichkeit von den Europäern beantwortet.

Was die Stunde geschlagen hatte, kündigte sich in weiteren, zunächst noch harmlos klingenden Eintragungen des Bordbuchs von Kolumbus an: »Ich möchte, dass die Eingeborenen ein freundliches Verhältnis zu uns bekommen, da es sich um einen Stamm handelt, der eher durch Liebe als durch Gewalt zu unserem heiligen Glauben errettet und bekehrt werden kann.«

Dann, schon deutlicher werdend, schreibt er: »Sie dürften wohl gute und geschickte Diener sein, da sie alles, was wir ihnen vorsprechen, sehr schnell wiederholen.« Damit wird deutlich: Diener sah er in ihnen, nicht Ebenbürtige.

Überdeutlich, wenn auch für die Einheimischen nicht verständlich, zeichnete sich alles, was während der nächsten Jahrhunderte geschehen sollte, in jener feierlichen Zeremonie ab, die Kolumbus gleich nach seiner Landung in Szene setzte: Während seine Leute die spanische Flagge hissten, erklärte der Admiral, dass das entdeckte Land offiziell als spanischer Grund und Boden zu gelten habe.

Mit welchem Recht? Das interessierte damals niemanden. Und wozu? Das steht in einem der nächsten Sätze, die Kolumbus an seinen König geschrieben hatte: »Zweifellos gibt es immense Mengen Goldes in diesem Land.«

Gold, nicht Gott, das war der eigentliche Grund der europäischen Könige, Seefahrer in alle Welt zu schicken. Offiziell verkündeten Könige und Päpste, die Heiden zu Christen bekehren zu wollen. Tatsächlich reisten schon bald Mönche und Missionare mit in die fernsten Länder, aber das war nur der Vorwand, unter dem alles, was danach geschah, gerechtfertigt wurde. Die Mönche brachten den Heiden das Evangelium und nahmen ihnen dafür ihr Land, ihre Würde und häufig genug das Leben. Errettet und bekehrt »zu unserem heiligen Glauben« wurden sie nicht, wie Kolumbus zunächst noch dachte, »durch Liebe«, sondern durch Feuer, Schwert und Hiebe.

Zwei Jahre nach seiner ersten Landung regierte Kolumbus schon als Vizekönig »Las Indias«, wie die Spanier noch bis ins 19. Jahrhundert hinein den amerikanischen Kontinent bezeichneten. Und er begann, von Anfang an seinen Plan in die Tat umzusetzen: die Indianer zu kostenlos schuftenden Untertanen des spanischen Königshauses zu machen. Gold musste gefunden, Perlen mussten gefischt, Plantagen bewirtschaftet werden.

Wie Kolumbus dabei vorging, wissen wir von seinem Sohn Fernando, der aufgeschrieben hatte: Der Vizekönig führte die Tributpflicht ein und zwang damit die Einheimischen, Tag und Nacht nach Gold zu schürfen. »Von den Einwohnern Cibaos, wo sich die Goldminen befanden, sollte jede Person über vierzehn Jahre ein großes Gefäß voll Goldstaub entrichten, und alle anderen Leute je fünfundzwanzig Pfund Baumwolle. Um zu wissen, wer diesen Tribut zu zahlen hatte, wurde angeordnet, eine Münze aus Kupfer oder Messing herzustellen, die überallhin gesandt wurde und die jeder um den Hals tragen musste, so dass man sah, dass einer, der diese Münze nicht trug, seinen Tribut nicht entrichtet hatte und man ihn bestrafen konnte.«

Wer diese Anforderung zu erfüllen versuchte, musste seine Familie und seine Gemeinschaft vernachlässigen. Das ganze, seit Jahrhunderten bestehende soziale Gefüge der Indianer wurde damit in kürzester Zeit zerstört. Ihre Dörfer verfielen, der Ackerbau lag brach.

Das kümmerte im fernen Europa niemand, weder den Kaiser noch den Papst noch Könige, die allesamt über das Geschehen in der Neuen Welt schlecht informiert waren. Sie sahen nur die Schiffsladungen voller Gold und Edelsteine, die Gewürze, die exotischen Tiere, Früchte und Pflanzen, welche die Seefahrer von ihren Eroberungen mitbrachten. Der Traum vom schnellen Reichtum lockte zahlreiche Abenteurer und Goldsucher in die fernen Länder, und die mitreisenden Mönche und Missionare waren von den gewöhnlichen Abenteurern schon bald nicht mehr zu unterscheiden.

Im Jahr 1502, zehn Jahre nach Kolumbus' Entdeckung, fährt wieder ein Schiff in Richtung Karibik. Unter den Reisenden befindet sich ein gerade mal

18 Jahre alter »Conquistador« – so nannte man den spanischen und portugiesischen Soldaten, Entdecker und Eroberer – der in der Armee gekämpft und Theologie und Jura studiert hatte: Bartolomé de Las Casas. Er wird – gut ein Jahrzehnt später – als einer der ganz wenigen unter den Europäern das gepredigte Evangelium ernst nehmen, auf sich selber anwenden und das Treiben der Europäer in den Kolonien mit ganz anderen Augen betrachten. Er wird die Dinge beim Namen nennen, dem König berichten, die Indios in Schutz nehmen und bis zum Rest seines Lebens gegen die barbarische Unterdrückung der unterjochten Einheimischen kämpfen.

Er wird einen »Kurzgefaßten Bericht über die Zerstörung der Westindischen Länder« schreiben und darin beispielsweise über die Perlenfischer berichten:

»Fast alle können diese abscheuliche Lebensart (Perlenfischerei) nur wenige Tage ertragen. Denn es ist schlechterdings unmöglich, daß Menschen, die ohne Atem zu schöpfen unter Wasser arbeiten müssen, lange leben können. Ihr Körper wird unaufhörlich von Kälte durchdrungen, ihre Brust wird vom häufigen Zurückhalten des Atems zusammengepreßt, mithin bekommen sie Blutspeien und Durchfall und sterben daran. Ihr Haar, das von Natur schwarz ist, bekommt eine ganz andere Farbe und wird brandrot, wie das Fell der Meerwölfe. Auf ihrem Rücken schlägt Salpeter aus; kurz, sie sehen wie Ungeheuer in Menschengestalt aus, oder doch wenigstens wie Menschen von einer ganz anderen Art. Durch diese unerträgliche Arbeit und wahre Höllenqual richteten die Spanier die sämtlichen Bewohner dieser Insel hin.«

Über die Grausamkeit der Conquistadoren schrieb Las Casas:

»Ich sagte bereits, daß die in Indien befindlichen Spanier blutgierige Hunde halten, die darauf abgerichtet sind, die Indianer zu erwürgen und in Stücke zu reißen. Zur Verpflegung dieser Hunde führen sie auf ihren Märschen eine Menge Indianer bei sich, die in Ketten gehen und wie eine Herde Schweine einhergetrieben werden.

Man schlachtet dieselben und bietet Menschenfleisch öffentlich feil. Dann sagt einer zum anderen: Borge mir doch einmal ein Viertel von einem dieser Schurken, ich werde demnächst auch einen schlachten; dann geb ich dir's wieder. Nicht anders, als wenn sie einander ein Viertel von einem Schwein oder Schaf liehen.

Andere gehen des Morgens mit ihren Hunden auf die Jagd; wenn sie dann um die Tischzeit zurückkommen, und man fragt sie: wie ging's? so geben sie zur Antwort: Recht gut! Meine Hunde haben wohl fünfzehn bis zwanzig Schurken auf dem Platz gelassen. Diese und andere teuflische Handlungen sind sogar gerichtlich und durch Prozesse erwiesen, welche diese Tyrannen mit einander führten. Läßt sich wohl etwas grausameres, abscheulicheres und unmenschlicheres denken?«

Geschrieben hat das der alte Las Casas. Der junge wird sich zunächst erst mal genauso verhalten wie alle anderen, nicht so blutrünstig, nicht so gewalttätig, aber er profitiert auch von dem ausbeuterischen, mit Brachialgewalt durchgesetzten System. Er landet in Hispaniola, einer Karibikinsel, die sich heute die Dominikanische Republik und Haiti teilen. Dort bekommt Las Casas den Posten eines Beraters des Gouverneurs Nicolás de Ovando. Er nimmt an mehreren militärischen Strafexpeditionen teil und erhält dafür als Belohnung eine »Encomienda«, also ein Stück Beute. »Encomendar« heißt »anvertrauen«, und anvertraut wird ihm eine bestimmte Zahl an indianischen Zwangsarbeitern.

Zwischendurch kehrt Las Casas 1506 noch einmal nach Europa zurück, um in Spanien das Lizenziat der Rechtswissenschaften zu erwerben und sich in Rom zum Priester weihen zu lassen. Danach widmet er sich wieder seinen Ländereien in der Karibik, führt das Leben eines Grundbesitzers, der sich um die Verwaltung und Vermehrung seines Besitzes kümmert und als Priester die Heilige Messe zelebriert.

Noch sieht er keinen Widerspruch zwischen seiner ausbeuterischen Existenz als Grundbesitzer und seiner Rolle als Verkünder des Evangeliums. Den sehen bis dato nur die ab 1510 nach Hispaniola kommenden Dominikanermönche. Was ihre Landsleute dort angerichtet haben und immer noch weiter anrichten, war auch nicht mehr zu übersehen. In der kurzen Spanne zwischen 1492 bis 1508 ist die Inselbevölkerung von 300 000 auf 60 000 Menschen geschrumpft. Die Indios wurden von spanischen Militäraktionen, menschenverschleißender Arbeit, Unterernährung, Krankheiten und von durch Weiße eingeschleppte Seuchen dahingerafft.

Am 4. Adventssonntag 1511 kam dies öffentlich zur Sprache. Der Dominikaner-Pater Antonio Montesino nannte die Dinge erstmals beim Namen und stellte den Widerspruch zum Evangelium dar. Dabei ließ es der Pater nicht mit einer bloßen Anklage bewenden, sondern stellte auch glasklare, harte politische Forderungen: ein Verbot der Indianersklaverei und die Aufhebung des Encomienda-Systems.

Bei den zuhörenden Conquistadoren zeigte die Predigt zwar Wirkung, aber nicht die erwünschte. »Viele waren sprachlos, einige wie von Sinnen, die anderen verstockt, manche sogar zerknirscht, aber keiner bekehrt«, schrieb Las Casas. Und doch hinterließ sie bei ihm Spuren, die ihm selber noch nicht bewusst waren, aber innerhalb weniger Jahre ihre Wirkung entfalteten. An den anderen jedoch ging alles spurlos vorüber. Für die radikalen Forderungen des Dominikaners hatten sie kein Verständnis.

Wie auch? Die Forderung des Dominikanerpaters zu beherzigen hätte bedeutet, das Unternehmen Kolonialismus zu beenden und auf die Schätze der Neuen Welt weitestgehend zu verzichten. Oder man hätte sie durch eigene Arbeit, also viel mühsamer und langsamer heben und sie womöglich auch noch mit den Einheimischen teilen müssen. Dann aber hätte man ja gleich zu Hause bleiben können. Wozu hat man den weiten Weg, die Strapazen und das Leben fern der Heimat auf sich genommen, wenn nicht um des schnellen Reichtums willen? Unrealistisch, was dieser Dominikaner da faselte. So weltfremd können nur ahnungslose Gutmenschen daherreden. Und wenn es Christus ist, der zu einer Umkehr aufruft, dann ist eben Christus ein ahnungsloser, weltfremder, unverbesserlicher Gutmensch, auf den Realisten nicht hören sollten. Den Dominikanern schlug Hass entgegen.

Die anderen gingen wieder zur Tagesordnung über, auch Las Casas. Als Feldgeistlicher beteiligte er sich in den Jahren 1512 und 1513 an der Eroberung Kubas unter Diego de Velazquez und wurde Zeuge einiger blutiger Massaker der Spanier.

Auch diese Massaker änderten noch nichts an seiner Einstellung. Den weißen Großgrundbesitzern fehlte es an Arbeitskräften. Der Mangel konnte nur beseitigt werden durch weitere Eroberungen, weitere Unterwerfungen der Einheimischen. Kalt beschreibt Las Casas diese einmal in Gang gekommene und nun nicht mehr zu stoppende Eigengesetzlichkeit: »Sich ihrer bedienen ist doch der eigentliche Zweck.« Da man nun schon mal hier ist, muss auf dem eingeschlagenen Weg weitergegangen werden.

Das Ganze lohnt sich einfach zu sehr, als dass man sich jetzt noch Skrupel oder gar ein christliches Gewissen leisten könnte. Auch für Las Casas. Er erhält ein großes Dorf mit Goldminen, Plantagen und die dafür nötige Zahl an Indios. Dafür kann man schon mal einem kleinen Massaker hier und da beiwohnen.

Der Las Casas, der sich jetzt bald wandeln wird, schreibt rückblickend über diese letzte Phase seiner Ausbeuter-Existenz und der ihm anvertrauten Indios: »Mit ihnen baute der Kleriker Las Casas einen landwirtschaftlichen Betrieb auf, und andere schickte er in die Goldminen. Darauf verwandte er mehr Sorgfalt als darauf, die Indios im Glauben zu unterweisen, was eigentlich seines Amtes gewesen wäre. Doch in dieser Hinsicht war er damals genauso blind wie jene, die er als Pfarrkinder hatte.«

Als Las Casas erneut Zeuge eines Massakers wird, setzt sich der sich anbahnende Sinneswandel fort, der durch die Dominikanerpredigt angeregt worden war. In Caonao wurden rund 2500 Menschen niedergemetzelt, die den Eroberern gar keinen Widerstand entgegengesetzt hatten. Las Casas sah es »mit Grauen und Schauder«.

Warum aber grauste es den anderen nicht? Wo blieb der Schauder bei den Urhebern des Massakers? Was machte sie so roh, mitleidlos und unempfindlich gegenüber all der Brutalität? Wie konnte man im Zeichen des Gekreuzigten morden, quälen und versklaven? Es ist wohl die Macht des Gewohnten und Normalen. Was alle tun, ist normal. Was normal ist, kann nicht schlecht sein. Und das alles geschieht doch hauptsächlich nur, um die Heiden zu bekehren. Das ist der von Papst und Kaiser befohlene Auftrag. Was die sagen, kann nicht falsch sein. Die sind klüger als man selbst. Und außerdem steht es doch geschrieben: »Gehet hin in alle Welt, und lehret alle Völker (...).« Deshalb ist man hier. Das verleiht allem, was geschieht, die letzte Rechtfertigung. Dass man dabei nebenher auch noch sehr schnell sehr reich wird – ist es nicht ein Zeichen für Gottes Segen?

Es sind immer nur Einzelne, besonders Sensible, die sich solch einer Herrschaft des Gewohnten und Normalen entziehen können und das alltäglich Praktizierte infrage stellen. Es sind immer nur Einzelne, die auf ein Wort, eine Predigt, ein Geschehen so sensibel reagieren, dass sie gleichsam von dem Wort infiziert werden und die »Krankheit«, die Abweichung von der »gesunden Norm«, zum Ausbruch kommen lassen.

Im Jahr 1514, zwölf Jahre nach seiner Ankunft in der Karibik, drei Jahre nach der Strafrede des Dominikaners Montesino gegen die spanische Barbarei, kommt die »Krankheit« bei Las Casas zum Ausbruch. Letzter Auslöser ist die an ihn herangetragene Bitte, die Pfingstpredigt zu halten.

Wenn es tatsächlich so etwas wie das Wirken des Heiligen Geistes in der Welt und in der Geschichte geben sollte, dann muss er in jener Pfingstwoche 1514 in der Karibik gewirkt haben. Er muss Bartolomé de Las Casas erstens dazu gebracht haben, für seine Vorbereitung der Predigt das apokryphe alttestamentliche Buch Jesus Sirach heranzuziehen – ein Buch, auf das man nicht unbedingt kommt, wenn man eine Pfingstpredigt zu schreiben hat. Der Heilige Geist muss Las Casas zweitens dazu gebracht haben, das Kapitel 34 aufzuschlagen und die Verse 21-26 zu lesen. Auch diese stehen in keinem erkennbaren Zusammenhang mit dem Pfingstereignis, der Ausschüttung des Heiligen Geistes über die Anhänger Jesu Christi. Und drittens muss der Heilige Geist Las Casas so zermürbt haben, dass er sich für das Gelesene öffnete, sich von der ganzen Wucht des Wortes treffen ließ, es auf sich selbst anwendete und auf das, was er in den letzten zwölf Jahren erlebt, getan und gesehen hatte.

Las Casas liest die folgenden Worte:

»Ein Opferstück von ungerechtem Gut ist ein beflecktes Opfer. Der Frevler Opfer ist ein Greuel, zumal wenn dargebracht in schlechter Absicht. Und Gaben aus der Hand der Bösen sind nicht wohlgefällig. Kein Wohlgefallen hat der Höchste an der Frevler Gaben, und er verzeiht die Sünden selbst für viele Opfer nicht.

Den Sohn vor seines Vaters Augen schlachtet, wer vom Vermögen Armer Opfer darbringt. Nur kärglich Brot ist Lebensunterhalt der Armen, und wer es vorenthält, der ist ein Blutsauger. Den Nächsten mordet, wer den Unterhalt ihm wegnimmt, und Blut vergießt, wer vorenthält den Lohn des Arbeiters.«

Da packt und schüttelt es Las Casas, denn er erkennt: Der Blutsauger und Mörder, das bin ich. Die Armen, das sind die Indios, die für mich in den Minen und auf meinen Plantagen schuften. Und das Brot, das er als Priester Gott in der Messfeier als Opfergabe anbietet, ist den Indios geraubt. Es ist das den Armen genommene Leben. Gott solch ein Opfer anzubieten, ist eigentlich Gotteslästerung. Es klebt Blut an den Händen dessen, der es auf den Altar stellt. Es ist das Blut der Indios, das sich »auf unerträgliche Weise mit dem Blut Christi vermischt«, so wie sich die ganze Messe »mit dem Götzendienst am Goldenen Kalb« vermischt. »Wer vom Vermögen Armer Opfer darbringt, der schlachtet den Sohn Gottes ein weiteres Mal und immerfort.« Ich, wir, die Spanier sind die Schlächter, erkennt der erschütterte Las Casas. Und: Ich kann so nicht weitermachen. Ich muss umkehren.

Und er kehrt um, tut das Unglaubliche, das in den Augen der anderen absolut Verrückte: Er verzichtet öffentlich auf seinen Grundbesitz, entlässt die indianischen Zwangsarbeiter, kritisiert das Treiben der Spanier als großes Unrecht und schwerste Sünde und fordert sie auf, seinem Beispiel zu folgen. Es gelte, sich zu entscheiden zwischen Gold oder Evangelium, Mammon oder Gott. Beides zusammen sei nicht möglich.

Ein Jahr nach seiner Kehrtwende, 1515, reist er nach Spanien in der Absicht, den König zu informieren und ihn zu einer Änderung der Kolonialpolitik zu bewegen. Er will die vollständige Freiheit der unterworfenen Indios sicherstellen, erreicht Spanien aber zu einem ungünstigen Zeitpunkt. König Ferdinand stirbt 1516. Die Amtsgeschäfte führt jetzt der einflussreiche Kardinal Cicnero. Dessen Vertrauen gewinnt Las Casas und wird, als Spanien mit Karl I. einen neuen König bekommt, rasch zu diesem vorgelassen. Und der hört ihm auch zu.

Las Casas wird zum »Generalprokurator aller Indios in Westindien« ernannt, und etwas später beauftragt ihn Karl I. – der später als Kaiser Karl V. Geschichte macht und es mit Martin Luther zu tun bekommt –, politische und ökonomische Reformen in den Kolonien einzuleiten.

Das war eigentlich ein großer Erfolg. Von jetzt an sollten nicht mehr nur Spanier durch einen Prokurator vor dem König oder dem Indienrat vertreten werden können, sondern auch die Indios. Diese hatten jetzt königlich verbriefte Rechte. Nur nützten sie ihnen nicht viel.

Die genaue Ausformulierung der Gesetze zog sich über ein Vierteljahrhundert hin, wurde immer wieder hintertrieben und verzögert. Und die Kolonisten in den fernen Ländern scherten sich wenig um das Recht, handelten nach dem Grundsatz: Gott ist im Himmel, der König ist weit, hier befehle ich.

Aber Las Casas gibt nicht auf, setzt im Mai 1537 durch, innerhalb eines begrenzten Gebiets im heutigen Guatemala unbehelligt von den Conquistadoren mit Dominikanern unter den Indianern leben zu dürfen. Er möchte dort ein Vertrauensverhältnis zu ihnen aufbauen. Das gelingt. In einem Brief an Karl V. berichtet er dem Monarchen davon und reist im März 1540 erneut nach Spanien, um sein Konzept für das ganze heutige Amerika durchzusetzen. Der

Kaiser hört wohlwollend zu, vermutlich weniger aus Menschenfreundlichkeit als vielmehr aus der Überlegung heraus, dass sein Weltreich nicht blühen kann, wenn organisierte Verbrecherbanden ganze Völker ausrotten. Tote Indianer arbeiten nicht. Tote Heiden kann man nicht bekehren.

Der Kaiser beruft ein Gremium, das die Sache regeln soll. Las Casas wird beratendes Mitglied. Am 20. November 1542 werden die *Leyes Nuevas* (Neue Gesetze) verabschiedet. Sie entspannen die Lage der Indios, aber Las Casas gehen die Änderungen nicht weit genug. Im Juni 1543 werden sie nachgebessert. Die schlimmsten Formen der Sklaverei, wie etwa das Perlenfischen oder die Zuteilung leibeigener Indios an die Großgrundbesitzer, werden abgeschafft. Bestehende Sklavenverhältnisse sollen mit dem Tod des Besitzers enden. Die Indios werden den Spaniern gleichgestellt und sie erhalten ein Recht auf Lohn und Eigentum.

Las Casas wird in Sevilla zum Bischof geweiht und kehrt mit einem Marschbefehl in die mexikanische Stadt Chiapa zurück. Sogleich versucht er dort, die neuen Gesetze anzuwenden, aber er trifft auf den erbitterten Widerstand der Kolonialherren, die offen dagegen rebellieren und damit drohen, kein Geld mehr in die Heimat zu schicken.

Das wirkt. Schon zwei Jahre später hebt Karl die *Leyes Nuevas* im Wesentlichen wieder auf. Denn der Kaiser braucht Geld für seine Feldzüge gegen die Türken, neuerdings auch gegen die Protestanten, und bei den deutschen Geldhäusern, vor allem bei den Welsern, hat er Schulden. Eine ganze Kolonie – Venezuela – war schon an die Welser verpfändet.

Las Casas reagiert darauf, er schreibt ein Beichthandbuch, in dem er begründet, warum alle von den Conquistadores geführten Kriege ungerecht gewesen sind. Er schildert, wie die Indios ihrer Freiheit und ihrer Güter beraubt wurden und dabei der Name Jesu und der christliche Glaube in den Schmutz gezogen wurden. Da er sieht, dass er mit Büchern und bloßen Worten in Lateinamerika nichts gegen die Kolonialherren ausrichten kann, kehrt er nach Spanien zurück, um dort weiter für die Rechte der Indios zu kämpfen.

Wieder zeigt sein Kampf zunächst Wirkung. Wieder wird ein Gremium eingesetzt, das sich intensiv und grundsätzlich wie keine Kommission zuvor oder danach mit der Rechtmäßigkeit des spanischen Kolonialsystems, der Conquista, beschäftigt. Das Gremium ist gespalten. Die eine Hälfte ist der Ansicht, die spanischen Kriege und alle anderen Unternehmungen in Amerika seien gerechtfertigt. Die Gruppe um Las Casas ist dagegen. Durchsetzen kann sich keine.

Las Casas beginnt wieder zu schreiben, eine theologisch-juristische Abhandlung nach der anderen. Manche werden wegen ihrer Brisanz erst nach seinem Tod veröffentlicht. Andere finden noch zu seinen Lebzeiten Beachtung, aber das eigentliche Ziel seines jahrzehntelangen Kampfes, gleiche Rechte für die Indios, erreicht er nicht.

Und doch war sein Kampf nicht vergeblich. Allein die Tatsache, dass es nun zwei Gruppen gab, von denen eine die Interessen der Indios vertrat, milderte die spanische Herrschaft in Amerika, verhinderte das Schlimmste. Aufhalten jedoch konnte er die Unterjochung der Welt durch die Weißen nicht. Was 1492 mit Kolumbus begonnen hatte, hat sich anschließend noch oft wiederholt.

Fast drei Jahrhunderte nach Kolumbus berichtet Leutnant William Bligh, jener Kapitän, der durch die Meuterei auf der Bounty berühmt geworden war, von einer Expedition nach Tahiti in der pazifischen Südsee 1787: »Ich verließ diese glücklichen Insulaner mit größtem Bedauern, denn sie haben uns während unseres Aufenthalts die höchste Zuneigung, Achtung und Kameradschaft entgegengebracht (...) Ihr rechtschaffener Sinn und ihre die liebenswerteste Veranlagung widerspiegelnden Bemerkungen über die Welt werden ihnen die Liebe all derer einbringen, die sich ihnen in Freundschaft nähern.«

Entdeckt hatte das Südseeparadies der englische Seefahrer Wallis im Jahr 1767. Kurz darauf besuchten der französische Forschungsreisende de Bougainville und Captain James Cook die Insel. Diese Männer teilten den Pazifik unter sich auf. Alle drei Kapitäne waren von dem Empfang überwältigt, den ihnen die Einwohner Tahitis bereiteten, und von den Geschenken, mit denen sie überhäuft wurden.

Freundlich zugeneigt, rechtschaffen, friedliebend – eigentlich waren diese von Christen entdeckten Menschen so, wie sie der Gott der Christen ursprünglich einmal geplant hatte. Eigentlich hätten die Christen von diesen friedliebenden Menschen etwas lernen können. Aber sie waren nicht gekommen, um zu lernen, sondern um zu belehren und zu bekehren. Sie waren nicht gekommen, um etwas vom freundlichen Wesen jener Menschen anzunehmen, sondern ihnen deren Besitz abzunehmen. Was sie ihnen dafür gaben, war ein Buch, das sie nicht lesen konnten und nicht verstanden: die Bibel. Und mit deren Botschaft konnten sie nichts anfangen, zumal sie ihnen von den christlichen Missionaren in sehr verstümmelter Form nahegebracht wurde.

»Macht euch die Erde untertan«, »Gehet hin in alle Welt und lehret alle Völker«, »Seid untertan der Obrigkeit«, »Wen der Herr liebt, den züchtigt er« – das war es, was sich die christlichen Eroberer aus dem dicken Buch der Bibel herausgepickt hatten. Dass Jesus auch die Feindesliebe gepredigt hatte, die Gewaltlosigkeit, die Friedfertigkeit, die Barmherzigkeit, das Teilen, und dass Liebe der Begriff ist, mit dem sich die ganze christliche Botschaft zusammenfassen lässt, davon gab es im Bewusstsein der Europäer nicht den Hauch einer Spur.

Als Kapitän Cook am Ende seines zweiten Besuchs das Südsee-Paradies verließ, schrieb er in sein Tagebuch: »Wir gingen auf Westkurs und nahmen ein letztes Mal Abschied von diesen glücklichen Inseln und ihren guten Bewohnern.« Ein paar Jahre später schrieb er: »Es wäre für diese armen Menschen weit besser gewesen, wenn sie uns nie kennengelernt hätten.«

Bartolomé de Las Casas verbrachte seine letzten fünf Lebensjahre im Dominikanerkloster Nuestra Señora de Atocha in Madrid. Dort schrieb er seine letzten bedeutenden Werke: den Traktat über die Schätze Perus, in dem er die Rechtmäßigkeit der Ausbeutung der Bodenschätze Perus verneint, und den Traktat über die zwölf Zweifelsfälle, in dem er die Legitimität der Eroberung Perus bezweifelt. Auch über peruanische Schadensersatz-Ansprüche gegenüber Spanien denkt er nach, über die Wiederherstellung vorkolonialer Verhältnisse und den Wiederaufbau des Inka-Reiches.

Die Welt scherte sich nicht darum. Der Kolonialismus ging weiter, schlimmer als unter den Spaniern. Unter ihnen konnten viele Indios zumindest überleben. In Nordamerika dagegen wurden die Indianer nahezu ausgerottet.

Bartolomé de Las Casas starb 1566 im Alter von 82 Jahren. Heiliggesprochen hat ihn die katholische Kirche noch nicht. Aber seit 2002 läuft ein Seligsprechungsverfahren.

Martin Luther
Auf der Suche nach dem gnädigen Gott

* 1483 in Eisleben ✤ 1501–1505 Studium an der Universität Erfurt mit Abschluss Magister Artium der Philosophischen Fakultät, anschließend Studium der Rechtswissenschaften ✤ 1505 Eintritt in das Kloster der Augustiner-Eremiten ✤ 1508 Theologiestudium in Wittenberg ✤ 1512 wurde Luther Doktor der Theologie und hielt Vorlesungen über die Psalmen und Paulusbriefe ✤ 1517 Verfassen der 95 Thesen ✤ 1518 Prozess gegen Luther, danach Flucht aus Augsburg ✤ 1521 wird Luther durch die Bannbulle *Decet Romanum Pontificem* exkommuniziert und kurz darauf für »vogelfrei« erklärt ✤ 1522 Übersetzung des Neuen Testaments ins Deutsche, im Exil auf der Wartburg/Eisleben ✤ 1525 heiratet er die Nonne Katharina von Bora ✤ 1534 vollendet er auch die Übersetzung des Alten Testaments – die Lutherbibel ist komplett ✤ † 1546 in Eisleben

Wir schreiben den zweiten Juli 1505, und die Welt weiß noch nicht, dass gerade das Mittelalter vergeht und die Neuzeit begonnen hat. Ein frischgebackener Magister der Philosophie, 22 Jahre jung, marschiert auf einsamen Wegen in Richtung Erfurt, wo er an der dortigen Universität Philosophie unterrichtet und ein Zweitstudium, Jura, begonnen hat. Er war bei seinen Eltern zu Besuch in Mansfeld, einem kleinen Ort zwischen Magdeburg und Erfurt.

Gleich wird der Blitz neben ihm einschlagen und seinem Leben eine entscheidende Wende geben. Und anderthalb Jahrzehnte später wird diese Wende im Privatleben des Magisters Martin Luder eine weltgeschichtliche

Wende einleiten, und Luder wird sich Luther nennen, was von »Eleutherius« kommt und so viel bedeutet wie »der Befreite«. Doch bis dahin ist es noch ein weiter Weg.

Erfurt dagegen ist jetzt nahe. Sechs Kilometer noch. Den größten Teil seines rund hundert Kilometer langen Fußmarsches hat der Magister Luder hinter sich. Hundert Kilometer Einsamkeit. Hundert Kilometer über Felder und Wiesen, durch Brachland und Heidelandschaft, vorbei an unbegradigten Bächen und Flüssen, an Sümpfen, Tümpeln und Weihern, über Berge und durch Täler. Viel Wald. Ab und zu eine dem Wald durch Brandrodung abgetrotzte Lichtung. Hier und da ein Weiler, seltener ein Dorf mit einer Gastwirtschaft, die zum Rasten und Essen und Trinken einlädt, noch seltener eine Ansammlung von Häusern, die man Stadt nennen könnte. Weit und breit nur Natur und Wildnis, von Zivilisation noch kaum eine Spur.

Müde, einsam und gedankenversunken stolpert der junge Mann Erfurt entgegen. Ein Gewitter zieht auf. Er fürchtet Gewitter. Obwohl er doch studiert hat, glaubt er an den Teufel, an Hexen und Dämonen, und dass es bei einem Gewitter Gott ist, der donnert, oder der Teufel. Dieser dem Mittelalter verhaftete, abergläubische Luder wird sich zu einem der Wegbereiter der modernen Welt entwickeln.

Luder versteht Blitz und Donner als Sinnbild für Gottes Zorn über die Unfähigkeit der Menschen, ein Gott wohlgefälliges Leben zu führen. Nein, härter noch: Manchmal, so glaubt Luder, können Blitz und Donner direkt von Gott an Einzelne oder Gruppen gerichtete Warnungen und Drohgebärden sein. Wenn der Blitz einschlägt und das Haus brennt, war es vielleicht die angekündigte Strafe. Es kann aber auch der Teufel gewesen sein, der es hat einschlagen lassen.

Besser so eine Strafe, als ewig in der Hölle schmoren – die schlimmste Strafe, vor der sich alle immerzu fürchten. Dass die Guten in den Himmel kommen, die Bösen in die Hölle und ein großer Teil erst im Fegefeuer für seine Sünden büßen muss, bevor es doch noch den ersehnten Passierschein in den Himmel gibt, das glauben zu jener Zeit fast alle. Wer daran zweifelt, tut es heimlich und ist sehr wahrscheinlich ein Fürst, König oder Kaiser, vielleicht auch ein Bischof, Kardinal oder Papst im fernen Rom.

Das normale Volk aber lebt in der Überzeugung, dass sein Erdenleben nur eine kurze, jedoch entscheidende Zwischenstation auf dem Weg in den Himmel oder zur Hölle ist. Die Erde ist eine Scheibe, darunter verbirgt sich die Hölle, und von dort aus versucht der Teufel, möglichst viele Seelen zu sich nach unten zu ziehen. Aber darüber wölbt sich der Himmel, und von dort aus versuchen Gott, Jesus, der Heilige Geist, Maria und alle Engel und Heiligen, die Seelen zu sich nach oben zu ziehen. Die flache Erdscheibe, sie ist der Ort der Bewährung des Menschen. Hier muss der Mensch sich entscheiden zwischen Gut und Böse, Gott und dem Teufel.

Aber kann er das? Was kann denn der Mensch tun, dass er in den Himmel kommt? Viel, sagen die Priester, die Mittler zwischen Gott und Mensch. Gute Werke soll er tun. Gehorsam gegenüber Papst und Kaiser und allen Obrigkeiten soll er seine Pflichten erfüllen. Vater und Mutter ehren, den Feiertag heiligen, Gott fürchten und beten soll er. Nicht sündigen soll er, das heißt, nicht stehlen, nicht lügen, nicht betrügen, nicht morden, keine Unzucht treiben, nicht schlecht über andere reden und keine sündigen Gedanken hegen. Aber weil besonders Letzteres fast unmöglich ist, soll er regelmäßig beichten, seine Sünden und seine sündigen Gedanken aufzählen, bereuen, büßen, fasten, sich von seinen Sünden loskaufen und sicherheitshalber auch für seine verstorbenen Angehörigen eine Messe lesen lassen, eine Kerze stiften, einen Ablassbrief kaufen. Der Papst in Rom und die Bischöfe und Kardinäle in ganz Europa leben gut davon.

Aber wenn es hilft? Wenn man sich tatsächlich seine Planstelle im Himmel durch gute Werke auf Erden erarbeiten und, wenn's nicht ganz reichen sollte, den Rest kaufen könnte, dann wäre ja alles gut.

Wenn es aber nicht hilft? Warum überhaupt sollte es helfen? Gott sieht doch ins Herz hinein, grübelt Martin Luder, und da sieht er das unstillbare Verlangen nach Sex, Macht, Reichtum, Ehre, Ansehen, Geltung – ein kochendes, mühsam unter dem Deckel gehaltenes Gebräu, das einer mithilfe eines äußerlich tadellosen Lebens gut vor allen anderen und sogar vor sich selber verbergen kann.

Luder, und das unterscheidet ihn möglicherweise von fast allen seinen Zeitgenossen, blickt offenen Auges in dieses Gebrodel aus unbefriedigten Sehnsüchten, heimlichen Wünschen und Begierden, um zu sehen, was Gott sieht. Wo andere wegsehen, bewusst die Augen schließen oder sogar instinktiv und unwillkürlich den Blick abwenden, da schaut Luder geradezu magisch angezogen hin. Er erblickt einen Abgrund, über den der Mensch keine Macht hat.

Vier Jahrhunderte vor Sigmund Freud entdeckt Luther, was Freud später das »Es« nennen wird, jene Wirklichkeit in uns, die uns nicht bewusst ist und über die wir deshalb keine Kontrolle haben.

Wir können zwar tun, was wir wollen, aber nicht wollen, was wir wollen. Wohl kann einer gute Werke tun, aber die heimliche Freude verhindern, die sich automatisch einstellt, wenn er jemandem begegnet, der kleiner, dümmer, hässlicher, ärmer ist als er selbst, kann er nicht. Schneller als man sich einen sündigen Gedanken verbieten kann, ist er schon da. Unsere Wünsche und Gedanken kommen aus einem Reich, das wir nicht kontrollieren können.

Deshalb braucht es die Polizei, Richter, Henker und das Jüngste Gericht. Ohne sie bräche das ganze widerliche Gebräu aus den Menschen hervor, und sie würden einander belügen und betrügen, berauben, vergewaltigen und umbringen.

Luder erschrickt, als ihm klar wird, dass er gegen das Gebrodel kämpft, sich bemüht, es unter Kontrolle zu bringen, aber einsehen muss, dass er sich vergeblich müht. Das und seine Angst vor der fürchterlichen Strafe Gottes treiben Luder in eine Entwicklung, die ihn zu Luther reifen lässt, zum Reformator, zum Kirchenspalter, zum Entdecker des Gewissens, zum Widerständler gegen die höchsten Autoritäten, zum Ketzer. All das hat er eigentlich nie werden wollen. Stets ist es ihm nur darum gegangen, Gewissheit darüber zu erlangen, dass er in den Himmel kommt und nicht in die Hölle. Sein ganzes Leben entwickelt sich aus diesem Kampf um sein Seelenheil. Aber durch eben diesen Kampf macht er Erfahrungen und gewinnt Erkenntnisse, die den kleinen unbekannten Bergmanns-Sohn aus der deutschen Provinz, ohne dass er es will und ohne dass er es gleich merkt, in eine Auseinandersetzung mit einer fast unumschränkt herrschenden Supermacht verwickeln: der römischen Kirche.

Doch davon weiß der junge Mann nichts, der an jenem zweiten Juli 1505 bei Stotternheim das letzte Stück Weges von Mansfeld nach Erfurt zurücklegt. Nicht einmal den Schimmer einer Ahnung hat er davon, dass er als einer der ganz großen Beweger eine Schlüsselrolle im gerade begonnenen Epochenwechsel spielen wird.

Ob er schon damals die Abgründe in sich – das Es – mit voller Schärfe gesehen hat, wissen wir nicht. Angesichts der Entwicklung, die er in den nächsten Jahren und Jahrzehnten durchmachen wird, können wir nur schließen, dass er von den Abgründen zumindest schon etwas ahnt, dass sie ihn beschäftigen.

Es wird aber nicht das Einzige gewesen sein, worüber er gegrübelt hat auf seinem Weg. Über seine berufliche Zukunft wird er nachgedacht haben, die Wünsche seines Vaters, die Suche nach einer Frau und die Gründung einer Familie. Und über das ungeliebte Jurastudium.

Er macht es nur, weil sein Vater es so will und weil er dazu erzogen worden war, dem Vater und überhaupt allen Autoritäten – den Lehrern, den Amtspersonen, dem Bischof, dem Fürsten, dem Kaiser und dem Papst – zu gehorchen. Aber er weiß: Er gehorcht nur äußerlich, nicht innerlich, nicht aus eigenem Wollen und eigener Überzeugung. Der Gehorsam wurde ihm, wie allen anderen, von Kindheit an eingeprügelt. »Denn welchen der Herr lieb hat, den züchtigt er«, sagt Paulus, und das haben jahrhundertelang alle frommen Hausväter auf ihre Rolle als Erzieher übertragen und beherzigt.

Jura also, weil sein Vater es so will und weil er seinen Vater liebt. Weil dieser Vater auf ihn stolz ist und weil er seinem Vater dankbar sein muss für die kostspielige Ausbildung, die er ihm ermöglicht hat. Das verstand sich keineswegs von selbst. Der Vater Hans Luder war einfacher Bauer und Bergmann, allerdings ein strebsamer, sparsamer, fleißiger und ehrgeiziger, der sich vom mühevoll Ersparten später in eine Mine einkaufte, Anteilseigner wurde und es zu einem bescheidenen, hart erarbeiteten Wohlstand brachte und auch zum angesehenen Ratsherrn.

Sein Sohn sollte es einmal leichter haben, etwas Besseres werden als er, der sich im Mergelgestein des Mansfelder Kupferbergwerks krumm arbeitete. Deshalb soll der Sohn Jura studieren. Da kann er dann Staatsbeamter werden und wird eine leichtere und besser bezahlte Arbeit haben als der Vater. »Drei Finger tun's«, sagten die korperlich schwer Arbeitenden über die Beamten, die nur eine Feder halten und damit schreiben müssen.

Groß war daher die Freude des Vaters, als sein Martin am 7. Januar 1505 sein Magister-Examen in Philosophie als Zweitbester von 17 Kandidaten bestanden hatte. Den Magister redete der Vater jetzt nicht mehr mit »du« an, sondern mit »Ihr«, und er überreichte ihm eine ansehnliche Summe für den Kauf der fürs anschließende Jurastudium nötigen Bücher. Auch eine Frau hatte der Vater dem Sohn schon ausgesucht. Der Vater plante das Glück und Wohlergehen seines Sohnes.

Vielleicht wäre Martin diesen Weg gegangen, und die Weltgeschichte hätte einen völlig anderen Verlauf genommen, wir wissen es nicht. Wir wissen nur: Bei dem Gewitter an jenem zweiten Juli 1505 bei Stotternheim kurz vor Erfurt hat plötzlich der Blitz eingeschlagen, direkt neben Martin und derart krachend, dass er sich in Todesangst auf den Boden warf und schrie: »Hilf du, Sankt Anna, ich will ein Mönch werden.« Und Anna, die Schutzpatronin der Bergleute, half. Martin überlebt diesen Anschlag des Teufels auf ihn. Vierzehn Tage später wird er tatsächlich Mönch. Gegen den Willen seines Vaters.

Vielleicht aber wäre Martin auch ohne diese Blitz-und-Donner-»Ausrede« Mönch geworden, denn er hatte bohrende Fragen an Gott. Wo anders als in einem Kloster hätte er die Antwort finden sollen? Vielleicht war es schon länger sein heimlicher Wunsch, in ein Kloster einzutreten, um sich ganz darauf zu konzentrieren, sich einem Gott wohlgefälligen Leben hinzugeben. Vielleicht war es das, was ihn auf seinen hundert Kilometern Fußmarsch vorrangig beschäftigt hat. Vielleicht hat er sein Jurastudium vor allem deshalb so gehasst, weil es ihn vom Wesentlichen ablenkte, weil es ihn daran hinderte, sich ganz auf das zu konzentrieren, was ihn allein interessierte, ihn im Innersten beschäftigte: Wie bekomme ich einen gnädigen Gott? Von dieser Frage war er geradezu besessen.

Vielleicht kam ihm also der Blitzschlag gerade recht und vielleicht wurde der Blitz doch eher von Gott als vom Teufel geschickt. Jedenfalls: Ohne das Stotternheimer Gewitter wäre es Martin viel schwerergefallen, vor seinen Vater zu treten und zu sagen: Aus mir wird kein Staatsbeamter werden, wie du es wünschst, sondern ein Mönch, wie Gott es wünscht. Oder wie Martin es wünscht?

Vielleicht war es bei Martin nur eine ihm selbst nicht bewusste innerliche Auflehnung vor der Zwangsverheiratung, die ihn ins Kloster flüchten ließ. Oder der Wunsch, endlich der väterlichen Autorität zu entkommen. Oder alles zusammen. So oder so ließ ihn das vor unseren Augen gut dastehen. Aber nicht vor seinen. Er war zutiefst davon überzeugt, dass man seinem Vater gehorchen soll.

In der Nacht des 16. Juli 1505 bittet der Magister Martin Luder um Aufnahme in das Erfurter Augustiner-Eremiten-Kloster. Seinen Eltern teilt er den Entschluss brieflich mit. Er weiß, dass dies den Bruch mit seinem Vater bedeutet, und tatsächlich droht dieser seinem Sohn, ihm »alle Gunst und väterlichen Willen« zu versagen, wenn er seinen Entschluss nicht rückgängig machen wird. Der Sohn denkt nicht daran, seinen Entschluss zu revidieren. Damit tritt erstmals eine typische Charaktereigenschaft dieses Mannes hervor, die sich später noch öfter zeigen wird, und die ihn in seine Rolle als Reformator tragen wird: Obwohl ängstlich, voller Furcht, tut dieser Mann, was er einmal als zu tun richtig und notwendig erkannt hat.

Dass er eigentlich immer eine eher ängstliche Natur gewesen ist, schreibt der spätere Luther im Rückblick auf seine von Furcht vor Strafe und Prügel geprägte Kindheit und Jugend: »Ein Kind, das einmal kleinmütig geworden ist, ist zu allen Dingen untüchtig und verzagt. Es fürchtet sich allezeit, so oft es etwas tun und anfangen soll. Was aber noch ärger ist: Wo eine solche Furcht in der Kindheit einreißt, kann sie schwerlich wieder ausgerottet werden ein Leben lang. Denn weil sie bei einem jeden Worte der Eltern erzittern, so fürchten sie sich auch nachher ihr Leben lang vor einem rauschenden Blatte.«

Er geht also ins Kloster. Jetzt, so denkt er, könne seinem ewigen Heil nichts mehr im Wege stehen, denn nun gehört er Gott ganz, mit Leib und Seele, mit Haut und Haaren. Eifrig erfüllt er alle seine Pflichten. Dass er wie ein Hausknecht gehalten wird, dem der Besen in die Hand gedrückt wird, damit er Demut und Gehorsam erlerne und er sich auf seine universitären Abschlüsse nicht allzu viel einbilde, findet er genau richtig.

Obwohl die Augustiner ein Bettelorden sind, ist das Kloster vermögend. Schenkungen, Erbschaften, Vermächtnisse, Spenden, der Fleiß der Mönche – da hat sich viel angesammelt im Verlauf der Jahrhunderte. Dennoch wird der Novize Martin Luder zum Betteln über die Dörfer geschickt, damit er die Lebensweise Jesu und seiner Jünger am eigenen Leib erfahre. Auch sonst ist das Leben im Kloster streng: eine unbeheizte Sechs-Quadratmeter-Zelle, ein Tisch, ein Schemel, eine Pritsche mit Strohsack, ein Wasserkrug und ein Kruzifix. Zwei karge Mahlzeiten pro Tag, dafür aber sieben Gebete, das erste morgens um drei, das letzte um Mitternacht. Rund hundert Fastentage pro Jahr sind einzuhalten.

Bruder Martinus, wie er jetzt heißt, ordnet sich willig allem unter, steigt in dieses Leben ein, als ob er nie anders gelebt hätte, und absolviert sein Probejahr problemlos. Vom ersten Tag an gab er seinen Oberen und Mitbrüdern zu verstehen, dass es ihm tiefernst ist mit seinem Entschluss. Dieser Mönch wird alles tun, was verlangt wird, um das ewige Seelenheil zu verdienen, und wenn es sein muss, auch ein bisschen mehr.

Im September 1506 wird der nun 23-jährige Bruder für immer in die Ordensgemeinschaft aufgenommen und gelobt Armut, um sich von der Gier nach Reichtum und Besitz loszusagen. Er gelobt Gehorsam, um sich von der Gier nach Macht und Geltung loszusagen. Und er gelobt Keuschheit, um dem sexuellen Begehren zu entsagen.

Das Streben nach Geld, Macht und Sex – diese drei sind es, mit denen die Menschen selten richtig umzugehen wissen. Und aus dem falschen Umgang mit diesen drei Mächten entsteht jene Folge von Verhängnissen und Katastrophen, die wir als Weltgeschichte bezeichnen. Wenn sich nun Menschen an einem Ort versammeln, um diesen Mächten abzuschwören, müsste dann nicht eine ganz andere Welt entstehen? Müsste man in so einer Welt nicht einen Vorgeschmack auf jenes Reich Gottes bekommen, das uns in der Bibel verheißen ist? Und müsste sich die Gewissheit des ewigen Heils nicht wie von selbst einstellen? Genau das ist die allen Ordensgründungen zugrunde liegende gemeinsame Idee. Gott stellt radikale Forderungen an den Menschen. Nur wer diese Forderungen erfüllt, wird etwas vom Reich Gottes schmecken, und Bruder Martinus ist ganz begierig auf diesen Geschmack.

Das Beste an seinem Leben im Schwarzen Kloster in Erfurt ist, dass er jetzt die Bibel studieren kann. Und er studiert sie eifrig. »Als ich jung war, gewöhnte ich mich zur Bibel, las dieselbe oftmals und machte mir den Text vertraut; da ward ich darin so bekannt, dass ich wusste, wo jeglicher Spruch stünde und zu finden war, wenn davon geredet ward.«

Doch je eifriger er die Bibel erforscht, desto mehr schwindet seine Hoffnung, in ihr den ersehnten gnädigen Gott zu finden. Wann immer er das Buch aufschlägt, trifft er auf einen fremden, zornigen, strafenden, fordernden Gott, vor dem kein Mensch bestehen kann. »Keine Zunge kann sagen, keine Feder beschreiben, was der Mensch in solchen Augenblicken erleidet. Da erscheint Gott über alle Begriffe furchtbar in seinem Zorn und mit ihm die ganze Kreatur. Keine Flucht ist möglich, nichts gibt es, was einen trösten könnte. Alles ist eine einzige Anklage.« Vom Reich Gottes ist nichts zu schmecken.

Bruder Martinus reagiert darauf mit gesteigerter Leistung, legt zusätzliche Fastentage ein, schläft auf dem Steinfußboden, sitzt als Dauergast im

Beichtstuhl, kniet nieder, bekennt seine Schuld, bereut, erhält Lossprechung, arbeitet die verordneten Bußstrafen ab und besetzt gleich darauf wieder den Stuhl. Kapituliert ein Beichtvater vor diesen stundenlangen Geständnissen, geht Martinus zum nächsten. Und geht damit seinen Beichtvätern allmählich auf die Nerven.

Was tun mit so einem Beichtneurotiker? Was tun mit einem, der Gott mit guten Werken zwingen, ja geradezu erpressen will? Der Mann muss raus, muss unter die Leute, bevor er sich selbst und die anderen verrückt macht. Also bilden sie ihn im Kloster zum Priester aus, damit er in Erfurt und den umliegenden Dörfern die Messe lese, anderen die Beichte abnehme, Seelsorge übe. Das wird ihn ablenken.

Es lenkte ihn nicht ab.

Sie schicken ihn nach Wittenberg. Dort soll er ab dem Jahr 1508 an der Universität Philosophie unterrichten und nebenher Theologie studieren. Theologie studiert er mit großem Eifer, Philosophie unterrichtet er nur ungern. Einerseits ist das eine Beförderung. Andererseits ist es eine Versetzung in die Provinz. Wittenberg mit seinen 2000 Einwohnern ist ein »Nest am Rand der Barbarei«, wo der Marktplatz ein »Dunghaufen« ist, wird Bruder Martinus später sagen.

Mit seinem Theologiestudium schreitet er rasch voran, erhält einen Lehrauftrag für einen biblischen Grundkurs und soll nach dem Willen seiner Ordensoberen promovieren. Die Arbeit daran muss er unterbrechen, als er 1510 im Auftrag seines Klosters nach Rom geschickt wird, um dort, zusammen mit einem Pater Procurator, eine Ordensangelegenheit zu klären. 1200 Kilometer, natürlich zu Fuß. Es ist November. Das heißt, die Alpen sind mitten im Winter zu überqueren. Ein junger Mönch auf seiner ersten großen Reise, unterwegs in die Welthauptstadt Rom und wieder zurück – was gäbe es darüber alles zu erzählen. Aber seltsamerweise findet sich in seinen späteren Aufzeichnungen kaum ein Wort darüber.

Hatte er kein Auge für die Seen, die Berge, die Kirchen, die Klöster, den Schnee, das Eis? In Rom lag damals Michelangelo rücklings auf einem Gerüst und malte in der Sixtinischen Kapelle. Raffael bemalte die Gemächer des Papstes, und für den Bau der Peterskirche wurden gerade die Fundamente gelegt. Kein Wort davon, auch kein Wort über den Papst, aber der war sowieso nicht da, führte Krieg.

Bruder Martinus ist wohl auch auf diesem Fußmarsch so sehr mit sich selbst und seinem Gott beschäftigt, dass er für die Welt, durch die er geht, kein Auge und kein Interesse hat. Sein Blick ist nach innen gerichtet. Mit diesem Blick pilgert er nach Rom und tut dort, was Pilger in Rom so tun, geht den vorgeschriebenen Pilgerweg, beichtet, liest Seelenmessen für verstorbene Freunde und Verwandte und rutscht andächtig auf Knien jene 28 Stufen der Pilatustreppe hinauf, auf der Jesus ins Haus des Pontius Pilatus gegangen sein soll. Mit dem Blut des Erlösers, gerissen von der Dornenkrone und den Geißeln der Soldaten, soll diese Treppe benetzt sein.

Wie die Treppe nach Rom kam? Da gibt es zwei Versionen. Nach der einen wurde sie auf Befehl der heiligen Helena, Mutter des Kaisers Konstantin, von Jerusalem nach Rom gebracht. Nach einer anderen Legende sollen Engel die Treppe nach Rom versetzt haben.

Wer die Treppe erklimmt, dem wird das Fegefeuer erspart. Also rutscht auch Bruder Martinus hoch, spricht auf jeder Stufe ein Gebet, verharrt geduldig, bis sich der Pilger vor ihm eine Stufe höher bewegt. Dreizehn Jahre später wird der Reformator Martin Luther sich nachträglich über sich selbst ärgern, dass er diese Rutscherei mitgemacht hat, und wird sagen: »Ich hab zuvor glauben können allen Scheißdrecken.«

Im Frühjahr 1511 ist er wieder in Wittenberg, macht seine Promotion und gleichzeitig Karriere im Orden. Er wird stellvertretender Prior des Klosters, erhält die geistliche Aufsicht über zwölf Klöster und bekommt im Turm des Klosters eine Vergünstigung: einen eigenen, beheizten Arbeitsraum, das berühmte Turmzimmer, wo er sein »Turmerlebnis« haben wird. Im Oktober 1512 wird er promoviert und kurz vor seinem 29. Geburtstag zum Professor ernannt. Fünf Jahre noch, dann ist Reformation. Aber nichts im Leben des Professors Luder deutet daraufhin, dass er der Urheber sein wird. Die Welt geht ihren gewohnten Gang. Auch in Wittenberg.

Bruder Martinus hat jetzt viel zu tun. Nicht nur sein Lehrauftrag ist zu erfüllen, auch predigen muss er, seine zwölf Klöster muss er verwalten, um deren wirtschaftliche und landwirtschaftliche Angelegenheiten muss er sich kümmern, die Messe muss er lesen, die Beichte abnehmen, Briefe sind zu schreiben, und er lernt auch noch Griechisch und Hebräisch, um die Bibel im Urtext lesen zu können, denn seine lateinische Bibel ist ja nur eine Übersetzung. Bei all den Pflichten, die er zu erfüllen hat, vergisst er nicht die Hauptsache: eine Antwort zu finden auf die Frage, die ihn seit seiner Jugend peinigt. Wie bekomme ich einen gnädigen Gott?

Noch hat er sie nicht gefunden, aber er arbeitet systematisch daran, und in seinen Vorlesungen lässt er seine Studenten an dieser Arbeit teilhaben. Diese spüren, ahnen, dass sie einem Baumeister bei der Arbeit zusehen, dass sie an einem »work in progress« teilnehmen und das fertige Werk möglicherweise etwas aufregend Neues sein wird. Auch die Professorenkollegen sitzen in seinen Vorlesungen und hören gebannt zu.

Dann, irgendwann zwischen 1513 und 1516 muss es gewesen sein, kommt der Durchbruch. Lange schon beschäftigt er sich mit dem Brief des Paulus an die Römer. An einer Stelle bleibt er immer wieder hängen, meint sie zu verstehen und versteht doch wieder nicht. Im Nachdenken über diese Stelle wird Luder zu Luther. An ihm entzündet sich sein »Turmerlebnis«, von dem Luther später selber nicht mehr sicher sagen kann, ob es wirklich ein Gedankenblitz, eine einmalige Erleuchtung war, ob ihm der Gedanke wirklich in seiner Turmstube gekommen ist. Vielleicht auch, wie er in seiner Provozierlust gelegentlich erwogen hat, auf dem Klo, und er weiß auch nicht mehr genau zu sagen, wann es war und ob es vielleicht ein längerer Erkenntnisprozess war.

Er weiß nur: Gleich zu Beginn des Römerbriefes, im ersten Kapitel, Vers 17, steht der schwer verständliche Satz:

»Sintemal darin offenbart wird die Gerechtigkeit, die vor Gott gilt, welche kommt aus Glauben in Glauben; wie denn geschrieben steht: »Der Gerechte wird seines Glaubens leben.«

Man kann die Sätze der Bibel nicht isoliert von allen anderen verstehen, das weiß schon der junge Mönch. Darum lehrt er seine Studenten, die Bibel werde nur aus ihrem Zusammenhang klar. Man müsse erst mindestens einmal die Bibel ganz gelesen haben. Dann müsse man jeden einzelnen Satz auf das Ganze beziehen, und erst dann könne man das Einzelne verstehen, Wichtiges von Unwichtigerem unterscheiden.

Zum schwer verständlichen Vers 17 des ersten Römerbriefkapitels fallen dem Bibelforscher in der Turmstube die ebenso schwer verständlichen Verse 21 und 22 des dritten Römerbriefkapitels ein:

»Nun aber ist ohne Zutun des Gesetzes die Gerechtigkeit, die vor Gott gilt, offenbart und bezeugt durch das Gesetz und die Propheten. Ich sage aber von solcher Gerechtigkeit vor Gott, die da kommt durch den Glauben an Jesum Christum zu allen und auf alle, die da glauben.«

Sein ganzes Leben lang hatte Martin unter der »Gerechtigkeit Gottes« verstanden, was alle Autoritäten der Kirche gelehrt haben: Gott werde beim Jüngsten Gericht wie ein Richter Recht sprechen, gute und böse Taten jedes Einzelnen in die Waagschale werfen und danach seinen Urteilsspruch fällen: Himmel, Fegefeuer oder Hölle.

Zeitlebens fürchtete er dieses Urteil, und zeitlebens rebellierte er dagegen, denn er wusste: Vor diesem Gericht kann niemand bestehen, auch der Heiligste nicht. Sie werden alle verdammt werden, denn Gott hat den Menschen so gemacht, dass er gar nicht gut sein kann. Wozu aber dann so ein Prozess? Das Urteil steht doch schon fest. Und das soll gerecht sein? Das soll ein fairer Prozess sein?

Eigentlich passt das nicht zu dem Gott, der in der Bibel verkündet wird. Also muss man noch einmal und noch einmal nachlesen, was der Apostel Paulus über Gottes Gerechtigkeit sagt. Auch die Schriften des Augustinus zieht er zurate. Und da plötzlich fällt es ihm wie Schuppen von den Augen. Der Begriff »Gottes Gerechtigkeit« ist wie eine Kippfigur, die zwei sich ergänzende Bilder in sich vereint. Bisher hat man in all den Jahrhunderten immer nur das eine Bild gesehen, das Bild vom gerechten Richter, der gute und böse Taten und Gedanken gegeneinander aufwiegt. Lohn oder Strafe nach Verdienst und Leistung.

Aber jetzt kippt das Bild. Jetzt sieht der Mann in der Turmstube: »Der Gerechte lebt aus Glauben«, bedeutet, die Gerechtigkeit erhält der Glaubende als Geschenk Gottes. Das heißt: Wir sind bereits freigesprochen.

Wir heute, die wir schon Luthers Ringen um einen gnädigen Gott nicht mehr ganz verstehen, tun uns nun noch schwerer, seine Lösung zu verstehen. Aber für Luther war es mehr als eine Lösung, es war die Er-lösung. Sein ewiges Zittern und Zagen vor dem Zorn Gottes hatte ein Ende. Seine religiösen Höchstleistungen, die ihn bis an die Grenze seiner körperlichen und seelischen Belastbarkeit brachten und dennoch nie genügten, waren nicht nur vergeblich, sondern überflüssig. Martinus Luther ist bereits »gerechtfertigt«. Gott hat ihn längst angenommen, und zwar so, wie er ist. Gott liebt den Menschen, obwohl er ist, wie er ist.

Als ihm das aufging, muss ihm gewesen sein, als ob tausend Orgeln spielten und tausend Engelschöre sängen. Er habe sich »völlig neu geboren« gefühlt. Ihm war, als ob er »durch die geöffneten Pforten des Paradieses selbst eingetreten« sei. Befreit verlässt er seine Turmstube und erzählt seinen Studenten und allen, die es hören wollen: Hört auf mit dem religiösen Eifer. Er ist überflüssig. Gott liebt euch auch so. Freut euch darüber, jubelt, dankt ihm und macht euch bewusst: Weil ihr glaubt und weil ihr bereits gerettet seid, seid ihr jetzt frei, in der Welt das Gute und Notwendige zu tun. Verlasst euer religiöses Hamsterrad, geht hinaus in die Welt und dreht dort euer Rad, und zwar eines, das nicht im Leerlauf dreht, sondern die Welt gestaltet.

Ab jetzt hat Luther keine Angst mehr. Und den anderen, die diese Angst noch haben, wird er sie ab jetzt nehmen. Eigentlich ist jetzt schon Reformation.

Bruder Martinus ist viel zu erregt, viel zu froh, um die Tragweite seines Durchbruchs zu erkennen. Dass ihn sein Turmerlebnis schon bald in einen tiefen Konflikt mit seiner Kirche und dem Papst stürzen wird, ahnt er noch nicht, und wenn er es ahnte, würde es ihn auch nicht mehr ängstigen. Eleutherius, der Befreite, fürchtet nun nichts mehr, nicht einmal mehr den Teufel. Der hat seine Macht über ihn für immer verloren. Luther, wie er sich jetzt nennt, verlebt nun ein paar glückliche Jahre in Wittenberg, freut sich seiner Erkenntnis und seines Lebens und übersieht noch nicht, welche Konsequenzen seine Entdeckung für ihn, die Kirche und die Welt haben wird.

Die Entwicklung zum Ketzer beginnt, als er im Jahr 1517, gerade vierunddreißig Jahre alt, in der Wittenberger Stadtkirche die Beichte abnimmt und Scheine präsentiert bekommt, immer mehr. Auf so einem Schein steht beispielsweise: »Wir tun kraft der uns verliehenen Gewalt durch diesen Brief kund und zu wissen, daß der M. Menner von dem von ihm verübten Totschlag freigesprochen ist. Wir befehlen allen und jedem Einzelnen, kirchlichen Amtspersonen und Laien, daß niemand diesen M. Menner irgendwie wegen dieses Totschlages anklage, verurteile oder verdamme. Kostenpunkt: 7 Dukaten.« Unterschrift: der Papst.

Ein Ablassbrief. Gekauft vom Dominikanermönch Johann Tetzel. Luther ist die Ablasspraxis seit Langem bekannt. Es ist auch bekannt, dass mit dem Geld der Bau des Petersdoms in Rom finanziert werden soll. Im Prinzip sei dagegen nichts einzuwenden, wenn der Erwerb eines Ablassbriefs mit wirklicher Reue verbunden ist, glaubt Luther damals noch.

Aber sieben Dukaten für einen Totschlag? Straffreiheit nicht nur im Himmel, sondern schon auf Erden, nur weil sieben Dukaten bezahlt wurden? Einen Dom zur Ehre Gottes mit Blutgeld erbauen?

Es kommt noch schlimmer. Die Beichtenden sehen keinerlei Anlass zur Reue und zu dem Versprechen, ihre Untaten künftig zu unterlassen. Im Gegenteil. Sie sündigen fröhlich weiter und zahlen. Wenn es dem Herrn Menner einfällt, noch jemanden zu erschlagen, dann spart er so lange, bis er die sieben Dukaten zusammenhat, und schreitet zur nächsten Tat. Und Luther wird zugetragen, Tetzel prahle, er habe vom Papst höchstselbst so viel Gewalt und Gnade, dass er sogar jemandem vergeben könnte, der die Heilige Jungfrau vergewaltigte. Auch der berühmte marktschreierische Spruch, mit dem Tetzel seinen Ablasshandel betreibt, wird Luther zugetragen: »Sobald das Geld im Kasten klingt, die Seele (aus dem Fegefeuer) in den Himmel springt!«

Luther tobt, weigert sich, die Beichtenden von ihren Sünden freizusprechen. Daraufhin gehen diese zu Tetzel und beschweren sich über Luther. Nun ist es Tetzel, der wütet und tobt. Er lässt ein Feuer auf dem Marktplatz anzünden und droht, die Ketzer, die dem Allerheiligsten, dem Papst und seinem Ablass entgegenträten, zu verbrennen.

Luther beschreibt seine Reaktion: »Da ging ich herzu wie ein geblendet Pferd, denn der Tetzel machte es gar zu grob mit seinem Ablaß.«

Aus diesem, wie es scheint, kleinen Mönchsgezänk entwickelte sich die Reformation. Jetzt kam jene Maschinerie in Gang, die zur Kirchenspaltung führte, zur Gegenreformation, in den Dreißigjährigen Krieg, in die Veränderung ganz Europas. Ab jetzt waren die beteiligten Personen nicht mehr Herr der Lage. Luther gerät in einen Sog, aus dem er nicht mehr herauskommt. Nach jeder Teufelei, die sich seine kirchlichen Gegner ausdenken, geht Luther noch mehr »herzu wie ein geblendet Pferd«.

Zunächst reagiert er mit dem berühmten Anschlag seiner 95 Thesen an die Tür der Wittenberger Schlosskirche. Ob er das Papier wirklich eigenhändig am 31. Oktober 1517 an die Tür genagelt hat, ist bis heute umstritten. Aber die 95 Thesen, die hat er wirklich geschrieben, und darum gilt der 31. Oktober 1517 als Beginn der Reformation. Deshalb feiern die Protestanten bis auf den heutigen Tag an jedem 31. Oktober den Reformationstag.

In seinen 95 Thesen setzt sich Luther grundsätzlich mit der Frage nach der Buße und der Ablasspraxis auseinander, noch ganz sachlich, fast naiv, aus rein seelsorgerlichen Motiven. Als Mönch, Geistlicher, Theologe fühlt er sich dafür verantwortlich, die unwissenden Menschen davor zu bewahren, sich falsche Hoffnungen zu machen, unnütz Geld auszugeben, sich der Illusion hinzugeben, sich vom Fegefeuer freikaufen zu können. Er weist darauf hin, dass der Papst es nötiger habe, dass man für ihn bete, als dass man ihm Geld schicke.

Außerdem will Luther eine öffentliche Diskussion über den Ablass, vor allem über die Frage, warum der Papst Geld nimmt für den Sündenerlass. Wenn er schon die Macht hat, Sünden zu vergeben, warum erlässt er sie dann nicht den Menschen aus Liebe und Barmherzigkeit? Oder, und da kündigt sich bereits der spätere, schärfere, den Papst nicht fürchtende Luther an: Warum erbaut der Papst, der reicher ist als die reichsten Leute, nicht die Peterskirche mit seinem eigenen Geld?

Solche Worte hat die Welt noch nicht gehört. Damit erregt Luther Aufsehen zwischen Wittenberg und Magdeburg. Es wäre bei diesem nur regionalen Aufsehen geblieben, wenn nun nicht ein weiterer Mechanismus in das Räderwerk der Reformation eingebaut worden wäre: der Buchdruck, vom Mainzer Johannes Gutenberg um das Jahr 1450 erfunden. In dem halben Jahrhundert, das seitdem verging, sind überall im Land Druckereien entstanden. Auch in Wittenberg gab es eine. Dort hat Luther seine Thesen drucken lassen und unters Volk verbreitet.

Aber auch in Leipzig, Nürnberg und Basel werden sie nachgedruckt und noch weit darüber hinaus. Und wer darüber am meisten erstaunt war, war Luther. »Ehe 14 Tage vergangen waren, hatten diese Thesen das ganze Deutschland und in vier Wochen fast die ganze Christenheit durchlaufen, als wären die Engel selber Botenläufer (...). Es glaubt kein Mensch, was für ein Gerede davon entstand.«

Luther war damals noch politisch naiv, und darum war ihm zunächst nicht bewusst, in welch ein Wespennest er da gestochen hatte. Der Papst war keineswegs, wie er gedacht hatte, einer der reichsten Männer der Welt, sondern war praktisch pleite und hoch verschuldet bei den Fuggern. Zwar floss Geld in Strömen nach Rom, aber noch mehr als hereinkam, gab der Papst aus. Seine Kriege, seine Bauwut, seine Förderung der Kunst, aber auch notwendige Bestechungen, dazu Feste, Gelage, Mätressen, das alles verschlang mehr Geld, als der Papst hatte.

Not macht erfinderisch, und so kam der Papst auf die Idee, Bischofsämter und Kardinalswürden zu verkaufen. Als auch das nicht mehr reichte, um die Schulden zu begleichen, entwickelte man in Rom, vielleicht war es aber auch in Augsburg bei den Fuggern, ein Geschäftsmodell, das auf dem Ablasshandel beruhte. Darum wurden Ablasshändler wie Tetzel von Fugger-Angestellten begleitet und kontrolliert.

Davon wusste Luther nichts. Nur die anderen Gelehrten, Beamten und Würdenträger, an die Luther seine 95 Thesen eigentlich gerichtet hatte und mit denen er darüber diskutieren wollte, schienen in die Zusammenhänge eingeweiht zu sein, denn sie hielten sich seltsam zurück. Widerhall fanden die Thesen nur im Volk. Luthers akademische und klerikale Kollegen hielten schweigend den Atem an und warteten ab, was geschehen würde.

Es geschah aber nichts. Zwar hatte sich Tetzel an höherer Stelle über Luther heftig beschwert und seine Verbrennung als Ketzer gefordert. Daraufhin beantragte der Dominikanerorden in Rom ein Verfahren gegen Luther, aber so etwas dauert. In der Zwischenzeit dachte Luther intensiver über den Ablass nach, präzisierte seine Gedanken und schrieb sie in den *Sermon von Ablass und Gnade*, den er 1518 in Wittenberg drucken lässt. Dieser verbreitet sich noch schneller und in noch höherer Auflage im ganzen Land. Bis 1520 erscheinen zwanzig Auflagen, Luther wird zum ersten Bestseller-Autor der Welt.

In dem Sermon vereinfacht, verschärft und erweitert er, was er sich in seiner Turmstube erarbeitet hat. Nicht gute Werke helfen dem Menschen, heißt es darin nun klipp und klar, sondern allzeit ist es Gott, der umsonst aus »unschätzlicher Gnad verzeiht«. Ablässe zu kaufen ist also nicht nötig. So kommt Luther den Geschäften des Papstes und der Fugger ein weiteres Mal ganz gewaltig in die Quere.

Gleichzeitig legt er sich mit der kirchlichen Tradition an. Alles, was Päpste in den vergangenen zwölfhundert Jahren verkündet und gelehrt, was Konzilien beschlossen und Kurien verordnet haben, sei Menschenwerk und daher verbindlich nur, wenn es mit der Bibel in Einklang steht. Die Bibel, die Schrift, das Wort Gottes, sei die allein verbindliche Verfassung für den Christenmenschen. Allein die Schrift, allein die Gnade, allein der Glaube – diese drei seien es, auf denen die gesamte Christenheit ruhe.

Wahrscheinlich hat Luther zu jenem Zeitpunkt noch gedacht, dass sich eigentlich der Papst, die Kardinäle und die Bischöfe auch darüber freuen müssten.

Darum schreibt er nun an den Papst, legt ihm dar, was er herausgefunden hat und bietet an, seine Thesen öffentlich zu diskutieren. Er sei durchaus bereit, sich überzeugen zu lassen und einen Irrtum einzugestehen, wenn man ihm den Irrtum nachweisen könne. Mit fast kindlichem Zutrauen geht Luther davon aus, dass man in Rom an so etwas wie Wahrheit oder Theologie interessiert sei.

In Rom aber vermag man in Luther nur einen kleinen Mönch aus einer abgelegenen deutschen Provinz zu sehen, der die päpstlichen Geschäfte stört. Was will dieser Nobody? Wahrscheinlich hat der Papst sein Schreiben nie zu lesen bekommen und wahrscheinlich haben es auch seine Beamten nur kurz überflogen. Als ob man nichts Wichtigeres zu tun hätte, als mit irgendeinem dahergelaufenen Querulanten zu disputieren.

Rom kann, wenn es will, diesen Provinzmönch zertreten wie eine Fliege. Aber noch will man nicht, weil es vielleicht gar nicht nötig ist. Die Kirche ist schon mit ganz anderen Problemen fertig geworden, da wird sie ja wohl auch mit diesem störrischen Mönch fertig werden. Und so zeigt sich Rom langmütig und antwortet mit gelassener Arroganz, der Papst als Stellvertreter Gottes auf Erden sei unfehlbar, und folglich sei, »wer im Blick auf Ablässe sagt, die römische Kirche dürfe nicht das tun, was sie tatsächlich tut«, ein Ketzer. Basta.

Jetzt erst fängt Luther an zu erkennen, mit wem er es zu tun hat. Und das kleidet er sofort, wie es seinem Naturell entspricht, in die drastischsten Worte: Der Papst sei der Antichrist, die römische Kurie eine Satansschule. Natürlich dringt das nach Rom, und dort geht es jetzt nur noch um die Frage, ob man ihn gleich verbrennen oder ihm vorher die Gelegenheit zum Widerruf geben soll. Man neigt zum sofortigen Verbrennen.

Andererseits hat man auch in Rom gemerkt, dass Luther Sympathien nicht nur im Volk genießt, sondern auch bei etlichen Fürsten. Die aber braucht man jetzt, weil auf dem Balkan die Türken stehen und weiter nach Europa vordringen werden, wenn ihnen kein Einhalt geboten wird. Deshalb findet 1518 ein Reichstag in Augsburg statt, wo Kaiser Maximilian und eine päpstliche Delegation über die Aufstellung einer Streitmacht verhandeln sollen.

Und so gelangt auf die umfangreiche Tagesordnung des Reichstags auch ein Punkt namens »causa Luther« mit der Maßgabe, das Problem endlich aus der Welt zu schaffen. Dafür zuständig ist der Kardinal Cajetan, der in Augsburg die römischen Interessen wahrzunehmen hat und dort dann auch diesen Luther zum Abschwören seiner Irrlehren zu bringen oder ihn festzunehmen und nach Rom zu bringen hat.

Aber so einfach wird das nicht. Luther hat einen starken Fürsprecher, den Kurfürsten Friedrich. Der sympathisiert nicht nur mit Luthers Thesen, sondern ist auch von dessen fachlicher Qualität als Professor, Ordensmanager und Seelsorger angetan und besonders von der Tatsache, dass sich die Wittenberger Universität eines ungeheuren Zulaufs erfreut, seit Luther dort lehrt. Darum hält der Kurfürst seine schützende Hand über ihn – eine Erfahrung, die Luthers weiteres Denken vermutlich tiefer beeinflusst, als ihm selbst bewusst ist. Die weltliche Obrigkeit muss ihn, den Mönch und Gottesdiener, vor dem angeblichen Stellvertreter Christi und der heiligen Mutter Kirche schützen.

Hinzu kommt: Kaiser Maximilian ist amtsmüde, will König Karl von Spanien inthronisieren. Das aber läge nicht im Interesse des Papstes, da käme zu viel weltliche Macht in einer Hand zusammen, und in Rom fährt man besser mit schwachen Kaisern. Die Wahlfürsten aber sind nicht abgeneigt, Karl zu wählen. Nur der Kurfürst Friedrich hat Bedenken. So hätte man also ausgerechnet den besten Lutherfreund zum Verbündeten bei der Kaiserwahl. Das wird eine komplizierte diplomatische Aufgabe für Cajetan.

Daher beschließt er, Luther freundlich zu behandeln. Er wird widerrufen müssen, das ist klar, aber er soll es möglichst nicht unter den üblichen Voraussetzungen – Drohung, Folter, Zwang – tun müssen. Daher ist Luther, der auf eine harte Konfrontation eingestellt war, ganz überrascht, als ihm der Kardinal am 12. Oktober 1518 freundlich und ehrerbietig mitteilt, er wolle mit ihm nicht disputieren, sondern die leidige Angelegenheit väterlich aus der Welt schaffen.

Und so reden die beiden Männer freundlich aneinander vorbei. Cajetan argumentiert juristisch, zitiert Erlasse, Verfügungen, Dekrete. Luther argumentiert theologisch, zitiert die Briefe des Paulus, die Evangelien, die Propheten. Schließlich spricht Cajetan Klartext: »Du wirst widerrufen müssen, ob du willst oder nicht.«

Luther bittet sich bis zum nächsten Tag Bedenkzeit aus, sortiert seine Gedanken, geht noch einmal alles durch. Er kommt zu dem Ergebnis: Kirchenrecht, Tradition und Menschenverstand sind für theologische Sachfragen nicht entscheidend. Das ist allein die Bibel. Und mit der Bibel lassen sich der Ablass, die Stellung des Papstes und noch vieles mehr nicht begründen.

Genau das sagt er am nächsten Tag dem verblüfften Kardinal. Und noch etwas macht er deutlich: Er möchte nicht, dass über seine Lehre per Befehl, allein durch päpstliche Macht entschieden wird. Er möchte, dass über die Wahrheit oder Falschheit seiner Thesen an Europas Universitäten öffentlich diskutiert wird.

Der Kardinal und dessen Begleiter sind entsetzt über so viel Sturköpfigkeit und den Leichtsinn, mit dem Luther seinen Kopf riskiert. Sie reden auf ihn ein, bestürmen ihn, er solle doch widerrufen, nur eines einzigen Wörtleins – revoco – bedürfe es, und alles sei wieder im Lot.

Nicht für Luther. »Niemals«, sagt er.

Es kommt zu einem dritten Gespräch mit Cajetan. Es endet wie die beiden Gespräche vorher.

Cajetan probiert es ein viertes Mal. Jetzt legt er alle diplomatische Höflichkeit ab. Jetzt will er die Sache endlich abhaken. Lautstark monologisierend, seine ganze Amtsautorität ausspielend, mit Einschüchterung und Drohung fordert er Luther ein letztes Mal auf, zu widerrufen.

»Fast zehnmal fing ich an zu reden«, berichtet Luther später seinen Freunden, »ebenso oft donnerte er mich nieder und redete allein. Endlich fing auch ich an zu schreien.«

Endlich fing auch er an zu schreien – so geht es jetzt noch ein paar Jahre weiter. Wann immer die mächtige Kirche und der schwache Luther aufeinanderprallen, weicht dieser erst einmal ängstlich zurück, lässt sich in die Defensive drängen, bis er mit dem Rücken zur Wand steht. Dann springt er wie ein wildes Tier seine Gegner an, weicht nicht nur keinen Zentimeter zurück, sondern überschreitet seine Verteidigungslinie, geht zum Gegenangriff über. Je mehr sie ihn zu drangsalieren versuchen, desto entschlossener geht er in die Offensive. Dieser Luther wird sich nichts und niemandem mehr beugen. Er lässt nur noch einen Herrn über sich zu: Gott.

Was so einer fühlt, die große Freiheit, die ihm die alleinige Bindung an Gottes Wort verschafft, die Angstfreiheit, die damit verbunden ist, wird Luther Jahre später in ein Lied kleiden, das als die Reformations-Marsellaise Geschichte machen wird und noch heute in den evangelischen Kirchen am Reformationsfest gesungen wird:

Ein feste Burg ist unser Gott, ein gute Wehr und Waffen.
Er hilft uns frei aus aller Not, die uns jetzt hat betroffen.
...
Und wenn die Welt voll Teufel wär und wollt uns gar verschlingen,
so fürchten wir uns nicht so sehr, es soll uns doch gelingen.
Der Fürst dieser Welt, wie sau'r er sich stellt,
tut er uns doch nicht; das macht, er ist gericht':
ein Wörtlein kann ihn fällen.

Daher sagt er, als er nach dem letzten Gespräch mit Cajetan gefragt wird, wie es denn jetzt weitergehen soll und wo er bleiben wolle: »Unterm Himmel.« Was so viel heißt wie: Ich lege mein Schicksal in Gottes Hand.

An diesem Schicksal wird unterdessen im Hintergrund bereits heftig gearbeitet. Schon laufen die Vorbereitungen für Luthers Verhaftung. Und sein Ordensoberer, Johannes von Staupitz, wird von der Ordenszentrale aufgefordert, Luther »an Händen und Füßen gefesselt« einzusperren.

Staupitz kennt Luther gut, schätzt ihn, hat ihn über zehn Jahre hinweg begleitet und gefördert, und darum kommt es für den Ordensgeneral nicht infrage, Luther einzusperren. Reagieren aber muss er auf das Begehren der Zentrale. Daher legt er Luther nahe, den Orden zu verlassen.

Luther versteht, dass es wohl anders nicht geht, fügt sich. In der Nacht zum 21. Oktober wird er aus dem Schlaf gerissen. Fremde, Augsburger Bürger, sagen ihm, er solle fliehen, sonst werde er verhaftet. Auf Schleichwegen führen sie ihn durch die Stadt, schmuggeln ihn aus dem Stadttor, setzen ihn auf ein bereitstehendes Pferd. Er reitet in der Kutte los, »ohne Hosen, Stiefel, Sporn und Schwert«, zehn Tage lang, bis er in Wittenberg ankommt.

Obwohl er nun nicht mehr Mitglied seines Ordens ist, kehrt er in sein Kloster zurück, bezieht sein Turmzimmer und macht dort weiter, wo er vor Augsburg aufgehört hat. Niemand hindert ihn daran.

Der Kurfürst erhält schon recht bald einen Brief von Cajetan. Inhalt: Luther sei entweder an Rom auszuliefern oder des Landes zu verweisen. Es ist der 25. Oktober 1518.

Luther will nach Paris gehen. Er ist ernsthaft gewillt, seine Sache vom Exil aus weiterzubetreiben. Ob das gut gehen wird? Wahrscheinlich war Ende 1518 der letzte Zeitpunkt, an dem die Reformation noch zu stoppen gewesen wäre. Hätte die römische Kirche Luther zu diesem Zeitpunkt verbrannt, hätte wahrscheinlich wieder Ruhe geherrscht im Land.

Aber dazu kam es nicht. Es kam auch nicht zu Luthers Exil in Paris. Stattdessen funkt mal wieder die Weltpolitik in die Luther'sche Angelegenheit hinein. Im Januar 1519 stirbt Kaiser Maximilian. Jetzt hat man in Rom keine Zeit mehr für Ketzerfragen und Luther-Ärger. Jetzt muss alles daran gesetzt werden, den spanischen König zu verhindern. Und dazu braucht Rom den Wittenberger Fürsten. Damit wird der Fall Luther für zwei Jahre auf Eis gelegt. In diesen zwei Jahren entscheidet sich das Schicksal der Reformation. In diesen zwei Jahren verbreiten sich Luthers Schriften immer weiter und er sorgt für stetigen Nachschub.

Luther gerät jetzt in einen wahren Schaffensrausch, schreibt, redet, predigt, lehrt und diskutiert wortmächtig, für alle verständlich und so aufregend, dass die Zuhörer in Scharen zu ihm kommen. Und Luther genießt es, fühlt sich beim Predigen wie eine Bauersfrau, die ihre Kinder an die Brust legt. »Man soll auf der Kanzel die Zitzen herausziehen und das Volk mit Milch tränken.« Und das Volk trinkt. Es ist nicht nur harmlose Milch, womit Luther sein Volk säugt, auch scharfe, mit allerlei Ausfällen gegen Rom gewürzte Unflätigkeiten gibt er ihm zu trinken. Luther wird immer frecher, immer polemischer, immer rücksichtsloser gegenüber Rom. Dabei entfernt er sich immer weiter aus dem Schoß seiner Kirche.

Den letzten Schritt macht er wohl bei seinem berühmten Streitgespräch mit Johannes Eck. Der süddeutsche Theologe, ein brillanter Intellektueller, vermutlich fürstlich bezahlt von den Fuggern, führte Luther aufs Glatteis. Eck konfrontierte Luther mit Sätzen, die von dem ein Jahrhundert zuvor in Konstanz verbrannten Ketzer Jan Hus stammen. Luther kannte dessen Lehre nicht, wusste nichts von Hus, aber stimmte den Sätzen zu, und damit war er – für Eck – als Ketzer überführt und folglich, wie der Ketzer Hus, zu verbrennen.

Aber Luther nimmt Ecks Triumph die Spitze, indem er gelassen sagt: »Na gut, dann bin ich eben ein Ketzer. Hus hat recht, wenn er sagt, nicht der Papst, sondern Christus sei das Haupt der Kirche.« Eck hält dagegen, sogar ein Konzil habe Hus verdammt. Worauf Luther sagt: »Auch Konzilien können irren und haben geirrt.« Die Zuhörer im Saal schreien auf vor Schreck.

Damit bewegt sich Luther endgültig nicht mehr im Rahmen der katholischen Lehre. Vor so einem Satz wäre er in einer ruhigen Minute vielleicht selber zurückgeschreckt. Aber nun war es heraus, und es war gut so. »Der Eck hat mich munter gemacht«, wird er später sagen. »Er hat mich auf Gedanken gebracht, da ich nimmer sonst hingekommen wäre.«

In aller Radikalität stellt er jetzt den eigenen Glauben und sein Gewissen über alle Autoritäten. Da kann es also sein, »dass der ganze Haufen mit allen großen Hansen irrt und eine ungerechte Sache verteidigt«, während die Wahrheit nur bei ein paar wenigen ist. Schwindelt ihm selbst vor den Konsequenzen dieser Einsicht? Vielleicht. Aber er hält dagegen: »Wenn du Gottes Wort hast, kannst du sagen: Was brauche ich weiter zu fragen, was die Konzilien sagen?«

Dass er damit in Rom als Ketzer gilt, ist ihm klar, aber das schreckt ihn nun nicht mehr. Ist er ein Ketzer, dann ist eben seine Ketzerei jetzt die rechtgläubige Lehre, und der römischen Kirche sagt er: »Frömmere Ketzer habt ihr nie gehabt, werdet sie auch nicht frömmer kriegen. Bittet Gott, daß sie euch mögen erhalten bleiben.«

Innerlich hat er also jetzt den Bruch mit seiner Kirche vollzogen. Bis er ihn auch öffentlich und endgültig vollzieht, vergeht noch eine gewisse Zeit. Während jener Zeit verfasst er eine Streitschrift nach der anderen: *An die Pfarrherrn, wider den Wucher zu predigen; An den christlichen Adel deutscher Nation …; Von der babylonischen Gefangenschaft der Kirche* (1540); *Von der Freiheit eines Christenmenschen* (1520).

Alle sind sie gegen Rom gerichtet. Alle bestreiten die Autorität des Papstes, alle betonen, worauf allein es ankommt in einem Christenleben: Glaube, Gnade, Schrift. Es braucht keine Priester als Mittler zwischen Mensch und Gott, es braucht keine Mönche und Nonnen, keinen Papst, keine Reliquien, keine Prozessionen und keine Wallfahrten. Jeder ist ein Kind Gottes und jeder dient ihm am besten dort, wo er von Gott hingestellt wurde, also in seinem Beruf.

Seine Schriften werden Luther aus der Hand gerissen, verbreiten sich wie ein Lauffeuer. Eine Auflage nach der anderen verlässt die Druckerpressen. Jetzt sind Luthers Gedanken in der Welt. Jetzt können sie ihn ruhig verbrennen. Auch seine Schriften können sie verbrennen. Seine Lehre nicht mehr. Die steckt schon in zu vielen Köpfen.

Sie probieren es dann trotzdem noch einmal, Luther zum Schweigen zu bringen, als sich die Sache mit dem neuen Kaiser geklärt hat. Im Juli 1519 war die Wahl und sie fiel nun doch auf den spanischen König. Die Fugger hatten mit sehr hohen Bestechungssummen nachgeholfen. Sie wussten von den sagenhaften Silber- und Goldschätzen, welche die spanischen Schiffe aus Amerika nach Europa brachten, und dachten, mit solchen Leuten ließen sich bessere Geschäfte machen als mit dem päpstlichen Pleitier in Rom. Im Oktober 1520 wurde dann der spanische König in Aachen zum Kaiser gekrönt.

Nun rollen sie den Fall Luther wieder auf in Rom. Der Papst schickt ihm seine Bann-Androhungs-Bulle nach Wittenberg. Luther soll widerrufen. Auch allen Anhängern Luthers wird Widerruf befohlen, und der Obrigkeit wird auferlegt, sämtliche Schriften Luthers zu verbrennen. Sie haben sechzig Tage Zeit dazu.

Am 10. Dezember, einen Tag nach Ablauf der Widerrufsfrist, verbrennt Martin Luther öffentlich die Bulle in Wittenberg. Mehrere Ausgaben des Corpus iuris canonici, Sammlungen des römischen Kirchenrechts, verbrennt er gleich mit. Hunderte von Wittenberger Studenten, Magister, Professoren und Bürger wohnen der Sache bei und jubeln Luther zu.

Darauf folgt unweigerlich der nächste Schritt. Rom spricht den Bann über Luther aus. Die Kirche stößt ihn aus ihrer Gemeinschaft aus und untersagt den Umgang mit ihm. Und nun ist es an dem Kaiser, Luther verhaften zu lassen und nach Rom auszuliefern.

Wieder schaltet sich Kurfürst Friedrich ein. Er macht den Kaiser darauf aufmerksam, dass er verpflichtet sei, jeden, den er zur Ächtung freigeben will, vorher anzuhören. Der Kaiser sagt zu, Luther anzuhören. Er soll nach Worms kommen. Dort ist Reichstag.

Luther reist nach Worms. Wohl ist ihm nicht dabei. Er weiß, dass er dort verbrannt werden kann. Aber er will seine Sache vor dem Kaiser ausfechten. Leider lässt man ihn nicht fechten. Statt mit ihm zu diskutieren, statt auf dem Reichstag seine Thesen zu erörtern, wird er einfach nur gefragt, ob er widerrufen wolle. So hat er sich das nicht vorgestellt. Er soll einfach klein beigeben?

Er bittet sich Bedenkzeit aus.

Am nächsten Tag sagt er, was zu sagen ist: Er sei »wohl bereit, wenn ich gründlich belehrt bin, jeden Irrtum zu widerrufen, und ich werde der Erste sein, der meine Bücher ins Feuer wirft. Aus diesem allen, glaube ich, geht klar hervor, daß ich mich genügend bedacht und die Gefahren und den Streit erwogen habe, die aus Anlaß meiner Lehre auf der Erde erweckt wurden.« Er will also diskutieren.

Doch darauf lassen sich seine Gegner nicht ein. Er solle endlich klar heraus sagen, ob er widerrufe oder nicht.

Worauf Luther sagt: »Mein Gewissen ist in Gottes Wort gefangen. Somit will und kann ich nicht widerrufen. Denn gegen das Gewissen zu handeln ist weder sicher noch heilsam. Hier stehe ich, ich kann nicht anders, Gott helfe mir. Amen.«

Der Reichssprecher: »Martin, laß dein Gewissen fahren! Du bist im Irrtum!«

Im Sitzungssaal wird es nun unruhig, lautes Durcheinander entsteht. Der Kaiser erhebt sich und geht wortlos.

Freunde umringen Martin Luther, drücken ihn an sich. Auf seinem Weg ins Quartier folgen ihm Jubelrufe. Aber auch »Al fuego, al fuego! - Ins Feuer mit ihm!«, wird ihm hinterhergerufen.

Martin aber wirft beide Arme in die Luft und lacht und schreit: »Ich bin hindurch! Ich bin hindurch!«

Vor allem aber ist er jetzt vogelfrei. Das von Kaiser Karl unterschriebene Wormser Edikt vom 8. Mai verfügt: »Wir gebieten euch allen, daß ihr den vorgenannten Martin Luther nicht in euer Haus aufnehmt, ihn nicht bei Hof empfangt, ihm kein Essen noch Trinken gebt, ihn nicht versteckt noch ihm mit Worten oder Werken heimlich oder öffentlich Hilfe, Gefolgschaft, Beistand oder Vorschub gewährt. Wo ihr aber an ihn kommen, ihn ergreifen und seiner habhaft werden könnt, sollt ihr ihn gefangen nehmen und uns wohl verwahrt zusenden, wobei ihr für ein so heiliges Werk, eure Mühen und Kosten angemessen belohnt werden sollt.«

Luthers Leben wäre jetzt normalerweise keinen Pfifferling mehr wert. Aber der Kurfürst greift nun wieder ein. Auf dem Heimweg von Worms nach Wittenberg lässt er ihn entführen und bei Nacht und Nebel auf die Wartburg bringen. Seine Begleiter halten den vorgetäuschten Überfall für echt, fliehen und erzählen, was passiert ist. Die Nachricht verbreitet sich schnell durch ganz Deutschland. Gerüchte sprießen. Luther wird für tot erklärt. Andere wissen von einem Versteck, dritte wähnen ihn in Rom.

Aber nur ganz wenige Vertraute des Kurfürsten wissen, dass es sich bei dem ominösen Junker Jörg, einem Mann mit vollem Haar und Vollbart auf der Wartburg, um Martin Luther handelt. Dort vollbringt er eine weitere Großtat. Er übersetzt das Neue Testament ins Deutsche, das es noch gar nicht gibt, das er erst aus den vielen vorhandenen deutschen Dialekten und seinem genialen Sprachgefühl erschaffen muss.

Im Reich aber zeigt sich nun, dass Luthers Ideen auch ohne ihn weiterwirken, wenn auch nicht in seinem Sinne. Es kommt zu gewaltsamen Bauernaufständen, zu Bilderstürmereien, zu Klosterplünderungen. Luther hält es nicht mehr auf seiner Burg. Er kehrt zurück nach Wittenberg, predigt Gewaltfreiheit. In Wittenberg hören sie auf ihn, anderswo nicht. Die Soldaten rücken aus und schlagen brutal zu.

Luther bezieht wieder sein Turmzimmer und schreibt, predigt, lehrt. Und er zieht die Mönchskutte aus, ruft die anderen Klosterbrüder auf, es ihm gleichzutun, denn die Möncherei sei unnütz und von der Bibel nicht verlangt. Scharenweise folgen Mönche und Nonnen seinem Aufruf.

Am 13. Juni 1525 heiratet der entlaufene Mönch Martin Luther die entlaufene Nonne Katharina von Bora. Das allein ist schon eine ungeheure, skandalträchtige Tat. Aber Luther wäre nicht Luther, wenn er es nicht verstünde, immer noch eins draufzusetzen: Er muss heiraten, denn seine Katharina erwartet ein Kind. Der Skandal ist perfekt. Noch einmal erregt der Mönch allergrößtes Aufsehen, gehen die Wogen hoch, wird landauf landab diskutiert über diesen Luther, der über seine Heirat sagt, dass er es »dem Teufel mit seinen Schuppen, den großen Hansen, Fürsten und Bischöfen zum Trotz getan« habe. Er wolle »auch gern noch mehr Ärgernisse anrichten, wenn ich nur noch mehr wüßte, was Gott gefiele und sie verdrösse (...) Denn ich gebe nicht auf und fahre immer fort und treibe es umso toller, je weniger sie es wollen.«

Luther, wie er leibt und lebt. In dieser treffenden Selbstbeschreibung klingt aber auch schon an, dass Luther nun nicht mehr viel einfällt, die Reformation im Grunde abgeschlossen ist. Alles, was zu sagen war, ist nun gesagt, alles was zu tun war, getan. Das Alte Testament gilt es noch zu übersetzen. Und Kirchenlieder dichtet und komponiert er jetzt. Gleichzeitig leistet er mit der Erarbeitung eines Katchechismus eine wichtige Grundlage für die christliche Erziehung und Schulbildung.

So etwas wie eine Kirchenordnung für seine Anhänger muss noch gemacht werden, denn überall im Land verlassen Gläubige die katholische Kirche und bekennen sich zu Luther. Auch Fürsten wechseln in sein Lager. Es ist ein gutes Geschäft für sie, denn die Kirchen und Klöster und mit ihnen deren Vermögen fällt nun in den Besitz der Fürsten.

Die allumfassende Macht der römischen Kirche ist gebrochen. Sie kann Luther nichts mehr anhaben. Die nächsten zwanzig Jahre bis zu seinem Tod verbringt Luther mit seiner Frau Käthe, zahlreichen Kindern und vielen Gästen in seinem Pfarrhaus redend, streitend, schreibend, diskutierend und lehrend in Wittenberg.

Die Heirat zwischen Mönch und Nonne war Luthers vorletzte reformatorische Tat. Die letzte Tat vollbringt er gemeinsam mit seiner Frau Katharina: Die Art, wie beide das Pfarrhaus führen, wird zum Urbild protestantischer Pfarrhäuser in Deutschland. Hier werden nun die Kinder erzogen, findet christliches Familienleben statt, zieht Luther seine Schlüsse über Ehe und Familie. Hier gehen Gäste ein und aus, finden Luthers berühmte Tischgespräche statt, wird fröhlich gegessen, getrunken, gestritten, politisiert, polemisiert. Aus diesem Urbild entwickelt sich das protestantische Pfarrhaus als Institution. In ihr verbringt Luther die letzten zwei Jahrzehnte seines Lebens.

Er stirbt 1546 in Eisleben, dem Ort seiner Geburt. Sechs Jahre später stirbt seine Frau. Sie hinterlassen vier Kinder.

Im Jahr 1555 ist Deutschland zu neunzig Prozent evangelisch. Der Augsburger Religionsfriede vereinbart ein Stillhalteabkommen zwischen beiden Konfessionen.

Es gibt jetzt offiziell zwei Kirchen. Also auch zwei Wahrheiten. Wenn es aber zwei Wahrheiten gibt, kann es dann nicht auch drei, vier, viele Wahrheiten geben? Oder vielleicht gar keine, jedenfalls keine absolute?

Diese Fragen sind nun da. Andere gesellen sich dazu. Da gab es diesen Astronomen Nikolaus Kopernikus, der sich allein aufgrund irgendwelcher Berechnungen zu der Behauptung verstiegen hat, die Erde sei keine Scheibe, sondern eine Kugel, und sie stehe nicht im Mittelpunkt des Weltalls, wie es die Kirche lehrt, sondern kreise um die Sonne. Beweisen konnte er es nicht, aber hat es nicht Kolumbus mit seinem Seeweg nach Indien bewiesen? Wenn die Kirche also in diesem Punkte irrt, irrt sie dann möglicherweise auch in anderen Punkten?

Und in Nürnberg gibt es einen Maler, Albrecht Dürer, der nicht mehr Heiligenbildchen und biblische Szenen malt, sondern sich, seine Mutter, Nürnberger Patrizier und ganz gewöhnliche Zeitgenossen. Was hat das zu bedeuten? Werden da etwa – wie in einer Wohnung die Möbel – die Dinge der Welt so lange hin und her gerückt, bis nichts mehr an seinem seit Jahrhunderten angestammten Platz steht? Kopernikus rückte die Erde aus dem Mittelpunkt des Weltalls an den Rand, dafür rückt nun dieser Dürer den Menschen ins Zentrum der Erde. Gehört er da wirklich hin? Wird da an der Wende vom 15. zum 16. Jahrhundert die ganze Welt ver-rückt?

Etwas unaufhaltsam Neues kündigt sich an in solchen Fragen und Entwicklungen. Die Kirche stemmt sich mit all ihrer verbliebenen Macht dagegen, leitet die Gegenreformation ein, reformiert sich auch selbst, lässt Krieg führen, Hexen verbrennen, Ketzer foltern – allein, es hilft nicht. Ihre Macht reicht nicht mehr, um den Strom aufzuhalten, der seit Kopernikus, Gutenberg, Kolumbus, Dürer und Luther alles wegspült und vorwärtsdrängt, vorwärts in eine neue Zeit, vorwärts in die Aufklärung und in eine Entwicklung, die auch die Lutherische Kirche alt aussehen lässt und beide Kirchen zwingt, sich noch einmal und immerzu zu verändern.

Beide Kirchen leiden unter ihrer Spaltung, versuchen sie zu überwinden. Aber es ging wohl nicht anders. Der katholischen Kirche geht es vor allem um ihre Einheit. Dafür opfert sie, wenn es sein muss, schon mal die Freiheit und die Wahrheit, über die in Streitfragen der Papst als letzte Instanz entscheidet. In seiner Person verkörpert sich die Einheit der Kirche. Wenn er spricht, dann hört die Welt in ihm die Stimme der Christen. Aber dieser Vorteil ist erkauft mit einer verringerten Glaubwürdigkeit nach außen und einer verringerten Freiheit nach innen, denn die absolute Wahrheit des modernen Menschen lautet, dass es keine absolute Wahrheit gibt. Und wenn es sie doch geben sollte, dann ist kein Sterblicher in ihrem Besitz, auch der Papst nicht.

Den Evangelischen geht es vor allem um diese Wahrheit. Daher spalten sie sich lieber, wenn sie sich auf eine Wahrheit nicht einigen können, als dass sie sich die Wahrheit von einem Einzelnen autoritär verordnen ließen. In diesem evangelischen Ringen um die Wahrheit in Freiheit liegt die Stärke der evangelischen Kirchen. Darüber verlieren sie aber ihre Einheit. Darin liegt ihre Schwäche. Niemand vermag heute noch verbindlich zu sagen, wofür die Evangelischen eigentlich stehen, und daher wird ihre Stimme kaum noch gehört in der Welt.

Darum spricht der Papst, wenn er zur Welt spricht, und nicht gerade über Pille, Zölibat, weibliche Priester und die Evangelischen spricht, immer auch ein bisschen für die Evangelischen mit. Spricht er aber über Pille, Zölibat und weibliche Priester, widersprechen die Protestanten und widersprechen dabei immer auch ein bisschen für die Katholiken mit. Vielleicht ist das ja ganz gut so. Vielleicht ist es sogar weise.

Nelson Mandela

Ein Kampf für das Recht auf Leben

* 1918 in Mvezo, Südafrika, als Rolihlahla Dalibhunga Mandela ✤ 1934 Besuch des Clarke-bury Boarding Institute und danach der methodistischen Missionsschule, Heald-town ✤ 1939 Jurastudium am Missions-College von Fort-Hare ✤ Weiterführung des Jurastudiums an der Witwatersrand-Universität nach einer Flucht nach Johannes-burg ✤ 1944 Gründung der Jugendorganisation des ANC (African National Con-gress) ✤ ab 1948 sehr engagiert in Anti-Apartheid-Aktivitäten ✤ 1956 Anklage wegen Hochverrats ✤ 1961 Anführer des bewaffneten Flügels des ANC ✤ 1964 Verurteilung zu lebenslanger Haft wegen Planung eines bewaffneten Kampfes ✤ 1990 Freilas-sung ✤ 1993 Friedensnobelpreis ✤ 1994 Wahl zum ersten schwarzen Präsidenten Süd-afrikas, im Amt bis 1999

Mit der Freiheit verhält es sich ähnlich wie mit dem Humor. Jeder behauptet, er habe ihn, nur wenige haben ihn wirklich. Jeder behauptet, er sei für Frei-heit, sogar die Unterdrücker behaupten es. Aber nur wenige sind wirklich frei. Und nur wenige haben ein so großes Verlangen nach Freiheit, dass sie dafür unter Einsatz ihres Lebens kämpfen, ihre Gesundheit gefährden, gefürchte-ten Autoritäten widersprechen, Zivilcourage zeigen oder Nachteile – bei der Karriere, der Versorgung mit Gütern, dem Zugang zur Bildung – in Kauf neh-men.

Freiheit hat etwas mit Würde zu tun, mit Charakter, mit aufrechtem Gang.

Wer schon von Kindheit an zur gebeugten Haltung erzogen wurde, zum Gehorsam, Duckmäusertum und zur Angst vor jeglicher Macht und Autorität, wem von Kindheit an von Eltern, Lehrern, Funktionären, Geistlichen und den Medien eingebläut, ja eingeprügelt wurde, die Teilung der Menschen in Herren und Knechte sei gut, vernünftig, gottgewollt und unveränderlich, der wird sich mit hoher Wahrscheinlichkeit in sein Schicksal fügen und sein Leben als Knecht führen und beenden. Warum sollte er aufbegehren? Was sollte einer, der die Freiheit nie gelernt und nie geschmeckt hat, mit der Freiheit anfangen?

Und doch gibt es unter hundert Knechten, manchmal auch nur unter tausend oder zehntausend, zuverlässig den einen, der irgendwann anfängt zu fragen, ob die Herr-Knecht-Ordnung so natürlich oder gar gottgewollt sei, wie sie sich darstellt. Zuerst fragt er sich das meist nur im Geheimen, in seinen Gedanken, dann spricht er die Frage im Kreis von Freunden oder der Familie aus und macht die Erfahrung: Er ist mit seinen Gedanken nicht allein. Andere zweifeln ebenfalls. Meistens bleibt es dabei.

Manchmal aber entwickelt sich daraus Rebellion. Und manchmal entsteht daraus eine Revolution, welche die alte Ordnung umstürzt und eine neue, gerechtere Ordnung etabliert. Dann erklimmt die Gesellschaft, in der das passiert, eine höhere Stufe der Zivilisation.

Wann aber und unter welchen Bedingungen kommt es dazu, dass aus freien Gedanken freie Worte und daraus Taten werden, die in gemeinsame und organisierte Handlungen münden? Und die dann den Umsturz herbeiführen? Das herauszufinden wäre ein interessantes Forschungsprojekt, denn es gibt darauf noch keine allgemeingültige Antwort. Vielleicht wird es sie auch nie geben, denn die Entfaltung freier Gedanken in einem geknechteten Hirn ist etwas sehr Individuelles, wahrscheinlich oft von äußeren Zufällen Gesteuertes, sodass ein Freiheitskämpfer rückblickend beispielsweise sagt:

»Ich kann nicht genau angeben, wann ich politisiert wurde, wann ich wusste, dass ich mein Leben völlig dem Freiheitskampf verschreiben würde (…) Ich hatte keine Erleuchtung, keine einzigartige Offenbarung, keinen Augenblick der Wahrheit; es war eine ständige Anhäufung von tausend verschiedenen Dingen, tausend Kränkungen, tausend unerinnerten Momenten, die Wut in mir erzeugten, rebellische Haltung, das Verlangen, das System zu bekämpfen, das mein Volk einkerkerte. Da war kein bestimmter Tag, an dem ich mir sagte, von nun an will ich mich der Befreiung meines Volkes widmen, sondern statt dessen tat ich es einfach, weil ich nicht anders konnte.«

Der Mann, der das sagte, ist einer der größten lebenden Freiheitskämpfer der Welt, ein Popstar, ein Mythos schon zu Lebzeiten, beliebt, verehrt und berühmt wie sonst vielleicht nur noch der Papst und der Dalai Lama: Nelson Mandela, der Befreier Südafrikas. Siebenundzwanzig Jahre hat er in Gefängnissen verbracht. Siebenundzwanzig Jahre hat er dort seinen Traum von der Befreiung der Schwarzen von weißer Vorherrschaft geträumt. Siebenundzwanzig Jahre hat er vom Gefängnis aus, scheinbar untätig, wesentlich zur Befreiung Südafrikas beigetragen. Und dann ist sein Traum in Erfüllung gegangen.

Wann er ihn zum ersten Mal geträumt hat? Eben das kann er heute nicht mehr sagen. Und doch lässt sich aus seiner Biografie ein Ereignis benennen, in dem erstmals aufscheint, dass Nelson Mandela ein Mensch ist, dessen Drang nach Freiheit, Würde und Selbstbestimmung größer ist als seine Bereitschaft, sich mit der Wirklichkeit, wie sie nun mal ist, abzufinden.

Es ist ein Ereignis, ein Schicksal, das vor ihm schon Millionen, ja Milliarden anderen jungen Männern und Frauen widerfahren ist und heute noch immer widerfährt, ein Schicksal, dem die meisten sich gefügt haben und immer noch fügen. Für die wenigen, die dagegen rebellierten und rebellieren, war, ist und kann es oft der Ausgangspunkt einer Lebenswende mit weitreichenden Folgen sein: An einem Morgen des Jahres 1940 – Nelson Mandela ist 22 Jahre alt und studiert in einem Missions-College in Fort-Hare in der östlichen Kapprovinz – wird er zu seinem Vormund gerufen. Der hatte gemäß der in seinem Volk herrschenden Tradition eine Braut für ihn ausgesucht.

Mandela hatte im Alter von neun Jahren seinen Vater verloren. Seine Mutter konnte nicht mehr angemessen für ihn sorgen, daher gab sie ihn zu Jongintaba, dem Regenten der Xhosa, der zur Annahme der Vormundschaft politisch verpflichtet war.

Im Haus des Regenten wächst er mit dessen leiblichem Sohn Justice heran. Es geht ihm gut dort, beide Söhne werden gleich behandelt und es entwickelt sich ein brüderliches Verhältnis unter ihnen. Gemeinsam studieren sie in Fort-Hare und gemeinsam trifft sie nun das für sie bestimmte Schicksal: die

Zwangsverheiratung. Der Brautpreis war schon bezahlt, die Sache festgezurrt und nicht mehr rückgängig zu machen.

Und da passiert es. Sie riskieren um ihrer Freiheit willen den Bruch mit ihrer Tradition, ihrer Familie, ihrer Herkunft und mit all den Menschen, die ihnen lieb und teuer sind. Sie verlassen den für sie vorgezeichneten Weg, brechen aus, hauen ab, denken nicht lange darüber nach. Sie verhandeln auch nicht mit dem Regenten, weil sie wissen, dass es zwecklos ist. Es ist ihnen klar, dass dieser Bruch mit der Tradition auch den Bruch mit dem Regenten bedeutet und damit verbunden auch dessen Einstellung der Zahlungen, den Verlust aller Sicherheit. Jetzt müssen sie selber für sich sorgen. Das nehmen sie in Kauf. Das ist der Preis für ihre Selbstbestimmung. Kein geringer Preis, denn es wird nicht einfach für die beiden.

Sie wollen nach Johannesburg. Heimlich verkaufen sie zwei Ochsen des Regenten, um zu Geld zu kommen. Dann müssen sie sich noch einige Lügen und Tricks einfallen lassen, denn ein schwarzer Afrikaner darf seinen Bezirk nicht ohne Genehmigung des Arbeitgebers oder des Vormunds verlassen. In Johannesburg suchen sie voller Optimismus ihre Zukunft. Dort wollen sie ihr Glück machen.

Zunächst scheint das ganz leicht zu gehen. In den Crown Mines, der größten Goldmine der Welt, suchen sie sich einen Job. Dort arbeitet Piliso, ein Bekannter von ihnen, als Aufseher. Von ihrer Flucht vor der Zwangsheirat erzählen sie ihm nichts. Stattdessen tischen sie ihm Lügengeschichten auf, die er ihnen glaubt. Er verschafft Justice einen guten, sauberen Bürojob, und Nelson wird Minenpolizist, was ihm gut gefällt. Mit Stiefeln und Helm, Trillerpfeife und Schlagstock ausgerüstet, steht er gut gelaunt vor dem Eingang zum Minengelände und kontrolliert die Ausweise all jener, die kommen oder gehen. Neben ihm ein Schild: Achtung! Hier Zutritt für Eingeborene!

Piliso lädt die jungen Männer freundlich ein, bei ihm zu wohnen. Dadurch bleibt es ihnen erspart, mit ein paar Hundert anderen in einer der deprimierenden Baracken für Wanderarbeiter zu schlafen. Sie verdienen nicht viel, aber haben nun doch mehr Geld als jemals zuvor. Und es ist eigenes, selbst verdientes Geld. Sie kommen sich großartig vor. Den Regenten haben sie schon vergessen.

Aber er nicht sie. Er hat herausgefunden, wo sie stecken, und an Piliso telegrafiert: »Die Jungen sofort nach Hause schicken!« Wutschnaubend hält

Piliso ihnen das Telegramm unter die Nase. Sie haben ihn belogen, seine Gastlichkeit und sein Vertrauen missbraucht. Er schmeißt sie raus.

Nun erst wird es schwierig mit der Freiheit. Was tun ohne Job und ohne Geld? Worauf man sich in Afrika immer verlassen kann, ist die Verwandtschaft, der Clan, der Stamm. Der hält zusammen. Nelson treibt einen Vetter auf, Garlick Mbekeni. Bei dem kann er erst mal wohnen. Mbekeni verschafft ihm auch einen Job bei einem Immobilienhändler, dem Nelson erzählt, er wolle sein unterbrochenes Jurastudium fortsetzen und Rechtsanwalt werden. Der Immobilienhändler hilft ihm und verschafft ihm ein Praktikum bei Witkin, Sidelsky und Eidelmann, einer jüdischen Anwaltskanzlei.

Wieder hat Nelson Glück, denn dass eine weiße Kanzlei einen Schwarzen im Büro beschäftigt, ist in Südafrika eine große Ausnahme. Und Nelson wird gut behandelt in dieser Kanzlei. Er verdient zwar nur zwei Pfund im Monat, aber er muss froh sein, dass er davon kein Lehrgeld zahlen muss, das man ihm eigentlich abverlangen könnte. Und einer der Anwälte, Sidelsky, nimmt sich viel Zeit, um Mandela alle Aufgaben genau zu erklären, leiht ihm Geld für die Universitätsgebühren und schenkt ihm einen alten Anzug, den Nelson jahrelang tragen wird.

Vielleicht liegt es an seinem relativen Glück, dass sich in Nelson noch immer kein Geist der Auflehnung regt, denn eigentlich sind die Gründe für eine Rebellion nicht zu übersehen. Die Weißen wohnen in den guten Wohngebieten in komfortablen Häusern mit großen Gärten inmitten gepflegter Anlagen. Die Schwarzen wohnen nahe bei den Minen und Kläranlagen in kleinen Häusern ohne Sanitäranlagen und ohne Strom.

Weiße haben die verantwortungsvollen gut bezahlten Jobs, Schwarze kehren die Bürgersteige, chauffieren ihre Chefs, erledigen die Handlanger- und Botendienste oder dienen in den Häusern der Weißen als Putzfrau, Nanny, Koch, Gärtner oder Butler. Weiße sind gut gekleidet, Schwarze ärmlich. Und überall in der City hängen vor den Cafés, Restaurants, Hotels und Ämtern Schilder mit der Aufschrift »Nur für Weiße«.

Es ist alles tatsächlich so in Südafrika, wie es Nelson Jahre zuvor schon einmal gehört hat, aber nicht hören wollte. Es war auf dem Fest, bei dem er und die anderen Jungen seines Alters beschnitten wurden. Er war gerade sechzehn und wollte ausgelassen feiern, als ein alter Häuptling eine Rede hielt und damit die Stimmung killte: »Dort sitzen unsere Söhne, jung, gesund und stattlich, die Blüte des Xhosa-Stammes, der Stolz unserer Nation. Wir haben sie gerade beschnitten in einem Ritual, das Mannbarkeit verheißt, aber ich bin hier, um euch zu sagen, daß das eine leere, illusorische Verheißung ist (...) Denn wir Xhosas und alle schwarzen Südafrikaner sind (...) Sklaven in unserem eigenen Land, Pächter auf unserer eigenen Erde. Wir haben keine Kraft, keine Macht, keine Kontrolle über unser eigenes Geschick im Land unserer Geburt. Für den Rest ihres Lebens werden sich diese jungen Männer die Lunge raushusten tief in den Eingeweiden der Minen des weißen Mannes, ihre Gesundheit zerstörend, niemals die Sonne sehend, damit der weiße Mann ein Leben in einzigartigem Wohlstand führen kann. Sie werden in große Städte ziehen, wo sie in Verschlägen hausen und billigen Alkohol trinken werden, und all dies, weil wir kein Land haben, das wir ihnen geben könnten, damit sie darauf gedeihen und sich vermehren.«

Später, viel später wird sich Nelson erinnern, dass er diese Anklagen nicht hören wollte, und gedacht hatte: Haben die Weißen nicht auch viele gute Dinge ins Land gebracht? Sind sie nicht Wohltäter, die Schulen einrichten und große Fabriken bauen, in denen die Menschen Arbeit finden?

Diesen Wesenszug, den weißen Unterdrücker nicht zu hassen, ihm trotz seiner unleugbaren Fehler immer gerecht werden zu wollen, wird Nelson beibehalten und ihn auch später nicht ablegen, als er aktiv für die Freiheit der Schwarzen kämpft. Dieser Wesenszug wird es sein, der ihn später geradezu vorbestimmt, das befreite Südafrika zu regieren und zu einem Land zu machen, in dem die Menschen aller Hautfarben friedlich zusammenleben, auch mit den Weißen, den ehemaligen Unterdrückern.

Andere seiner Generation sind wesentlich ungeduldiger mit den Verhältnissen und gegenüber den Weißen zumindest in Gedanken wesentlich aggressiver. In der Anwaltskanzlei von Sidelsky hat Nelson einen Kollegen, der seinen Chef eines Tages anfährt: »Hören Sie, Sie sitzen da wie ein Lord, während mein Häuptling Botengänge für Sie erledigt. Die Situation sollte genau umgekehrt sein, und eines Tages wird sie das auch, und wir werden euch alle ins Meer werfen.« Nelson ist dieser Zwischenfall unangenehm. Wie lange noch?

Nelsons Bewusstsein beginnt sich zu ändern, als es 1946 zu einem der größten Streiks in der südafrikanischen Geschichte kommt. Zu jener Zeit schuften 400 000 Afrikaner für zwei Shilling pro Tag in den Minen. Die Gewerkschaft kämpft für einen Mindestlohn von zehn Shilling pro Tag, für Familienunterkünfte, einen zweiwöchigen bezahlten Urlaub und bessere Verpflegung. Doch die Minengesellschaften kommen ihnen keinen Fingerbreit entgegen. Daraufhin legen 70 000 Arbeiter für eine Woche die Arbeit nieder. Vergeblich. Jetzt greift der Staat ein. Polizisten drängen die Arbeiter mit Bajonetten in die Schächte zurück und töten dabei neun von ihnen. Die Polizei umstellt die Unterkünfte der Arbeiter und durchsucht die Büros der Gewerkschaft. Alle Streikführer landen im Gefängnis, der Streik bricht zusammen und die Regierung zerschlägt auch noch die Gewerkschaft.

Jetzt ist Nelson empört, bestürzt und tief bewegt. Er besucht die Streikenden in den Minen und führt Gespräche mit Gewerkschaftern.

Dann wird er auf die Inder in Südafrika aufmerksam. Auch sie begehren auf. Seit 1869 kamen indische Wanderarbeiter ins Land, um in den Zuckerrohrplantagen in Natal zu arbeiten. Die Inder mussten sich damals für drei Jahre verpflichten. Danach konnten sie entscheiden, ob sie in ihre Heimat zurückkehren wollten oder nicht. Viele von ihnen blieben, machten sich als Kleinbauern oder Händler selbstständig, erhielten in Natal sogar Bürgerrechte. Außerhalb Natals jedoch galten sie als Nicht-Weiße und waren daher genauso rechtlos wie die Schwarzen.

Im Jahr 1946, dem Jahr des Streiks der Minenarbeiter, erließ die Regierung ein Gesetz, das die eingeschränkten Rechte der Inder noch weiter beschnitt. Sie durften jetzt nur noch in bestimmten, ihnen zugewiesenen Gebieten leben und Handel treiben, und der Erwerb von Grundbesitz wurde erschwert.

Das ließen die Inder sich nicht gefallen. Für Nelson interessant war, wie sie sich widersetzten, nämlich nach den Plänen eines jungen Rechtsanwalts namens Mahatma Gandhi. »Gewaltfreier Widerstand« lautete dessen Parole in Indien wie in Südafrika.

In Südafrika sah dieser gewaltfreie Widerstand so aus, dass die Inder zwei Jahre lang das Land besetzten, das ihnen die Regierung genommen hatte. Sie hielten verbotene Versammlungen ab, und wenn die Polizei kam, ließen sie sich einsperren, massenhaft. Die Anführer wurden mit monatelanger Zwangsarbeit bestraft. Wenn sie wieder zurückkamen aus ihren Arbeitslagern, machten sie genau dort weiter, wo sie vor ihrer Bestrafung hatten aufhören müssen.

Nelson Mandela war tief davon beeindruckt, wie indische Hausfrauen, Anwälte, Studenten, Ärzte, Priester, Händler und Arbeiter aus Protest ins Gefängnis gingen, denn es »erinnerte uns daran, daß der Freiheitskampf nicht nur darin bestehen konnte, auf Versammlungen Reden zu halten, Resolutionen zu verabschieden und Abordnungen zu entsenden. Entscheidend waren vielmehr präzise Organisation, militante Massenaktion und vor allem die Bereitschaft, Leiden und Opfer auf sich zu nehmen.«

In Indien führte diese Art von Widerstand 1947 zum Erfolg. Indien wurde unabhängig. Und Indien wurde das erste Land der Welt, das gleich nach seiner Unabhängigkeit, lange vor allen anderen demokratischen Ländern, wegen der südafrikanischen Rassenpolitik Sanktionen gegen die dortige Regierung verhängte.

Eigentlich hätte es nun auch in Südafrika besser werden müssen, denn damals, nach dem Zweiten Weltkrieg, standen die Zeichen auf Entkolonialisierung. Eine Kolonie nach der anderen wurde in die Unabhängigkeit entlassen, teils in friedlicher Übereinkunft mit den Kolonialmächten, teils erst nach Rebellionen und kriegerischen Auseinandersetzungen. Wo die weiße Vorherrschaft nicht schon vor dem Krieg beendet war, endete sie jetzt in den Jahren zwischen 1947 und 1967.

Nur in Südafrika liefen die Uhren rückwärts. Statt besser wurde es schlimmer. Das hatte mehrere Ursachen. Eine davon ist in der Geschichte dieses Landes zu suchen. Seine Besiedlung durch Weiße begann 1652 mit der Gründung von Kapstadt als Proviantstadt auf dem Seeweg nach Ostindien.

Bei den Einwanderern handelte es sich überwiegend um Holländer, Deutsche und Hugenotten. Aus ihnen entwickelten sich später die Buren, die sich immer weiter ins Landesinnere ausbreiteten und sich kriegerische Konflikte mit den dort ansässigen Nomaden, Ackerbauern und Rinderzüchtern lieferten. Ab 1779 bekamen es die Buren mit den Xhosa zu tun, einem kriegerischen Volk, das sich lange und ausdauernd gegen die weißen Eroberer wehrte, am Ende vergeblich. Es ist das Volk, dem auch Nelson Mandela entstammt.

Später kamen die Briten und besetzten die holländische Kapkolonie. Viele Buren wanderten aus und gründeten neue Republiken wie Natal, den Oranje-Freistaat und Transvaal. Die Briten versuchten, auch diese Länder unter ihre Kontrolle zu bringen, mit wechselndem Erfolg, bis zwischen 1869 und 1871 riesige Gold- und Diamantenvorkommen entdeckt wurden. Nun kämpfte das britische Empire mit seiner ganzen Macht um die Vorherrschaft am Kap. Es kam zum Burenkrieg, den die Buren verloren. Der südliche Zipfel Afrikas wurde britisch.

Im Friedensvertrag mit den Buren wurde diesen von den Briten das Recht auf Selbstverwaltung eingeräumt. Daraus entstand dann 1910 jenes merkwürdige Gebilde namens »Union of South Africa«. Das war einerseits eine britische Kolonie, andererseits ein sich selbst regierender Staat innerhalb des britischen Empire, bewohnt und regiert von Briten und Buren, die zwei konkurrierende politische Parteien gründeten:

Die englandfreundliche South African Party (SAP) und die englandkritische, von den Buren getragene National Party (NP). Diese versuchte, den britischen Einfluss in Politik, Wirtschaft und Kultur zurückzudrängen. Sie forderte die »nationale Befreiung« des »weißen Afrikanertums«. Bei aller Gegensätzlichkeit waren sie sich aber in einem Punkt einig: Sie, die weiße Minderheit allein, sei zur Führung des Landes berechtigt. Die schwarze Mehrheit habe zu gehorchen und billig zu arbeiten.

Und so wurde schon drei Jahre nach Staatsgründung jenes Gesetz verabschiedet, das man als Grundstein der späteren Rassentrennungspolitik (Apartheid) betrachten kann: Durch den Native Lands Act wurde es Schwarzen untersagt, Land zu erwerben, außer in eigens dafür ausgewiesenen Stammesgebieten. Alle südafrikanischen Regierungen haben seitdem das Ziel verfolgt, dem »Kaffer« seinen Platz zuzuweisen, nämlich ganz unten.

Natürlich hatten die Schwarzen kein Wahlrecht. Das Land wurde aufgeteilt in weiße Wohngebiete, in denen Schwarze kein Wohnrecht hatten, und in den Rest für Schwarze. Mischehen wurden verboten. Die Welt nahm daran lange keinen Anstoß, denn so war das auch in den anderen Kolonien.

Erst mit dem Beginn der Entkolonisierung wurde diese Praxis fragwürdig. Darum begannen die weißen Herren in Südafrika nun mit brutaler Härte, ihren Machtanspruch zu zementieren. Das Mittel dazu war die Apartheid, eine Verschärfung der seit Jahrzehnten bestehenden Diskriminierung der Schwarzen.

Sie begann mit dem Wahlsieg der burischen National Party 1948. Nun wurden sämtliche Bewohner Südafrikas vier Rassen zugeordnet. Man war entweder Weißer, Schwarzer, Asiate (Inder) oder Farbiger. Zu Letzteren rechnete man alle diejenigen, die den drei anderen Gruppen nicht angehörten.

Gemäß dieser Einteilung wurde nun das Leben dieser vier Gruppen mit einer Fülle von Gesetzen und Verordnungen entflochten, bis hin zur Reservierung von Parkbänken, Stränden, Eingängen in Geschäften und Ämtern für die einzelnen Rassen. Die Menschen wurden nach ihrer Hautfarbe getrennt in öffentlichen Einrichtungen, Hotels, Restaurants, Kinos, Theatern, Bussen, Straßenbahnen, Flughäfen, ja sogar auf Friedhöfen. Es war nun »ein Verbrechen, durch eine ›Nur-für-Weiße-Tür‹ zu gehen, ein Verbrechen, in einem ›Nur-für-Weiße-Bus‹ zu fahren (…) ein Verbrechen, kein Paßbuch bei sich zu haben, ein Verbrechen, in dem Buch die falsche Unterschrift zu haben (…) ein Verbrechen, nicht den richtigen Arbeitsplatz zu haben, ein Verbrechen, an bestimmten Orten zu leben, und ein Verbrechen, keinen Platz zum Leben zu haben«, sagt Mandela über diese Zeit.

Mithilfe von Passgesetzen versuchte der Staat, die Kontrolle über die Wanderbewegungen zwischen Stadt und Land zu gewinnen und die Schwarzen von den Städten fernzuhalten. Die Reservierung von Facharbeiterstellen für Weiße schmälerte die Aufstiegschancen aller anderen und beeinträchtigte die gesellschaftliche Mobilität. Rassentrennung bedeutete darum keineswegs nur die geografisch-räumliche Trennung. Sie zielte auch auf eine soziale Blockade für Schwarze und war insgesamt ein System, das die Privilegien für Weiße sichern sollte. Vier Millionen Weiße unterdrückten fünfzehn Millionen Schwarze, beuteten sie aus, sperrten sie ein, beraubten sie ihrer Rechte.

Auch die Schulen wurden getrennt. Die staatlichen Ausgaben für die Schulen der Schwarzen betrugen nur einen Bruchteil dessen, was für die weißen Schüler ausgegeben wurde. Viele Lehrer, die an den schwarzen Schulen unterrichteten, waren selbst kaum über einen Grundschulabschluss hinausgekommen und versuchten ihre fehlende Kompetenz auszugleichen, indem sie in den überfüllten Klassenräumen durch Prügel Disziplin herzustellen suchten. Die Schwarzen sollten dauerhaft von Bildung und sozialem Aufstieg ausgeschlossen werden.

Aber nicht alles hatten die weißen Herrenmenschen unter Kontrolle. Es gab auch kirchliche Schulen, Missionsschulen verschiedener christlicher Glaubensgemeinschaften. Manche von ihnen, wie etwa die calvinistische »Niederländische Reformierte Kirche«, trugen die Rassenpolitik mit, rechtfertigten sie sogar und unterstützten sie nach Kräften. Aber es gab auch andere, vor allem britisch-anglikanische und methodistische Kirchen, die zwar letztlich auch rassistisch waren. Sie erkannten aber in den Schwarzen Geschöpfe Gottes, die ebenfalls gottgeliebt sind und darum über Würde verfügen. Auf Schulen dieser Kirchen wurden die Schwarzen anders behandelt und besser ausgebildet. Allerdings nahmen sie Schulgeld, sodass meist nur eine kleine, schmale Oberschicht der wohlhabenderen Schwarzen ihre Kinder auf solche Schulen schicken konnte. Aus den Absolventen dieser Schulen rekrutierten sich später die schwarzen Oppositionellen und Kämpfer gegen die Apartheid.

Nelson Mandela hatte das Glück, auf eine solch teure Schule der Methodisten geschickt zu werden. Das Internat Clarkebury, 1825 von Methodisten gegründet, dient gleichzeitig als höhere Schule, als Lehrerseminar und als Ausbildungsstätte für verschiedene Handwerksberufe. Schuldirektor Reverend C. Harris ist der erste Weiße, dem Nelson Mandela die Hand schüttelt und über den sein Vormund, der Regent Jongintaba gesagt hatte, er sei ein großartiger Mensch, ein Mann, der die Schwarzen liebe.

Dort, in Clarkebury, erhält Mandela seinen Vornamen Nelson. Eigentlich hört er auf den Xhosa-Namen Rolihlahla, dem eine hohe voraussagende Kraft innewohnt, denn Rolihlahla heißt Unruhestifter, und genau das sollte aus Nelson Mandela werden. Aber die Lehrer in den Missionsschulen können die afrikanischen Namen nur schwer aussprechen, darum erhalten die Schüler von ihnen englische Namen. So wird aus Rolihlahla Nelson – was auch nicht schlecht war, denn Mandela wird zu einer Art Lord Nelson der Schwarzen.

In Clarkebury unterrichten vorzüglich ausgebildete schwarze Lehrer. Nelson bewundert sie, begreift aber auch, dass ein Schwarzer immer unter einem Weißen steht, egal wie gebildet er ist. Das ändert sich auch nicht, als Nelson in ein College nach Healdtown wechselt, ebenfalls eine Einrichtung der Methodistischen Kirche und die größte afrikanische Oberschule südlich des Äquators.

Das Ziel der meisten schwarzen Studenten in Healdtown ist es, black Englishmen zu werden. Die Überlegenheit der weißen Kultur, allen voran der englischen, ist ihnen seit Beginn ihrer Schulzeit eingeimpft worden und wird nicht infrage gestellt. Black Englishmen können als Beamte in der Kolonialverwaltung gut dienen und eingesetzt werden, da sie besser bezahlte und angenehmere Arbeiten verrichten als die normalen Schwarzen. Dabei sind sie ihren Oberen ergeben, loyal und hoffen demütig darauf, von den Weißen als kultiviert und zivilisiert anerkannt zu werden.

Im Jahr 1943, Nelson ist 25 Jahre alt, erkennt er beschämt, dass er auf dem besten Weg ist, so ein black Englishman zu werden. Auslöser ist ein Vortrag des charismatischen Anton Lembede, einem der großen afrikanischen Führer des Jahrhunderts. Er hämmert seinen Zuhörern ein: weg mit den Minderwertigkeitskomplexen der Schwarzen, »die Farbe meiner Haut ist schön, wie die schwarze Erde von Mutter Afrika«. Wer zweifelt etwa daran, dass Schwarze dasselbe Potenzial haben wie Weiße? Selbstvertrauen sei der Weg zur Selbstbestimmung.

Es gibt längst eine politische Kraft in Südafrika, die solche Ideen verbreitet, eine Kraft, die gegen die Apartheid und für Freiheit und Selbstbestimmung der Schwarzen kämpft: der ANC, der African National Congress. Er war schon 1912 als gewaltfreie Bürgerrechtsorganisation gegründet worden, um für die schwarze Bevölkerungsmehrheit die vollen Bürgerrechte durchzusetzen. Anfangs bestand der ANC vorwiegend aus Vertretern der schwarzen Mittelschicht und opponierte friedfertig durch Boykotte, Streiks Petitionen und öffentliche Proteste. Erfolgreich war er damit jedoch nicht.

In den Vierzigerjahren bemühte sich der damalige Vorsitzende, Alfred B. Xuma, um jüngere, engagierte Mitglieder und konnte so auch Nelson Mandela gewinnen, dazu Oliver Tambo und Walter Sisulu, die bald schon alle drei führende Rollen im ANC übernehmen sollten. Die immer schärferen Gesetze der Regierung trieben dem ANC in den Vierziger- und Fünfzigerjahren scharenweise Mitglieder zu. So konnte er sich zur Massenorganisation und zum Träger und Organisator des Widerstandes gegen die Apartheid entwickeln.

Und mittendrin Nelson Mandela. Er ist jetzt Anwalt, verdient schon ganz gut, aber immer mehr seiner Zeit verbringt er jetzt mit der Arbeit für den ANC. Und je mehr er für den ANC arbeitet, desto mehr wird dessen Sache zu seiner eigenen.

Am 1. Mai 1950 streikt die Hälfte aller Minenarbeiter. Nelson besucht eine Protestkundgebung streikender Arbeiter und wird Zeuge eines brutalen Angriffs. Die berittene Polizei galoppiert ohne Warnung in die aufgebrachte Menge hinein und schlägt mit Stöcken um sich. Mandela und seine Freunde können gerade noch weglaufen, bevor die Polizei völlig unkontrolliert auf die Menschen schießt.

»Dieser Tag war ein Wendepunkt in meinem Leben, ich erlebte das brutale Vorgehen der Polizei aus erster Hand, und ich war beeindruckt von der Unterstützung des 1.-Mai-Aufrufs durch die afrikanischen Arbeiter«, schreibt Mandela später. 18 Schwarze werden getötet, viele schwer verletzt. Der Protest über das Verhalten der Polizei hat Folgen: Die Unterdrückung wird noch brutaler.

Ende Mai reagiert die Regierung mit einem neuen Gesetz. Darin wird alles als »Kommunismus« verboten, was darauf abzielt, »durch die Förderung von Unruhen oder Unordnung, durch unrechtmäßiges Handeln oder Unterlassungen oder durch die Androhung solcher Handlungen oder Unterlassungen, politische, industrielle, gesellschaftliche oder wirtschaftliche Veränderungen in der Union herbeizuführen«. Mit anderen Worten: Die Regierung kann jetzt alles verbieten, was ihr nicht passt.

Und Mandela sieht nun ein, was andere lange vor ihm verstanden haben: Es hat keinen Sinn, sich von anderen Gruppen zu distanzieren, solange die Regierung alle Freiheitsbewegungen gleichermaßen unterdrückt. Indische, kommunistische, farbige und schwarze Befreiung kann nur gemeinsam erreicht werden. Er hat nichts mehr dagegen, dass es Kommunisten im ANC gibt. Die Kommunisten behandeln die Schwarzen als Menschen mit gleichen Rechten und nehmen sie ernst. Sie verschanzen sich nicht hinter ihren Privilegien als Weiße und haben den Kampf gegen die Unterdrückung der Rassen zu ihrem eigenen gemacht.

Der ANC plant deshalb die erste gemeinsame Aktion mit den indischen Organisationen, den Kommunisten und der African People's Organization (APO), einem Zusammenschluss von Farbigen. Für den 26. Juni 1950 wird ein Tag des nationalen Protests ausgerufen: gegen die Ermordung von 18 Afrikanern am 1. Mai und gegen das Verbot der Kommunistischen Partei. Mandela betreut das ANC-Büro in Johannesburg und ist ohne Unterbrechung damit beschäftigt, diesen wichtigen Tag vorzubereiten. Das Ergebnis ist nicht umwerfend, aber es stärkt das Selbstbewusstsein: Die Mehrheit der Arbeiter bleibt zu Hause, 5000 Menschen demonstrieren. Bis heute wird der 26. Juni als Gedenktag der Freiheitsbewegung gefeiert.

Im Dezember 1951 verabschiedet der ANC eine Resolution, in der er die Regierung auffordert, die schlimmsten Apartheidsgesetze aufzuheben. Sollte das nicht geschehen, so drohen der ANC, die indische Freiheitsbewegung und die Kommunistische Partei mit einer landesweiten Missachtungskampagne. Natürlich lehnt die Regierung ab.

Der ANC macht seine Drohung wahr. Nelson Mandela steht im Zentrum der Planungen und wirkt nun bereits wie ein nationaler Anführer, strahlt Zuversicht und Siegeswillen aus. Am 22. Juni 1952, dem »Day of Volunteers«, spricht er zum ersten Mal in seiner Laufbahn als einer der Hauptredner vor einer riesigen Menschenmenge. Über 10 000 Menschen jubeln ihm zu.

Und sie beteiligen sich an der Missachtungskampagne. Überall im Land übertreten kleine Gruppen von Freiwilligen die Apartheidgesetze: Sie setzen sich in Eisenbahnabteile oder Wartezimmer, die für Weiße reserviert sind, benutzen für Weiße vorgesehene Eingänge zu Postämtern oder öffentliche Toiletten, gehen in die verbotenen Stadtviertel und übertreten die Sperrstunde. Jede Gruppe hat einen Anführer, der die örtliche Polizei vorab über die geplanten Aktionen informiert und dafür Sorge trägt, dass von den Freiwilligen keine Gewalt ausgeht, nicht einmal wenn die Polizei sie angreift. Singend lassen die Freiwilligen sich verhaften, aus den vergitterten Gefangenentransportern der Polizei tönt ihr hoffnungsvolles Rufen: »Mayibue Afrika!« – Lasst Afrika zurückkehren!

Auch Mandela wird verhaftet, zu den anderen in einen Transporter gepfercht und ins Gefängnis gebracht. Es ist das erste Mal, dass er im Gefängnis sitzt.

In den nächsten fünf Monaten wird die Missachtungskampagne in ganz Südafrika von 8500 Menschen unterstützt, quer durch alle Berufe. Die Mitgliederzahl des ANC steigt. Mit wachsendem Unmut registriert die Regierung den Protest der Allianz aus Schwarzen, Kommunisten und Indern. Aber statt daraus Konsequenzen zu ziehen und den Schwarzen entgegenzukommen, greift die Regierung zu einem anderen Mittel: massive Einschüchterung, weitere Verschärfung der Gesetze, Eskalation. Der *Public Safety Act* und der *Criminal Laws Act* von 1953 ermächtigen die Regierung dazu, jederzeit das Kriegsrecht zu verkünden, Menschen ohne Prozess einzusperren und körperliche Strafen wie das Auspeitschen anzuwenden. Auf jegliche Form von Widerstand gegen das Regime steht eine Gefängnisstrafe von bis zu drei Jahren.

Ihre Macht kann die weiße Herrschaft damit noch für ein paar Jahrzehnte retten, aber damit sät sie nun vor allem eines: Zerstörung, Gewalt, Hass, tödlichen Hass, der den Untergang der Regierung überdauern und noch lange – bis zum heutigen Tag – die Realität in Südafrika bestimmen wird.

Damals, in den Fünzigerjahren, wurden einige in die Resignation getrieben, andere in den bewaffneten Widerstand. Aber bei vielen mündete die anfängliche Fassungslosigkeit in selbstbewusste Hoffnung und Stärke, zum Beispiel bei Nelson Mandela, denn »jetzt hatte der weiße Mann die Kraft meiner Schläge zu spüren bekommen, und jetzt konnte ich aufrecht gehen wie ein Mann und jedem ins Auge blicken mit der Würde dessen, der sich der Unterdrückung und der Angst nicht ergeben hat«.

Nelson steigt in den nächsten Jahren immer höher in der Hierarchie des ANC, organisiert Widerstandsaktionen und verteidigt schwarze Angeklagte vor Gericht. Noch öfter aber landet er selber vor Gericht und wird mal verurteilt, mal freigesprochen, schikaniert, misshandelt, bedroht. So geht das nun immer wieder, bis im März 1960 in Sharpeville unbewaffnete Demonstranten erschossen und in der Folge der ANC und andere Anti-Apartheid-Gruppen verboten werden.

Mandela und seine Mitstreiter im ANC erkennen, was das bedeutet: Der gewaltlose Widerstand wird vermutlich nie zum Ziel führen und ohne Gewalt geht es offenbar nicht im Kampf gegen dieses Regime, das leider auch von zahlreichen westlichen Staaten, besonders von den USA und England, aber auch von Deutschland gestützt wird. Es herrscht Kalter Krieg zwischen zwei verfeindeten Systemen, dem von Russland dominierten kommunistischen Ostblock und den westlichen Demokratien unter Führung der USA. Dieser Krieg macht beide Parteien kurzsichtig. Sie handeln nach dem Motto: Gut ist, was dem Gegner schadet. Russland unterstützt daher den ANC, der Westen dagegen sieht zwangsläufig in der Regierung von Südafrika ein Bollwerk gegen den Kommunismus und im ANC eine kommunistisch gesteuerte, moskaufreundliche Truppe. Also stützt man die weißen Unterdrücker und nimmt billigend in Kauf, dass man damit die Apartheid stabilisiert.

In dieser Situation beschließen die Mitglieder des ANC, sich zu bewaffnen. Sie gründen eine Organisation namens Umkonto we Sizwe, was übersetzt so viel wie »Speer der Nation« bedeutet. Es ist Nelson Mandela, der die Leitung übernimmt und deshalb nun in den Untergrund geht. Er weiß, dass er ab jetzt in Lebensgefahr ist, denn gewaltsamer Widerstand gilt als Terrorismus und wird mit der Todesstrafe geahndet. Über diesen Entschluss sagt er: »Ich wußte, daß ich es tun mußte. Es würde ein gefährliches Leben sein, und es würde mich fernhalten von meiner Familie, doch wenn einem Menschen verweigert wird, das Leben zu leben, an das er glaubt, bleibt ihm keine andere Wahl, als ein Gesetzloser zu werden.«

Unter seiner Führung werden nun Sabotageakte geplant und realisiert. Stromleitungen und Umspannwerke werden gesprengt, Telefonleitungen gekappt, Kraftwerke ausgeschaltet, Transportwege unterbrochen, militärische Einrichtungen und Polizeistationen angegriffen. »Dieses Land muss unregierbar werden«, schreibt Nelson an den ANC-Führer Oliver Tambo. Die Saboteure hoffen, damit ausländische Investoren abzuschrecken, die trotz des Rassismus weiter in Scharen ins Land strömen und damit das System stabilisieren. Irgendwann, so hoffen Nelson und seine Mitstreiter, werde die Regierung mit ihnen verhandeln müssen.

Die aber denkt nicht daran, sucht fieberhaft nach den Tätern und ahndet nun sogar kleinste Sabotageakte mit der Todesstrafe. Nelson Mandela bleiben gerade einmal siebzehn Monate für seine Arbeit im Untergrund, dann wird er verraten – es ist bis heute nicht klar, von wem – und verhaftet. Das hätte eigentlich das Todesurteil bedeutet.

Aber zunächst hat er Glück. Weder die Regierung noch der Geheimdienst ahnen zu diesem Zeitpunkt etwas von seiner Rolle als Drahtzieher. Er wird nur angeklagt, ohne Pass das Land verlassen und zu Streiks aufgerufen zu haben, eigentlich Lappalien. Dennoch verhängt das Gericht fünf Jahre Haft.

Aber dann kommt es noch schlimmer. Das Versteck, von dem aus Nelson und seine Mitstreiter die Sabotageakte geplant hatten, fliegt auf, und mit ihm die Pläne, Namenslisten, Orte, Daten, alles, was für den Kampf im Untergrund von Belang war. Nun geht den Behörden auf, dass Mandela der Kopf dieses Kampfes war. Das hätte nun normalerweise den sicheren Tod bedeutet.

Zwei Dinge retten seinen Kopf: die plötzliche Aufmerksamkeit des Auslands und er selbst. In den Sechzigerjahren interessierte sich erstmals die Weltöffentlichkeit für die Vorgänge in Südafrika. Die Sache kam vor die UNO, und deren Vollversammlung hatte Ende 1962 für Sanktionen gegen Südafrika gestimmt. Seitdem steht das Thema immer wieder auf der Tagesordnung, wenn sich hochrangige Politiker irgendwo treffen.

Unter dieser öffentlichen Aufmerksamkeit nutzte Mandela nun den Prozess in Rivonia gegen ihn als Bühne. Dort durfte er sich vor dem Gericht verteidigen. Seine vierstündige Verteidigungsrede ging in die Geschichte ein als eine der gelungensten, klarsichtigsten politischen Grundsatzerklärungen, die der schwarze Befreiungskampf hervorgebracht hat. Mit dieser Rede machte sich der Angeklagte Nelson Mandela zum Ankläger gegen den Staat Südafrika.

Er gab die vom Gericht vorgebrachten Anklagepunkte zu, aber: »Die Gewalt, zu der wir griffen, war kein Terrorismus. Die Gründungsmitglieder von Umkonto waren, wie ich, alle Mitglieder des Afrikanischen Nationalkongresses und standen in der Tradition des ANC, der für Gewaltlosigkeit und Verhandlungen zur Lösung politischer Konflikte eintrat. Wir glauben, daß Südafrika allen Menschen gehört, die darin leben, und nicht nur einer Gruppe, sei sie nun schwarz oder weiß. Wir wollten keinen Rassenkrieg, und wir versuchten ihn bis zur letzten Minute zu vermeiden. Jedoch: 50 Jahre des gewaltlosen Widerstandes gegen die Unterdrückung hätten den schwarzen Afrikanern nichts gebracht als immer schärfere Gesetze, so daß schon früh Stimmen laut wurden, die zum bewaffneten Kampf riefen. Doch über viele Jahre hinweg habe der ANC immer wieder dazu aufgerufen, friedliche Mittel einzusetzen. Erst, als alles andere gescheitert war, als uns alle Möglichkeiten des friedlichen Protestes verbaut waren, faßten wir den Beschluß, zu gewaltsamen Formen des politischen Kampfes überzugehen.«

Auch auf den Kommunismus kommt er zu sprechen. Er selbst sei niemals Kommunist gewesen, lehne ihn sogar ab, aber theoretische Differenzen zwischen denen, die gegen die Unterdrückung kämpfen, sind ein Luxus, den wir uns in diesem Stadium nicht erlauben können. Außerdem seien viele Jahrzehnte lang die Kommunisten die einzige politische Gruppe in Südafrika gewesen, die bereit war, »Afrikaner als Menschen und als ihresgleichen zu behandeln«.

Dann schildert Mandela die unwürdigen Lebensbedingungen der Schwarzen, ihre Armut, ihre Krankheiten, den Schmutz, die mangelnde hygienische Versorgung, das schlechte Schulsystem und die Wohngesetze. Und er kommt zu dem Urteil: »Die von den Afrikanern erfahrene Mißachtung ihrer Menschenwürde ist das direkte Ergebnis der Politik der weißen Vorherrschaft. Weiße Vorherrschaft setzt schwarze Unterlegenheit voraus (...) Aufgrund dieser Einstellung neigen die Weißen dazu, Afrikaner als eine besondere Gattung Mensch zu betrachten. Sie sehen sie nicht als Menschen an, die ihre eigenen Familien zu versorgen haben; sie nehmen nicht zur Kenntnis, daß sie

Gefühle haben – daß sie sich ebenso wie Weiße verlieben, daß sie ebenso wie die Weißen mit ihren Frauen und Kindern zusammenleben möchten; daß sie genug Geld verdienen möchten, um ihre Kinder anständig zu versorgen, zu ernähren, zu kleiden und zur Schule zu schicken (...) Afrikaner brauchen für ihre Arbeit einen Lohn, von dem sie leben können. Afrikaner wollen Arbeiten verrichten, zu denen sie fähig sind, und keine Arbeiten, zu denen sie die Regierung für fähig erklärt (...) Afrikaner möchten Teil der allgemeinen Bevölkerung und nicht gezwungen sein, in Gettos zu leben. Afrikanische Männer möchten mit ihren Frauen und Kindern dort zusammenleben, wo sie arbeiten, und nicht zu einem unnatürlichen Leben in Männerwohnheimen gezwungen werden (...) Afrikaner möchten auch nach elf Uhr abends noch ausgehen dürfen und nicht wie kleine Kinder auf ihren Zimmern bleiben müssen (...) Afrikaner möchten einen gerechten Anteil an ganz Südafrika; sie möchten Sicherheit und eine anerkannte Stellung in der Gesellschaft. Vor allem wollen wir gleiche politische Rechte, weil sich ohne diese an unserer Benachteiligung nichts ändern wird (...) Es ist nicht wahr, daß das Wahlrecht für alle zur Vorherrschaft einer Rasse führen wird. Unterschiedliche politische Rechte, die auf der Hautfarbe basieren, sind etwas völlig Künstliches, und wenn sie abgeschafft werden, so wird auch die Herrschaft einer Rasse über die andere verschwinden. Dafür kämpft der ANC. Das ist ein wahrhaft nationaler Kampf. Es ist der Kampf des afrikanischen Volkes, der aus eigenen Leiden und eigenen Erfahrungen hervorgegangen ist. Es ist ein Kampf für das Recht auf Leben.«

Mandela schweigt und legt die Papiere weg. Dann blickt er dem Richter in die Augen und spricht seinen Schlusssatz frei: »Ich habe mein Leben dem Kampf des afrikanischen Volkes geweiht. Ich habe gegen weiße Vorherrschaft und ich habe gegen schwarze Vorherrschaft gekämpft. Ich bin stets dem Ideal einer demokratischen und freien Gesellschaft gefolgt, in der alle Menschen friedlich und mit gleichen Möglichkeiten zusammenleben. Für dieses Ideal lebe und kämpfe ich. Aber wenn es sein muß, bin ich bereit, dafür zu sterben.«

Nelson Mandela hat gerade Geschichte geschrieben. Die Rede findet weltweit Beachtung und Anerkennung und die Welt reagiert.

Protestbriefe aus aller Welt erreichen die südafrikanische Regierung. Der UN-Sicherheitsrat fordert bei nur vier Stimmenthaltungen die südafrikanische Regierung dazu auf, den Rivonia-Prozess zu beenden und die Angeklagten zu begnadigen. Internationale Gewerkschaften zeigen Solidarität. Hafenarbeiter in der ganzen Welt weigern sich, Schiffe mit Ladungen aus Südafrika zu entladen. Der russische Präsident Leonid Breschnew bittet den damals regierenden Premierminister Hendrik Verwoerd in einem persönlichen Brief um Milde. Mitglieder des amerikanischen Kongresses protestieren, Angehörige des britischen Parlaments ziehen in einem Protestmarsch durch die Londoner City. Der amerikanische UN-Botschafter bemüht sich um Gnade für die Angeklagten, ebenso der britische Außenminister.

Das alles wirkt. Die Angeklagten werden nicht zum Tode verurteilt, sondern bekommen lebenslänglich. Nelson Mandela und seine Mitangeklagten verschwinden nun für mehr als ein Vierteljahrhundert im Gefängnis. Aber sie gehen erhobenen Hauptes, als Symbole für Freiheit und Gerechtigkeit, als Vertreter eines Volkes, das frei sein will und eben deshalb seine Häftlinge im Gefängnis nicht vergisst.

Das Leben im Gefängnis ist hart, darauf ausgerichtet, den Willen der Gefangenen zu brechen, sie zu demoralisieren und zu demütigen. An Nelson Mandela zerschellt diese Strategie. Er verliert niemals seine Würde. Er entwickelt auch nicht, wie es normal wäre, Hass gegen seine Peiniger, sondern bleibt innerlich ein freier Mensch, beweist die Wahrheit des Satzes von Friedrich Schiller: »Der Mensch ist frei, und wäre er in Ketten.«

Mandela erkennt in den Gefängnisaufsehern, die den Gefangenen das Leben zur Hölle machen, nicht den Feind, sondern den Mitmenschen. Und der ist, genau wie er selbst, ein Opfer des Systems, scheinbar mächtiger als er, mental jedoch unfreier als er. Daher begegnet er den Aufsehern höflich, ja freundlich, niemals die Hoffnung aufgebend, dass sie sich ändern können, denn, so schreibt er in seiner Biografie: »Niemand wird geboren, um einen anderen Menschen wegen seiner Hautfarbe, seiner Lebensgeschichte oder seiner Religion zu hassen. Menschen müssen zu hassen lernen, und wenn sie zu hassen lernen können, dann kann ihnen auch gelehrt werden zu lieben, denn Liebe empfindet das menschliche Herz viel natürlicher als ihr Gegenteil.«

Während er im Gefängnis sitzt, gehen draußen die Auseinandersetzungen weiter. Arbeiter und Studenten streiken und demonstrieren gemeinsam gegen das Regime. Von außen nimmt der Druck auf die weiße Herrschaft immer mehr zu. 1976 wird in Soweto bei Johannesburg eine Demonstration von Schülern und Studenten gewaltsam niedergeschlagen, etwa 250 Schwarze werden getötet. Das führt zu noch härteren Auseinandersetzungen und lässt die Mitgliederzahl des ANC trotz seines Verbots noch weiter ansteigen. Südafrika entwickelt sich nun endgültig zu einem Polizeistaat.

Die Entwicklung treibt auf bürgerkriegsähnliche Zustände zu. Die Regierung verliert trotz ihres brutalen Vorgehens immer mehr die Kontrolle und auch den Rückhalt im Ausland, das mit wachsendem Druck die Freilassung Nelson Mandelas und der übrigen politischen Gefangenen verlangt. Im Februar 1985 bietet die Regierung Mandela die Freilassung an unter der Bedingung, auf den bewaffneten Kampf zu verzichten.

Das lehnt er ab. »Ihr wollt nur Ruhe«, sagt er, »ich aber will Frieden«.

Aber das Regime bekommt keine Ruhe mehr, seine Zeit läuft ab. Endgültig zu Ende geht es mit der weißen Diktatur, als in Berlin die Mauer fällt und der Kommunismus zusammenbricht. Die kommunistische Gefahr ist damit aus der Welt, antikommunistische Bollwerke wie Südafrika braucht es nun nicht mehr. Aber nun ist auch dem letzten Amerikaner klar, dass vom ANC in Südafrika keinerlei Gefahr für den Weltfrieden ausgehen kann. Südafrika verliert damit auch den letzten noch vorhandenen Rückhalt in England und den USA und hält dem internationalen Druck nur noch wenige Monate stand.

Im Februar 1990 wird Nelson Mandela aus dem Gefängnis entlassen und das Verbot des ANC aufgehoben. Am Tag seiner Freilassung leitet Mandela in einer Rede vor 120 000 jubelnden Zuhörern im Stadion von Soweto öffentlich seine Politik der Versöhnung (reconciliation) ein, indem er »alle Menschen, die die Apartheid aufgegeben haben«, zur Mitarbeit an einem »nichtrassistischen, geeinten und demokratischen Südafrika mit allgemeinen, freien Wahlen und Stimmrecht für alle« einlud.

Nun kommt es erstmals zu echten Verhandlungen unter Gleichen – Schwarzen und Weißen – über die Zukunft Südafrikas. Freie und allgemeine Wahlen sind das Ziel. Ein friedliches Zusammenleben aller Rassen, auch der Weißen, wird angestrebt. Der Jubel der Schwarzen über diese Entwicklung war vergleichbar mit dem Jubel der Deutschen nach dem Fall der Mauer.

Und auch der den beiden Ereignissen folgende Katzenjammer war vergleichbar, denn der überschäumenden Freude folgte die ernüchternde Erkenntnis: Freiheit ist nicht dasselbe wie Ordnung, Wohlstand und Glück. Freiheit verleiht den Menschen zwar Würde und ist eine Voraussetzung für Ordnung, Wohlstand und Glück. Aber diese müssen erst noch gemacht werden, und das ist mühsam, besonders für Menschen, die nie gelernt hatten, ihr Leben in Freiheit zu gestalten.

Der Verhandlungsprozess in Südafrika wurde daher immer wieder von blutigen Anschlägen einer nie gefassten »Dritten Kraft« überschattet und stand oft kurz vor dem Scheitern. All die jungen Menschen, die ohne jede Chance aufgewachsen sind, denen jede Bildung verwehrt wurde, was sollten sie tun? Wohin mit dem Hass, der sich in einem halben Jahrhundert Apartheid aufgestaut hatte? Wohin mit der Ungeduld und den enttäuschten Hoffnungen der Menschen, die sich nun ganz schnell eine spürbare Verbesserung aller Verhältnisse erwartet hatten?

Die zunehmende Gewalt im Land, die Ermordung von Chris Hani, dem Generalsekretär der Kommunistischen Partei (SACP), und die Unzufriedenheit der schwarzen Bevölkerung wegen ausbleibender sozialer Reformen zwangen die Verhandlungspartner zu raschem Handeln: Sie einigten sich darauf, die ersten allgemeinen Wahlen schon im April 1994 abzuhalten.

Diese Wahlen waren für die schwarze Bevölkerung so etwas wie ein Hochamt. Mit fast weihevoller Andacht schritten sie zu den Urnen. Die internationale Wahlkommission erklärte die Wahlen für »frei und fair«. Mandelas ANC verfehlte knapp die Zweidrittelmehrheit, die burische NP erhielt 20,4 Prozent, die streng antikommunistische Inkatha-Freiheitspartei IFP 10,5 Prozent. Am 2. Mai 1994 wurde Nelson Mandela Präsident der Südafrikanischen Union.

Wie versprochen, setzte Nelson Mandela den Schwerpunkt seiner Politik auf Aussöhnung und Einbindung aller Bevölkerungsgruppen. Erzbischof Desmond Tutu, Friedensnobelpreisträger und prominenter Apartheidgegner, fand das Symbol, mit dem sich alle Südafrikaner identifizieren konnten. Er nannte sie »das Regenbogen-Volk Gottes«.

Die Verbrechen der Vergangenheit wurden mithilfe der »Wahrheits- und Versöhnungskommission« unter dem Vorsitz Desmond Tutus aufgearbeitet. Unter dem Motto »Vergeben, aber nicht Vergessen« sollten die Vergehen aller Parteien aufgedeckt, geständigen Tätern Amnestie gewährt und Opfern zumindest eine symbolische Entschädigung gezahlt werden. Bei der Kommission erfuhren viele Opfer der Apartheid zum ersten Mal etwas über den Verbleib und das Schicksal ihrer vermissten Angehörigen. Der dreijährige – oft schmerzhafte – Prozess scheint für viele Menschen eine reinigende Wirkung gehabt zu haben.

Die Aussöhnungspolitik Mandelas fiel auf fruchtbaren Boden. 70 Prozent der Bevölkerung bewerten die ethnische Vielfalt des Landes als positiv, wie aktuelle Umfragen zeigen. Freie Wahlen sind selbstverständlich geworden, aber zahlreiche Probleme sind bis heute ungelöst. Nach wie vor gibt es große soziale Unterschiede und Defizite bei der Bildung. Die Armut und Arbeitslosigkeit, insbesondere in den ehemaligen schwarzen Townships, ist hoch. Südafrika gehört zu den Ländern mit der höchsten Kriminalitätsrate. Wohlhabende ziehen sich daher in abgesicherte Siedlungen zurück, weniger Wohlhabende leben gefährlicher. Der ehemalige Rassenkonflikt ist einem Klassenkonflikt gewichen. Armut, Aids, Gewalt sind die größten Probleme der jungen Republik.

Und dennoch: Die Regierung bemüht sich, mittels sozialer Programme, Weiterbildungs- und Arbeitsbeschaffungsmaßnahmen den sozialen Konflikt abzuschwächen. Der von vielen erwartete politische und wirtschaftliche Niedergang ist ausgeblieben. Der Einsatz des Unruhestifters Rolihlahla Nelson Mandela trägt Früchte.

Seit 1999 hat sich Mandela aus dem offiziellen politischen Leben zurückgezogen, arbeitet jedoch als Anwalt für soziale und Menschenrechts-Organisationen. Seine Abschiedsrede am 29. März 1999 beendete er mit den Worten: »Der lange Weg geht weiter.«

Rosa Parks

Die Welt stand auf, als eine Frau sitzen blieb

* 1913 in Tuskegee, Alabama ✹ Besuch der afroamerikanischen Montgomery Industrial School for Girls und der Booker T. Washington High School ✹ 1932 Heirat mit Raymond Parks ✹ 1943 ehrenamtliche Sekretärin bei NAACP (National Association for the Advancement of Colored People) ✹ 1955 Verhaftung wegen zivilem Ungehorsam, Auslöser des Montgomery Busboykotts von Martin Luther King ✹ 1999 Verleihung der Goldenen Ehrenmedaille des Kongresses durch den US-Präsidenten Bill Clinton ✹ 2001 Eröffnung des *Rosa Parks Library and Museum* in Montgomery ✹ † 2005 in Detroit, Michigan

Wer Großes erreichen will, muss Großes leisten. Wer sich nicht anstrengen will, wird meistens auch nicht viel erreichen im Leben. Kleine Ursache, kleine Wirkung. Große Ursache, große Wirkung. So lautet das Gesetz der Wirklichkeit.

Manchmal allerdings strengt sich einer fast übermenschlich an und erreicht dennoch nichts. Wiederum führt manchmal eine sehr kleine Ursache zu einer großen Wirkung. Auf das Gesetz der Wirklichkeit ist also nicht immer Verlass. Es hängt von der Gesamtkonstellation ab, wie viel Aufwand nötig ist, um große oder kleine oder gar keine Folgen zu erzielen.

Ist also die Gesamtkonstellation günstig, kann ein kleiner Funke einen Flächenbrand, ein kleines Ereignis eine Revolution herbeiführen. Ist die Konstellation ungünstig, hilft es auch nicht, ein Großfeuer anzuzünden. Es wird schnell wieder gelöscht.

So eine ungünstige Konstellation muss im Juni 1955 in Südafrika geherrscht haben. Dort haben sich am 25. und 26. Juni 3000 Weiße, Schwarze, Inder und Andersrassige südlich von Johannesburg in Kliptown getroffen, um eine Freiheits-Charta zu verabschieden. Darin hieß es: »Wir, das Volk von Südafrika, erklären vor dem ganzen Land und vor aller Welt: daß Südafrika allen gehört, die darin leben, Schwarzen und Weißen, und daß wir die Autorität keiner Regierung anerkennen, die sich nicht auf den Willen des Volkes stützt (…) daß nur ein demokratischer Staat, der auf dem Volkswillen beruht, das unveräußerliche Recht jedes einzelnen unabhängig von Hautfarbe, Rasse, Geschlecht oder Überzeugung sichern kann (…).«

Die Charta forderte eine demokratische Regierung, das Wahlrecht für alle, die Möglichkeit für jeden Bürger, an der demokratischen Verwaltung des Landes mitzuwirken, die Gleichberechtigung in Schulen, vor Gerichten und allen staatlichen Einrichtungen, Gesetze zum Schutz gegen Rassismus und die Abschaffung der Apartheid.

Als sich die Menge am Ende der Veranstaltung gerade auflösen wollte, stürmte die Polizei das Podium, riss die Mikrofone an sich, hielt die Menschen fest und beschlagnahmte Papiere, Fotos, Akten und Flugblätter. Es sollte noch vier Jahrzehnte dauern, bis die in der Freiheitscharta formulierten Forderungen Realität wurden.

Ungefähr zur selben Zeit, nur wenige Monate später, muss circa 12 000 Kilometer nordwestlich von Südafrika, in den USA, eine günstigere Konstellation geherrscht haben. Dort hatte es nur eines sehr kleinen Ereignisses bedurft, um eine historische Wende einzuleiten. Es war der 1. Dezember 1955, als sich die 42-jährige schwarze Näherin Rosa Parks in Montgomery im US-Staat Alabama abends nach der Arbeit in den Bus gesetzt hatte, um heimzufahren. Sie ahnte nicht, dass diese Fahrt in die Geschichte eingehen würde.

In den USA, besonders in Südstaaten wie Alabama, herrschten damals ganz ähnliche Zustände wie in Südafrika. So gut wie alles gab es in doppelter Ausführung für Weiße und Nichtweiße: Schulen, Universitäten, Wohnviertel, Plätze in Restaurants und Warteräumen, Kinositzplätze, Toiletten und Waschbecken, Parkbänke, Trinkbrunnen, Bibliotheken, Supermärkte, Krankenhäuser, Umkleidekabinen in Geschäften, Schwimmbäder und Fahrstühle.

Sogar auf den Bürgersteigen galt das Prinzip der Rassentrennung. Schwarze mussten beim Passieren den Weißen Platz machen und in manchen Städten sogar auf die Straße oder die andere Seite ausweichen. Ehen zwischen Schwarzen und Weißen waren verboten. Das gesamte öffentliche Leben spielte sich in getrennten Sphären ab. Schwarze und weiße Christen beteten zum selben Gott, aber in getrennten Kirchen. Zwar regierte kein Apartheidsregime wie in Südafrika, dennoch war der weiße Rassismus allgegenwärtig, zum Beispiel auch in den öffentlichen Verkehrsmitteln wie etwa in jenem Bus, in dem Rosa Parks immer nach der Arbeit heimfuhr.

In jedem Bus waren die ersten vier Reihen für Weiße reserviert. Kein Schwarzer durfte dort Platz nehmen, auch wenn dort kein Weißer saß und der Rest des Busses überfüllt war. Die Schwarzen mussten hinten sitzen, und wenn dort alles besetzt war, durften sie in die Mitte vorrücken. Diese mittleren Plätze waren aber wieder zu räumen, sobald ein Weißer den Bus betrat und Anspruch auf einen Mittelplatz erhob. Dann mussten die Nichtweißen aufstehen und hinten Stehplätze einnehmen.

So wurde den Schwarzen von Kindheit an und von morgens bis abends demonstriert, dass sie, die ehemaligen Sklaven, Menschen minderer Qualität sind. Und um diese alltägliche Demütigung auf die Spitze zu treiben, gab es noch eine kleine Zusatzregel: Zunächst mussten sie vorne einsteigen, um beim Fahrer ihre Fahrkarte zu lösen. Dann durften sie aber nicht an den Sitzplätzen der Weißen vorbei nach hinten gehen, sondern mussten wieder aussteigen, um den Bus durch die hintere Tür erneut zu betreten. Nicht selten soll es vorgekommen sein, dass ein Busfahrer dann die Türen zu früh schloss und die Schwarzen mit ihren soeben gelösten Fahrkarten einfach stehen ließ.

Rosa Parks saß an jenem 1. Dezember 1955 zunächst ordnungsgemäß im hinteren Teil des Busses. Aber dieser Teil war variabel. Er wurde vom Busfahrer je nach Bedarf mit einem Blechschild markiert. Als an der dritten Haltestelle mehrere Weiße einstiegen, hat der Busfahrer James Blake mit seinem wandernden Blechschild das Schwarzenabteil verkleinert, und plötzlich saß Rosa Parks in der Mitte. Daher forderte der Busfahrer die dort sitzenden Schwarzen auf, ihre Sitzplätze zu räumen. Drei Männer gehorchten und rückten nach hinten. Rosa Parks blieb sitzen.

Ob sie nicht aufstehen wolle, wurde sie nun vom Busfahrer gefragt. Nein, das werde sie nicht, hat sie geantwortet. Darauf sagte er: »Gut, wenn Sie nicht aufstehen, werde ich die Polizei rufen müssen und Sie festnehmen lassen.« Worauf sie sagte: »Das können Sie gerne tun.«

Und so kam die Polizei. Rosa Parks wurde verhaftet, erkennungsdienstlich behandelt – samt Fingerabdrücken und Verhaftungsfoto (Nummer 7053) – und vier Tage später wegen »ungebührlichen Verhaltens« und »Verstoßes gegen örtliche Verordnungen« zu einer Geldstrafe von 14 Dollar verurteilt. In ihrer 1992 veröffentlichten Autobiografie *My Story* trat Rosa Parks dem Mythos entgegen, sie sei damals nur deshalb nicht aufgestanden, weil sie nach einem langen Arbeitsalltag zu müde gewesen sei: »Aber das ist nicht wahr. Ich war nicht physisch müde, jedenfalls nicht mehr als gewöhnlich nach dem Ende eines Arbeitstages. Ich war auch nicht alt, obwohl manche von mir die Vorstellung haben, ich sei damals alt gewesen. Ich war 42. Nein, das einzige, dessen ich müde war, war nachzugeben.«

Dieser kleine private Widerstands-Akt einer einzelnen Frau hatte nun aber weitreichende Folgen. Ihre Geschichte sprach sich herum in der 120 000-Einwohnerstadt Montgomery, in der 40 Prozent Schwarze lebten. Unter diesen knapp 50 000 Schwarzen herrschte schon seit Längerem eine Stimmung, die sich mit der Stimmung von Rosa Parks deckte. Nicht nur sie, auch viele andere waren es müde, den alltäglichen Schikanen und Demütigungen nachzugeben.

Rosa Parks war auch nicht die Erste und Einzige, die im Bus sitzen blieb. Schon 50 Jahre zuvor hatte es in Montgomery einen Busboykott gegeben, der prompt zur Lockerung einiger Verbote geführt hatte. In Baton Rouge war zwei Jahre zuvor ein Busboykott bedingt erfolgreich. Und in Montgomery hatten sich in den letzten zehn Monaten schon drei andere Schwarze gegen die Sitzordnung in den Bussen aufgelehnt und wurden ins Gefängnis gesteckt, darunter eine fünfzehnjährige Schülerin. Schon damals kamen einige in der schwarzen Gemeinde auf die Idee, es mal wieder mit einem Busboykott zu probieren. Aber es blieb bei der Idee. Es gelang nicht, die Schwarzen zum gemeinsamen und organisierten Widerstand zu mobilisieren. Die Zahl derer, die dazu bereit gewesen wären, war zu gering. Die Konstellation war noch nicht da. Aber eine weitverbreitete Stimmung unter den Schwarzen war da.

Unter dieser Stimmung bildete und vollendete sich unsichtbar jene Konstellation, die dann nur noch eines Zündfunkens bedurfte, um sich zum Flächenbrand auszuweiten. In dieser Stimmung war unter den Schwarzen die

Aufmerksamkeit für Schikanen und einzelne Akte des Widerstands dagegen besonders groß. In dieser Stimmung bildeten sich kleine Zirkel, Nester der Bewusstseinsbildung, Versammlungen von Gleichgesinnten, die darüber berieten, was man tun könne. In dieser Stimmung waren die Schwarzen sensibilisiert für rassistische Aktionen der Weißen.

Schon seit Längerem gab es in Montgomery eine kleine Bürgerrechtsorganisation, das »Women's Political Council«, das bereits etliche Male die Rassentrennung in städtischen Bussen angeprangert und auch mit Boykott gedroht hatte. Und es gab den NAACP (National Association for the Advancement of Colored People, Nationale Vereinigung für den Fortschritt farbiger Menschen), der auch eine Ortsgruppe in Montgomery hatte. Rosa Parks war seit zwölf Jahren Mitglied.

Das »Women's Political Council« hatte, angeregt von den Bus-Vorfällen der letzten Monate, ein Flugblatt vorbereitet. Nach Rosa Parks' Sitzstreik musste es nur noch massenhaft gedruckt und unter den Schwarzen verteilt werden. Und genau das geschah in den Tagen nach dem 1. Dezember.

In dem Flugblatt wurde zum Busboykott aufgerufen, und zwar für den 5. Dezember, dem Tag des Gerichtsverfahrens gegen Rosa Parks. Die schwarze Bevölkerung wurde aufgefordert, Fahrgemeinschaften zu bilden, Taxis zu nutzen oder zu Fuß zu gehen. Und diesmal hat es geklappt. Die vier Tage hatten gereicht, um die schwarze Bevölkerung fast vollständig zu mobilisieren. Beinahe 100 Prozent der schwarzen Bürger Montgomerys haben sich an dem Boykott beteiligt.

Und dann vervollständigte sich die Konstellation, kam das letzte fehlende Tüpfelchen zu seinem i: Ein junger Pastor war gerade neu zugezogen. Seit knapp einem Jahr predigte er an der Dexter Avenue Baptist Church in Montgomery. Einigen fiel er auf wegen seiner Wortgewandtheit. An ihn erinnerten sich die Demonstranten an jenem ersten Boykott-Tag, als es galt, sich irgendwo zu versammeln und über das weitere Vorgehen zu beraten. Man brauchte einen Redner, der zu den Massen sprach, denn es kamen über fünftausend Menschen zusammen. Jener Pfarrer sollte in seiner Kirche zu diesen fünftausend Menschen sprechen.

Und er sprach. Er sprach so, dass er jedem aus dem Herzen sprach. Plötzlich hatten die fünftausend, und nicht nur sie, sondern alle Schwarzen der ganzen Stadt, eine Stimme, die endlich aussprach und auf den Punkt brachte, was bisher nur wortlos gefühlt und erlitten wurde. Schon bald sprach diese Stimme für alle Schwarzen der USA. Die Stimme gehörte dem 26 Jahre jungen Reverend Martin Luther King. So wie damals, sollte er in seiner unverwechselbaren Art von nun an noch oft reden.

Jetzt, bei seiner ersten öffentlichen Rede in Montgomery, formulierte er bereits sein Programm des gewaltfreien Widerstands, wie es ungefähr zeitgleich Nelson Mandela in Südafrika getan hatte. Denn auch Martin Luther King war inspiriert von dem Inder Mahatma Gandhi. Daher ging es King von Anfang an darum, den Gegner nicht mit Gewalt anzugreifen und dennoch dem Bösen Widerstand entgegenzusetzen. Auf einen Schlag soll kein Gegenschlag folgen, auf Angriff nicht Vergeltung, auf Hass nicht Hass, sondern Liebe. Es geht nicht darum, den ehemaligen Unterdrücker selber zu unterdrücken. Während Gewalt auf Unterwerfung aus ist, ist Gewaltfreiheit auf Versöhnung aus, auf Frieden, aber auf einen echten Frieden und nicht auf faule Kompromisse. Schwarze und Weiße auf gleicher Augenhöhe, das war das Ziel.

Ein Ziel, das ohne Kampf nicht zu haben sein wird, auch das predigte King: Der gewaltfreie Widerstand sei keine Methode für Feiglinge, keine träge Passivität. Wer gewaltlosen Widerstand leiste, müsse oft durch Boykotte oder dadurch, dass er seine Mitarbeit verweigert, protestieren. Passiv sei der Widerständler nur insofern, als er einen Gegner nicht physisch angreift; sein Geist und seine Gefühle aber seien immer aktiv. Seinen militanten Gegnern, die für Gewalt plädierten, sagt er: Mittel und Zweck sind nicht voneinander zu trennen, denn die Mittel verkörpern das Ideal im Werden, das Ziel im Entstehen, daher könne man gute Ziele nicht mit bösen Mitteln erreichen. »Wir müssen friedliche Ziele mit friedlichen Mitteln verfolgen.«

Und darum sagte King bei seiner ersten Rede in Montgomery:

»Ihr wißt, meine Freunde, es kommt eine Zeit, in der Menschen es leid sind, vom ehernen Fuß der Unterdrückung niedergetreten zu werden. Es kommt eine Zeit, meine Freunde, in der Menschen es leid sind, in den Abgrund der Demütigung gestoßen zu werden, wo sie die Trostlosigkeit nagender Verzweiflung erfahren. Es kommt eine Zeit, in der Menschen es leid sind, aus dem glänzenden Sonnenlicht im Juli des Lebens gestoßen zu werden, um stehen gelassen zu werden in der schneidenden Kälte eines November im Gebirge. Wir sind heute Abend hier, weil wir es jetzt leid sind.

Nun lasst uns betonen, dass wir nicht hier sind, um der Gewalt das Wort zu reden. Das haben wir überwunden. Ich möchte, dass es überall in Montgomery und in dieser Nation bekannt wird, daß wir Christen sind. Wir glauben an die christliche Religion. Wir glauben an die Lehren Jesu. Die einzige Waffe, die wir heute Abend in unseren Händen halten, ist die Waffe des Protests. Und nicht zuletzt ist dies das Ruhmesblatt Amerikas, ungeachtet all seiner Mängel. Dies ist das Ruhmesblatt unserer Demokratie (...).«

Dann zog er einen Vergleich zum Ku-Klux-Klan, jenem weißen rassistischen Geheimbund, der während der Fünfziger- und Sechzigerjahre des letzten Jahrhunderts versucht hatte, durch öffentlichen Druck, Einschüchterung, Gewalt bis hin zum Mord den aufkeimenden Widerstandsgeist der Schwarzen zu ersticken. King stellte klar, dass die Schwarzen nicht Gleiches mit Gleichem vergelten wollen. »Es werden keine Weißen aus ihren Häusern gezerrt, an eine abgelegene Straße gebracht und ermordet. Es wird niemanden unter uns geben, der sich erheben und sich der Verfassung unserer Nation widersetzen wird.«

Im Gegenteil, man wolle lediglich dieser Verfassung Geltung verschaffen. Die Verfassung selbst gebe den Widerstandsaktionen recht. Und darum sei man nicht im Unrecht bei dem, was jetzt getan wird.

»Sollten wir im Unrecht sein, dann ist auch der Oberste Gerichtshof dieser Nation im Unrecht. Sind wir im Unrecht, ist auch die Verfassung der Vereinigten Staaten im Unrecht. Sind wir im Unrecht, ist auch Gott der Allmächtige im Unrecht. Sind wir im Unrecht, war Jesus von Nazaret nur ein utopischer Träumer und ist nie zur Erde gekommen. Sind wir im Unrecht, ist Gerechtigkeit eine Farce.«

Das waren die Worte, auf die man gewartet hatte unter den Schwarzen. Die Rede Martin Luther Kings wurde immer wieder durch Beifall unterbrochen. Und als er geendet hatte, erhoben sich die Zuhörerinnen und Zuhörer und applaudierten stürmisch. Das Selbstbewusstsein der Schwarzen war gestärkt, die weißen Mitbürger nicht herabgesetzt worden. Ein Weg war sichtbar geworden und ein Ziel. King hatte es geschafft, Mut zu machen, um etwas Unerhörtes zu beginnen.

Nach Kings Ansprache forderte die Massenversammlung einstimmig:

1. Die Busunternehmer garantieren höfliche Behandlung.
2. Die Fahrgäste setzen sich in der Reihenfolge, in der sie kommen – die Schwarzen von hinten nach vorn, die Weißen von vorn nach hinten.

3. Auf den Linien, die vornehmlich Schwarze benutzen, werden schwarze Busfahrer eingesetzt.

Das waren bescheidene Ziele und doch war es der erste Schritt zur Veränderung. Der zweite Schritt folgte schon am nächsten Tag und an 381 weiteren Tagen: Die schwarzen Bürger Montgomerys setzten ihren Boykott fort. Tag für Tag, mehr als ein ganzes Jahr lang, gingen sie zu Fuß, statt den Bus zu nehmen. Sie organisierten Fahrgemeinschaften. Autobesitzer übernahmen freiwillige Fahrten.

Die Weißen aber dachten nicht daran, den bescheidenen Forderungen der Schwarzen auch nur um einen Hauch entgegenzukommen. Sie betrachteten deren Widerstand als Kriegserklärung und zogen alle Register, um den Schwarzen eine Niederlage zu bereiten. Als schwarze Taxiunternehmen die Boykotteure zu 10 Cent fuhren, zwang die Stadtverwaltung die Taxifahrer per Verordnung zu einem Mindestfahrpreis von 45 Cent. Daraufhin taten sich bis zu 300 Autofahrer zu einem Auto-Pool zusammen und richteten eigene »Haltestellen« ein, an denen sie ihre Fahrdienste anboten. Unterstützt wurde die Aktion durch Spenden aus dem ganzen Land.

Weiße Gegner versuchten mit Falschmeldungen von einem Ende des Boykotts, mit willkürlichen Anzeigen und offener Gewalt, den Widerstand zu brechen. Die Stadtverwaltung verlangte von den Versicherungen der schwarzen Autofahrer, deren Verträge zu kündigen. Dagegen organisierten die schwarzen Aktivisten eine Übernahme der Policen durch die Versicherung Lloyd's of London. Auch kam es immer wieder zu Aktionen: polizeiliche Festnahmen der Boykotteure, Bußgeldzahlungen wurden verhängt, Prozesse angestrengt, und auch Martin Luther King wurde verurteilt, 500 Dollar Strafe zu zahlen, weil er gegen das Anti-Boykott-Gesetz verstoßen habe. Aber die Einschüchterungsversuche liefen ins Leere.

Martin Luther King und seine Familie wurden nun zunehmend mehr terrorisiert. Es gab Drohungen über das Telefon: »Hör, Nigger, unsere Geduld ist am Ende. Noch in dieser Woche wirst du es bereuen, dass du je nach Montgomery gekommen bist.« Je länger der Busboykott dauerte, umso heftiger wurden die Reaktionen. Der Hass gegen King wuchs. Und Ende Januar 1956 gab es sogar einen Anschlag auf sein Wohnhaus. Zum Glück wurde durch die Bombenexplosion niemand verletzt. Später sollten weitere Anschläge folgen.

Und Rosa Parks? Auch sie bekam den Hass zu spüren. Sie verlor ihren Job und musste nach Detroit umziehen.

Aber das alles änderte nichts. Die Schwarzen ließen nicht mehr locker, boykottierten die Busse immer weiter und diese Hartnäckigkeit traf die städtischen Verkehrsbetriebe wie ein Hammer. Sie fuhren immer größere Verluste ein. Drei Viertel ihrer Kundschaft waren den Verkehrsbetrieben von einem Tag auf den anderen abhandengekommen, und das über ein Jahr lang. Die Behörden und die Busgesellschaft hatten damit gerechnet, dass der Busstreik spätestens am ersten regnerischen Tag zusammenbrechen würde. Aber sie hatten sich getäuscht. Das war kein Schönwetter-Aufstand. Der Widerstand ging weiter, auch bei Regen. Der neue Geist, von dem die schwarzen Menschen Montgomerys ergriffen waren, ließ sich nicht mehr aufhalten.

Dieser erste gelungene Boykott in der Geschichte der schwarzen Bürgerrechtsbewegung signalisierte aller Welt: Jetzt ist Schluss. Wir Schwarzen sind nicht mehr länger gewillt, uns von euch Weißen herumschubsen zu lassen. Ab jetzt proben wir den aufrechten Gang.

Beendet haben die schwarzen Bürger Montgomerys ihren Boykott erst, nachdem der Oberste Gerichtshof der USA die Rassentrennung in den Bussen der Stadt verboten hatte. Es war ein sensationeller Erfolg, der eine Kettenreaktion auslöste. Überall in den USA kam es jetzt zu mehr oder weniger großen Widerstandsaktionen gegen den Rassismus. Die Schwarzen begannen, sich zu organisieren. Eine Bürgerrechtsbewegung entstand, die nun jahrelang und erfolgreich für die Gleichberechtigung zwischen Schwarz und Weiß kämpfte. Auch schwarze Künstler engagierten sich, gaben Konzerte und spendeten den Erlös den Bürgerrechtsgruppen oder sammelten, wie etwa Harry Belafonte, Geld bei den wohlhabenderen Schwarzen ein.

Der in die Geschichte eingegangene Montgomery Bus Boycott ermutigte die Schwarzen der USA überall im Land zur Nachahmung und Variation. In einigen Städten wurden nun die Lunch Counters, kleine, nur für Weiße vorgesehene Imbissecken in Kaufhäusern, durch friedliche Sitzproteste blockiert. Von weißen Geschäftsleuten geführte Kaufhäuser wurden boykottiert. Immer mehr Schwarze blieben in den öffentlichen Verkehrsmitteln einfach sitzen wie Rosa Parks.

Und um jede solcher organisierten Aktionen rankten sich Versammlungen, bei denen die Aktivisten die Neulinge mit den Methoden des gewaltfreien Widerstands vertraut machten. Abends feierte man in den Kirchen, hörte sich Reden von Martin Luther King an, man musizierte und tanzte bis in die Nacht und tankte Mut und Kraft für die nächsten Widerstandsaktionen. Und dabei sangen sie das Lied »We shall overcome« - die Hymne der schwarzen Bürgerrechtler, die später zur Hymne anderer Freiheitsbewegungen wurde.

Dennoch: Diese Geschichte war so wenig eine große Party wie ein gemütlicher Spaziergang. Es war ein Kampf. Ein Kampf, der auf den erbitterten Widerstand der weißen Herrschaft stieß. Immer wieder wurde King verhaftet. Immer wieder kam es zu weißen Gewalttaten und polizeilichen Übergriffen gegen schwarze Bürgerrechtler. King kam irgendwann auf die waghalsige, aber letztlich erfolgreiche Idee, auch Kinder und Jugendliche in den Protest einzubinden. Er wollte sehen, ob die Staatsmacht es wagt, auch gegen Kinder und Jugendliche so brutal einzuschreiten, wie sie es bisher bei den Erwachsenen tat.

Sie tat es. Und setzte sich damit öffentlich ins Unrecht, denn sie verschaffte den Demonstranten weltweit Aufmerksamkeit und Sympathien, auch bei liberalen Weißen und in liberalen Medien. Am 2. Mai 1963 gab es in Birmingham über 1000 Verhaftungen und einen Tag später kam es zum ersten Mal zu massiver Gewalt vonseiten der Polizei. Am 4. Mai wurden die Bilder von den Ausmaßen der Brutalität landesweit gedruckt und gesendet.

Daraufhin schickte Präsident Kennedy einen Referenten des Justizministeriums nach Birmingham, der geheim und parallel zu den Protesten Verhandlungen zwischen den Leitern der Demonstrationen und weißen, mächtigen Geschäftsleuten sowie dem Komitee der Stadtältesten einleiten sollte. Während dieser Verhandlungen gingen die Demonstrationen unvermindert weiter und dieser Druck führte zu einer ersten vorläufigen Einigung. Dabei sagten die weißen Politiker und Geschäftsleute zu, ab sofort die Gleichberechtigung zu fördern und freigelassenen Demonstranten zu helfen - ein weiterer Etappensieg.

Ein Sieg, der schon einen Tag später überschattet wurde von zwei Bombenattentaten, eins war gegen Martin Luther King gerichtet, das andere gegen seinen jüngeren Bruder Alfred Daniel. Verletzt wurde niemand. Dadurch kam es jedoch zu weiteren Unruhen, bei denen 50 Menschen verletzt wurden. Erst als Kennedy 3000 Bundessoldaten zur Beruhigung in das Krisengebiet entsandte, entspannte sich die Lage.

Die weiße Gewalt aber hörte nicht auf. Zahlreiche Morde an schwarzen und auch weißen Bürgerrechtlern im Süden der USA erschütterten immer wieder die Öffentlichkeit. Bei einem Bombenanschlag auf die 16th St. Baptist Church in Birmingham im September 1963 wurden vier Mädchen getötet.

Solche Opfer führten zu weiterer Solidarisierung unter den Schwarzen und der Bildung eines schwarzen Selbstbewusstseins, das in dem Slogan »Black is beautiful« seinen Ausdruck fand. Überall in den USA gingen sie jetzt auf die Straße. Im Sommer 1963 wurde innerhalb von vier Monaten in 196 Städten 841 Mal demonstriert, und im August 1963 marschierten 250 000 Menschen, darunter 60 000 Weiße, nach Washington, um der Forderung nach einer gesetzlich festgeschriebenen Gleichberechtigung Nachdruck zu verleihen. Hier hielt King seine wohl bekannteste Rede: »I Have a Dream.«

Präsident Kennedy war den Schwarzen wohlgesonnen. Er ließ Gesetzesvorlagen vorbereiten, in denen den Forderungen der Bürgerrechtler weitgehend entsprochen wurde.

Sein Nachfolger, Präsident Lyndon B. Johnson, zog die Sache weiter durch, und so wurde am 19. Juni 1964 das Bürgerrechtsgesetz verkündet und mit ihm die Aufhebung der Rassentrennung.

Martin Luther Kings gewaltfreier Widerstand genoss Sympathien in der ganzen Welt und so erhielt er 1964 den Friedensnobelpreis. Das amerikanische Nachrichtenmagazin *Time* ernannte den Bürgerrechtler zum »Mann des Jahres 1964«.

Trotzdem war der weiße Widerstand noch lange nicht erlahmt. Die Morddrohungen gegen Martin Luther King hörten nicht auf, sondern nahmen noch zu. Der schwarze Kampf ging weiter, bis das geschah, womit Kings Gegner immer gedroht hatten: Am 4. April 1968 abends um sechs krachte ein Schuss in Memphis, und die Kugel aus dem Lauf eines Gewehrs schoss auf einen Mann zu, der auf dem Balkon eines Hotels stand: Martin Luther King.

Am 9. April 1968 wurde Martin Luther King unter der Anteilnahme von 50 000 Menschen in Atlanta auf dem South View Cemetery, einem Friedhof für Schwarze, beerdigt. Der Träumer war tot. Aber sein Traum blieb am Leben. Seine Sache ging weiter.

Begonnen aber hatte sie, als jene Näherin im Bus den Mut hatte, sitzen zu bleiben. »Die Welt stand auf, als Rosa Parks sitzen blieb«, heißt es seitdem. Rosa Parks hatte einen Preis zu zahlen für ihren Mut. Nach dem Boykott erhielt sie unzählige Drohanrufe. Sie hielt das aus. Nicht aber ihr Mann, Raymond Parks. Der erlitt einen Nervenzusammenbruch. Daraufhin zog das Paar 1957 nach Detroit, wo ein Bruder von Rosa Parks lebte. Zunächst verdiente sie wieder als Näherin Geld, gleichzeitig trat sie bei Veranstaltungen der Bürgerrechtsbewegung auf. 1965 bot ihr der Kongressabgeordnete von Detroit, John Conyers, der auch ein führender Bürgerrechtler war, Arbeit in seinem Büro an.

Zehn Jahre nach dem Tod ihres Mannes gründete Rosa Parks 1987 in Detroit das »Rosa and Raymond Parks Institute for Self-Development«, eine Einrichtung für Jugendliche. Unter anderem bekommen Jugendliche in dem Programm »Pathways to Freedom« die Möglichkeit, bei einer Busreise durch das Land die Geschichte der Bürgerrechtsbewegung in Amerika näher kennenzulernen.

Rosa Parks wurde 1996 mit der Freiheitsmedaille, der höchsten zivilen Auszeichnung der USA, geehrt und 1999 vom *Time*-Magazin zu den 100 bedeutendsten Menschen des 20. Jahrhunderts gewählt. Im Mai 1999 wurde der damals 86-jährigen Rosa Parks von US-Präsident Bill Clinton die Goldene Medaille des US-Kongresses verliehen.

In ihren letzten Jahren litt Rosa Parks an fortschreitender Demenz. Im Oktober 2005 starb sie 92-jährig in Detroit. Danach wurde ihr als erster Frau die Ehre zuteil, in der Rotunde des Kapitols zu Washington aufgebahrt zu werden. Alle diese Ehrungen kamen spät, sehr spät, was zeigt, wie lange der weiße Teil der US-Nation gebraucht hatte, um den Mut einer einfachen farbigen Näherin anzuerkennen.

Woher hatte sie den Mut? Er ist ihr nicht über Nacht zugeflogen, sondern ist während vieler Jahre in ihr herangereift. An jenem Tag, an dem sie im Bus sitzen blieb, war sie bereits 12 Jahre im NAACP von Montgomery aktiv, zeitweise auch als Sekretärin. Zwölf Jahre NAACP, das heißt: zwölf Jahre bescheidene, ehrenamtliche, oft frustrierende Arbeit ohne vorzeigbare Ergebnisse. Zwölf Jahre reden, jammern, klagen, zornig sein, heißt aber auch: nichts tun können, seine Ohnmacht fühlen und hoffen, dass die Trägheit und Resignation der schweigenden Mehrheit aufhört. Es heißt auch: dafür arbeiten, dass diese Passivität nicht ewig anhält, sondern die Mehrheit irgendwann einsieht: Nur wir selbst können unser Schicksal ändern, durch gemeinsames, organisiertes Handeln.

Im Sommer vor ihrer Verhaftung hatte Rosa Parks ein zehntägiges Trainingsprogramm im Highlander Center absolviert. Das Center war eine Einrichtung der Arbeiter- und Bürgerrechtsbewegung in Tennessee. Dort traf Parks auf ältere Bürgerrechtler, diskutierte mit ihnen, lernte viel. Sie machte sich mit früheren Kämpfen gegen die Rassentrennung vertraut, beschäftigte sich mit der Geschichte der Sklaverei und der Geschichte des Rassismus in den USA. Auf diese Weise wurde sie Teil einer Bewegung, die damals noch klein und so gut wie unsichtbar war.

Parks mutiger Entschluss im Bus hatte also eine lange, unspektakuläre Vorgeschichte, an der viele Unbekannte mitgewirkt hatten, ganz normale, einfache, oft ungebildete Menschen, die sich irgendwann für eine Sache engagierten, hartnäckig dabeiblieben und sich durch nichts entmutigen ließen. Ohne dieses beharrliche Engagement im Kleinen wäre eine Rosa Parks nicht möglich gewesen. Hätte sie nach elf Jahren aufgegeben, hätte Martin Luther King keinen Anlass für seine große Rede gehabt. Ohne die Rede Kings hätten die Schwarzen von Montgomery wiederum ihren Boykott nicht 381 Tage lang durchgehalten. Und ohne die Entschlossenheit der Vielen, diese Sache jetzt dauerhaft gegen alle Widerstände gemeinsam durchzustehen, wären die USA noch heute rassistisch.

Man lernt daraus: Der große spektakuläre Mut großer Einzelner braucht den kleinen unspektakulären Mut der Vielen. Schon der Entschluss, sich für eine Sache zu engagieren, ist der erste Schritt zu solch einem Mut.

Daraus lernt man zweitens: Die weniger Mutigen müssen an ihrem Kleinmut nicht verzweifeln, müssen auch nicht die ganz Mutigen auf ein Podest stellen. Es reicht meistens schon, den kleinen Mut der Vielen auf einen großen Haufen zu werfen und zu sehen, wie daraus großer Mut von selbst entsteht.

Man muss also nicht darauf warten, dass sich eine für Veränderung günstige Konstellation irgendwann quasi schicksalhaft von selbst einstellt. Nein, jeder Einzelne kann durch ein Engagement, das seinen Möglichkeiten entspricht, dazu beitragen, dass sich die günstige Konstellation ergibt.

Eine Frage ist nun aber noch offen: Warum wurde die Sache der Schwarzen in den USA so viel schneller erfolgreich als die Sache der Schwarzen in Südafrika? Zwischen Rosa Parks' Sitzblockade im Bus 1955 und der gesetzlichen

Aufhebung der Rassentrennung 1964 in den USA lagen nur neun Jahre. Die Schwarzen Südafrikas dagegen haben über vier Jahrzehnte kämpfen müssen, ehe sie als gleichberechtigte Menschen anerkannt wurden.

Warum? Sie haben doch beide ungefähr zeitgleich angefangen, für ihre Rechte zu kämpfen. Beide hatten mit Martin Luther King und Nelson Mandela starke Führer, und an Mut und Engagement hat es ihnen ebenfalls nicht gefehlt. In Südafrika waren dieser Mut und dieses Engagement sogar eher noch größer, denn wer dort aufbegehrte, hatte die Todesstrafe oder jahrzehntelange Gefängnisstrafen zu fürchten.

Die Antwort findet man in einem Satz, der dem irischen Literaturnobelpreisträger George Bernard Shaw zugeschrieben wird. Der soll gesagt haben: »Man nennt mich allenthalben einen Meister der Ironie, aber auf die Idee, ausgerechnet im Hafen von New York eine Freiheitsstatue zu errichten, wäre nicht einmal ich gekommen.«

Shaw spielte damit auf die Lebenslüge der US-Nation an, die in der Freiheitsstatue ihren sichtbarsten Ausdruck hat. Sie war ein Geschenk Frankreichs an die Vereinigten Staaten zur Hundertjahrfeier der amerikanischen Unabhängigkeitserklärung von 1776.

In dieser Gründungsurkunde der USA wird feierlich verkündet: »Wir halten diese Wahrheiten für ausgemacht, daß alle Menschen gleich erschaffen wurden, daß sie von ihrem Schöpfer mit gewissen unveräußerlichen Rechten begabt wurden, worunter Leben, Freiheit und das Streben nach Glückseligkeit sind.«

Hätten die Schöpfer dieses Textes geschrieben, dass »alle weißen Menschen gleich erschaffen wurden«, wäre es ehrlich gewesen, denn tatsächlich hat sich die Verheißung der Freiheit für die meisten europäischen Neuankömmlinge erfüllt. All jenen aber, die nicht ausblenden können, dass erst einmal die indianischen Ureinwohner Amerikas fast vollständig ausgerottet werden mussten, ehe das weiße Land der Freiheit dort errichtet werden konnte, klingt die Unabhängigkeitserklärung hohl in den Ohren.

Komm nach Amerika, in das Land der unbegrenzten Möglichkeiten, komm in das Land der Freiheit – das ist die Botschaft, welche die Freiheitsstatue den Neuankömmlingen bei ihrer Einfahrt in den Hafen von New York signalisieren soll. Für jene 15 bis 20 Millionen Männer, Frauen und Kinder, die zwischen 1536 und 1848 aus ganz Westafrika zu Sklaven gemacht und in die Neue Welt verschifft wurden, hatte das Land der Freiheit ein ganz anderes Schicksal parat.

Sechs Millionen von ihnen sind nie angekommen, weil schon auf der Überfahrt gestorben. Wer zu entkommen versuchte und ins Meer sprang, wurde ein Opfer der Haie. Die Raubfische waren angelockt, weil die Händler nicht selten Schwache und Kranke ins Meer warfen. Wer unter 60 Kilogramm wog, wurde wie ein Tier gemästet, bis er das Idealgewicht erreicht hatte. Der Preis eines Sklaven richtete sich bei Männern nach der Muskulatur; Frauen wurden nach ihren Brüsten und Kinder nach dem Gebiss taxiert.

Und die Nachkommen dieser Sklavengenerationen? Erfuhren sie Wiedergutmachung? Missachtung war ihr Los. Als Menschen zweiter Klasse wurden sie von den Nachkommen der Sklavenhalter behandelt.

Aber dann entdeckten diese Nachkommen der Sklaven etwas, was ihr Schicksal ändern sollte, schneller als in Südafrika. Das, was sie entdeckten und worauf sie sich berufen konnten, gab es in Südafrika nicht: eben jene feierlich-verlogene Verkündung der Gleichheit aller Menschen. Südafrika hatte solch einen Text nicht. Die südafrikanischen Schwarzen haben für solch einen Text erst kämpfen müssen.

In den USA war er vorhanden seit 1776. Die Schwarzen mussten den Weißen nur sagen: Da steht es. Und was da steht, ist eine Lüge angesichts der Art und Weise, wie wir hier leben müssen und wie ihr uns behandelt. Martin Luther King hat es ausgesprochen: »Sind wir im Unrecht, ist auch die Verfassung der Vereinigten Staaten im Unrecht.«

Dem hatten die Regierungen und Behörden auf Dauer nichts entgegenzusetzen. Die Rechtmäßigkeit der Forderungen konnten auch die Weißen nicht leugnen. Zwischen dem Anspruch und der Wirklichkeit der amerikanischen Verfassung gab es eine gewaltige Lücke. Diese Lücke musste geschlossen werden.

Die Schließung begann, als Rosa Parks im Bus einfach sitzen blieb.

Die Lücke ist bis heute nicht geschlossen. Auch heute noch landen Schwarze in den USA öfter im Gefängnis und erhalten längere Haftstrafen als Weiße. Sie haben eine deutlich höhere Rate von Schulabbrechern und Teenager-Schwangerschaften und eine kürzere Lebenserwartung. Die schwarze Mittelklasse, die einst Kings Bewegung ihre Kraft verlieh, driftet ab in die Armut. Die Rassentrennung ist zwar gesetzlich aufgehoben, im wirklichen Leben aber gehen sich Schwarze und Weiße aus dem Weg. Sie leben in getrennten Wohngebieten und sie beten weiterhin getrennt zum selben Gott.

Andererseits: Zum ersten Mal hatten die Schwarzen mit Barack Obama einen ernsthaften Kandidaten für das Präsidentenamt der Vereinigten Staaten von Amerika. Am 4. November 2008 gewinnt er die historische Wahl und wird erster schwarzer Präsident der USA. Wenn man die Kandidatur Obamas zum Maßstab nimmt, hat sich wirklich etwas getan, seit Rosa Parks sich geweigert hat, ihren Platz im Bus zu räumen.

Die Lücke ist kleiner geworden in dem halben Jahrhundert, das seitdem vergangen ist. Aber der Weg ist noch nicht zu Ende. Es braucht noch viele Menschen, die ihn gehen, in den USA und auch anderswo.

Mahatma Gandhi
Festhalten an der Wahrheit

* 1869 als Mohandas Karamchand Gandhi in Porbandar, Indien ❀ 1883 Heirat mit Kasturbe Makharji ❀ 1888 Jurastudium am University College London ❀ 1891 Rechtsanwalt in Bombay ❀ 1893–1914 Aufenthalt in Südafrika ❀ 1894 Gründung des Natal Indian Congress ❀ 1903 Eröffnung einer Kanzlei in Transvaal ❀ 1913 Gandhi leitet Protestmarsch nach Transvaal, der »Indians' Relief Act« wird erlassen ❀ 1915 Rückkehr nach Indien ❀ 1920 Leitung/Führung des Indian National Congress (INC) ❀ 1930 Aufruf zum »Salzmarsch« ❀ 1942 ruft Gandhi zur Unabhängigkeit Indiens auf und wird für zwei Jahre inhaftiert ❀ † 1948 in Neu-Delhi erschossen

Wenn sie ihn einsperrten, stand das Volk auf. Wenn sie ihn freiließen, stand es ebenfalls auf. Und wurde von ihm angeführt. Die Engländer waren ratlos. Zuerst hatten sie über ihn gelacht, zuletzt haben sie ihn gefürchtet. Sie hätten ihn wohl am liebsten gehenkt. Aber man war ein Rechtsstaat. Für ein Todesurteil hätten die »Verbrechen« dieses Mannes nie gereicht. Das war das Neuartige, Hinterhältig-Raffinierte an diesem »halbnackten Fakir«, wie der britische Premierminister Winston Churchill ihn bezeichnete: dass er die Staatsgewalt herausforderte, aber sich nicht der geringsten Gewalttat schuldig machte.

Drohen, einsperren, freilassen und wieder drohen, einsperren und freilassen war daher alles, was den englischen Beamten und Politikern während einer Jahrzehnte dauernden Auseinandersetzung einfiel. Darüber kam ihnen eines ihrer größten und wertvollsten Besitztümer abhanden: Indien, ein ganzer Subkontinent. Und der »halbnackte Fakir«, der an dieser Entwicklung wesentlichen Anteil hatte, die Engländer immer wieder verblüffte und zur Verzweiflung brachte, war der weltberühmte Mahatma Gandhi. Er ist jener seltsame Heilige, der Nelson Mandela, Martin Luther King und zahlreiche Bürgerrechtsgruppen und Friedens- und Freiheitsbewegungen inspiriert hat und noch heute viele Menschen auf der ganzen Welt fasziniert.

Winston Churchill wollte ihn verhungern lassen. Als Gandhi 1942 wieder mal verhaftet wurde und dagegen mit einem Hungerstreik protestierte, der ihn an den Rand des Todes brachte, hatte Churchill gesagt: Soll er doch tun, was er will. Wenn er stirbt, ist es sein Problem, nicht unseres.

Durchsetzen konnte Churchill sich damit nicht, weil die anderen sagten: Schon richtig, es ist sein Problem, aber wenn er tot ist und als Märtyrer aus unserem Gefängnis getragen wird, werden die Inder massenhaft rebellieren. Dann ist es unser Problem. Also ließen sie Gandhi 1944 wieder frei. Und der machte dort weiter, wo er vor seiner Haft aufgehört hatte. Drei Jahre später war Indien unabhängig.

Ungefähr von seinem 24. Lebensjahr an bis zu seinem gewaltsamen Tod 1948 hatte dieser Mann, der 79 Jahre alt wurde, immer nur Unruhe gestiftet, egal, ob er im Gefängnis saß oder durch die indischen Dörfer reiste, ob er sich in seinen Ashram zurückzog und das Spinnrad drehte oder in den Städten große Reden hielt, ob er im Bett lag und fastete oder ob er am Schreibtisch saß und seine gefürchteten, aufwieglerischen Texte verfasste, die dennoch von großer Friedfertigkeit getragen waren. Am Ende seines Lebens war er weltberühmt, geachtet, verhasst, geehrt, gefürchtet, geliebt und umstritten. Und den Indern sitzt er bis heute als Stachel im Fleisch. Einerseits sind sie stolz auf ihn, andererseits leben sie so ziemlich das Gegenteil dessen, was er gelehrt und gepredigt hat – so wie die meisten Christen ja auch ganz anders leben, als es von Christus geplant war.

Wie immer musste auch bei diesem Freiheitskämpfer viel zusammenkommen, damit aus dem 1869 geborenen Mohandas Karamchand Gandhi jener Fels des gewaltfreien Widerstands und zivilen Ungehorsams werden konnte, an dessen Schläue, Willensstärke und Einfallsreichtum ein ganzes Imperium zerbrach. Von Vorteil war sicherlich, dass er in eine angesehene und wohlhabende Kaufmanns-Familie hineingeboren wurde. Sein Vater diente als Premierminister im Fürstentum Rajkat.

Dennoch gehörte Gandhi nur der »dritten Kaste«, den Vaishyas, an. Die erste und höchste Kaste bilden die Brahmanen, die zweite die Kshatriyas und die vierte und letzte die Shudras.

Dass Gandhi »nur« der dritten Kaste angehörte, war aber gar nicht so schlecht, denn die Vaishyas arbeiten im Handel, vor allem im Fern- und Überseehandel, im Bankwesen oder verfügen über große Ländereien. Als Mitglied solch einer Kaste muss sich einer schon sehr dumm anstellen, wenn er es nicht zu Geld, Besitz und Wohlstand bringt. Auch im heutigen Indien besteht die reiche städtische Oberschicht zu einem Großteil aus Vaishyas.

Wohlstand wiederum kann zu Bildung führen, denn Bildung war im Indien des 19. Jahrhunderts und noch lange danach nicht kostenlos zu haben. Gandhis Eltern haben, was das betrifft, bei ihrem Sohn an nichts gespart. Außerdem waren sie fromme Hindus und daraus ergab sich der nächste Vorteil: eine ordentliche, anspruchsvolle, hinduistische Erziehung und eine religiöse Grundprägung.

Die ersten drei Kasten zählen zu den »Zweimalgeborenen«. Das heißt, sie erhalten nach einer Initiationszeremonie das Recht, das heilige Wissen (Veda) zu lernen und die vedischen Opfer zu vollziehen. Man kann daher davon ausgehen, dass dem jungen Gandhi neben Bildung, Kultur und Religion auch eine ordentliche Portion Stolz und Standesbewusstsein, vielleicht sogar Dünkel, vermittelt worden war. Das muss, wie sich später erweisen sollte, nicht immer ein Nachteil sein.

Über das nächste Element, das unabdingbar zur Ausstattung eines Freiheitskämpfers gehört, verfügte Gandhi ebenfalls: eine gewisse Sturheit, Eigenwilligkeit und den Drang, seine Heimat zu verlassen, in die Welt hinauszugehen und ein selbstbestimmtes Leben zu führen. Zwangsverheiratet wurde er schon mit vierzehn. Da war er noch nicht in der Lage, dagegen zu rebellieren, aber nach seiner Schulausbildung nach England gehen, um in London Jura zu studieren, das wollte er unbedingt. Damit kam er in Konflikt mit seinen frommen Hindu-Eltern, aber vor allem mit seiner Kaste.

Ein Hindu kann im Ausland nicht »rein« leben, meinte die Kaste und meinten die Eltern, darum solle er hierbleiben. Die Eltern gaben schließlich nach, aber nicht die Kaste. Sie verbot ihm einfach das Studium im Ausland, obwohl er vor allen Kastenmitgliedern das Gelöbnis abgelegt hatte, in England weder Wein noch Weib noch Fleisch anzurühren.

Gandhi ging trotzdem. Was er sich einmal in den Kopf gesetzt hatte, zog er durch. Dass er dafür aus seiner Kaste ausgeschlossen wurde, nahm er in Kauf. Von 1888 bis 1891 studierte er nun in London – was damals ohne ein wohlhabendes Elternhaus im Hintergrund kaum möglich gewesen wäre.

Und er blieb »rein«, jedenfalls im Sinne seiner Kaste. Kein Sex, kein Wein, kein Fleisch. Daran hatte er sich gehalten. Aber auf eine ganz andere, viel tiefer gehende Weise, als sich das seine fromme Hindu-Kaste in der Heimat hätte träumen lassen, wurde Gandhi dennoch »unrein«. Er hatte sich etwas anderes, wesentlich Gefährlicheres einverleibt, etwas, das die ganze Person viel tiefer verändern konnte als Fleisch, Sex oder Wein: Bücher, Ideen, Gedanken, Worte. Bevor aus Mohandas Karamchand Gandhi jener Mahatma Gandhi wurde, der das Empire zum Rückzug aus Indien zwang, saugte er sich voll mit gedruckten Gedanken aus aller Welt und allen Kulturen. Bevor Gandhi öffentlich aktiv wurde, hatte sich schon alles Wesentliche in seinem Kopf ereignet. Und dieser Bewusstseinsbildungs-Prozess begann in London.

Zunächst waren es – noch im Sinne seiner Kaste – nur hinduistische Worte, die ihn beschäftigten, die Bhagavadgita, jener Text, der für Hindus das ist, was der Koran für die Moslems, die Thora für die Juden und die Bibel für die Christen ist. Aber es war kurios, dass er das erst jetzt, im Alter von zwanzig Jahren, und im christlichen Abendland tat. In seiner indischen Heimat hatte ihn dieses aus 700 Versen bestehende Gedicht nie interessiert. Dafür las er es nun in London mit umso gespannterer Aufmerksamkeit und vielleicht auch in einer Haltung, die ihm in Indien nicht möglich gewesen wäre.

Kurios ist auch, dass er durch zwei Engländer, Theosophen, auf die Bhagavadgita gestoßen ist. Mit ihnen las er den Text auf Sanskrit, also im Original. Das weckte seinen Appetit auf weitere Literatur über den Hinduismus, aber auch auf die anderen Religionen. So las er den Koran und die Bibel, und darüber wurde er selbst zu einer Art Theosoph, also einem Menschen, für den die verschiedenen Religionen mit unterschiedlichen Geschichten, Riten, Bekenntnissen, Liedern und Gebeten denselben Gott verehren, die eine Gottheit, von der jede Religion nur einen Zipfel erhascht.

Zu den Theosophen wechselte er trotzdem nicht und bezeichnete sich weiter als Hindu. Aber er war es nicht mehr. Er war auch kein Theosoph in dem Sinn, in dem die Theosophen sich selbst verstanden, sondern etwas anderes, Neuartiges, für das es keine Bezeichnung gibt.

Je intensiver Gandhi las, desto stärker wuchs sein Interesse an der Religion. Das Thema interessierte ihn mehr als die Juristerei, die er ja eigentlich studierte. Er tat das mit großem Fleiß und er absolvierte sein Studium innerhalb von drei Jahren. Aber in diesen drei Jahren lernte er natürlich wesentlich mehr als Jura und Religion. Wer sich so lange Zeit in einer ihm fremden Kultur bewegt, saugt sich voll mit den Eindrücken, die so ein fremdes Umfeld bietet. Vieles davon wirkt noch lange nach, oft im Unbewussten, wenn man schon längst wieder in der Heimat und in der vertrauten Umgebung ist.

Gandhi sagte später, dass ihn Jesu Bergpredigt sehr inspiriert habe, und das macht sich dann im weiteren Verlauf seines Lebens auch stark bemerkbar. Aber man darf die Einflüsse nicht unterschätzen, die eher unbemerkt wirken. Gandhi verlor nie ein Wort über die Selbstverständlichkeit, mit der die englische Oberschicht ihr Herrsein lebte, einerseits demokratisch geordnet, andererseits vom Status einer kolonialen Supermacht geprägt. Es ist schwer vorstellbar, dass dies ohne Eindruck auf ihn geblieben ist. Vielleicht wollte er sich das selbst nie eingestehen, aber gerade dann, wenn man es verdrängt, wirkt es besonders stark.

Dass die englische Lebensweise auf den jungen Gandhi Eindruck gemacht haben musste, beweist die Tatsache, dass er sich in London sehr teuer nach der neuesten Mode kleidete und Unterricht in Französisch, Tanzen und Geigenspiel nahm. Er wollte ein englischer Gentleman werden und es in Indien bleiben. Auch dort hat er sich nach seiner Rückkehr sehr englisch gekleidet, sehr englisch benommen und sogar englisch gefrühstückt, wenn auch vegetarisch, mit Haferflocken, Kakao und Weißbrot.

Und noch etwas anderes musste sich damals in England von ihm unbemerkt in seinen Kopf eingenistet haben: ein Gefühl für einen fundamentalen Grundwiderspruch, der die ganze westliche Welt durchzieht. Ein Widerspruch, der darin besteht, dass sich die Kultur der Weißen theoretisch auf jene christlichen und aufklärerischen Grundsätze beruft, gegen die sie in ihrer alltäglichen Praxis andauernd verstößt. Hätte man weiter problemlos Kolonialmacht bleiben können, wenn in England das Neue Testament und besonders die Bergpredigt wirklich ernst genommen worden wäre? Hätte man alle Nichtweißen als Angehörige minderer Rassen behandeln können, wenn man seine eigenen Philosophen und deren Ideale von Freiheit, Gleichheit und Brüderlichkeit beim Wort genommen hätte?

Lange bevor man solche Widersprüche in Worte fassen kann, erfühlt und erspürt man sie. Gandhi muss es damals in England erstmals gefühlt haben. Die Worte dafür fand er erst später.

Jetzt, in Indien, fühlte er sich als indischer Gentleman, den Engländern in jeder Hinsicht ebenbürtig. Allerdings hatte er nun ein Problem: Daheim gehörte er nicht mehr richtig dazu, denn seine Kaste hatte ihn ja ausgeschlossen und war nicht bereit, ihn wieder aufzunehmen. Der Bürger des britischen Empire, als der er sich fühlte, war er jedoch auch nicht. Und dass er es möglicherweise nie werden würde, wurde ihm durch die herablassende Art deutlich gemacht, mit der er von englischen Beamten behandelt wurde.

Noch schwieriger aber waren zwei andere Dinge: Ohne die Hilfe seiner Kaste war es schwer, eine Anwaltskanzlei aufzubauen. Es erwies sich sogar, wie er nach einigen vergeblichen Versuchen feststellen musste, als unmöglich. Und selbst wenn die Kaste ihm geholfen hätte, wäre es schwierig geworden. Denn eigentlich war er von seinem ganzen Naturell her viel zu weltfremd, zu wenig clever und zu realitätsfern, um wirklich als Anwalt Karriere zu machen. Wenn er hätte Karriere machen wollen, war es eine Schnapsidee, ausgerechnet in London Jura zu studieren, denn dort lernte er vor allem englisches Recht. In Indien aber hätte er britisch-indisches Recht gebraucht und Hindu- oder Muslim-Familienrecht. Und dann gab es noch ein zweites, keineswegs unbekanntes und darum nicht überraschendes Problem: Gandhi war ein hilfloser Redner. Schon wenige Sätze bereiteten ihm große Qualen. Kein Gedanke, den er ohne Stocken vortragen konnte, und bei einem Prozess in Bombay brachte er kein einziges Wort heraus. Er musste im Gerichtssaal den Fall an einen Kollegen abgeben.

Warum muss einer, der eigentlich gar nicht reden kann, ausgerechnet Anwalt werden? Die Frage konnte er wohl selber nicht beantworten. Andererseits war Gandhi ein Mensch, der niemals aufgibt. Was also tut ein Anwalt, der nicht reden kann? Er schreibt. Bei der Abfassung von Bittschriften, Bewerbungen, Gutachten und Texten für schriftliche Verhandlungen erwies er sich als geschickt. Es reichte, um seinen Lebensunterhalt zu verdienen, mehr hat er sowieso nie gewollt.

Als er von einer Firma hörte, die einen beratenden Anwalt für ihre Zweigstelle in Südafrika suchte, bewarb er sich und erhielt die Stelle. 1893 reiste er nach Südafrika, wo er in Durban, einer Stadt in der Provinz Natal, seine Arbeit als Anwalt aufnahm.

Dort machte er eine gänzlich neue Erfahrung. Er, der in seiner Heimat von den englischen Kolonialherren als Mensch zweiter Klasse betrachtet und entsprechend behandelt wurde, konnte sich dort immerhin frei bewegen und hatte verbriefte Rechte, die vor jedem Gericht einklagbar waren. Aber jetzt, in der Republik Südafrika, war der in England ausgebildete Spross einer angesehenen, wohlhabenden Familie zu einem Menschen dritter Klasse abgestiegen. Beim Friseur wurde er nicht bedient, im Gerichtssaal durfte er keinen Turban tragen, und wenn er nach 21 Uhr seine Wohnung verlassen wollte, brauchte er dazu die Genehmigung seines Arbeitgebers. Das hat ihn in seinem Stolz und in seinem Willen zur Unabhängigkeit tief verletzt. Das Schlimmste aber stand ihm noch bevor.

Zu einer Gerichtsverhandlung musste er mit dem Zug von Durban nach Pretoria fahren, und so begab er sich – wie ein vornehmer englischer Geschäftsmann bekleidet – ins Erste-Klasse-Abteil und begann seine Reise. Er kam bis Maritzburg, wo ein weißer Fahrgast zustieg und Anstoß nahm an dem »farbigen« Mitreisenden. Der Weiße rief den Schaffner und dieser verwies Gandhi in den Gepäckwagen. Gandhi weigerte sich, zeigte seine rechtmäßig erworbene Fahrkarte, aber das beeindruckte den Schaffner nicht. Er bestand darauf, dass Gandhi in den Gepäckwagen umsteige.

Aber auch Gandhi blieb hartnäckig. »Man hat mich in Durban in diesem Abteil sitzen lassen, und ich bestehe darauf, weiter hier sitzen zu bleiben«, antwortete er. »Nein, das werden Sie nicht«, sagte der Beamte, »Sie müssen hier raus, oder ich muss einen Schutzmann rufen, damit er Sie rauswirft.« Dann solle er den Schutzmann holen, freiwillig werde er das Abteil nicht verlassen, erklärte ihm Gandhi. Der Schutzmann kam, packte Gandhi, warf ihn hinaus und das Gepäck hinterher.

Wie reagiert ein Mensch, dem so etwas widerfährt? Die meisten sehen wohl keinen anderen Weg, als sich notgedrungen in ihr Schicksal zu fügen, aber fortan einen heimlichen, ohnmächtigen, unstillbaren Hass mit sich herumzutragen. Viele werden, um bloß nie mehr anzuecken, eine duckmäuserische und zugleich verschlagene Unterwürfigkeit entwickeln, die nach außen Ergebenheit signalisiert, aber im Inneren grausame Rachegedanken hervorbringt. Einige wenige finden sich nicht ab, entwickeln sich zu Rebellen, organisieren den Hass der vielen Einzelnen, verwandeln deren Ohnmachtsgefühle in Macht. Sie nutzen die gebündelte Energie, um die verhasste Herrschaft grausam zu stürzen und sich an deren Stelle zu setzen – und in der Regel genauso grausam und unterdrückerisch zu herrschen wie die alte Herrschaft.

Ausbeutung, Unterdrückung, Hass, Rachegelüste, Rebellion, Umsturz – das ist der normale Kreislauf in dieser Welt, das Vorhersehbare, das Wahrscheinliche und Übliche. Im Fall des aus dem Zug geworfenen Gandhi aber ereignete sich das absolut Unnormale, Unwahrscheinliche, nicht Vorhersehbare, Einzigartige, also ein Wunder. Auch Gandhi wurde in diesem Moment zum Rebellen, aber nicht zu einem gewalttätig hassenden, sondern zu einem gewaltfrei liebenden. In Gandhi ereignete sich der seltene Fall, dass ein Text, eine bloße Aneinanderreihung von Worten, die schon viele gehört und gelesen haben, ohne irgendwelche Folgen hervorzubringen, bei ihm wie ein Samenkorn auf fruchtbaren Boden fiel, keimte, aufging, wuchs und Früchte trug. Der Text war die in London gelesene und auch in Südafrika weiterhin studierte Bergpredigt Jesu, dessen Botschaft Gandhi in die Worte fasste: Vergeltet Böses nicht mit Bösem, begegnet Gewalt nicht mit Gewalt, liebt das Böse gut.

Verstanden hatte er aber auch, dass sich Jesu Botschaft nicht in harmlos schwärmerischem Friedensgesäusel und Seid-nett-zueinander-Parolen erschöpft. Derselbe Jesus, der dazu aufrief, einem Feind, der einen auf die eine Backe schlägt, auch die andere hinzuhalten, hat auch gesagt, er sei nicht gekommen, um Frieden zu bringen, sondern das Schwert. Man muss beides zusammendenken, um den ganzen Jesus zu verstehen, dann erst versteht man seine Botschaft. Diese besteht nicht in der Hinnahme des Bösen. Im Gegenteil. Jene Strukturen, die das Böse zuverlässig immer wieder produzieren, müssen aus der Welt verschwinden, müssen bekämpft werden. Aber eben nicht mit Gewalt, sondern mit der Unterbrechung der Gewaltspirale und mit Liebe. Dort, wo das geschieht, bricht nicht gleich das Paradies aus, sondern kommt es zu harten Konflikten. Sie müssen durchgestanden werden, auch wenn den friedfertigen Kämpfern in diesem Konflikt der geballte Hass derer entgegenschlägt, die in so einer Auseinandersetzung ihre Interessen und Privilegien gefährdet sehen.

Gandhi hat diese Botschaft für sich selbst in zwei Prinzipien gefasst, die er dann ein Leben lang verfolgte: erstens, dass er nie wieder dulden wird, unterdrückt zu werden, und zweitens, dass er in seinen Kämpfen niemals Gewalt anwenden wird, selbst wenn andere Gewalt gegen ihn anwenden.

Keine Gewalt, aber dem Unrecht nicht weichen – wie soll das gehen? Wie kann so etwas praktisch gelebt werden?

Das wusste er selbst noch nicht nach seinem Rauswurf aus dem Zug. Das musste er sich erst gedanklich erarbeiten, und bis er das eindeutig formulieren konnte, verging noch eine gewisse Zeit. Aber dass da etwas in ihm heranreifte und schon wirkte und sein weiteres Handeln bestimmte, zeigt der Verlauf und Ausgang des Prozesses, wegen dem er nach Pretoria gereist war.

Er hätte nach Lage der Dinge einen Sieg auf ganzer Linie aus diesem Prozess herausholen können. Der verklagte Schuldner hätte dann eine hohe Summe auf einen Schlag sofort zu zahlen gehabt, und darüber wäre er vermutlich pleitegegangen. Das wollte Gandhi vermeiden. Daher strebte er eine außergerichtliche Einigung an und gestand dem Schuldner sogar zu, die geschuldete Summe in Raten abzubezahlen. Der Effekt: Der Schuldner konnte überleben, und Gandhis Firma hat sich einen dankbaren Kunden erhalten, mit dem man auch in der Zukunft weiter Geschäfte machen konnte.

Dass dies gelang, darüber sei seine Freude »grenzenlos« gewesen, sagte Gandhi später. »Ich hatte die wahre Rechtspraxis gelernt. Ich hatte gelernt, die bessere Seite der menschlichen Natur zu aktivieren und zu den Herzen der Menschen vorzudringen. Ich begriff, daß die wahre Funktion eines Anwalts darin bestand, die zerstrittenen Parteien zusammenzuführen. Diese Lehre wurde mir so unauslöschlich eingebrannt, daß ein großer Teil meiner Zeit während der zwanzig Jahre meiner Anwaltspraxis darauf verwendet wurde, in Hunderten von Fällen private Vergleiche zustande zu bringen. Ich verlor nicht dabei – nicht einmal Geld und ganz gewiß nicht meine Seele.« Und offenbar fand er darüber endlich zu seiner Sprache. Denn nun konnte er reden.

Reich wurde er mit dieser Anwaltsstrategie natürlich nicht. Aber das war auch nie sein Ziel.

Sein eigentliches Ziel, sein Lebensthema, entdeckte er dann in Südafrika, kurz bevor er wieder in seine indische Heimat zurückkehren wollte. Er entdeckte es auf zwei Wegen, zum einen durch Lektüre, zum anderen durch persönliches Erleben.

Letzteres bestand in den vielfältigen Diskriminierungen, Schikanen und Demütigungen, die man als Inder in Südafrika zu erdulden hatte. Vor seiner geplanten Abreise veranstaltete sein Arbeitgeber Sheth Abdulla eine Abschiedsgesellschaft für ihn. Dort erzählte Gandhi von einer Zeitungsmeldung über eine Gesetzesvorlage, die darauf hinauslief, Indern in Südafrika das Wahlrecht zu entziehen. Niemand unter den versammelten Gästen wusste etwas davon, aber plötzlich entstand die Idee, Gandhi solle noch ein paar Wochen bleiben und sich um die Angelegenheit kümmern. Das tat er. Er stornierte seine Schiffspassage und blieb. Allerdings nicht ein paar Wochen, sondern zweieinhalb Jahrzehnte. In dieser Zeit kämpfte er gegen die Diskriminierung seiner Landsleute und wurde dabei zu einer auch in Indien bekannten Persönlichkeit.

Der Kampf gegen die Rassendiskriminierung begann. Gandhi trat in die Öffentlichkeit und verfasste die erste Petition, die jemals von Indern an ein südafrikanisches Parlament gerichtet wurde. Sie forderte die Beibehaltung des Wahlrechts für Inder. Das war erfolglos, aber die gemeinsame Tätigkeit schweißte die indische Gemeinde zusammen und führte zur Gründung des »Natal Indian Congress«, dessen ehrenamtlicher Generalsekretär Gandhi wurde.

Seine Grundsätze, nie wieder zu dulden, unterdrückt zu werden, dabei aber niemals Gewalt anzuwenden, konnte er schon bald sehr häufig erproben, beispielsweise als Anführer einer Gruppe streikender Arbeiter. Als die Polizei auf Pferden anrückte, um die Arbeiter niederzuknüppeln, war Gandhi entschlossen, der Gewalt nicht zu weichen, aber selbst keine Gewalt anzuwenden. Er wies die Streikenden an, sich flach auf den Boden zu legen. Dann geschah etwas, was zwar auf dem mechanisch-instinkthaften Verhalten der Pferde beruhte, aber dennoch allen, die Augen hatten, wie ein tiefes Sinnbild erscheinen musste: Die Pferde konnten von ihren Reitern nicht dazu gebracht werden, über die am Boden liegenden Menschen zu trampeln. Sie blieben vor der Menschengruppe stehen, sprangen verzweifelt auf die Hinterbeine, wieherten und waren keinen Schritt vorwärts zu bewegen. Der Polizeitrupp musste umkehren. Es war, als ob die Pferde zeigen wollten, dass in ihnen mehr Menschlichkeit steckt als in ihren Reitern.

Damit war bewiesen, dass man Kämpfe gegen die Staatsmacht ohne Einsatz von Gewalt gewinnen kann. Jedoch nicht immer. Meistens gewinnt man solche Kämpfe nur moralisch und um den Preis heftiger Schmerzen. Das wurde deutlich, als Gandhi einmal eine Gruppe Inder versammelt und aufgefordert hatte, ihre britischen Pässe zu verbrennen, weil sie trotz der Pässe nicht die Rechte der Briten haben. Er hat die Pässe der Leute gesammelt und vor den Augen der Polizei in ein Feuer geworfen. Während er das tat, hat ein Polizist immer wieder auf ihn eingeknüppelt. Aber solange er sich bewegen konnte, hat Gandhi Pässe ins Feuer gelegt, bis er blutüberströmt am Boden liegen blieb. Das sprach sich herum unter den Indern Südafrikas, das stärkte ihren Zusammenhalt, ihren Willen zum Widerstand, und es gab ihnen ihre Würde zurück.

Eine zweite wichtige Rolle für Gandhis weiteren Weg spielte die Lektüre.

John Ruskin, beispielsweise, lebte von 1819 bis 1900, war ein englischer Schriftsteller, Maler, Professor für Kunstgeschichte und Sozialphilosoph in Oxford und hat beim Schreiben seiner Bücher vermutlich nicht gedacht, dass aus seinem Lob des Handwerks ein indischer Anwalt einmal dem britischen Empire einen Strick drehen würde. Gandhi war sehr überrascht, dass Ruskin die Handarbeit mit hohen Worten pries und darlegte, warum das Leben eines Landarbeiters oder eines Handwerkers nicht nur lebens-, sondern sogar erstrebenswert sei. So kam auch Gandhi zu der Wertschätzung täglicher Handarbeit, die er sich und seinen Mitarbeitern zur Pflicht machte. Später entdeckte er das Spinnrad neu, und eben damit versetzte er der englischen Textilindustrie einen empfindlichen Schlag.

Das Lob der Handarbeit war nur eine Facette, die Gandhi an Ruskin faszinierte. Eine andere war dessen Wirtschafts-Ethik. Ruskin wollte die Arbeit als ethischen Wert geachtet und nicht als Ware herabgewürdigt sehen. Er forderte Volkshochschulen für Arbeiter, Gartenstädte und manches andere, was heute Wirklichkeit geworden ist. Wie aktuell der kaum bekannte Ruskin auch heute noch oder wieder ist, lässt sich an den Sätzen seines Werkes *Sesam und Lilien* erkennen, die auch Gandhi imponierten: »Wieviel geben wir nach Ihrer Meinung für öffentliche und private Büchereien aus im Vergleich zu dem, was unsere Pferde kosten? Oder um ein anderes Beispiel zu geben: Wie groß ist der Inhalt unserer Bücherschränke (öffentlich und privat) im Vergleich zum Inhalt unserer Weinkeller?«

Eindruck auf Gandhi machte auch die Ruskin'sche Sozialkritik, wenn dieser schrieb: »Reichtum ist eine Kraft wie die Elektrizität. Er wirkt durch die

Ungleichheit. Die Macht einer Guinea in eines Mannes Tasche hängt ab vom Fehlen der Guinea in der Tasche seines Nachbarn. Wenn der sie nicht brauchte, dann wäre sie auch für ihn selbst ohne Nutzen. Wenn der andere arm und lange Zeit arbeitslos ist, dann hat die Guinea mehr Wert für ihren Besitzer. Was also hauptsächlich unter dem Namen Reichtum gesucht wird, ist Macht über Menschen. Der Reiche sollte sich immer daran erinnern, daß was der eine hat, der andere nicht haben kann. Er sollte daher jeden Luxus vermeiden, bis auch der Ärmste genug hat.«

Gandhi versicherte später, dass Ruskin ihn entscheidend beeinflusst und viel zu seiner weiteren Entwicklung beigetragen habe. Kritisch merkte er jedoch an, dass Ruskin sich damit zufriedengab, den Geist zu revolutionieren und nicht die Kraft fand, sein eigenes Leben zu ändern. Die Forderung, dass Denken und Handeln übereinstimmen sollten, fand er bei einem Amerikaner, dem Schriftsteller Henry David Thoreau, der von 1817 bis 1862 in Concord, Massachusetts, lebte.

Bei Thoreau las Gandhi: »Eines weiß ich als Tatsache: Wenn tausend, hundert, zehn Leute, die ich mit Namen nennen könnte, wenn nur zehn ehrenwerte menschliche Wesen, wenn nur ein Ehrenmann in dem Staat von Massachusetts aufhören würde, Sklaven zu halten, und seine Teilnahme kündigen und ins Landesgefängnis eingeliefert werden würde, dann würde das das Ende der Sklaverei in Amerika bedeuten. Es ist dabei gar nicht von Bedeutung, wie klein der Anfang sein mag. Was gut getan wird, besteht für immer. Aber wir sprechen ja nur darüber.«

»Aber wir sprechen ja nur darüber« – das war es, was Gandhi während der letzten Jahre umgetrieben hatte, ohne dass er es so auf den Punkt hatte bringen können wie Thoreau. Wer einen Gedanken verstanden und ihm zugestimmt hatte, musste dann auch danach handeln. Alles andere ist unehrenhaft. Das Missverhältnis zwischen Glauben und Handeln war Gandhi unerträglich. Einklang zwischen Worten und Taten zu schaffen, das sah er als seine Hauptaufgabe. Wenn man ein System als ungerecht und unterdrückerisch durchschaut und erfahren hat, muss man es bekämpfen.

Nichts anderes hatte er seit jenem Abschiedsabend getan. Eben deshalb landete er immer wieder im Gefängnis. Das störte ihn nicht im Geringsten, im Gegenteil. Er pries das Gefängnisleben als Chance und rühmte dessen Vorzüge: »Man hat dort weniger Jammer, als man im Alltagsleben auszustehen hat. Man hat lediglich den Weisungen eines einzigen Wärters zu folgen, während man im täglichen Leben die Befehle von einer ganzen Menge Leute auszuführen hat. Im Gefängnis hat man auch keine Sorge, wie man sein tägliches Brot verdienen soll. Die Regierung sorgt für all das. Sie sorgt auch für die Gesundheit, und man braucht gar nichts dafür zu bezahlen. Man hat genug Arbeit und damit die entsprechende Bewegung für seinen Körper. Man ist frei von allen lasterhaften Gewohnheiten. Die Seele ist frei, und man hat eine Menge Zeit zum Beten. Der Körper ist zwar eingeengt, aber nicht die Seele, Der wahre Weg höchster Seligkeit liegt darin, ins Gefängnis zu gehen und die Leiden und Entbehrungen dort im Interesse seines Landes und seiner Religion zu ertragen.«

Das ist nun wirklich raffiniert. Wenn die von der Staatsmacht verhängte Strafe vom Bestraften nicht mehr als Bestrafung, sondern als Wohltat betrachtet wird, verliert sie ihre abschreckende Wirkung, ihren Zweck und ihren Nutzen für den Staat. Sie ist dann nur noch eine Last für den Staat, vor allem, wenn viele Menschen so denken und handeln wie dieser Gandhi. Dann kommt es zu Massenverhaftungen, und der Staat hat dennoch keinen Vorteil davon, sondern nur Arbeit und Kosten.

Gandhi las bei Thoreau auch noch etwas anderes, etwas, was ihn geradezu elektrisierte: Im Juli 1846 hatte sich Thoreau geweigert, Steuern zu zahlen, weil er mit diesen die amerikanische Regierung und deren Krieg gegen Mexiko und die Sklaverei unterstützt hätte. Dafür wurde Thoreau ins Gefängnis geworfen, und daraufhin verfasste er den Essay *Resistance to Government* (1849), welcher unter dem späteren Titel *Civil Disobedience* bekannt wurde (Über die Pflicht zum Ungehorsam gegen den Staat). Die Schrift avancierte zum Standardwerk und Namensgeber des Zivilen Ungehorsams, wie es Thoreau später formulierte. Als Gandhi das las, hatte er schon viele Jahre in Südafrika verbracht, schon mit vielen gewaltfreien Widerstandsaktionen die Obrigkeit gegen sich aufgebracht und sich manchen Gefängnisaufenthalt eingehandelt.

Auch jetzt saß er wieder im Gefängnis und war verblüfft, dass ein ihm völlig unbekannter Amerikaner ganz ähnliche Gedanken hegte wie er selbst. Eine seltsame Verbindung zwischen einem Gefängnis in Südafrika und einem Gefängnis in den USA, zwischen einem Inder und einem Amerikaner war entstanden. Durch dieses unsichtbare geistige Band fühlte Gandhi sich bestätigt und ermutigt und zugleich motiviert, den Geist dieses Denkens weiterzuentwickeln.

Ein dritter westlicher Denker, der Gandhi tief beeinflusst hat, war der russische Schriftsteller Leo Tolstoj. In ihm erkannte er einen Menschen, der das, was er lehrt und predigt, auch lebt, wenn auch erst in hohem Alter.

Im Jahr 1885, als Tolstoj 97 Jahre alt war, gab er sein gewohntes, von Wohlstand geprägtes gesellschaftliches Leben auf und versuchte es mit Einfachheit und Bedürfnislosigkeit. Er ging barfuß, kleidete sich wie ein armer Bauer, pflügte, eggte und säte. Er gab das Rauchen auf, die Jagd und aß kein Fleisch mehr. Er pries die Handarbeit, Bedürfnislosigkeit, Besitzlosigkeit, das Vermeiden jeglichen Tötens, verdammte den Militärdienst und verteidigte Kriegsdienstverweigerung. Den Besitz von großen Landgütern betrachtete er als Sünde. Den Nobelpreis nahm er nicht an, weil er kein Geld wollte. Die orthodoxe russische Kirche exkommunizierte ihn.

Gandhi lernte Tolstoj kennen durch die Schrift *Das Reich Gottes ist in Euch.* Darin beschreibt Tolstoj die Kirchengeschichte als eine Geschichte der Grausamkeiten und des Schreckens. Seit undenklichen Zeiten grüßen die Menschen einander mit »Friede sei mit dir«, und halten sich zugleich bis an die Zähne bewaffnete Armeen. Wie Thoreau verurteilt Tolstoj den Widerspruch zwischen Lehre und Tat. Ein Christ solle nicht mit seinem Nachbarn streiten, predigt er, keine Gewalt anwenden, sondern im Gegenteil, ohne Widerstand zu leisten, leiden und durch eine solche Haltung nicht nur sich selbst, sondern die Welt vom Bösen und aller äußeren Gewalt befreien. Auch einer bösen Regierung gegenüber rät er zum friedlichen Widerstand.

Die Beschäftigung mit Tolstoj veranlasste Gandhi, bei sich selbst endlich die Übereinstimmung zwischen Lehre und Tat in Einklang zu bringen. Daher kaufte er sich ein Stück Land, die Phoenix-Farm, und zog mit seiner Familie und seinen Mitarbeitern dorthin, um ein Leben im Sinne Ruskins, Thoreaus und Tolstojs zu führen. Diese Farm konzipierte er als indischen Aschram, ein hinduistisches, klosterähnliches Meditationszentrum.

Thoreau bündelte seine Gedanken in dem Wort *ziviler Ungehorsam*. Gandhi hatte seine Ideen auch schon auf den Begriff gebracht: »Satyagraha«, ein Kunstwort, das durch ein von Gandhi initiiertes Preisausschreiben gefunden wurde. Anlass war ein neues Gesetz, nach dem sich alle indischen Männer, Frauen und Kinder über acht Jahre mit ihren Fingerabdrücken registrieren lassen mussten. Die indische Gemeinde war darüber empört. Auf einer Massenversammlung am 11. September 1906 schwor Gandhi, dass er lieber sterben als sich diesem Gesetz beugen wolle. Während des Kampfes gegen dieses Gesetz hat Gandhi dann nach etwas gesucht, was seinen Kampf mit einem einzigen Wort ausdrücken sollte.

Zwei Jahre zuvor hatte Gandhi die Redaktion der Wochenzeitschrift *Indian Opinion* übernommen und vor dem Bankrott bewahrt. Jetzt, während der Kämpfe gegen das Fingerabdruck-Gesetz, wurden die Leser der *Opinion* aufgefordert, ein Wort zu finden für die Praxis der bewussten Übertretung ungerechter Gesetze. In die engere Wahl kam das Wort »Sadagraha«, Festhalten am Guten. Gandhi machte »Satyagraha« daraus. Es sollte zum Inbegriff für Gandhis Leben werden.

»Festhalten an der Wahrheit« bedeutet dieses Neuwort, das es zuvor in keiner indischen Sprache gab. Gemeint ist damit eine Strategie, die darauf beruht, die Vernunft und das Gewissen des Gegners anzusprechen, indem man bereit ist, gewaltlos Schmerz und Leiden auf sich zu nehmen. Das geschieht aber durchaus in kämpferischer Absicht. Der Gegner soll »umgedreht«, als Verbündeter und Freund für die eigene Sache gewonnen werden. Die Leidensbereitschaft soll Herz und Gewissen des Gegners effektiver beeinflussen als Drohungen und Gewalt. Gewaltlosigkeit unterbricht die Gewaltspirale und ist dadurch in der Lage, den Gegner auf die eigene Seite zu ziehen. Sie ist nicht die Waffe der Schwachen, sondern die Waffe der geistig Stärksten.

Wer mit dieser Kraft der Wahrheit in den Kampf zieht, ist ein *satyagrahi*. Für diesen hat Gandhi folgende Regeln erlassen:

* Er erträgt die Wut seines Gegners.
* Er hält den Schmerz aus, der ihm zugefügt wird, und rächt sich nicht, aber lässt sich nicht unterwerfen, sei es aus Angst vor Bestrafung und dergleichen.
* Wenn eine Amtsperson einen *satyagrahi* festnehmen will, so wird er sich freiwillig der Festnahme fügen und widersteht nicht der Beschlagnahmung oder dem Entzug seines Eigentums, wenn es von den Behörden konfisziert werden soll.
* Wenn ein *satyagrahi* Dinge besitzt, die ihm als Treuhänder überlassen wor-

den sind, so weigert er sich, sie abzugeben – auch wenn er dabei sein Leben verlieren könnte. Er wird sich aber auf keinen Fall rächen.

❀ Rache beinhaltet auch Fluchen und Beleidigen.

❀ Deshalb wird nie ein *satyagrahi* seinen Gegner beleidigen.

❀ Ein *satyagrahi* grüßt nicht die britische Flagge, aber er wird keine Beamten beleidigen, seien es Engländer oder Inder.

❀ Wenn während des Kampfes irgendjemand einen Beamten beleidigt oder ihn tätlich angreift, so wird ein *satyagrahi* den Beamten vor der Beleidigung oder dem Angriff schützen, und dies tut er auch unter der Gefahr, getötet zu werden.

Nachdem dieses Konzept theoretisch so definiert war, wurde es in die Praxis umgesetzt, sobald sich ein Anlass bot, und an Anlässen herrschte kein Mangel. Einer dieser Anlässe bestand 1913 in weiteren Schikanen der Regierung gegen die Inder: Beschränkungen in ihrer Freizügigkeit, eine Kopfsteuer, und dann wurden auch noch alle nicht-christlichen Ehen, die nicht vor einem Standesbeamten in Südafrika geschlossen wurden, für ungültig erklärt. Für die Inder bedeutete das eine große Verletzung der Ehre, da die Ehefrauen nun den Status einer Geliebten hatten. Zudem waren die Kinder nicht mehr erbberechtigt.

Darauf antwortete Gandhi mit einer Satyagraha-Kampagne. Die schikanösen Gesetze wurden in verschiedenen Aktionen von den Satyagrahis gebrochen. 50 000 Bergarbeiter streikten gegen die Steuer für Kontraktarbeiter. Hunderte von Männern, Frauen und Kindern marschierten von Natal nach Transvaal und wurden wegen illegaler Einwanderung verhaftet.

Die Gefängnisse füllten sich, quollen über, und die Kosten für die Inhaftierten steigerten sich enorm. Die Stilllegung der Bergwerke verursachte Gewinneinbußen und brachte die Regierung so in Bedrängnis, dass sie sich auf Verhandlungen einließ. Diese endeten mit einem Sieg der Inder in allen Streitfragen. Gandhi und seine Mitstreiter wurden freigelassen.

Im Jahr 1914 ging Gandhis Zeit in Südafrika zu Ende. Er litt unter gesundheitlichen Problemen und wollte zurück in seine indische Heimat. Als Sieger hat er Südafrika nicht verlassen. Der Rassismus dort ging noch viele Jahrzehnte weiter und nahm immer schlimmere Formen an. Aber Gandhis Ideen blieben virulent und steckten eines Tages den Mann an, der Gandhis Kampf mit ähnlichen Mitteln und für alle Rassen fortsetzte und gewann: Nelson Mandela.

Gandhi sollte sich jetzt mit einem viel mächtigeren Gegner anlegen als dem Südafrika-Regime: dem britischen Empire. Alles, was er dafür brauchte, hatte er sich bereits in Südafrika erarbeitet, die Theorie, die Praxis und vor allem: das Vertrauen seiner Mitbürger. Was er in Südafrika für seine Landsleute geleistet hatte, war allen Indern längst bekannt. Gandhi und seine Frau Kasturbai wurden daher bei ihrer Rückkehr nach Indien am 9. Januar 1915 jubelnd und mit großem Aufgebot empfangen. Und mit großen Hoffnungen. Man hatte ihm inzwischen den Beinamen »Mahatma«, die große Seele, gegeben.

Es gab damals eine nationale Befreiungsbewegung, welche die Unabhängigkeit Indiens anstrebte und die Engländer aus dem Land jagen wollte. Die Führer dieser Bewegung setzten große Hoffnungen in Gandhi und erwarteten sich dessen Unterstützung.

Gandhi stand der Befreiung Indiens von englischer Herrschaft natürlich grundsätzlich positiv gegenüber. Andererseits erkannte er aber mit untrüglichem Instinkt: Die Führer der Bewegung wollen sich einfach nur an die Stelle der Engländer setzen und die 80 Prozent Bauern, aus denen Indien besteht, genauso ausbeuten, wie es die Kolonialherren gemacht haben. Gandhi aber ging es nicht um das Wohlergehen der indischen Oberschicht und nicht um eine Fortsetzung des Lebens unter anderer Herrschaft, sondern um einen Neubeginn und die Umgestaltung des ganzen Landes.

Daher reagierte er auf Avancen der Parteiführer zurückhaltend. Er sagte, er wolle sich erst dann in der Öffentlichkeit zu politischen Fragen äußern, wenn er genügend Erfahrungen in Indien gesammelt haben würde. Dennoch arbeitete er immer wieder mit den Politikern zusammen, besonders mit Indiens späterem Staatspräsidenten Jawaharlal Nehru, mit dem ihn zeit seines Lebens freundschaftliche Gefühle verbanden. Aber zur indischen Politikerkaste gehörte Gandhi nie. Zwischen ihnen und ihm bestand immer eine gewisse Distanz, die beispielsweise auch dadurch zum Ausdruck kam, dass er bei Zusammenkünften die Diener und Fahrer der Politiker zum Essen an den Tisch geholt hat. Es konnte auch vorkommen, dass er einem Diener das Tablett mit dem Tee abnahm und selbst die Anwesenden bediente. Den anderen ging es ziemlich auf die Nerven, wenn Gandhi mitten im Gespräch aufstand, um jemandem bei etwas zu helfen und sich für eine Weile entschuldigte. In solchen Szenen zeigte sich die totale Andersartigkeit des Menschen Mahatma Gandhi. Darauf reagierte seine Umwelt unsicher, verstört und häufig auch genervt.

Nach seiner Ankunft in Indien reiste er zunächst nach Kathiawad weiter, um Verwandte und Freunde zu besuchen, und danach mit dem Zug durch das ganze Land. Im Mai gründete Gandhi den *Satyagraha*-Ashram in Kochrab bei Ahmedabad.

1917 wurde die Unterdrückung der Bauern von Champaran in Nord-Bihar zum Anlass für Gandhis erste *Satyagraha*-Kampagne in Indien. Gandhi untersuchte die Lage der Bauern, die von den Briten durch den Zwangsanbau von Indigo bei niedrigen Preisen und hohen Steuern an den Rand des Verhungerns getrieben wurden. Schon allein diese einfache Wahrheit auszusprechen genügte, um in Konflikt mit den englischen Behörden zu geraten. Sie forderten ihn auf, das Gebiet zu verlassen, was Gandhi natürlich verweigerte.

Er wurde vor Gericht gestellt, bekannte sich schuldig und forderte eine angemessene Strafe. Dabei bestätigte sich, was Gandhi immer wusste: In Südafrika hatte er es mit einem rassistischen Burenregime zu tun, das sich um Rechtsstaatlichkeit, Demokratie und Menschenrechte nicht viel scherte. In Indien dagegen hatte er es mit den Briten zu tun, einer zivilisierten, von demokratischen Grundsätzen geprägten Nation. Bei aller Blindheit, mit der sie ihre politischen, strategischen und wirtschaftlichen Interessen verfolgte, vergaß sie dennoch nie, sich an die eigenen Gesetze zu halten. Infolge dieser Gesetze wurde Gandhi freigesprochen. Und der Bericht der Untersuchungskommission führte zur Abschaffung des Zwangsanbaus und zur Reduzierung der Steuern.

Gandhi hatte bewiesen, dass seine Strategie des zivilen Ungehorsams zum Erfolg führen kann. Zugleich war ihm jedoch klar, dass dieser Erfolg auf dem Weg zur Unabhängigkeit nur ein sehr kleiner Schritt gewesen ist.

Der nächste Schritt wurde nötig, als die Engländer wegen der wachsenden Unruhen unter den Indern das Kriegsrecht einführten. Nun durften Verdächtige ohne Prozess eingesperrt werden. Die Inder waren der Willkür der Briten ausgeliefert. Gandhi kämpfte 1919 mit einer *Satyagraha*-Kampagne gegen diese Gesetze. Überall im Land versammelten sich die Inder zu friedlichen Protesten, bis am 13. April 1919 der General Reginald E. H. Dwyer in der nordindischen Stadt Amritsar ein Exempel statuieren wollte. Auf dem größten

Platz der Stadt hatten sich 20 000 unbewaffnete Demonstranten versammelt. Dwyer ließ die wenigen Zugänge zu dem Platz abriegeln, brachte seine Soldaten in Position und ließ sie ohne Vorwarnung auf die wehrlosen Demonstranten schießen.

Zehn bis fünfzehn Minuten lang feuerten sie in die Menge, die nicht fliehen konnte. Rund 400 Demonstranten wurden getötet und über 1200 verwundet. Nach dem Amritsar-Massaker schwand jegliches Vertrauen in die britische Herrschaft.

Natürlich haben die Briten den Vorfall untersucht und den General verhört. Dieser sagte, er habe durch die Aktion ein Signal fürs ganze Land geben und dadurch die Ruhe wiederherstellen wollen. Es wurde ihm nahegelegt, den Dienst zu quittieren, was er auch tat. Eine weitere Bestrafung erfolgte nicht. Damit war das Verhältnis zwischen Indien und England endgültig zerrüttet und Gandhi dachte sich eine neue Aktion des zivilen Ungehorsams aus: Nichtzusammenarbeit.

Wenn sich an einem bestimmten Tag alle Inder einfach zum Beten versammeln, wird in Indien das Leben stillstehen, sagte Gandhi seinem Volk. Die Engländer werden niemanden mehr haben, der sie bedient, der kocht, putzt, die Wäsche wäscht, den Müll wegräumt. Kein Zug und kein Taxi werden fahren. Die englischen Behörden werden lahmgelegt sein und den Soldaten in den Kasernen wird schon bald der Nachschub ausgehen.

Am 6. April 1919 haben die Inder diesen Generalstreik in etlichen Städten tatsächlich befolgt und damit den Engländern demonstriert, dass sie auf Dauer nicht mehr in der Lage sein würden, mit einigen Hunderttausend Soldaten und Verwaltungsbeamten 200 Millionen Inder zu regieren.

Dieser Generalstreik war der Auftakt zu zivilem Ungehorsam. Große Menschenmengen beteiligten sich an den Aktionen und verpflichteten sich zum Verzicht auf Gewalt gegen Personen und Sachen. Auf den Straßen wurde verbotene Literatur verkauft, darunter Gandhis Schriften *Hind Swaraj* und *Sarvodaya*. Das Land war in Aufruhr. Unzählige Menschen wurden verhaftet und verurteilt.

Gandhi ließ sich eine weitere Widerstandsaktion einfallen, die Spinnrad-Kampagne. Auf Reisen durch das ganze Land rief Gandhi dazu auf, zu Hause Spinnräder zu benutzen und selbst Stoffe herzustellen. Die englischen

Stoffe sollten boykottiert werden. Gandhi selbst ging als gutes Beispiel voran. Er, der in jungen Jahren die Kleidung der Briten getragen hatte, trug als einziges Kleidungsstück nur noch einen Dhoti, der aus einem einzigen langen Stück Stoff, meist dünner Baumwolle, besteht, in der Taille zusammengeknotet und dann hosenartig um die Beine geschlungen wird. Jede freie Minute arbeitete Gandhi jetzt am Spinnrad, obwohl seine Frau immer behauptete, er habe zwei linke Hände. Die Spinnrad-Kampagne richtete sich gegen die Importe englischen Stoffes, verhalf aber auch den ärmeren Indern zu einem Nebenverdienst.

»Wir haben fast 700 000 Dörfer, von denen sich eine große Zahl in einem Zustand am Rande des Verhungerns befindet«, sagte Gandhi. Dies sei so, weil sie sechs Monate im Jahr keine Arbeit haben. Deshalb sei es notwendig, irgendeine zusätzliche Beschäftigung zu finden. »Eine solche Beschäftigung ist das Spinnen mit der Hand und dem Spinnrad.« Am 31. Juli 1921 eröffnete Gandhi die Kampagne zum Boykott ausländischer Textilien, indem er in Bombay ein riesiges Feuer mit Importkleidung entfachte. Er tat dies nicht aus Hass, sondern als Symbol für Indiens Entschlossenheit, die Fremdbestimmung abzuwerfen und auf eigenen Füßen zu stehen.

Gandhi legte seine Kopfbedeckung und sein Hemd ab. Er wusste, dass Millionen von Indern zu arm waren, um die ausländische Kleidung zu ersetzen. Sein Kopf wurde rasiert. Er wickelte sich ein Stück Khaddar, ein selbst gefärbtes Baumwolltuch, um seine Lende und trug dazu einen selbst gesponnenen Lendenschurz.

Gandhi machte das Spinnrad zum Symbol der indischen Unabhängigkeit. In dieser Kampagne war es ihm gelungen, das indische Volk auf einen friedlichen Weg des Widerstands zu führen. Auf seinen Vorschlag hin wurde auch eine neue Unabhängigkeits-Flagge entworfen: ein Spinnrad vor den Farben Weiß-Grün-Rot, die Friede, Reinheit und die Einheit aller Religionen in Indien symbolisierten.

Nun wurde den britischen Behörden Gandhis Treiben zu bunt. Am 10. März 1922 wurde er von der Polizei abgeführt. Am 18. März begann der historische Prozess in Ahmedabad. Der Angeklagte Mohandas Karamchand Gandhi, 53 Jahre alt, nach eigenen Angaben Bauer und Weber von Beruf, verteidigte sich selber und bekannte sich schuldig: »Ich halte es für eine Tugend, einer Regierung gegenüber illoyal zu sein, die Indien insgesamt mehr Schaden zugefügt hat als jedes andere Regierungssystem (...) Ich bitte nicht um Gnade. Ich bin hier, um die höchste Strafe zu erbitten und sie freudig anzunehmen, die mir für etwas auferlegt wird, was dem Gesetz nach ein vorsätzliches Verbrechen ist, das mir aber als die höchste Pflicht eines Staatsbürgers erscheint.« Gandhi wurde zu sechs Jahren Gefängnis verurteilt, am 5. Februar 1924 aber vorzeitig aus der Haft entlassen, offiziell aus gesundheitlichen Gründen. In Wahrheit aber deshalb, weil die Unruhen im Land auch ohne Gandhi immer weitergingen und auch immer gewalttätiger wurden. Die Engländer brauchten Gandhi, um der Gewalt wieder Herr zu werden.

Tatsächlich konnte Gandhi seine Landsleute auf den Pfad der Gewaltlosigkeit zurückführen. Aber der Kampf um die Unabhängigkeit ging unvermindert weiter und am 31. Dezember 1929 wurde eine im Wesentlichen von Gandhi formulierte Unabhängigkeitserklärung verabschiedet. Überall im Land leisteten große Menschenmengen feierlich das folgende Gelöbnis: »Wir glauben, daß es das unveräußerliche Recht des indischen wie jedes anderen Volkes ist, in Freiheit zu leben (...) Wir erachten es als ein Verbrechen gegen die Menschheit und gegen Gott, uns länger einer Herrschaft zu unterwerfen, die unserem Land Unglück bringt (...).«

Gandhi veröffentlichte ein 11-Punkte-Manifest, in dem das völlige Verbot von Alkohol, die Verringerung der Landsteuer und der Militärausgaben und die Abschaffung der Salzsteuer als die dringendsten Bedürfnisse des Volkes hervorgehoben wurden. »Außer Luft und Wasser ist Salz vielleicht die größte Notwendigkeit im Leben«, schrieb Gandhi.

Zum Erstaunen der britischen Regierung, die mit einer Kampagne zur Unabhängigkeit gerechnet hatte, kündigte Gandhi eine Kampagne gegen eine Kleinigkeit an: die Salzsteuer. Ursprünglich war diese Steuer eingeführt worden, weil die Schiffe, die Gewürze, Tee und andere Luxusgüter von Indien nach Großbritannien transportierten, nicht leer nach Indien zurückfuhren, sondern mit englischem Salz beladen wurden. Um dieses Salz in Indien verkaufen zu können, wurde einheimisches Salz durch die Salzsteuer verteuert. Obwohl zum Zeitpunkt der Ankündigung des Salzmarsches kaum noch englisches Salz eingeführt wurde, war die Steuer nicht abgeschafft worden. Sie hatte sich als sehr einträglich erwiesen. Für die Inder war sie jedoch fatal.

Gandhi versuchte der Regierung zu verdeutlichen, wie sehr das Volk unter der Steuer litt. Ein Arbeiter musste drei Tage arbeiten, nur um die Salzsteuer aufbringen zu können.

Ein Zugeständnis in Form der Abschaffung dieser Steuer wäre den Briten möglich gewesen, ohne dabei das Gesicht zu verlieren. Auch die finanziellen Einbußen hätten sie verkraften können.

Aber sie lehnten ab, vermutlich in völliger Fehleinschätzung der Lage. Sie werden gedacht haben: Wenn die Inder sich wegen einer Lächerlichkeit wie der Salzsteuer engagieren, dann trauen sie sich offensichtlich mehr nicht zu, dann fehlt für größere Ziele die Kraft. Und dann haben sie sich möglicherweise heimlich schon damit abgefunden, dass sie ihre Unabhängigkeit nie erlangen werden. Noch immer hatten die Briten nicht verstanden, wie Gandhi denkt.

Und so sahen sie gelassen zu, wie Gandhi am 11. März 1930 in Ahmedabad zu seinem berühmt gewordenen Salzmarsch aufbrach. Begleitet von seinen Freunden und Schülern legte er unter der Beobachtung durch die internationale Presse in 24 Tagen 385 km zurück. Die Menschen jubelten ihm auf seinem Weg in Massen zu, schlossen sich dem Zug an und strebten dem Meer entgegen. Jetzt erst wurden die Briten nervös. Und sie wurden es umso mehr, je länger der Marsch dauerte und je mehr Menschen mit Gandhi zogen. Nun konnten sie aber nicht mehr einschreiten.

Der 61-jährige Gandhi marschierte mit schnellen und sicheren Schritten an der Spitze der Prozession, voller Überzeugung von der Gerechtigkeit des Kampfes und voller Vertrauen auf den Erfolg der Kampagne. Täglich wurden etwa 10 Meilen zurückgelegt. Unterwegs sprach er über die vertrauten Themen: den Verzicht auf Alkohol, die Abschaffung der Kinderheirat, das Spinnen von Khadi, über den Wert der Handarbeit, die Pflicht zum Ungehorsam. Auch für die Kastenlosen setzte er sich ein, die er als Gotteskinder bezeichnete.

Im April 1930 erreichte Gandhi sein Ziel, die Stadt Dandi am arabischen Meer. Am nächsten Tag nahm er ein Bad im Meer, bevor er den vielen Menschen, die sich am Strand um ihn versammelt hatten, den eigentlichen Zweck dieser Aktion erklärte. Er hob Salz auf, das sich am Strand abgesetzt hatte, und erklärte, dass auf diese Art kostenlos Salz gewonnen werden könne. In den folgenden Tagen entwickelte sich schnell ein illegaler Handel mit Salz am Strand. Englisches Salz wurde boykottiert. Der Boykott weitete sich schnell auf andere Güter aus.

Agitation und ziviler Ungehorsam verbreiteten sich über das ganze Land. Indien revoltierte. Die Polizei führte Massenverhaftungen durch. Salzpfannen wurden mit Gewalt zerstört, die Menschen brutal verjagt. 60000 politische Gefangene füllten die Gefängnisse, und doch blieb das Volk friedlich und bereit, die Kampagne fortzusetzen.

Die Engländer griffen zu dem Mittel, zu dem sie immer griffen, wenn ihnen nichts mehr einfiel. Sie verhafteten Gandhi und viele seiner Mitstreiter. Die Bewegung aber ging weiter.

Am 29. Mai 1930 marschierte eine Menschenkette von *Satyagrahis* zum Salzbergwerk Dharasana, um es friedlich zu besetzen. Das Bergwerk wurde von Polizisten bewacht. Die Inder marschierten langsam auf die Bewacher zu. Als die erste Reihe in Reichweite vor den Polizisten stand, schlugen diese mit ihren Knüppeln zu. Die Männer sanken schwer verletzt zu Boden. Einige starben. Die Frauen schleppten sie zur Seite und verarzteten sie. Daraufhin bewegte sich die nächste Reihe Männer vor. Die Szene wiederholte sich – Reihe um Reihe. Einer nach dem anderen ging wehrlos und blutüberströmt zu Boden.

Die Engländer hatten ihr Salzbergwerk erfolgreich verteidigt.

Und ihr Ansehen in der Welt verloren.

Die internationale Presse hatte zugeschaut. Ihre Berichte gingen um die Welt. Es war der Anfang vom Ende der britischen Herrschaft in Indien.

»Indien ist frei«, telegrafierte ein englischer Journalist in die Heimat. Er hatte das metaphorisch gemeint: Wer so kämpft, wie diese Männer gekämpft haben, die mutig in die Polizeiknüppel marschierten, der ist durch keine Macht der Welt mehr zu beherrschen. Es hat dann noch 17 Jahre gedauert, bis Indien auch rechtlich frei und von England 1947 in die Unabhängigkeit entlassen wurde. 190 Jahre britischer Herrschaft über Indien waren vorbei. Gandhi pries den britischen Rückzug als »die ehrenwerteste Tat der britischen Nation«.

Danach passierte, was oft passiert, wenn ein lange unterdrücktes Volk quasi über Nacht in die Freiheit entlassen wird: Es kann mit seiner erkämpften Freiheit nicht umgehen, muss das Leben in Freiheit erst erlernen. So war es auch in Indien. Dort existierten unter der englischen Herrschaft zwei Religionen – Hindus und Moslems – scheinbar friedlich nebeneinander. Aber nach dem Abzug der englischen Truppen war es mit diesem Frieden vorbei. Die beiden Religionsgruppen fielen übereinander her und schlachteten sich gegenseitig ab. Große Regionen wurden von Unruhen heimgesucht. Minderheiten wurden tyrannisiert und verfolgt.

Gandhi versuchte verzweifelt, die beiden Gruppen zur Vernunft zu bringen. Er fastete sich fast zu Tode, erreichte damit auch einen Waffenstillstand, aber nur in Kalkutta und auch dort nur vorübergehend. Es gab keine andere Lösung mehr als die Teilung des Landes in ein hinduistisches Indien und ein muslimisches Pakistan. Diese Teilung verursachte eine der größten Massenfluchten der Geschichte. Sie machte über 26 Millionen Menschen heimatlos und kostete über zwei Millionen das Leben. Bis heute sind die beiden Staaten miteinander verfeindet und haben ihre Atomwaffen aufeinandergerichtet.

Gandhi kämpfte bis zuletzt für eine Versöhnung und dafür wurde er von den Fanatikern beider Religionen gehasst. Am 30. Januar 1948 wurde Gandhi vom nationalistischen Hindu Nathuram Godse erschossen.

Sein großes Ziel der indischen Unabhängigkeit hatte Gandhi erreicht. Von seinem viel ehrgeizigeren Ziel aber, einem Indien, »in dem auch die Ärmsten das Gefühl haben, daß es ihr Land ist, dessen Gestaltung sie tatsächlich und wirkungsvoll mitbestimmen können, ein Indien, in dem es keine obere und keine untere Klasse gibt, ein Indien, in dem alle Glaubensgemeinschaften in vollkommener Harmonie leben«, war er Lichtjahre entfernt, als er starb.

Gandhi war ein religiöser Mensch, der einen von religiösem Geist geführten Staat wollte. Ihm schwebte die Vision eines einzigartigen Landes voller Spiritualität vor, das sich von allen anderen Ländern unterscheidet. Aber Indien wollte sein wie die anderen Länder. Gandhis Vision endete in einer säkularen, kapitalistischen Wirtschaftsmacht und entfernt sich seit Gandhis Tod bis heute immer weiter von seinem Nationalheiligen.

Dieser war ein vehementer Gegner der Moderne und Technik, zog den Bleistift der Schreibmaschine vor, das Lendentuch dem Geschäftsanzug, den gepflügten Acker den Rauch speienden Fabriken. Sein Freund und Schüler Jawaharlal Nehru aber hat als Regierungs-Chef voll auf Wirtschaft und Technik gesetzt und Indien in die Moderne geführt.

Ein ehemaliger Generalgouverneur im unabhängigen Indien urteilte einmal über sein Land, das sich heute auf der Überholspur zum Kapitalismus be-findet: »Der Glanz der modernen Technik, des Geldes und der Macht ist so verführerisch, daß niemand – ich betone, niemand – ihm widerstehen kann. Die wenigen Gandhianer, die immer noch an ein einfaches Leben in einer ein-fachen Gesellschaft glauben, sind meistens Spinner.«

Daher erweckt die Erinnerung an Gandhi im heutigen Indien bei vielen eher unangenehme Gefühle. Um sich von ihm zu befreien, neigt man heute im mo-dernen Indien dazu, den Nationalheiligen von seinem Podest zu holen, seine Leistung für Indien zu relativieren und ihn kleinzureden. Da heißt es dann, sein Beitrag für die Befreiung Indiens sei gar nicht so groß gewesen. Zur Un-abhängigkeit wäre es früher oder später auch ohne Gandhi gekommen, weil England nach dem Zweiten Weltkrieg gar nicht mehr in der Lage gewesen wäre, sich in Indien zu behaupten. Nicht Gandhi habe Indien die Unabhängig-keit gebracht, sondern Hitler. Nicht Gandhis Hungerstreiks und Fastenaktio-nen hätten England geschwächt, sondern Hitlers Krieg.

Gandhi wäre heute sehr wahrscheinlich ein scharfer Kritiker des Indian way of life. Die Inder wissen das oder ahnen es zumindest, daher kritteln sie an Gandhi herum, suchen nach Fehlern, Schwächen, Widersprüchen und wer-den fündig, wenn sie über sein Konzept des passiven Widerstands urteilen. Gandhi habe im Alter selber eingesehen, dass sein gewaltfreier Kampf nur gegen die Engländer funktionieren konnte, gegen Hitler aber nicht funktio-niert hätte.

Gern wird auch die Dichterin Sarojini Naidu zitiert, die einmal gesagt hat: »Es kostet das Land ein Vermögen, Gandhi ein Leben in Armut zu ermögli-chen.« Tatsächlich hatte Gandhi vom Geld seiner Anhänger gelebt. Reiche Förderer des Mahatma bezahlten ihm und seiner wachsenden Anhänger-schaft das experimentelle Leben im Aschram, der sich allein finanziell nicht hätte tragen können. Und ohne die großzügige Unterstützung von milliar-denschweren Industriellen wie Ghanshyam Das Birla hätte der Prediger des einfachen dörflichen Lebens nur schwer seinen Aschram betreiben können.

Und war er nicht auch wahnsinnig autoritär und dogmatisch, manchmal geradezu verbohrt? Gandhi fühlte sich wohl in der Rolle des spirituellen Meis-ters, der sich auf seiner kleinen Aschram-Insel mit Jüngern umgab, die ihn nie kritisierten. Jawaharlal Nehru, kein Jünger, aber ein Freund, sagte, man habe bei Gandhi oft das Gefühl gehabt, gegen eine Wand zu reden. Gandhi sei so fest von seinen eigenen Auffassungen überzeugt, dass ihm alles andere als unwichtig erscheine.

Aber macht solch berechtigte Kritik den Mahatma wirklich kleiner?

Gandhi war, ist und bleibt uns fremd. Man kann gut verstehen, dass die Realisten dieser Welt ihn mitleidig grinsend als Spinner bezeichnen. Aber wie viel Spinnerei oder Realismus liegt eigentlich in der Vorstellung, dieser Planet hielte es aus, den american way of life auf die ganze Menschheit auszudehnen? Wenn sich jeder Einzelne der 2,3 Milliarden Inder und Chinesen anschickt, künftig genauso viel Energie, Rohstoffe und Nahrungsmittel zu verbrauchen wie der einzelne Durchschnittseuropäer und -amerikaner, dann lässt sich heute schon errechnen, wann der letzte Mensch von diesem Planeten verschwunden sein wird.

Ihr müsst euer Leben ändern, hat dieser Gandhi den Asiaten, Europäern und Amerikanern gepredigt. Sie werden es wohl erst tun, wenn sie durch katastrophale Ereignisse dazu gezwungen werden. Dann wird man Gandhi als einen der wenigen Realisten verehren, den die Menschheit hervorgebracht hat.

Wangari Maathai

Ein Bauernmädchen setzt sich durch

* 1940 in Kenia ❁ 1964 Biologiestudium am Mount St. Scholastica College in den USA ❁ 1966 Masterstudium der Biowissenschaften an der Universität von Pittsburgh ❁ 1971 Promotion in Anatomie an der Universität von Nairobi – erste Kenianerin mit Doktortitel ❁ 1976/1977 Lehrstuhl und Dozentenstelle in der Abteilung für Veterinär-Anatomie ❁ 1976–1987 Mitarbeit, teilweise im Vorsitz, im »Nationalen Frauenrat von Kenia« ❁ 1986 Gründung des »African Green Belt Movement« ❁ 2002 Wahl ins kenianische Parlament und zur stellvertretenden Ministerin für Umweltschutz ❁ 2004 Nobelpreis für das »African Green Belt Network« ❁ 2005 wird Maathai vom *Time magazine* unter die 100 einflussreichsten Menschen der Welt gewählt und erhält weltweit Ehrendoktortitel von verschiedenen Institutionen

Jeder ist seines Glückes Schmied. Fast alle Glücklichen und Erfolgreichen behaupten das. Sie sehen den Grund ihres Erfolgs vor allem in sich selbst, in ihrem eigenen Fleiß, ihrer eigenen Tüchtigkeit und ihrer eigenen Genialität. Natürlich, so viel geben sie zu, bedürfen auch sie jenes Quäntchen Glücks, ohne das der Erfolg nicht zu haben ist. Aber selbst dieses letzte Quäntchen rechnen sie sich dann auch noch als eigenes Verdienst an, denn hier handelt es sich eben um das verdiente, ihnen eigene »Glück des Tüchtigen«.

Aber woher kommt denn all dies »Eigene«? Es kommt vom Elternhaus, von den ererbten Genen, von den Verwandten und Bekannten, Geschwistern, Sandkastenfreundschaften, Kinderfrauen, Tagesmüttern, Erzieherinnen, Lehrern, Pfarrern, Mitschülern, Professoren, Freunden und Feinden. Es kommt von den Büchern, die man gelesen, und von den Filmen, die man gesehen hat, von der Zeitungslektüre und von tausend anderen Einflüssen, die sich untereinander wechselseitig und auf oft undurchschaubare Weise beeinflussen. Denn welche Bücher man liest, ob man überhaupt liest und welche Filme man sich ansieht, ob man in Konzerte geht oder ins Theater, ist schon wieder ein Ergebnis der Vorgeschichte, auf die man keinen Einfluss hat. Es ist eine Folge der Förderung, die einem als Kind oder Jugendlicher zuteilwurde oder nicht zuteilwurde. Das »Eigene« – es ist zum größten Teil Verliehenes, Geschenktes, Zugefallenes, Zufälliges oder zufällig Unterbliebenes, Verhindertes.

Was aus einem wird, das hängt zu einem geringeren Teil von einem selber ab, als viele denken. Viel entscheidender ist, ob einer in einem Dorf in Kenia geboren wurde oder in einer Villa in München-Grünwald, an der Hamburger Elbchaussee oder im gegenüberliegenden Wilhelmsburg. Und die 35 Kilometer Distanz zwischen Hof und Plauen haben für die dort zwischen 1945 und 1990 Geborenen völlig verschiedene Biografien ergeben, denn zwischen diesen beiden Städten verlief während dieser 45 Jahre der Eiserne Vorhang.

Noch bevor wir also beginnen können, unser Schicksal selbst in die Hand zu nehmen, sind schon wesentliche, schicksalsbestimmende Entscheidungen gefallen. Allein dadurch, dass der eine sein Glück in einem Land suchen darf, das von Demokraten regiert wird, während der andere es unter den Bedingungen einer Diktatur suchen muss. Und es macht noch einmal einen Unterschied, ob man gestern, vor zwanzig oder vierzig Jahren mit dieser Suche begann, ob man es im Krieg tut oder im Frieden, mit weißer Hautfarbe und männlichem Geschlecht oder als Frau mit schwarzer Haut, und schließlich: ob man als Kind geliebt wurde oder gehasst oder einfach nicht beachtet, ob man eine robuste körperliche und seelische Konstitution mitbekommen hat oder eine schwache.

Es muss viel zusammenkommen, bis man von einem Leben sagen kann, es stehe unter einem glücklichen Stern. Und selten kommt in einem einzigen Leben alles zusammen, was nötig ist. Das Glück, das wir durch eigene Anstrengung zu schmieden versuchen, ist, wenn es gelingt, immer ein brüchiges, von vielen Seiten gefährdetes und darum häufig nur flüchtiges Glück. Schon morgen kann es durch einen Unfall, eine Krankheit, eine Scheidung oder durch plötzlichen Tod damit vorbei sein. Und manchmal erweisen sich solche gemeinhin als Schicksalsschläge empfundene Katastrophen im Nachhinein als heilsam, ja vielleicht als Wende in einen glücklicheren Lebensabschnitt.

Wenn es aber so ist, dass Zufälle unser Schicksal stärker bestimmen als wir selbst, dann haben die von den Zufällen Begünstigten allen Grund, nicht allzu stolz die eigenen Verdienste hervorzukehren und daraus für sich das Recht auf die größten Stücke vom Kuchen abzuleiten. Die vom Schicksal Begünstigten sollten dankbar sein für ihr Glück und weniger Begünstigte an ihrem Glück teilhaben lassen. Auch wenn sie teilen, wird ihr verbleibendes Stück Kuchen immer noch größer sein als das Durchschnittsstück. Dass manches Stück an Schmarotzer abfällt, ist leichter zu ertragen als eine Gesellschaft, in der aus lauter Angst vor Schmarotzern auch die wirklich Bedürftigen nicht mehr kriegen, was sie zum Leben brauchen.

In der Regel aber läuft es anders. In der Regel nimmt sich der Starke das größere Stück, weil er denkt, es stehe ihm zu. In der Regel rechnet sich der Starke sein Glück als eigenes Verdienst an und kommt daher nicht auf die Idee, dankbar zu sein, an die weniger Glücklichen zu denken und den anderen etwas zurückzugeben.

Manchmal aber, gewiss selten, doch immer wieder, werden die Regeln durchbrochen. Meistens passiert dann etwas Neues, Überraschendes. Da wird dann etwa im Jahr 1940 ein Mädchen im Hochland von Kenia geboren. Seine Eltern nennen es Wangari, und nichts deutet darauf hin, dass dieses Mädchen einmal ein wesentlich anderes Leben führen wird als seine Eltern und Geschwister. Aber dann kommen zufällig ein paar wenige, aber entscheidende Dinge zusammen, und aus dem Mädchen wird Wangari Maathai, die erste Afrikanerin, die promoviert (1966), die erste Frau, die ein wissenschaftliches Institut einer afrikanischen Universität leitet (Nairobi), die erste Frau, die es als stellvertretende kenianische Ministerin für Umwelt in die Regierung schafft. Aufgewachsen in einer Hütte ohne Strom, ohne Wasseranschluss und überhaupt fast ohne jegliche Technik, entwickelt sie sich zu einer weltweit bekannten Umwelt-Aktivistin, der im Alter von 64 Jahren als erster Afrikanerin der Friedensnobelpreis verliehen wird.

Ihre Eltern gehören zum Stamm der Kibuyu, sind Bauern, züchten Ziegen, Schafe und Rinder auf wenig Land, denn das meiste Land gehört den weißen

Siedlern aus England. Kenia ist zu der Zeit Teil des britischen Empire und wird von London aus regiert.

Das Land um ihr Dorf Ihithe ist üppig, grün und fruchtbar. Im Norden erblickt Wangari den über fünftausend Meter hohen Mount Kenya, den zweithöchsten Berg Afrikas, der sich eis- und schneebedeckt direkt über den Äquator erhebt. Ihre Eltern sind schon europäisch gekleidet, aber ihr Großvater, an dessen Gesicht sie sich kaum noch erinnert, hat sich ihr mit seiner ganz anderen Kleidung tief eingeprägt. Er trug ein Ziegenfell und eine bis zum Boden schleifende Decke um die Schulter.

Zu ihrem Vater wird Wangari nie eine richtige Beziehung aufbauen, denn erstens hat er noch andere Frauen und andere Kinder, zweitens ist für Mädchen sowieso die Mutter zuständig und drittens ist der Vater selten da. Er muss, wie viele Männer seiner Generation, weit weg von seinem Dorf auf der Farm eines weißen Siedlers für wenig Geld viel arbeiten, um von dem hart erarbeiteten Geld die Steuern bezahlen zu können, die vom britischen Staat eingetrieben werden.

Wangaris Vater arbeitet im 150 Kilometer entfernten Nakuru, der Hauptstadt der kenianischen Provinz Rift Valley, und ist, wie Wangari später sagen wird, so etwas Ähnliches wie ein »besserer Sklave«. Später zieht sie mit ihrer Mutter auch dorthin. Sie bekommt aber trotzdem ihren Vater nur selten zu sehen, denn seine Zeit wird im Wesentlichen von Mr Neylan beansprucht, dem weißen Farmer, und er muss sich noch um seine anderen Frauen und Kinder kümmern.

Für solch ein 1940 geborenes schwarzafrikanisches Halbsklaven-Mädchen gab es eigentlich nur ein Standard-Schicksal: Es hilft seiner Mutter bei der Arbeit, heiratet einen Mann aus dem Dorf oder Nachbardorf, kriegt Kinder, gehorcht dem Ehemann, der noch andere Frauen hat, arbeitet hart und viel, führt ein karges Leben. Und wenn es großes Glück hat, wird es alt, ohne Opfer einer Gewalttat zu werden.

Vielleicht war der erste glückliche Umstand, dass es in Wangaris Fall ganz anders kam. In ihrer Hütte fehlte die Technik: kein Fernsehen, kein Radio. Das Kind musste den Erwachsenengesprächen lauschen oder den Geschichten zuhören, die ihm erzählt wurden: Klatschgeschichten, Familiengeschichten, aber auch Märchen und Sagen. Es musste sich diese Geschichten mit seiner Fantasie selbst bebildern, musste sich den roten Faden einer Geschichte selbst erarbeiten und sich, wenn es die Fortsetzung hörte, an die vorausgegangenen Episoden erinnern.

Das Kind war viel mit seiner Mutter zusammen, hat mit ihr geredet, ihr zugehört, ihr bei der Arbeit geholfen, hat gelernt, sich bei der Arbeit auf die verschiedenen Aufgaben zu konzentrieren. Es war viel in der Natur, hatte sein eigenes Beet, das es sorgfältig bepflanzte, beobachtete, pflegte und daraus erntete. Und wenn es mal allein war und Langeweile hatte, musste es entweder die Langeweile aushalten, tagträumen oder sich etwas einfallen lassen. Oder es hat anderen Kindern die Geschichten erzählt, die es von den Erwachsenen aufgeschnappt hatte. So konnte sich in Wangaris Kopf ein lernfähiges Gehirn entwickeln.

Erwachsenengesprächen zu lauschen ist heute vielen Kindern in Deutschland und Europa fast nicht mehr möglich, denn die Großeltern und Verwandten wohnen meistens weit weg, die Eltern sind tagsüber im Büro, und die Verwandtschaft kommt selten zusammen. Früher gab es viele Kinder und man musste nur auf die Straße gehen, um sie zu treffen. Heute gibt es weniger Kinder, die weit entfernt voneinander über die Stadt verstreut wohnen, und auf den Straßen rollt der Verkehr.

In die Natur kommen heutige Kinder seltener. Vielen von ihnen werden keine Geschichten mehr erzählt und vorgelesen. Wenn sie Langeweile haben, schalten sie stumm den Fernseher ein oder den Computer oder die Videospielkonsole. Oder sie stöpseln sich die Ohren mit ihren iPods zu. Tagsüber haben sie kaum jemanden, mit dem sie reden können, und abends wird auch kaum geredet, da verteilt sich die Familie auf verschiedene Räume, wo sich jeder sein eigenes Fernsehprogramm reinzieht. In der Schule haben diese Kinder große Probleme, dem Unterricht zu folgen, weil sie sich nicht konzentrieren können, weil sie in ihrer Sprachentwicklung gestört sind und weil sie nicht lesen.

So gesehen war es für Wangari wahrscheinlich ein großer Vorteil, in einem armen Land ohne Strom und ohne Technik aufzuwachsen, in einem Land, das man in unserem Sprachgebrauch gemeinhin als »unterentwickelt« bezeichnet. Ganz gewiss aber war es für sie ein glücklicher Umstand, dass ihre Eltern Christen waren. Weiße Missionare gab es zwar schon lange im Land, aber nicht alle haben sich taufen lassen. Die aber, die Christen wurden, haben zumindest ihre Jungen zur Schule geschickt. Solche Familien zählten in Kenia zu den Athomi, »Menschen, die lesen«. Bei Wangari hielt es eigentlich niemand für nötig, sie auf die Schule zu schicken. Sie war ja nur ein Mädchen. Aber als ihr etwas älterer Bruder beiläufig fragte, warum eigentlich Wangari nicht in die Schule geht, fragte sich ihre Mutter: Ja, warum eigentlich nicht?

Sie fand keinen richtigen Grund, und so wurde Wangari auf eine von Presbytern betriebene Schule geschickt, in die schon einige ihrer Brüder und Cousins gingen. Sie musste dafür ihr Dorf und ihre Mutter verlassen, denn diese Schule befand sich an einem Ort, der zu weit weg war, um ihn täglich zu Fuß erreichen zu können. Also zog sie zu ihrem Onkel, bei dem schon zwei ihrer Brüder und mehrere Cousins aus demselben Grund untergebracht waren. Die Familie hielt zusammen. Es war selbstverständlich, dass man einander half und beieinander wohnte, wenn es nötig war.

Bis heute ist sich Wangari Maathai ihres außerordentlichen Glücks bewusst. Denn dass man ein Mädchen in die Schule schickte, war keineswegs selbstverständlich, zumal die Familie auch Schulgeld bezahlen musste. »Meine Mutter hätte auch sagen können: Wir haben nicht das Geld, außerdem brauche ich sie zu Hause. Wozu sollte ein Mädchen in die Schule gehen?« Sie habe sich oft gefragt, was wohl aus ihr geworden wäre, wenn ihre Familie anders entschieden hätte.

Und ihre Familie hatte nicht nur entschieden, dass sie die Grundschule absolviert, sondern hat sie danach auf ein katholisches Internat geschickt und anschließend auf eine von irischen Nonnen geleitete Highschool. Das war 1956, also zu einer Zeit, als in Deutschland noch viele Eltern sagten: Wozu braucht das Mädchen Abitur oder eine Berufsausbildung, sie heiratet ja doch und wird sich dann um den Haushalt und die Kinder kümmern.

Wangari war damals 16 Jahre alt, eine sehr gute Schülerin, und als sie drei Jahre später, also 1959, die Highschool als Klassenbeste verließ, hatte sie noch einmal ungeheures Glück. Einen günstigeren Zeitpunkt für ihren Highschool-Abschluss hätte ihr das Schicksal gar nicht bescheren können, denn Kenia war, wie viele andere afrikanische Kolonien auch, auf dem Weg in die Unabhängigkeit. Das Land brauchte daher schon bald qualifiziertes eigenes Personal für die Posten, welche bisher die Engländer besetzt hielten. 1957 hatten die ersten Wahlen stattgefunden. Die Kenya African National Union (KANU) unter Jomo Kenyatta bildete die erste Regierung. Diese hatte bereits ihre Fühler nach Amerika ausgestreckt, um zu erkunden, ob es in den USA eventuell Studienplätze für junge Kenianer gäbe.

Und es gab sie. Auch für Wangari. So verließ sie 1960 ihr Land, um in den USA Biologie zu studieren und eine ganz andere Welt kennenzulernen. Und das zu einer Zeit, da die USA noch rassistisch, aber schon auf dem Weg der Veränderung waren. Bald sollte der junge charismatische John F. Kennedy zum Präsidenten gewählt werden und für Aufbruchstimmung sorgen. Martin Luther King führte die Bürgerrechtsbewegung an. Und als Wangari nach fünfeinhalb Jahren die USA wieder verließ, hatte sie dort gerade noch die Anfänge einer weiteren Freiheitsbewegung mitbekommen: die der Frauen.

Nach Kenia kehrte daher eine vor Selbstbewusstsein strotzende 26-jährige Frau zurück, die von sich sagte, Amerika habe sie »zu der Person gemacht, die sie heute ist. Das Land hat mich gelehrt, keine Gelegenheit ungenutzt verstreichen zu lassen und das Mögliche zu tun – und dass es viel zu tun gibt. Der Geist der Freiheit und die Überzeugung, dass vieles möglich ist, die Amerika in mir genährt hatte, weckten den Wunsch, dasselbe in Kenia zu bewirken.« Selbstsicher, voller Optimismus, aber sich auch ihres großen Glücks bewusst und darum dankbar, definierte sie ihr Ziel für Kenia: »hart arbeiten, den Armen helfen und mich um die Schwachen und Schutzlosen kümmern.« Aber natürlich war auch klar, dass sie »an einer Universität lehren und weitergeben wollte«, was sie über Biologie gelernt hatte. Und: »Ich wollte meine Familie wiedersehen und eine eigene Familie gründen.«

Und dann machte die Frau, bei der es in den ersten zweieinhalb Lebensjahrzehnten lief wie geschmiert, die gedacht hatte, dass es immer nur aufwärtsgehen und sie das Land im Sturm erobern würde, die Erfahrung, dass alles viel schwieriger ist, als sich das eine junge, vorwärtsstürmende, frischgebackene Uni-Absolventin vorstellen konnte. Schlimmer noch: Sie machte die Erfahrung, dass es nach dem Abzug der Engländer eher schlechter als besser wurde. Sie ahnte nicht, dass sie einen Jahrzehnte währenden Kampf durchzustehen haben würde, dass ihr viele Niederlagen und Demütigungen, auch privater Natur, bevorstanden und wenige Erfolge. Und doch hatte sie unwahrscheinliches Glück.

Wäre Wangari Maathai nicht 1940, sondern im heutigen Kenia geboren worden, stünde ihr jetzt ein völlig anderes Leben bevor. Ihre Chancen auf eine gute Schulausbildung, gar ein Studium in Europa oder in den USA wären heute deutlich geringer, als sie es vor vier bis sechs Jahrzehnten waren. Vielleicht wäre sie heute ein Flüchtling im eigenen Land. Im Januar 2008 lebten etwa 300000 Kenianer in Flüchtlingslagern. Noch einmal so viele Männer, Frauen und Kinder hatten bei Verwandten oder anderswo Unterschlupf gefunden. In Wangaris Heimat rund um den Mount Kenya haben rund 60000 Menschen wegen bürgerkriegsähnlicher Zustände ihr Heim verloren. Insgesamt etwa 1500 Tote waren zu beklagen. Das Morden in Nakuru, der Hauptstadt der kenianischen Provinz Rift Valley, hatte die Leute nach Süden in Richtung Limuru und Nairobi fliehen lassen. Vielleicht wäre Wangari also auch schon tot oder von ihren Eltern getrennt, verschleppt, misshandelt, vergewaltigt, ins Ausland entführt, als Kindersoldatin benutzt worden - Kinderschicksale, die durchaus nicht ungewöhnlich sind im heutigen Afrika.

In der Hauptstadt Nairobi, die grün, gepflegt, voller Parks und frei von Armut und Kriminalität war, als Wangari 1966 dort an der Universität in den Beruf startete, fressen sich heute die Slums in die Stadt. Die Bäume sind abgeholzt, die Parks verwüstet, die Stadt ist nicht mehr grün und gepflegt, sondern braun und verwildert, und es gibt Viertel, in die sich kein Polizist traut. Die Slums von Nairobi sind Brutstätten ethnischer Gewalt.

Wie konnte es dazu kommen? Was ist schiefgelaufen in Kenia? Die Antworten auf diese Frage schälten sich für Wangari im Verlauf der nächsten Jahrzehnte immer deutlicher heraus. Sie fand sie nicht durch Lektüre oder Forschung, nein, die Antworten widerfuhren ihr. Sie erfuhr sie am eigenen Leib, und das erste Erlebnis dieser Art hatte sie gleich nach ihrer Rückkehr aus Amerika, als sie frohgemut die Universität von Nairobi betrat, um dort ihren ersten Job anzutreten.

Der Job war weg. Wie das? Sie hatte doch noch in den USA einen Brief von dem Zoologieprofessor erhalten, dem sie jetzt gegenübersitzt und der ihr nun ungerührt mitteilt, dass er die zugesagte Stelle mittlerweile schon mit jemand anderem besetzt hat.

Sie geht zum Vorgesetzten des Professors, beschwert sich, besteht auf der Einhaltung des schriftlich Zugesagten. Diese Zusage zähle nicht, sagt der Vorgesetzte, weil »der Professor den Brief auf Papier mit dem Briefkopf des Fachbereichs für Zoologie geschrieben hat und nicht auf dem des Rektorats, und weil er handschriftlich verfasst ist, ist er nicht offiziell«.

Später erahnt sie den typischen Grund für diese unglaublich faule Ausrede: Sie hat das falsche Geschlecht und gehört zur falschen Volksgruppe. Wangaris Stelle hat ein Mann bekommen, der zum selben Stamm gehört wie der Professor. Kenia war damals und ist noch heute eine patriarchale Kultur. Und obendrein ein Vielvölkerstaat. Die Grenzen dieses Staates wurden von den Engländern gezogen. Dass innerhalb dieser Grenzen 45 Volksgruppen leben, hat die Kolonialmacht nie interessiert. Die meisten der Probleme, die dieses Land hat, sind auf diese beiden Faktoren – Patriarchat und 45 Volksgruppen – zurückzuführen. Wangari Maathai war damit praktisch während ihres ganzen weiteren Lebens immer wieder konfrontiert.

Wangari Maathai ist jedoch, wie sich jetzt herausstellt, eine Frau, die sich nicht so schnell entmutigen lässt, die nicht resigniert, nie aufgibt und darum jetzt einfach versucht, einen Job zu bekommen. Nach mehreren Monaten findet sie ihn, bei einem Deutschen. Der Gießener Professor Reinhold Hofmann, der nach Nairobi gekommen war, um am Institut für Veterinärmedizin einen Fachbereich Veterinäranatomie zu gründen, suchte einen Assistenten, der genau das können sollte, was Wangari in den USA beim Biologiestudium besonders gut gelernt hatte: Gewebeaufbereitung und Mikroskopie.

So bekam sie also doch noch eine Stelle an der Universität Nairobi. Ihr Arbeitsplatz war nur durch einen Hof von den Räumen getrennt, in denen sie gearbeitet hätte, wenn sie die ursprünglich versprochene Stelle bekommen hätte. So konnte sie durch ihr Fenster die Menschen beobachten, die ihre Kollegen geworden wären. Und sie fragte sich abermals: Wie wohl mein Leben verlaufen wäre, wenn sich der Zoologieprofessor ehrlich und fair verhalten hätte?

Jedenfalls wäre sie dann kaum nach Deutschland gekommen. Jetzt aber erwartete der Gießener Professor in Kürze eine Reihe von Elektronenmikroskopen und schickte deshalb seine Assistentin nach Gießen. Sie sollte dort erstens ihr Wissen über Elektronenmikroskopie vertiefen und zweitens ihre Promotion fortsetzen. Und da traf es sich gut, dass Wangari an der Highschool Deutsch gelernt hatte.

Während ihres Aufenthalts in Gießen lernte sie dann München kennen. Offiziell war sie zwar an der Universität Gießen eingeschrieben und dort wohnte sie auch. Aber wegen der Dissertation und der Elektronenmikroskopie haben die Gießener sie häufig nach München geschickt, sodass sie von ihren zwanzig Monaten Deutschland mehr Zeit in München als in Gießen verbracht hatte.

Dass man in München ein teilweise sehr schwer verständliches Deutsch sprach, war das eine, was sie von dort als Erkenntnis mit nach Hause nahm. Das andere war die überraschende Entdeckung, dass die Bayern ihre ethnischen Eigenheiten sehr gut mit dem Katholizismus zu verbinden wissen. Diese Durchdringung des Katholischen mit dem Bayerischen ist nicht einfach nur erlaubt, sondern wird so selbstverständlich praktiziert, dass ihnen das Ungewöhnliche dieser Verbindung gar nicht bewusst ist. Es erscheint ihnen als so natürlich, dass sie denken, der Katholizismus sei eben so, müsse so sein, und etwas anderes wäre kein Katholizismus mehr.

Dagegen hatten die weißen Missionare in Afrika, egal, welcher Konfession sie angehörten, streng darauf geachtet, dass die Afrikaner ihren katholischen Glauben nicht mit den »heidnischen Elementen« ihrer Traditionen »verunreinigten«. So sei die afrikanische Kultur »rücksichtslos zerstört worden unter dem Vorwand, ihre und die christlichen Werte seien unvereinbar«. Aber wenigstens hat, wie man an dieser Beobachtung sieht, die christliche Erziehung Wangaris einen kritischen Geist aus ihr gemacht.

Wieder aus Deutschland zurück, widmete sie sich neben ihrer Doktorarbeit dem zweiten wichtigen Projekt ihres Lebens, das sie ebenfalls schon vor ihrem deutschen Gastspiel begonnen hatte: heiraten und eine Familie gründen. Den Mann dazu hatte sie schon vor ihrer Abreise gefunden und der war über die deutschlandbedingte Verzögerung des gemeinsamen Projektes gar nicht glücklich.

Dafür ging es jetzt umso schneller. Wangari heiratete im Mai 1969 Mwangi Mathai, den sie drei Jahre zuvor kennengelernt hatte. »Er war ein guter Mensch, recht gläubig, und sah gut aus.« Er hatte in Amerika studiert und in Kenia für mehrere Unternehmen gearbeitet, bevor er in die Politik wechselte.

So zielstrebig, wie Mwangi an seiner Ehe arbeitete, so zielstrebig arbeitete er an seiner Karriere als Politiker. Eben dafür brauchte er eine Frau, die man im Wahlkampf präsentieren konnte. Wangari war sehr überrascht, als sie kapierte, dass sie ein fest eingeplanter Teil seines Wahlkampfs war. Das hatte für sie den Nachteil, dass sie einen Teil ihrer Zeit für den Ehemann opfern musste, und den Vorteil, dass sie lernte, wie Politik funktioniert.

Sehr schnell lernte sie auch, dass das Wahlvolk nicht viel von studierten, emanzipierten, in seinen Augen »europäisierten« oder »amerikanisierten« Frauen hält. Die Frau eines afrikanischen Politikers hatte sich als Afrikanerin darzustellen und zu demonstrieren, keine »Weiße in schwarzer Haut« zu sein. Am besten entkräftet man den Verdacht, indem man möglichst nicht seine akademische Karriere heraushängen lässt, sondern sich als dienende Hausfrau darstellt: sich in die Küche stellt, die männlichen Gäste bewirtet und keinen Zweifel daran lässt, wer der Herr ist im Haus.

Erstaunt beobachtete Wangari: Kenias politische Elite hatte im Ausland studiert, sprach zu Hause Englisch, kleidete sich europäisch, baute sich europäische Häuser, orientierte sich an westlicher Wissenschaft und Technik. Ihre Frauen aber hatten »Afrikanität« zu beweisen, auch dann, wenn sie, wie ihre Männer, ebenfalls im Ausland studiert und Gefallen an europäischen Denkweisen und Lebensstilen gefunden hatten.

Wangari tat nach außen hin trotzdem alles, um ihrem Mann in der Öffentlichkeit eine Stütze zu sein. Nützte aber nichts. Ihr Mann verfehlte knapp den Einzug ins Parlament und machte Pläne für eine zweite Kandidatur 1974. In der Zwischenzeit bekam Wangari ihr erstes Kind, einen Sohn, und als erster Frau in Ost- und Zentralafrika wurde ihr die Doktorwürde verliehen. Das machte aber keine Schlagzeilen und es hielt auch sonst niemand für erwähnenswert. Außerdem bekam sie kurz danach ihr zweites Kind, eine Tochter.

An der Universität fiel ihr mit der Zeit immer stärker die sexistische Herablassung der Männer gegenüber Frauen auf. Auch Studenten gerierten sich als Machos, und dass eine Frau weniger zählt als ein Mann, wurde ihr ganz besonders an der unterschiedlichen Bezahlung deutlich. Zahlreiche Vergünstigungen, die Männern zustanden und noch aus der Kolonialzeit stammten – kostenlose Unterkunft, Krankenversicherung, Pension, Urlaubsgeld, kostenloser Schulbesuch der Kinder – und welche ursprünglich allesamt den Zweck hatten, junge Briten nach Afrika zu locken, wurden nach der Unabhängigkeit einfach übernommen. Allerdings kamen nur Männer in den Genuss dieser und noch weiterer universitärer Zusatzleistungen.

Wangari Maathai sah das nicht ein und kämpfte mit einer weiteren Frau für eine Änderung. Natürlich vergeblich. Aber die zwei ließen nicht locker, schalteten den universitätseigenen Verband der Lehrenden ein, ebenfalls ohne Erfolg. Also verwandelten sie den Verband in eine Gewerkschaft, auch das half nicht. Aber um endlich Ruhe zu haben, entschied die Universität, wenigstens Wangari und deren Kollegin finanziell besserzustellen.

Hätte es sich bei den beiden um Männer gehandelt, hätten sie mit hoher Wahrscheinlichkeit nun tatsächlich Ruhe gegeben. Wangari nicht. Sie forderten die anderen Frauen auf, jetzt nicht lockerzulassen und mit ihnen gemeinsam weiterzukämpfen für bessere Bezahlung und bessere Bedingungen. Vergeblich. Die Frauen machten nicht mit. Ihre Männer hatten es ihnen ausgeredet.

So wurde aus Wangari Maathai im Lauf der Jahre, ohne dass sie es merkte und ohne dass sie sich als solche bezeichnete, eine Frauenrechtlerin. Doch von ihrem Kampf um angemessene Bezahlung profitierte vor allem einer: ihr Mann.

Sie bekam eine beträchtliche Nachzahlung, die in den Kauf eines gemeinsamen Hauses floss. Als alleiniger Eigentümer eingetragen wurde ihr Mann.

Ihrer Universitätskarriere hat ihre frauenrechtlerische Aufmüpfigkeit zunächst nicht geschadet. Sie war fachlich einfach gut. Daher stieg sie auf zur leitenden Dozentin, zur Leiterin des Fachbereichs Veterinäranatomie und schließlich zur außerordentlichen Professorin. Sie war immer die erste Frau in der jeweiligen Position, sah sich daher schon als Dekanin und, wie vermessen, als Rektorin. Zugetraut hätte sie es sich. Geworden ist sie es nicht.

Stattdessen wurde sie Umwelt-Aktivistin, auch wieder durch einen Zufall. Sie forschte an einer Viehkrankheit, dem Zeckenfieber. Das konnte dem einheimischen Vieh nichts anhaben, aber das importierte Hochleistungsvieh wurde davon dahingerafft. Daher ging Maathai eines Tages in der Umgebung von Nairobi auf Zeckensuche. Dabei fiel ihr auf: Die Natur hat sich verändert. Sie ist nicht mehr so wie in ihrer Kindheit. Die Flüsse waren stark verschlammt. Sie führten wertvollen Boden mit sich. Boden, der für das Wachstum aller Pflanzen lebenswichtig war.

Und dann kam eins zum anderen. Schon länger wusste sie, dass die Flüsse nach Regenfällen die Berge hinunterstürzten und dabei viel Boden mitnahmen, weil dieser keinen Halt mehr hatte. Er hatte keinen Halt mehr, weil sehr viel Wald abgeholzt und gerodet worden war. Einerseits um Land zu gewinnen für Kaffee- und Teeplantagen, aber auch für die Ansiedlung von Industrie, andererseits, weil die Leute Brennholz und Baumaterial brauchten. Fest im Erdreich verwurzelte Bäume sind Wasserspeicher, trotzen dem Regen, halten die Erde fest.

Wo die Bäume gefällt werden, verschwinden die großen und kleinen Tiere, die im Wald leben, ganze Kreisläufe brechen zusammen. Nach jedem Regenguss wird ein Teil des Erdreichs fortgeschwemmt und auch kein Wasser mehr gespeichert. Der Boden verkarstet. Kein Baum spendet mehr Schatten, das Wasser verdunstet schnell. Langsam sinkt der Grundwasserspiegel und plötzlich wächst in weiter entfernten Gebieten kein Gras mehr. Die Rinder haben weniger zu fressen, magern ab, werden krank, liefern weniger Milch und Fleisch. Die Bauern müssen Lebensmittel zukaufen, Importware, Weißbrot, Maismehl, geschälten Reis, die weniger Vitamine, Proteine und Mineralien enthalten. Die Menschen werden krank. Und arm. Weil die Bäume fehlen. Weil der Wald zerstört wurde.

Mit der Zerstörung des Waldes wollte die Regierung Reichtum produzieren. Kaffee, Tee und Industrieerzeugnisse konnte man exportieren. Man konnte Arbeitsplätze damit schaffen, Devisen erwirtschaften, begehrte Güter aus dem Ausland importieren. So war es gedacht. Produziert aber wurde Armut. Weil man die Zusammenhänge nicht erkannte.

Der Naturwissenschaftlerin Wangari Maathai gingen diese Zusammenhänge bei der Zeckensuche auf, viel früher als anderen. Und daher sagte sie sich: Soll sich doch der Teufel um die Zecken kümmern, jetzt gibt es Wichtigeres zu tun. Bäume müssen gepflanzt werden. Die verloren gegangenen Wälder müssen zurückgewonnen werden. Die Rodungen müssen aufhören.

Wieder ging sie mit der ihr eigenen Energie und voller Optimismus ans Werk und wieder musste sie lernen: Es ist einfach, eine Einsicht zu haben und daraus eine gute Idee zu entwickeln, aber schwer, die Idee zu verwirklichen. Wie sollte eine einzelne Frau einen Urwald pflanzen. Und wo überhaupt? Von welchem Geld?

Sie fing irgendwie an, ging in die Öffentlichkeit, klärte über die Zusammenhänge auf, kaufte Setzlinge vom eigenen Geld, verteilte sie, animierte andere, vor allem die Frauen auf dem Land, Bäume zu pflanzen. Sie tastete sich vor, lernte durch Versuch und Irrtum, ließ sich von Widerständen nicht beeindrucken, von Rückschlägen nicht entmutigen und von Fachleuten nicht einschüchtern.

Typisch war, dass die Förster sich plötzlich in ihrer Berufsehre gekränkt fühlten, als sie sahen, dass allenthalben Frauen Bäume pflanzten. Das könnt ihr doch gar nicht, sagten sie, dafür braucht man ein Diplom. Sie hielten lange komplizierte Vorträge über das Gefälle des Landes, den Einfallswinkel der Sonne, die Tiefe des Saatbeets, die Beimischung von Kies, die Bodenarten und das Spezialwerkzeug, das man braucht.

Die Frauen hörten unbeeindruckt zu, gruben Löcher, pflanzten das Bäumchen ein, gruben das Loch wieder zu, gossen die Pflanzen, wenn es nötig war. Und die Bäume wuchsen und sahen genauso aus wie die Bäume, die von den diplomierten Förstern gepflanzt worden waren. Womit bewiesen war: Man braucht kein Diplom, um einen Baum zu pflanzen.

Diese Versuche, mit massenhaften Baumpflanzaktionen die Natur wieder aufzuforsten, erstreckten sich über Jahrzehnte und darüber kam Wangari ihre Ehe abhanden. Ihr Mann, der es 1975 mit ihrer tatkräftigen Hilfe tatsächlich ins Parlament geschafft hatte, war eines Tages ohne jegliche Vorwarnung plötzlich ausgezogen. Wahrscheinlich hatte er gehofft, seine Frau würde spätestens nach dem dritten Kind endlich tun, was eine Frau zu tun hat: den Beruf aufgeben, sich aus der Öffentlichkeit zurückziehen, ihm den Vortritt lassen und sich um Haushalt und Kind kümmern. Es war ein unausgesprochenes Problem, dass sie den Doktortitel hatte und nicht er.

Aber Wangari Maathai dachte nicht daran, sich in die traditionelle Frauenrolle zurückzuziehen. Sie wurde eine öffentliche Person, Gründerin der Baumpflanz-Bewegung »Green Belt Movement«, Mitglied in zahlreichen Umwelt- und Frauengremien Kenias und der UNO. Man redete über sie. Man redete über ihren Mann. Hatte er seine Frau unter Kontrolle?

Die Scheidung erregte öffentliches Aufsehen. Seine Frau sei ihm »zu gebildet, zu stark und zu schwer zu kontrollieren«, schrieben die Zeitungen. Die Regierung unter Präsident Moi machte aus der Scheidung einen öffentlichen Prozess, bei dem Einzelheiten im Parlament debattiert wurden: Maathai wurde öffentlich der Untreue bezichtigt und ihre drei Kinder so manipuliert, dass sie sich für Jahre von der Mutter abwandten.

Den Rest besorgte ein anachronistisches Scheidungsrecht. Ehen konnten in Kenia damals nur geschieden werden, wenn einer der vier Gründe vorlag: körperliche oder seelische Grausamkeit, Ehebruch oder Wahnsinn. Also warf ihr Mann ihr Ehebruch und Grausamkeit vor und beschuldigte sie, seinen hohen Blutdruck verursacht zu haben. Die öffentliche Meinung war gegen sie.

Alles, was sie zu ihrer Verteidigung vorbrachte, wurde gegen sie ausgelegt. Eine starke Frau, die sich der Männermacht widersetzte, sollte fertiggemacht werden. Jeder, der Vorbehalte gegen moderne, gebildete, selbstständige Frauen hatte, konnte sie anspucken.

Aber sie ließ sich nicht fertigmachen. »Ich beschloss, den Kopf hoch zu tragen, die Schultern zu straffen und mit Anstand zu leiden. Ich wollte jeder Frau und jedem Mädchen Grund geben, stolz zu sein und es niemals zu bereuen, wenn sie gebildet, erfolgreich und begabt war.«

Bei alledem half ihr die Fähigkeit, immer das Gute am Schlechten zu sehen. Die Scheidung war trotz allem auch ein Glück, denn Wangari war nun wieder frei, niemandem verpflichtet, musste auf keinen unsouveränen, empfindlichen Mann mehr Rücksicht nehmen. Sie konnte wieder tun, was sie wollte. Wieder fragt sie sich, wie sie sich entwickelt hätte ohne diesen Wendepunkt im Leben. Was wäre aus ihr geworden, wenn er geblieben wäre? Ihre Antwort: »Ich wäre unseren Weg gegangen und nicht meinen eigenen. Selbst die schwierigste Situation birgt immer auch neue Möglichkeiten.«

Die taten sich auf in dem Maße, in dem die kenianischen Politiker immer korrupter und unfähiger wurden. Wangari Maathai wurde zum Star der kenianischen Opposition. Immer häufiger kam sie den herrschenden Machtcliquen in die Quere. Immer öfter war sie Schikanen, Einschüchterungsversuchen, Drohungen, Verhaftungen und auch gewaltsamen Attacken ausgesetzt. Moi entfernte das »Green Belt Movement« aus seinen Büros - Maathai machte in ihrem Privathaus weiter. Moi ließ Maathai verhaften - sie ging vorübergehend in den Untergrund. Moi wollte sich für 200 Millionen Dollar eine Parteizentrale im Uhuru-Park bauen lassen - Maathai machte dagegen Front, sodass die ausländischen Finanziers, darunter der britische Presseunternehmer Robert Maxwell, sich von dem Vorhaben zurückzogen.

Längst waren ihre gepflanzten Bäume mehr als nur ein Wiederaufforstungsprogramm, mehr auch als eine respektierliche Umweltschutzaktion, sondern ein Symbol für neues Denken, für Opposition, Demokratie, Umweltschutz und die Emanzipation der Frau. Es war daher fast logisch, dass sie 1997 bei den Präsidentenwahlen gegen den Despoten Moi kandidierte. Ihre Kandidatur wurde von der Wahlkommission ohne Angaben von Gründen abgewiesen.

Darüber verlor sie ihren geliebten Professorenposten, denn ihre Kandidatur setzte die Kündigung dieses Postens voraus. Als ob alle darauf gewartet hätten, dass sie endlich geht, wurde ihre Stelle sofort neu besetzt. Eine Rückkehr wurde ihr verwehrt. So kämpfte sie eben ohne Job weiter, schlug sich irgendwie durch, jetzt erst recht. Zum Schluss nannte Moi die Biologin nur noch »die Verrückte«.

Vor den nächsten Wahlen gelang es, die zerstrittene Opposition zu einigen und die begründete Hoffnung zu wecken, den korrupten Moi endlich loszuwerden. Wangari Maathai hatte großen Anteil am Zustandekommen solch einer schlagkräftigen Opposition, und tatsächlich gewann sie im Jahr 2002 die Wahl.

An die neue Regierung unter Kwai Kibaki wurden große Hoffnungen geknüpft, denn Kibaki berief angesehene Persönlichkeiten, die über eine große Glaubwürdigkeit verfügten. Charity Ngilu, die Vorsitzende der kleinen Sozialdemokratischen Partei und Kämpferin gegen die Korruption, wurde Gesundheitsministerin. John Githongo, der die Antikorruptions-Organisation *Transparancy International* zur bekanntesten Nichtregierungsorganisation in Kenia gemacht hatte, wurde ständiger Sekretär für gute Regierungsführung. Er sollte zum Garanten gegen die Korruption werden.

Und Wangari Maathai wurde stellvertretende Umweltministerin und erhielt 2004 den Friedensnobelpreis. Das Mädchen eines Halbsklaven hatte sich nach ganz oben gekämpft.

Aber: Nichts wurde besser in Kenia. Vor der Wahl hatten die Mitglieder der neuen Regierung versprochen, durch eine Verfassungsänderung die Demokratie zu stärken, die Korruption zu bekämpfen und für ein kleines Wirtschaftswunder zu sorgen.

Schon zwei Jahre später platzte dem britischen Botschafter in Kenia, Edward Clay, der Kragen. Er nannte die neue Regierung öffentlich eine »Bande von Vielfraßen«, die »so viel fressen, dass sie uns anschließend auf die Schuhe kotzen«. Clay rechnete vor: 150 Millionen Euro verschwanden seit der Machtübernahme vor knapp zwei Jahren spurlos. Moi, der Kenia immerhin länger als 20 Jahre regierte, kam auf »nur« 800 Millionen Euro. Die Namen der Kabinettsmitglieder, die nicht korrupt seien, »passen auf die Rückseite einer Briefmarke«, wetterte Clay.

Es war Wangari Maathai, die als einziges Kabinettsmitglied dem Rundumschlag Clays Verständnis entgegenbrachte: Der Botschafter habe erklären wollen, dass man ganz einfach Steuergelder in Europa einsammeln könne, damit diese »anschließend in Afrika gestohlen werden«.

Die Regierung aber machte ungerührt weiter, demontierte ihren Anti-Korruptionsbeauftragten und bereicherte sich, wo immer es ging. Wofür Moi zehn Jahre benötigt hatte, schaffte Kibaki in einem Jahr, sagte ein enttäuschter Journalist.

Und was machte die Umweltschützerin, Frauenrechtlerin und Friedensnobelpreisträgerin Maathai? Es hieß, sie halte sich aus den Ränkeschmieden innerhalb des Kabinetts heraus und konzentriere sich auf Sachfragen. Sie sagte, sie wünsche sich mehr Kompetenzen und leide unter dem »Warten auf Entscheidungen des Ministers«. Das klang nach innerer Emigration. Ihr Chef hieß Newton Kulundu – und er galt als genauso korrupt wie alle anderen.

Das Volk war seiner Regierung bald überdrüssig und darauf erpicht, sie am 27. Dezember 2007 abzuwählen. Es fürchtete aber Wahlfälschungen, da Kibaki die Mehrheit der 22-köpfigen Wahlkommission mit ausschließlich von ihm ausgewählten Kandidaten besetzt hatte.

Der neue Hoffnungsträger der Opposition hieß Raila Odinga. Wegen des begründeten Verdachts, dass Kibaki seine Macht nutzen würde, um die Wahlergebnisse zu fälschen, kamen zahlreiche internationale Wahlbeobachter ins Land.

Und tatsächlich wurden am Wahltag Unregelmäßigkeiten beobachtet, als Wahlhelfer aus Nairobi mit den Stimmzetteln verschwanden. Dadurch kam es noch in der Wahlnacht zu Tumulten.

Raila Odinga führte bei den vorläufigen Auszählungen mit einer deutlichen Mehrheit. Aber am 30. Dezember 2007 wurde Mwai Kibaki von Kenias Wahlkommission zum Sieger ernannt. Er soll mit rund 230000 Stimmen Vorsprung gegenüber Odinga gewonnen haben. Niemand glaubte das. Die Wahlbeobachter der EU listeten zahlreiche Unregelmäßigkeiten auf. So lag die Wahlbeteiligung in einem Wahlkreis der Zentralprovinz bei 115 Prozent. In einem anderen Wahlkreis wurden rund 50000 Stimmen für Kibaki gezählt. Bei der Feststellung der Zahlen in Nairobi durch die Wahlkommission waren es dann plötzlich 75000 Stimmen.

Eigentlich hätte Kibaki seinen Platz für Odinga räumen müssen. Aber dann stellte sich heraus, dass auch die Opposition getrickst hatte. Alexander Graf Lambsdorff, der deutsche Leiter der EU-Wahl-Beobachtermission, forderte deshalb eine Neuauszählung der Stimmen: »Es gibt Wahllokale, in denen die Beteiligung bei 99 Prozent liegt – das gibt es normalerweise in Kenia nicht. Und zwar sowohl in der Zentralprovinz des Präsidenten als auch bei Herrn Odinga.«

Im ganzen Land kam es daraufhin zu gewaltsamen Aufständen, bei denen die verschiedenen Volksgruppen aufeinander einschlugen. Diese Unruhen lösten jene großen Flüchtlingswellen aus, von denen eingangs die Rede war. Die gewaltsamen Auseinandersetzungen zogen sich über Monate hin, während denen die alte Regierung mit der Opposition über die künftige Regierung verhandelte.

Nach der Eskalation der Gewalt gestand der Vorsitzende der Wahlkommission Kivuitu vor Journalisten ein, er habe das Wahlergebnis nur unter Druck verkündet und wisse selber nicht, wer die Wahl gewonnen habe.

Erst im April 2008 kam es dann nach monatelangem, starkem internationalem Druck und unter Einschaltung des früheren UNO-Generalsekretärs Kofi Annan zu einer Lösung, die beide große Konfliktlager vereint. Ob diese Teilung der Macht funktioniert, ist jedoch höchst zweifelhaft.

Ein Schönheitsfehler der historischen Übereinkunft ist bereits die Größe der Regierung: Mit beinah 42 Ministerien und 100 Kabinettsmitgliedern gehört ihr fast jeder zweite kenianische Abgeordnete an. Um keinen ihrer Freunde zu verprellen, verlegten sich Präsident Kibaki und sein neu ernannter Premierminister Odinga aufs Erfinden neuer Ressorts – darunter so Fantasie-Ministerien wie das für »Nordkenia und andere Trockengebiete«, für »Planung und die Vision 2030« oder für die »Entwicklung der Metropole Nairobi«.

Schätzungen unabhängiger Organisationen zufolge kostet ein Ministerium rund 130 Mio. Dollar im Jahr. Für ihre 42 Ressorts muss die neue kenianische Regierung also 5,5 Mrd. Dollar aufbringen, hundert Millionen mehr, als sie 2007 eingenommen hat.

Es wird sich sehr wahrscheinlich wieder nichts ändern, denn Kenia bleibt ein Land der vielen Volksgruppen. Sie handeln nach dem Motto, dass der Sieger alles nimmt und dem Verlierer nichts lässt, und das ist fast überall so in Afrika. Seit Jahrzehnten kämpfen dort keine Demokraten gegeneinander, sondern organisierte Macht-Eliten, die das Privileg ihrer westlichen Bildung dazu missbrauchen, sich den Staat als Beute unter den Nagel zu reißen und dessen Reichtum an den eigenen Clan oder Stamm zu verteilen.

Nur wer zur »richtigen« Volksgruppe gehört, nämlich der, die es gerade geschafft hat, sich an die Macht zu mogeln, bekommt die guten Jobs, macht seine Geschäfte und hat sein Auskommen. Den anderen kann der Staat nicht einmal die Wasser- und Stromversorgung garantieren. Die Menschen lernen daraus: Verlass ist nur auf die eigenen Schwestern und Brüder, alles andere ist egal.

Nirgendwo sonst auf der Welt sind darum so viele Blauhelmsoldaten und internationale Friedenstruppen im Einsatz wie in Afrika. Sie haben brüchige Waffenstillstandsabkommen zu überwachen und verfeindete Volksgruppen daran zu hindern, mit Knüppeln oder Macheten, Granatwerfern und Kalaschnikows aufeinander loszugehen. Burundi, Kongo, Elfenbeinküste, Darfur, Liberia, Somalia, Sierra Leone, Westsahara und Südsudan, Zimbabwe und Zentralafrikanische Republik – in jedem dieser Länder löst seit Jahrzehnten ein Rebellenführer den anderen ab, und jeder erweist sich als genauso korrupt, machthungrig und gewalttätig wie sein Vorgänger. Ein Hoffnungsträger folgt dem anderen, und nichts wird besser, sondern immer nur schlimmer.

Einzelne Lichtgestalten wie Nelson Mandela oder Wangari Maathai ändern daran leider wenig bis gar nichts. Es sind zu wenige. Sie allein sind zu schwach, so stark sie auch sind.

Sie haben es geschafft, trotz ungünstigster Voraussetzungen eine erstaunliche Karriere zu machen und sich zu entwickeln. Es musste viel zusammenkommen, damit Entwicklungen wie die von Mandela oder Maathai möglich wurden. Die Entwicklung eines ganzen Landes zu einem zivilisierten Rechtsstaat mit Demokratie, Bildung für alle, sozialer Sicherheit, Chancengerechtigkeit und Freiheit ist dagegen aber eine unendlich schwierigere Aufgabe. Da muss noch viel mehr zusammenkommen, und darum wird es vermutlich noch sehr lange dauern, bis Afrika zur Ruhe kommt und das Leben dort für alle Afrikaner lebenswert wird.

Wer das Glück hat, in einem funktionierenden Rechtsstaat zu leben, sollte sich daher bewusst sein, dass dies keineswegs selbstverständlich ist. In der längsten Zeit der Menschheitsgeschichte hat es so etwas überhaupt nicht gegeben. Rechtsstaatliche Demokratien sind eine äußerst junge Entwicklung, und auch in der gegenwärtigen Welt sind sie die Ausnahme. Korrupte Gewaltherrscher und sich bereichernde Machtcliquen sind dagegen die Regel.

Unsere Verfassung ist daher eine Kostbarkeit. Wir sollten sie hüten wie unseren Augapfel. Unsere Demokratie erhält sich nicht von selbst. Sie muss gehegt und gepflegt werden, sie lebt vom Engagement mündiger Bürger, die sich über öffentliche Angelegenheiten informieren, ein Urteil bilden und an der Gestaltung ihres Landes mitwirken. Solange eine ausreichend große Zahl von Bürgern diese staatsbürgerliche Mindestpflicht erfüllt, braucht es keinen Todesmut eines Gandhi oder Mandela. Und noch nicht einmal der Kampfeswille einer Wangari Maathai ist nötig. Ein mündiger Bürger zu sein genügt.

»Glücklich das Land, das keine Helden nötig hat«, dichtete Bert Brecht. Wir leben in solch einem Land. Wir sollten es uns erhalten.

Bertha von Suttner
Nieder mit den Waffen!

* 1843 als Bertha Sophia Felicita Gräfin Kinsky von Chinic und Tettau in Prag ❋ 1873 Gouvernante beim Industriellen und Freiherrn Karl von Suttner in Wien als Musik- und Sprachlehrerin ❋ 1876 heimliche Hochzeit mit Arthur Gundaccar von Suttner in Wien ❋ ab 1877 Aufenthalt im Kaukasus als Journalistin und Schriftstellerin (Pseudomym B. Oulot) für österreichische Zeitungen tätig ❋ 1885 Rückkehr nach Wien ❋ 1889 Veröffentlichung ihres Erfolgsromans *Die Waffen nieder!* ❋ 1891 Präsidentin und Gründerin der »Österreichischen Gesellschaft der Friedensfreunde« ❋ 1891 Vizepräsidentin des »Internationalen Friedensbüros« ❋ 1892 Gründung der »Deutschen Friedensgesellschaft« ❋ 1899 Beteiligung an »Erste(r) Haager Friedenskonferenz« in Den Haag ❋ ab 1902 Rückkehr nach Wien und schriftstellerische Tätigkeit ❋ 1904 siebenmonatige Friedensreise durch die USA ❋ 1905 Friedensnobelpreis ❋ † 1914 in Wien

Manchmal besteht das Glück eines Menschen darin, dass ihm das Schicksal versagt bleibt, wonach er sich am heftigsten sehnt. Manchmal braucht es ein paar Demütigungen, eine nicht ganz leichte Kindheit, die Hinnahme gewisser Widersprüchlichkeiten im eigenen Leben und ein notorisch überzogenes Bankkonto, damit aus einem Mädchen nicht eine dumme Göre, verwöhnte Zicke und depressive Ehefrau, sondern eine interessante Persönlichkeit wird. Eine Frau, die Geschichte macht, den Nobelpreis bekommt und unzähligen Schulen einen Namen gibt.

So eine Persönlichkeit, die jahrzehntelang nach einem ganz anderen Leben strebte als nach dem, das sie tatsächlich führen musste, war die am 9. Juni 1843 in Prag geborene Bertha von Suttner. Das Leben, das ihr vorschwebte, war das des europäischen Hochadels, ein Glanz und ein Prunk, wie ihn Bertha als 16-Jährige während eines Aufenthaltes in Wiesbaden erlebt hatte. Ihre Mutter war aus dem österreichischen Brünn in den hessischen Kurort gereist, allerdings nicht, um dort, wie sie zu Hause erzählte, eine Badekur zu machen, sondern um in der Spielbank ihr Glück zu versuchen.

Dort lernte Bertha bei den Gesellschaften und Festen das Leben der »großen Welt« kennen und schätzen, bevölkert von den »Zigeunern des Luxus«, einer »nomadisierenden Völkerschaft, die ihre Zelte an alle Vergnügungsorte schleppt und sich überall da zu Hause fühlt, wo sie ihresgleichen begegnet. (...) Wo es von Opernmusik, Pferdehufschlag, Champagnergläsergeklirr und Flirtgekicher erschallt; wo Wappen und Kronen, Fächer und Reitgerten, Puderquaste und Jagdgewehr die Insignien des Berufes bilden; wo man Baccara spielt, sich auf Degen schlägt, Zweitausend-Francs-Toiletten trägt, Tauben schießt, Korso fährt, verschleiert zum Rendezvous eilt, seine Ahnen von den Kreuzzügen datiert oder seinen Kredit nach Millionen beziffert«.

Es hätte nicht viel gefehlt, und Bertha hätte ein solches Leben geführt, denn immerhin konnte sie einen erstklassigen Geburtsort vorweisen: das Palais Kinsky am Altstädter Ring in Prag, einem der schönsten Rokoko-Schlösser der böhmischen Hauptstadt. Einen eindrucksvollen Namen hatte sie auch: Bertha Sophia Felicita Gräfin Kinsky von Chinic und Tettau. Damit war sie ein Abkömmling eines der vornehmsten Geschlechter Böhmens. Einer ihrer Vorfahren gehörte zu jenen protestantischen Adeligen, die sich 1618 gegen den Kaiser auflehnten und die kaiserlichen Beamten aus dem Fenster der Prager Burg warfen – was als »Prager Fenstersturz« Geschichte machte, denn damit begann der Dreißigjährige Krieg. Ein anderer Vorfahr Suttners war in diesem Krieg einer der engsten Vertrauten Wallensteins. Mit ihm und den Generalen Ilow, Trčka und Neumann wurde er 1634 in Eger ermordet.

Eigentlich verfügte Bertha also über die besten Voraussetzungen für die übliche Komtessenerziehung, um »schön, dumm und keusch« zu werden, wie sie später selber sagte. Stattdessen wurde aus ihr eine Journalistin, Schriftstellerin, Friedensaktivistin und Emanze, die eines Tages mit einem sieben Jahre jüngeren Mann in den Kaukasus durchbrannte, dort in ärmlichsten Verhältnissen lebte und eigenhändig den Fußboden schrubbte. Woran lag es, dass ihr das erträumte Leben versagt blieb?

Eigentlich nur an ein paar Kleinigkeiten. So wurde sie zwar in der glanzvollen Residenz ihres fürstlichen Familienzweiges geboren, allerdings nicht im hochherrschaftlichen Haupttrakt, sondern in einer der vielen Wohnungen des Prager Palais. Ihr Vater war nicht Majoratsherr, also Haupterbe, sondern nur »dritter Sohn«. Er musste sich ohne Landgüter und ohne eigenes Stadtpalais auf seinen militärischen Beruf beschränken.

Schlimmer aber war: Als Bertha geboren wurde, war dieser Vater bereits tot, gestorben kurz vor ihrer Geburt im Alter von 75 Jahren. Er hinterließ eine fast 50 Jahre jüngere Witwe.

Am schlimmsten jedoch und für Berthas Schicksal entscheidend war die borniert österreichische Aristokratie. Für diese zählten weder Bildung noch Leistung noch Schönheit noch Anmut, und schon gar nicht Charakter oder Persönlichkeit. Es zählte nur eines, etwas, was heute nur noch bei Hunden und Pferden wichtig ist: Herkunft, Stammbaum. Wer seine adlige Abstammung nicht über mindestens 16 Generationen zurückverfolgen konnte, galt in jenen ersten Kreisen als nicht ebenbürtig, wurde zu den großen Festlichkeiten am Wiener Hof nicht zugelassen und auch sonst gemieden und geschnitten.

Solange der Ehrfurcht gebietende Ehemann lebte, musste die Gesellschaft die junge Ehefrau, Berthas Mutter, notgedrungen respektieren. Nach seinem Tod fühlten sich die Edlen zu nichts mehr verpflichtet, auch die eigene Familie nicht. Schon bei Berthas Taufe zeigte sich, dass dieses Kind es in seiner Familie und seiner Gesellschaftsschicht einmal sehr schwer haben würde. Keiner der fürstlichen oder gräflichen Verwandten war als Pate der kleinen Bertha erschienen. Ihr älterer Bruder und das Kammermädchen Barbara Kraticek mussten als Paten herhalten.

Der Mutter, Sophie Kinsky, wurde damit klargemacht, dass sie auf Einladungen nicht mehr hoffen konnte, dass sie einsam und isoliert den Rest ihres Lebens an den Katzentischen im Prager Palais wird verbringen müssen. Das wollte sie nicht. Daher zog sie aus und übersiedelte nach Brünn. Wenigstens hatte der verstorbene Ehemann der Witwe und der Halbwaise eine angemessene Apanage, ein kleines Vermögen, hinterlassen. Dieses hätte den Lebensunterhalt von Mutter und Tochter für Jahrzehnte gesichert, wenn die

Mutter nicht der Spielsucht verfallen gewesen wäre. Schon früh im Leben erfuhr Bertha, was Geldsorgen sind.

Die Mutter, die vergeblich gehofft hatte, sich durch die Heirat eines Greises Zugang zum österreichischen Hochadel zu verschaffen, erhofft sich jetzt von der Tochter die Erfüllung ihrer Sehnsüchte. Bertha soll durch eine »glänzende Partie« doch noch ermöglichen, was der Mutter verwehrt blieb: die Einheirat in eine Familie von altem österreichischen Adel.

Das ist jetzt ihr großes Projekt und die Tochter macht es sich zu eigen. Starten sollte es, wenn Bertha als 18-jährige Debütantin auf dem Wiener Opernball in die Gesellschaft eingeführt wird. Dieser Tag war schon Jahre vorher als feste Konstante, als der Fixpunkt des Lebens von Mutter und Tochter eingeplant. Auf diesen Tag hin wurde gelebt und geplant. Deshalb war die Mutter darauf bedacht, der Tochter eine ordentliche Bildung und Erziehung zu verschaffen. An jenem schicksalsschwangeren Tag sollte Bertha dem »Glück ihres Lebens« in Gestalt eines reichen, vornehmen, überdies schönen, jungen Aristokraten begegnen. Viele Stunden diskutierten Mutter und Tochter immer wieder die Frage, welche Garderobe dafür wohl die richtige sei.

Es wäre besser gewesen, andere Fragen zu diskutieren, zum Beispiel die Frage, warum die Mutter glaubt, dass der Tochter zufallen würde, was ihr vorenthalten wurde? Warum sollte ein 16-Generationen-Adliger sich unter seinem Stand mit einer Quasi-Bürgerlichen einlassen? Mit der rechtzeitigen Erörterung und richtigen Beantwortung dieser Frage hätte die Mutter der Tochter die größte Demütigung ihres Lebens ersparen können.

So aber fieberten beide jahrelang diesem einen, mit höchsten Erwartungen überfrachteten großen Moment entgegen. Als er vorbei war, brauchte das junge Mädchen ein paar Jahre, um das Resultat sachlich-bitter in die Worte kleiden zu können: »Voll freudiger Erwartung betrat ich den Saal. Voll gekränkter Enttäuschung habe ich ihn verlassen.«

Die anwesenden Damen und Herren der feinen Gesellschaft haben Mutter und Tochter Kinsky ignoriert. »Die hochadeligen Mütter saßen beisammen, meine Mutter saß einsam; die Komtessen standen in Rudeln und schnatterten miteinander – ich kannte keine, beim Souper bildeten sich lustige kleine Gesellschaften, ich war verlassen.« Die sorgfältig mit einem weißen, von Rosenknospen besäten Ballkleid herausgeputzte Bertha musste einen hässlichen, von anderen Mädchen abgewiesenen Offizier als Tanzpartner akzeptieren, um nicht sitzen zu bleiben.

Der Plan war gründlich gescheitert. Das Vorhaben aber wurde nicht gestrichen, nur variiert. Eine ähnliche Lösung, wie sie die Mutter hinter sich gebracht hatte, sollte jetzt die Tochter realisieren, die zweitbeste Lösung: dann eben keinen jungen schönen Adonis aus Wiens erster Gesellschaft, sondern einen älteren, aber vermögenden Mann aus der »zweiten« Gesellschaft, egal wie er aussieht, Hauptsache, er ermöglicht ein Leben in Villen, Schlössern, Palästen mit vielen Bediensteten, Glanz und rauschenden Ballnächten.

Dieser Mann wird auch schnell gefunden. Es ist der 52-jährige Baron Gustav von Heine-Geldern, millionenschwerer Inhaber des *Fremdenblattes* in Wien und jüngerer Bruder des Dichters Heinrich Heine. Obwohl nur zur »zweiten« Wiener Gesellschaft gehörend, zur Schicht der neu geadelten Industriebarone, war er durch seine erfolgreiche Zeitung eine mächtige Person des öffentlichen Lebens. Und Bertha war für Gustav Heine genau die Frau, die er suchte: jung, hübsch, repräsentativ, belesen, weltoffen und nicht durch die übliche Klostererziehung verbildet. Dass sie kein Geld hatte, störte den Baron nicht, das hatte er selber.

Viel wichtiger war, dass Bertha in vielen Sprachen »parlieren« konnte. Sie hatte Gouvernanten gehabt und von ihnen Französisch, Italienisch und Englisch gelernt. Sie hatte die Weltliteratur im Original gelesen und als Sechzehnjährige begonnen, Novellen zu schreiben. Eine davon wurde sogar gedruckt. Die übliche »Komtessenliteratur«, bestehend aus Heiligengeschichten und von »anrüchigen« Stellen gereinigten Klassikern, blieb ihr fremd.

Sie war stolz auf ihre Bildung, hat noch sehr viel später in ihren Memoiren die von ihr gelesenen Bücher aufgelistet: »Den ganzen Shakespeare, den ganzen Goethe, den ganzen Schiller und Lessing, den ganzen Victor Hugo, (…), Grillparzer, Byron, (…) den ganzen Dickens, (…) die Romane der George Sand, Balzac, Dumas – das Theater der Corneille, Racine, Molière«, daneben wissenschaftliche Literatur, Naturwissenschaft, Ethnologie, Philosophie. »Diese und noch andere, deren Namen ich hier nicht alle aufzählen kann, waren meine geistigen Genossen, in deren Gesellschaft ich eine glückliche, meinen persönlichen Erlebnissen entrückte Doppelexistenz führte, in der sich mir die Seele wohlig weitete.«

Dafür, sich durch Heirat aller Sorgen zu entledigen, war so eine profunde Bildung aber eher hinderlich. »Gelehrte« Frauen galten in dieser Zeit als »Blaustrümpfe«. Die schwache, anmutige, kindlich zum Manne aufblickende und anschmiegsame Frau war begehrenswert. Der »angeborene Schwachsinn des weiblichen Geschlechts«, den die Philosophen diagnostizierten, wurde in den Kreisen, zu denen Bertha unbedingt gehören wollte, als selbstverständlich vorausgesetzt und ließ die Frau als reizvoll, tugendhaft und weiblich erscheinen.

Insofern hatte Bertha mit ihrem Gustav Heine Glück. Er wollte ganz bewusst kein aristokratisch verblödetes Heimchen. Ihm, der einer neuen Elite angehörte, war die Bildung und Vielsprachigkeit seiner Frau wichtig, denn er hatte vor, mit ihr in viele Länder zu reisen, nicht nur privat, sondern auch geschäftlich. Dabei könnte ihm Bertha wertvolle Dienste erweisen, dachte er. Darum tat er alles, um seine junge Braut zu verwöhnen, schenkte ihr Blumen, Kleider, kostbaren Schmuck und fuhr mit Mutter und Tochter in prachtvollen Kutschen durch die Stadt, um die Einrichtung für die künftige gemeinsame Wohnung zu kaufen.

»Ich war geblendet und sagte ja«, urteilt Bertha später über diesen Moment ihres Lebens, an dem sie ihrem Ziel so nahe war wie nie. Und fügt aber sogleich hinzu: »Ich versuche nicht, diese Tatsache zu beschönigen. Es ist eine hässliche Tatsache, wenn ein achtzehnjähriges Mädchen einem ungeliebten, so viel älteren Mann die Hand reichen will, nur weil er Millionär ist! Es heißt – um es bei seinem wahren Namen zu nennen – sich verkaufen.«

Warum verkaufte sie sich? Waren der Glanz, die wirtschaftliche Sicherheit und der gesellschaftliche Status das wirklich wert? Natürlich nicht. Aber hatte sie eine Wahl?

Es bleibt den jungen Mädchen kaum etwas anderes übrig, als mit allen Mitteln ihre Schönheit herauszustreichen, sagte die reifere Bertha von Suttner, da »alles, worauf ein Mensch stolz zu sein pflegt – Rang, Name, Ansehen, Stellung – einer Frau nur durch Vermittlung des Mannes, der sie zur Gattin erkor, zugänglich war«. Nüchtern resümiert sie: »Ja, das Gefallen-wollen ward denjenigen gar bitter vorgeworfen, die man zum Gefallen-müssen aufgezogen hatte«, aufziehen musste, denn für die Frau gab es nur einen einzigen »anerkannten Beruf«: Gattin.

Sie hatte scheinbar keine Wahl und entschied sich, als es ernst wurde, im letzten Moment doch dagegen. Als sie das erste Mal mit ihrem Bräutigam allein ist, sagt dieser zu ihr: »Bertha, weißt du, wie entzückend du bist?« Dann ergreift er Besitz von seiner Eroberung, umschlingt sie und drückt seine Lippen auf ihre. »Der erste Liebeskuss, den ein Mann mir gegeben. Ein alter Mann, ein ungeliebter Mann. Mit einem unterdrückten Ekelschrei reiße ich mich los, und in mir steigt ein leidenschaftlicher Protest auf. Nein, niemals!«

Schon am nächsten Tag löst sie die Verlobung auf und schickt alle Geschenke zurück. Die Mutter ist entsetzt, erklärt ihre Tochter für verrückt, aber da ist nichts mehr zu machen. Zum ersten Mal in ihrem Leben zeigt sich etwas von jener Bertha von Suttner, die sie viele Jahre später werden wird. »Bald lag die ganze Episode hinter mir wie ein böser Traum, aus dem erwacht zu sein, ich als Wohltat empfand.«

Die Freude darüber hielt jedoch nicht lange an. Die Geldsorgen ihrer Mutter, die schon einen beträchtlichen Teil ihres Vermögens verspielt hatte, führten sie rasch zurück in die harte, grausige Realität. Was tun? Wovon leben? Es gibt keine andere Möglichkeit als die Ehe. Also weitersuchen. Einen Mann finden, den Bertha lieben kann. Aber Geld haben muss er auch.

Eigentlich war es eine aufregende Zeit, in der Bertha lebte. Aus Frankreich hatte sich schon seit 1789 revolutionäres Gedankengut über ganz Europa verbreitet. Dampfmaschinen veränderten die industrielle Produktion, Eisenbahnen verbanden die Metropolen Europas, Nachrichten wurden in Lichtgeschwindigkeit durch Telegrafenleitungen gejagt. Der müßiggängerische, seit Generationen vom Grundbesitz und der Ausbeutung seiner Untertanen lebende Adel wird allmählich in die Bedeutungslosigkeit gedrängt von einer neuen, aufstrebenden, unternehmerischen bürgerlichen Elite, die über Bildung und Wissen verfügt. Nichts davon hat Bertha mitbekommen, so fixiert war sie darauf, einen Mann zu finden. Noch nicht einmal die Kriege, die überall geführt wurden, berührten sie.

Zwei Kriege in ihrer unmittelbaren Nähe, der »deutsche Krieg« zwischen Österreich und Preußen im Jahre 1866 und der deutsch-französische Krieg vier Jahre später, gehen an der späteren Kämpferin gegen den Militarismus spurlos vorüber. Wie die meisten ihrer Zeitgenossen vermag sie in den Armeen nur die »schimmernde Wehr« und im Krieg ein interessantes Spektakel zu sehen. »Von einem Balkon unter den Linden sah ich den Einzug der aus

Frankreich heimkehrenden Truppen«, schreibt sie in ihren Memoiren. »Ich habe das Bild im Gedächtnis voll Sonnenschein, Jubel, flatternden Fahnen, gestreuten Blumen, Triumphbogen – ein hohes historisches Freudenfest. Wie anders würde heute meine Auffassung sein – doch die Geschichte dieser Wandlung kommt erst viel später!«

Noch jagt sie ihrem Lebensziel nach, noch glaubt sie, den Mann zu finden, der all ihre Probleme löst und auch ihre Mutter jeglicher Sorge enthebt. Darüber wird Bertha dreißig Jahre alt. Erst jetzt beginnt sie sich mit dem Gedanken vertraut zu machen, dass ihre Unternehmungen vergeblich gewesen sein könnten und sie ihre Jahre und ihre Jugend verspielt hat wie die Mutter ihr Geld. Ihre Schönheit, ihr einziges Kapital, schwindet dahin. Gemäß den Vorstellungen ihrer Zeit ist sie nun schon eine »alte Jungfer«. Eine »gute Partie« rückt damit immer schneller in immer weitere Ferne und wird schon bald keine realistische Option mehr sein.

Was jetzt? Für eine Komtess schickt es sich nicht, allein zu wohnen. Also muss sie nun für immer ihr Leben teilen mit der Mutter? Der Gedanke erschreckt sie. Also irgendwo in einem Haushalt eine bezahlte Stellung annehmen? Auch das ist unter der Würde einer Komtess.

Doch leider richtet sich die Realität nicht danach, was in gewissen Kreisen für schicklich gehalten wird. Bertha muss sich für eine der beiden Möglichkeiten entscheiden, und dieser Zwang wird sich – langfristig – heilsam auf ihre weitere Entwicklung auswirken.

Unglücklich, niedergeschlagen und deprimiert entscheidet sie sich für eine bezahlte Stellung. Die Familie von Suttner, bester österreichischer Hochadel, engagiert Bertha Kinsky als Gesellschafterin, Erzieherin und Begleiterin für ihre vier Töchter im Alter von fünfzehn bis zwanzig Jahren.

Erst viele Jahre später wird Bertha erkennen, dass dieses Unglück ihr Glück war, und wird in ihren Memoiren schreiben, dass ihr jener Tag »die Pforte« geöffnet hatte, »durch die jene Bertha Suttner treten sollte, als die (...) ich mich heute fühle«.

Der Fortgang der Ereignisse kann nun erahnt werden, denn wie sollte aus der im Hause Suttner arbeitenden Gouvernante Bertha Sophia Felicita Gräfin Kinsky von Chinic und Tettau eine Bertha von Suttner werden, wenn nicht durch Heirat?

Natürlich verliebte sich Bertha in einen Sohn der Familie. Aber solch eine

Liebe war damals aussichtslos. Die Komtess Kinsky gehörte im Hause Suttner zum Personal, und zum Personal hält man Abstand. Schon gar nicht heiratet man es. Aber einer der drei im Hause lebenden Suttner-Söhne, der um sieben Jahre jüngere Arthur, hält keinen Abstand. Und Bertha lässt ihn an sich heran. Die vier Töchter kriegen es mit, aber schweigen solidarisch. Zweieinhalb Jahre lang. Dann merkt die Baronin Suttner, was los ist. Und feuert Bertha noch am selben Tag.

Zu jener Zeit hält Bertha Briefkontakt zur Fürstin von Mingrelien, die sie bei einer ihrer zahlreichen Reisen kennengelernt hatte. Das Schloss der Fürstin im Kaukasus ist durch einen Krieg zerstört worden, wird aber wieder aufgebaut, und dann müsse Bertha unbedingt kommen, schreibt die Freundin. Auch eine Arbeit würde sich für sie finden lassen. Dorthin würde Bertha jetzt gerne reisen. Weil aber der Wiederaufbau des fürstlichen Hauses noch nicht abgeschlossen ist, geht das nicht.

Doch die Baronin hat längst vorgesorgt. Der Adel jener Zeit ist zwar borniert, aber hat Stil. Daher hat sich die Baronin bereits um einen Job für Bertha gekümmert. Sie überreicht ihr ein Zeitungsinserat: Ein älterer, vermögender Herr in Paris sucht eine Privatsekretärin.

Bertha bewirbt sich und erhält die Stelle. Der nächste Glücksfall ihres Lebens, denn der ältere vermögende Herr entpuppt sich als Alfred Nobel, der Erfinder des Dynamits. Er war damals einer der reichsten Männer der Welt, 43 Jahre alt, erfolgreich als Wissenschaftler und Unternehmer, aber einsam und ein bisschen depressiv. Er braucht Bertha nicht nur als Privatsekretärin, sondern auch als private Begleiterin.

Sie hat nichts dagegen. Alfred Nobel ist ihr sehr sympathisch. »Er wusste so fesselnd zu plaudern, zu erzählen, zu philosophieren, dass seine Unterhaltung den Geist ganz gefangen nahm. Mit ihm über Welt und Menschen, über Kunst und Leben, über die Probleme von Zeit und Ewigkeit zu reden, war ein geistiger Hochgenuß.«

Ein paar Jahre zuvor wäre er genau die richtige Partie für sie gewesen. Aber jetzt liebt sie Arthur. Wie sehr sie ihn liebt und wie er ihr fehlt, merkt sie erst jetzt in Paris. Darum wird aus Alfred und Bertha nichts. Schon nach einer Woche beschließt sie, nach Wien zurückzukehren, zu Arthur. Sie versetzt ihre letzten Schmuckstücke, bezahlt ihre Hotelrechnung und kauft sich eine Fahrkarte.

Alfred Nobel ist darüber zwar sehr enttäuscht, aber akzeptiert ihre Entscheidung. Besser noch: Aus der einen Woche Paris entwickelte sich zwischen der Bekämpferin des Militarismus und dem Hauptlieferanten der europäischen Militärs eine Freundschaft, die ein Leben lang hielt. Alfred Nobel teilte nie die pazifistischen Ideen, für die Bertha in den nächsten Jahrzehnten kämpfen sollte. Er glaubte nicht an Frieden durch Abrüstung. Dennoch verfolgte er alles, was Bertha tat, mit Sympathie. Und mehr als einmal hat er ihr finanziell aus der Patsche geholfen. Eine besondere Ironie der Geschichte liegt wohl auch darin, dass so manche Reise Berthas zu einem Friedenskongress und so mancher Hotelaufenthalt während einer internationalen Kriegsgegnerkonferenz von dem Geld bezahlt wurde, das Alfred Nobel bei seinen Geschäften mit den Generalen verdient hatte.

Zurück in Wien war Bertha aber immer noch viele Jahre entfernt von ihrer eigentlichen Lebensaufgabe. Vor ihr standen nun erst einmal neun Jahre Abenteuer. In Wien mietet sie sich in einem Hotel ein, bestellt Arthur unter falschem Namen zu sich, und dann beschließen sie, abzuhauen und sich irgendwie auf eigene Faust durchs Leben zu schlagen.

Heimlich heiraten sie am 12. Juni 1876 in einer entlegenen Vorstadtkirche Wiens. Heimlich verlassen sie das Land in Richtung Kaukasus, zur Fürstin von Mingrelien. Die Eltern Suttner brechen den Kontakt zu ihrem Sohn ab und verweigern ihm jede Unterstützung.

Das Paar fährt mit dem Schiff die Donau hinunter bis Galatz, mit der Postkutsche nach Odessa und von dort wieder mit dem Schiff übers Schwarze Meer nach Poti. Im Gasthaus dort schlafen sie in den Sesseln, weil es sie vor den schmutzigen Betten und dem Ungeziefer graust. Am Morgen reichen die Gäste die einzige Waschschüssel mit dem dazugehörigen einzigen Handtuch von Zimmer zu Zimmer weiter.

Weiter geht es mit der Postkutsche nach Gordi in den Kaukasus, wo sie von Fürst Nikolaus herzlich empfangen und in einer aus Holz gebauten Villa in der Nähe des Schlosses untergebracht werden. Aber Berthas Hoffnung, der Fürst könne ihnen eine Anstellung am Hof in Sankt Petersburg vermitteln, zerschlägt sich schnell. So gut sind seine Kontakte zum Zarenhof nicht.

So geben Arthur und Bertha Klavier- und Gesangstunden für kärgliche Honorare. Und als Russland und die Osmanen 1877/78 zum achten Mal Krieg gegeneinander führen, geht auch das nicht mehr. Im Krieg hat man andere Sorgen als die musische Bildung, und so gibt es im Leben des Paares Suttner Tage, an denen es sich nicht einmal etwas zu essen kaufen kann.

Aus Wien erreichen die beiden besorgte Telegramme von Berthas Mutter und Arthurs Schwestern. Aber Bertha hat keine Angst. Und noch immer nichts gegen den Krieg einzuwenden. Im Gegenteil. Der Krieg wird jetzt zu einer Einnahmequelle. Arthur hat die Idee, Berichte über den Krieg in Kaukasien zu schreiben und sie an die Wiener *Neue Freie Presse* zu schicken. Tatsächlich werden seine Artikel gedruckt, und er erhält dafür ein bescheidenes Honorar, bis es aus Wien heißt, seine Texte seien zu russlandfreundlich und könnten deshalb nicht länger veröffentlicht werden. Daher schreibt er nun für verschiedene Wochenzeitungen über Land und Leute.

Bertha denkt: Schreiben kann ich doch auch. Und so schreibt auch sie und tatsächlich druckt *Die Presse* in Wien ihre Artikel. Allerdings wird sie dort für einen Mann gehalten, weil Bertha ihre Texte unter dem geschlechtsneutralen Pseudonym B. Oulot veröffentlicht, um nicht an den üblichen Vorbehalten gegen Frauen zu scheitern. Der zuständige Redakteur ist begeistert von der Arbeit des unbekannten Autors und kommt überhaupt nicht auf die Idee, es könne sich um eine Autorin handeln.

So wurde Bertha aus der Not heraus Journalistin. Und danach auch noch eine Schriftstellerin. Zusätzlich zu ihren Zeitschriftenbeiträgen schreibt sie jetzt auch Romane und Novellen, die sie an europäische Redaktionen und Verlage schickt. Sie trifft dabei irgendwie den Geschmack ihrer Zeit, erzählt oft ein bisschen trivial, aber mitreißend von wahrer und falscher Liebe zwischen adeligen und niederen Ständen, von den Schicksalen großer Sängerinnen oder Schauspielerinnen. Ihre Produktivität wird dabei weder durch Selbstzweifel noch durch hohe literarische Ansprüche gebremst.

Das schriftstellernde Ehepaar verfolgt nun, allein schon aus beruflichen Gründen, die literarische Entwicklung und Diskussion seiner Zeit. Erst jetzt nimmt Bertha wahr, was eigentlich in der Welt vorgeht. Gemeinsam mit Arthur liest sie Zeitungen und Bücher und diskutiert mit ihm, worüber ganz Europa diskutiert. Dabei entwickeln die beiden allmählich eine eigene, gemeinsame Weltanschauung, in der Toleranz, Völkerverständigung und Demokratie eine große Rolle spielen.

Jetzt verknüpft Bertha ihre außergewöhnliche Bildung mit den Ideen, die sie aufschnappt, und wendet beides auf die aktuellen Probleme an, von denen sie liest. Das fließt auch in ihre Romane ein. So wird B. Oulot in Europa allmählich zu einem bekannten Schriftsteller.

Nach neun Jahren im Kaukasus bekommt Arthur Heimweh, und Bertha macht sich Sorgen um ihre Mutter, mit deren Gesundheitszustand es bergab geht. Als von Arthurs Familie zunehmend versöhnliche Botschaften in den Kaukasus dringen, kehren sie im Mai 1885 nach Wien zurück. Zu spät, um Berthas Mutter noch zu sehen. Sie ist im Winter 1884 gestorben.

Da sich Arthurs Familie mit dessen »Mesalliance« inzwischen abgefunden hat, dürfen sie ins elterliche Schloss Harmannsdorf einziehen – ein Kompromiss, der allen Seiten viel Geduld und Toleranz abverlangt. Zwei unverheiratete Schwestern Arthurs leben dort, die verheirateten Söhne und Töchter kommen häufig zu Besuch. Bertha muss sich in diesen Clan irgendwie einfügen, was nach den abenteuerlichen Jahren im Kaukasus nicht einfach ist. Sie hat sich verändert, ist eine eigenständige Person geworden mit einem eigenen Geschmack und eigenen Ansichten, die sie freimütig äußert und die meistens in völligem Gegensatz zur stockkonservativen Weltanschauung des suttnerschen Familienclans stehen.

Dass die Schwiegertochter keine Kinder hat, einen Beruf ausübt, eigenes Geld verdient, ist für die Familie stark gewöhnungsbedürftig. Lautstarke Auseinandersetzungen bleiben nicht aus. »Es muß leider auch festgestellt werden (...), daß ihre ›Friedensliebe‹ innerhalb der Familie nicht allzu entwickelt war«, schreibt Carl Suttner fast hundert Jahre später im Vorwort einer Bertha-Biografie, und: »Sie verstand es, sich auch im Privatleben durchzusetzen – nicht immer im Interesse einer heilen Familiengemeinschaft.«

Bertha ist bei ihrer Rückkehr zweiundvierzig Jahre alt. Zu jener Zeit war das Leben der anderen Frauen in diesem Alter im Wesentlichen gelaufen. Berthas Leben beginnt jetzt erst. Als inzwischen bekannte Autorin ist sie oft Gast in Zeitungsredaktionen und auf Schriftstellerkongressen. Sie erstaunt jene Männer, die immer gedacht hatten, bei B. Oulot handle es sich um einen Mann. Sie lernt Kollegen kennen, Verleger, Journalisten und merkt schnell, wie der Literaturbetrieb funktioniert. Zugleich steigt ihr Interesse für Politik, Wissenschaft und Gesellschaft. Das schlägt sich auch in ihren Veröffentlichungen nieder.

Im Jahre 1888 veröffentlicht sie ein Sachbuch *Das Maschinenzeitalter. Zukunftsvorlesungen über unsere Zeit*, ein aus der Perspektive des 20. Jahrhunderts geschriebener Rückblick auf die zweite Hälfte des 19. Jahrhunderts und eine Art politisches Glaubensbekenntnis Bertha von Suttners. Darin setzt sie sich mit Politik, Religion und der Darwin'schen Evolutionstheorie auseinander und entwickelt sich zu einer fortschrittlich-optimistischen Kritikerin des Klerus und des Adels. Sie plädiert für eine demokratische Gesellschaft und eine verbesserte Stellung der Frau, für internationale Verständigung und Abrüstung und für die Anwendung wissenschaftlicher Erkenntnis in allen Bereichen.

Obwohl sich in der Szene inzwischen herumgesprochen hat, wer B. Oulot wirklich ist, veröffentlicht sie das Buch noch nicht unter ihrem eigenen Namen, sondern versteckt sich diesmal hinter dem Pseudonym »Jemand«, weil sie überzeugt ist, dass das Buch keine oder zu wenig Leser fände, wenn sie ihren richtigen Namen draufsetzte. Sie genießt einen stillen Triumph, als sich während eines Abendessens in einer Gesellschaft mehrere Herren in ihrer Anwesenheit angeregt über ihr Buch unterhalten, ohne zu wissen, dass sie die Autorin ist, und sagt: »Oh, dieses interessante Buch muss ich mir auch besorgen.« Worauf die Herren gönnerhaft abraten: »Das ist kein Buch für Damen.«

Dann schreibt sie das Buch, das sie mit einem Schlag in ganz Europa berühmt machen wird: *Die Waffen nieder!*, ihr eigentliches Lebenswerk. Die dem Buch zugrunde liegende Idee stammt nicht von ihr. Im Winter 1886/87 hat sie zum ersten Mal davon erfahren, dass in London eine internationale Friedensliga gegründet worden ist. Deren Ziel ist es, Kriege durch die Abschaffung von Waffen zu verhindern und Konflikte unter den Völkern durch internationale Schiedsgerichte klären zu lassen.

Diese Idee elektrisiert sie und Bertha kleidet sie in einen Roman – kein literarisches Meisterwerk. Karl Kraus wird darüber spotten, Stefan Zweig die Nase rümpfen. Aber irgendetwas muss sie richtig gemacht haben, oder der Text kam einfach zur richtigen Zeit, denn das Buch wird ein Bestseller. Siebenunddreißig Auflagen werden in den folgenden zwanzig Jahren gedruckt, dazu Volksausgaben, Zeitschriftenabdrucke, Übersetzungen in zahlreiche Sprachen.

Suttner hatte für dieses Buch gründlich recherchiert, sich mit Militärgeschichte, Waffentechnik und vor allem mit der Realität des Krieges beschäftigt. Und das war damals neu in der militaristischen Gesellschaft. Kriege galten als Naturereignis, als legitimes Mittel für Eroberungen und die

Unterdrückung anderer Völker, als von Zeit zu Zeit notwendiges Kräftemessen der Nationen, bei dem die Männer sich zu bewähren haben, in der der männliche Charakter veredelt und gestählt wird.

Sogar der Aufklärer Immanuel Kant hing dieser schönfärberischen Vorstellung des Krieges an, als er schrieb: »Selbst der Krieg, wenn er mit Ordnung und Heiligachtung der bürgerlichen Rechte geführt wird, hat etwas Erhabenes an sich und macht zugleich die Denkungsart des Volks, welches ihn auf diese Art führt, nur um desto erhabener, je mehreren Gefahren es ausgesetzt war und sich mutig darunter hat behaupten können: da hingegen ein langer Frieden den bloßen Handelsgeist, mit ihm aber den niedrigen Eigennutz, Feigheit und Weichlichkeit herrschend zu machen und die Denkungsart des Volks zu erniedrigen pflegt.«

Nichts davon sei wahr, schrieb Suttner. Erstmals bestritt da eine Frau den allgemeinen Konsens über die unabänderliche, scheinbar naturnotwendige Schicksalhaftigkeit und Nützlichkeit des Krieges und behauptete, Kriege seien menschengemacht. Und wenn Menschen den Krieg machen können, können sie auch den Frieden machen, sie müssen es nur wollen.

Erstmals hat jemand mit schonungsloser Offenheit den Krieg beschrieben, wie er ist, und zugleich aufgeräumt mit dem Gerede von »Ruhm und Ehre« und der romantisch-verlogenen Verklärung des elenden Sterbens auf dem Schlachtfeld als »Heldentod« und »Dienst am Vaterland«. »Wenn einer nach verlorener Schlacht mit zerschmetterten Gliedern auf dem Felde liegen bleibt und da ungefunden durch vier oder fünf Tage und Nächte an Durst, Hunger, unter unsäglichen Schmerzen, lebend verfaulend, zugrunde geht – dabei wissend, daß durch seinen Tod dem besagten Vaterlande nichts geholfen, seinen Lieben aber Verzweiflung gebracht worden – ich möchte wissen, ob er die ganze Zeit über mit jenem Rufe ›Für das Vaterland‹ gern stirbt.«

Suttner scheut auch nicht davor zurück, die grausamen Verstümmelungen, ja Entmannungen, anzusprechen, die der Krieg für viele Soldaten bereithält. Und sie ahnt schon die Empörung, die das auslösen wird. Sie weiß genau, dass nicht die Ursache der Botschaft, sondern dessen Überbringer verteufelt werden wird. Sie brandmarkt deshalb diese verlogene sittliche Entrüstung und »zimperliche Wohlanständigkeit«: »Geschehen dürfen alle Greuel, aber nennen darf man sie nicht. Von Blut und Unrat sollen die zarten Frauen nichts erfahren und nichts erwähnen, wohl aber die Fahnenbänder sticken, welche das Blutbad überflattern werden; davon dürfen Mädchen nichts wissen, daß ihre Verlobten unfähig gemacht werden können, den Lohn ihrer Liebe zu empfangen, aber diesen Lohn sollen sie ihnen als Kampfesanfeuerung versprechen. Tod und Tötung hat nichts Unsittliches für euch, ihr wohlerzogenen Dämchen – aber bei der bloßen Erwähnung der Dinge, welche die Quellen des fortgepflanzten Lebens sind, müßt ihr errötend wegschauen: Das ist eine grausame Moral, wißt ihr das? Grausam und feig!«

Auch die Kirche greift sie an, weil sie die Waffen segnet. Und den Glauben, Gott würde im Krieg der eigenen Armee zum Schlachtenglück verhelfen, entlarvt sie als Dummheit, ruft doch der Gegner denselben Gott an. Solche Worte ließen niemanden kalt, schon gar nicht die angegriffenen Militärs, den Klerus und die intellektuellen Verherrlicher des Krieges.

All das erscheint uns heute als selbstverständlich, ja fast trivial. Aber damals war das von höchster Brisanz. Wie brisant es war, zeigt allein schon die Tatsache, dass ihr Verleger Edgar Pierson, der bislang an jedem ihrer Werke gut verdient hat, den Text nicht so drucken will, wie Suttner ihn geschrieben hat. Auch die Herausgeber verschiedener Zeitschriften lehnen eine Veröffentlichung ab. Ahnend, dass es Ärger geben wird, wollte Pierson die Autorin dazu überreden, das Buch zu entschärfen. Aber sie blieb hart. Entweder so oder gar nicht.

So erschien das Buch, wie Suttner es geschrieben hatte. Und es ließ keinen kalt, polarisierte, zwang zu einer Entscheidung oder Stellungnahme. Erwartungsgemäß schäumten die Militaristen vor Wut. Die Kleriker versuchten, die Angriffe einer liberalen Atheistin zu ignorieren. Und viele Männer fühlten sich in ihrer Männlichkeit angegriffen. Der damals sehr prominente Jurist und Schriftsteller Felix Dahn, Autor des erfolgreichen Buches *Ein Kampf um Rom*, ließ sich zu folgendem Schmähgedicht gegen die »weiblichen und männlichen Waffenscheuen« hinreißen:

Die Waffen hoch! Das Schwert ist Mannes eigen,
Wo Männer fechten, hat das Weib zu schweigen,
Doch freilich, Männer gibt's in diesen Tagen,
Die sollten lieber Unterröcke tragen.

Auch der 17-jährige Rainer Maria Rilke fühlte sich aufgerufen, in der Manier der Alten den »Tod fürs Vaterland« zu preisen, das »Feld der Ehre« zu rühmen und über jene Memmen, die nicht mehr in den Krieg ziehen wollen, zu wehklagen:

Herein bricht eine neue feige Zeit,
Erbärmlich murmeln sie »Die Waffen nieder«.

Aber es gab auch die anderen, die Suttner feierten, die in ihr die Frau sahen, die endlich aussprach, was sie schon lange ahnten, fühlten oder dachten. Leo Tolstoj und der österreichische Dichter Peter Rosegger schlugen sich auf Suttners Seite.

Und der Freund Alfred Nobel schreibt ironisch-charmant, Berthas Buch stelle sein eigenes Lebenswerk, die Erfindung des Dynamits, infrage: »Denn wo wollen Sie, daß ich im Fall des allgemeinen Friedens mein neues Puder absetze?« Zugleich anerkennt er die Überlegenheit von Berthas »Waffen«: »Freilich tragen die Ihren – der Charme Ihres Stils und die Größe der Ideen auf andere Weise sehr viel weiter als die Lebels(-Gewehre), Nordenfeld(-Kanonen), de Bange(-Geschütze) und alle anderen Höllenwerkzeuge.« Trotzdem hängt Nobel der bis heute üblichen Vorstellung an, dass der Friede dauerhaft nur durch Waffen zu sichern sei, die so furchtbar wirken, dass »alle zivilisierten Nationen zurückschaudern und ihre Truppen verabschieden«.

Die Waffen nieder! traf nicht nur den Nerv der Zeit, sondern hatte auch reale Folgen, allen voran die, dass Bertha von Suttner erst jetzt, nachdem sie die Wirkung ihrer eigenen Worte erlebt hatte, zu jener Friedensaktivistin wurde, die ihre Leser in ihr sahen.

Plötzlich ist sie als Rednerin auf Weltfriedenskongressen gefragt. Zu Abrüstungskonferenzen, Pazifistentreffen und Gründungen von Friedensgruppen wird sie eingeladen. Und ihr Buch verkauft sich immer weiter. Endlich entspannt sich auch ihre finanzielle Lage. Das Herumgereichtwerden von Konferenz zu Konferenz gefällt der »Friedensbertha«, als die sie in bestimmten Blättern verspottet wird, gut. Der Spott kann ihr nichts anhaben, schmeichelt ihr sogar ein wenig, denn das zeigt ihr, dass sie eine wichtige, auf der ganzen Welt bekannte Person geworden ist. Sie steigt jetzt in den Hotels ab, von deren Glanz sie sich früher so magisch angezogen fühlte, stellt fest, dass sie sich noch immer davon angezogen fühlt, und hält Hof. Sie vergisst darüber aber nicht ihr friedenspolitisches Engagement, berät sogar Politiker. Die österreichische Friedensgesellschaft, die 1891 gegründet wird, ernennt Bertha zu ihrer Präsidentin.

So geht es nun viele Jahre immer weiter. Beim 3. Weltfriedenskongress in Rom tritt sie als erste weibliche Rednerin der Weltgeschichte im Kapitol auf. Natürlich hat sie Lampenfieber, ist nervös. Vor ihr sitzt die internationale politische Prominenz und Presse, aber sie macht Eindruck, erntet stürmischen Beifall. 1892 gründet sie zusammen mit Alfred Fried die Zeitschrift *Die Waffen nieder!* und wird deren Schriftleiterin. Im gleichen Jahr reist sie zum 4. Weltfriedenskongress in Bern. Budapest, Antwerpen, Den Haag sind in den nächsten Jahren weitere Stationen der friedenspolitischen Treffen, auf denen Bertha stets eine wichtige Rolle spielt.

Aber so viele Treffen, Konferenzen und Kongresse auch stattfinden, so viele Friedensgesellschaften und Gruppen auch gegründet werden – die Welt wird nicht friedlicher. Im Gegenteil. Alle Staaten rüsten auf. Je mehr sich das Jahrhundert seinem Ende nähert, desto weniger ist ein Umdenken bei den Politikern zu erkennen.

Nur ein ermutigendes Signal erfährt Bertha in jener Zeit, und ausgerechnet das ist mit dem Tod ihres wichtigen Freundes, Begleiters und Beschützers, Alfred Nobel, verknüpft. Der am 10. Dezember 1896 verstorbene Industrielle hatte vor seinem Tod eine Stiftung gegründet zu dem Zweck, mit seinem Vermögen einen Fonds zu bilden, »dessen jährliche Zinsen als Preise denen zuerteilt werden, die im verflossenen Jahr der Menschheit den größten Nutzen geleistet haben.«

Dabei hatte Nobel zunächst an vier Bereiche gedacht, aus denen die Preisträger kommen sollten: Physik, Chemie, Medizin und Literatur. Aber durch seine Freundschaft mit Bertha verfiel er auf die Idee eines fünften Preises. Dieser sollte demjenigen zugesprochen werden, »der am meisten oder besten für die Verbrüderung der Völker und für die Abschaffung oder Verminderung der stehenden Heere sowie die Bildung und Verbreitung von Friedenskongressen gewirkt hat.«

Natürlich dachte Bertha, dass sie eine der ersten Anwärterinnen für diesen Preis sein würde. War sie auch. Aber eben nur eine der ersten, nicht die erste. 1901 wurde der Preis erstmals vergeben, Preisträger waren der Gründer des

Roten Kreuzes, Henri Dunant, und der Gründer der »Französischen Gesellschaft der Friedensfreunde«, Frédéric Passy. Bertha war erst 1905 dran.

Ihre Freude darüber ist riesengroß und dennoch getrübt, denn erstens hätte sie diese Freude und auch das Preisgeld gern mit ihrem Mann Arthur geteilt, aber der war schon tot, und zweitens spürt sie, dass der Preis ihrer Sache, dem Frieden auf der Welt, kaum etwas nützen wird. Weltweit stagnieren die Abrüstungsverhandlungen, kommen Friedensanstrengungen ins Stocken. Alle Zeichen stehen auf Aufrüstung und Säbelrasseln. Die Welt bewegt sich in großen Schritten auf die erste Katastrophe des 20. Jahrhunderts zu, den Ersten Weltkrieg.

»Warum tut ihr nichts, ihr jungen Leute? Euch geht es vor allem an! Wehrt euch doch, schließt euch zusammen! Lasst nicht immer alles uns paar alte Frauen tun, auf die niemand hört!«

Der junge Mann, dem Bertha von Suttner diese Sätze auf der Straße zuruft, ist Stefan Zweig. Jahre später berichtet er darüber in seinen *Erinnerungen eines Europäers* und gesteht, dass er die alte Frau auf der Straße damals wohl nicht so recht ernst genommen hatte, dass er, wie viele Intellektuelle seiner Zeit, ein wenig Herablassung gegenüber der einfachen Botschaft der »Friedensbertha« empfand.

Das war im Jahr 1913, und Suttner hatte damals wohl deutlicher als Zweig und viele andere gespürt, dass ein Krieg von ungeahnten Dimensionen in der Luft liegt, eine neue Art von Krieg, wie es ihn in der Geschichte davor nicht gegeben hat. Sie musste ihn nicht mehr erleben. Sie starb kurz vor Ausbruch des Krieges am 21. Juni 1914 in Wien.

»Sie hatte vielleicht nur diesen einen Gedanken«, schrieb Stefan Zweig: »*Die Waffen nieder!* Aber es ist ihre unvergängliche Größe, daß dieser Gedanke nicht nur der richtige, sondern auch der einzig wichtige unserer Epoche gewesen war.«

Dem Ersten Weltkrieg folgte der Zweite. Und im Jahr 2005 haben die weltweiten Rüstungsausgaben erstmals die Grenze von einer Billion US-Dollar überschritten, meldete das Internationale Konversionszentrum Bonn (BICC) im Mai 2007. Zwischen 2005 und 2006 sei die Zahl der Konflikte, bei denen zumindest sporadisch physische Gewalt angewendet wurde, von 91 auf 111 gestiegen.

Aber das ist nur der eine Teil der Wahrheit. Der andere lautet: Der überwiegende Teil Europas blickt heute auf sechzig Jahre Frieden zurück. Die Europäische Union bildet inzwischen eine Friedenszone, die in ihrer Länge vom Nordkap bis Malta reicht und sich in der Breite von Irland bis in die Ägäis erstreckt. Dass Deutsche, Engländer und Franzosen jemals wieder aufeinander schießen, ist nach heutigem Ermessen ausgeschlossen. Es scheint so, als ob es zumindest innerhalb der Europäischen Union gelungen sei, die jahrtausendealte Institution des Krieges zu überwinden. Bertha Suttner hat zu dieser weltgeschichtlich einmaligen Tatsache das Ihre beigetragen.

Peter Benenson
Ein Hund, der das Ufer erblickt, ertrinkt nicht

* 1921 als Peter James Henry Solomon Benenson in London ✦ 1937 Schüler auf der Eliteschule in Eton, »adoptiert« mit 16 Jahren ein spanisches Waisenkind ✦ Nach dem Abschluss in Oxford Pressearbeit im britischen Informationsministerium ✦ ab 1945 Jurastudium ✦ 1958 konvertierte er vom Judentum zum Katholizismus ✦ 1961 startet Benenson mit einem Artikel in *The Observer* »Den Appell für Amnestie«, damit beginnt im Juli die Arbeit von *amnesty international* ✦ 1986 zündet Benenson eine Kerze an, die mit Stacheldraht umwickelt ist – das Symbol für *amnesty international* ✦ † 2005 in Oxford

Vor rund einem halben Jahrhundert war Europa etwas ganz anderes als heute. Es gab noch keine Europäische Union, sondern nur die EWG (Europäische Wirtschaftsgemeinschaft), der Frankreich, Italien, Luxemburg, Holland und die Bundesrepublik Deutschland (West) angehörten. In einigen Ländern, die heute der EU angehören, regierten damals noch Diktatoren, beispielsweise in Spanien und Portugal. Dort herrschten Francisco Franco und António de Oliveira Salazar, und in Griechenland putschten sich 1967 einige Generale an die Macht und errichteten eine Militärdiktatur, die erst 1974 gestürzt werden konnte.

In jener Zeit, Anfang der Sechzigerjahre, las der Londoner Anwalt Peter

Benenson in der Zeitung von zwei portugiesischen Studenten, die 1961 in Lissabon verhaftet und zu sieben Jahren Gefängnis verurteilt wurden, weil sie in einem Lokal deutlich hörbar auf die Freiheit angestoßen hatten. Benenson hatte bereits zuvor in Gewerkschaftsdiensten als Prozessbeobachter in Spanien erste Erfahrungen mit totalitären Regimen gesammelt. Daher wusste er, was eine Haftstrafe in solchen Staaten bedeutete, und war über diese kleine Meldung erschüttert.

Er dachte: Das darf nicht sein. Auf die Freiheit anstoßen und dann verhaftet werden? Sie haben noch nicht einmal die Freiheit verlangt, geschweige denn zum Umsturz aufgerufen oder sich bewaffnet, um den Umsturz gewaltsam herbeizuführen. Nein, sie haben sich nur ganz harmlos in einer Kneipe zugeprostet und ihrer Hoffnung auf Freiheit Ausdruck verliehen – und das soll ein Verbrechen sein, für das man sieben Jahre ins Gefängnis muss?

Die Herren, die zwei solch harmlose Zecher ins Gefängnis werfen, sind die eigentlichen Verbrecher, da ist sich Benenson sicher. Diejenigen, die solche Gesetze gemacht haben, gehören verhaftet. Und bestrafen sollte man jene Denunzianten, die den harmlosen Trinkspruch gehört und an die Behörden gemeldet haben. Aber zugleich sah Benenson ein, dass es nicht in seiner Macht steht, die Verhältnisse geradezurücken, die eigentlichen Verbrecher ins Gefängnis zu werfen und die unschuldigen Studenten aus dem Gefängnis zu holen.

In Benensons Kopf ratterten die Fragen durcheinander. Fragen, die sich wohl jeder schon einmal gestellt hat, der sich angesichts solch einer Zeitungsmeldung eingestehen musste: Es ist schlimm, aber ich kann nichts tun.

Kann man wirklich nichts tun? Ist man als Einzelner immer nur zu wütender Ohnmacht verurteilt und dazu verdammt, den Schergen dieser Welt bei ihrer Arbeit zuzusehen? Kann man noch nicht einmal für die Opfer etwas unternehmen? Ist es unmöglich, den vielen unschuldig in den Gefängnissen Sitzenden auf irgendeine Weise zu helfen? Das wäre unerträglich. Irgendetwas muss man doch tun. Aber was? Was kann denn ein einzelner unbekannter Londoner Anwalt dagegen ausrichten? Nichts, außer protestieren. Aber diesen Protest werden die Helfer und Helfershelfer der Diktatoren sehr wahrscheinlich ungelesen in den Papierkorb werfen und die Diktatoren selbst werden noch nicht einmal etwas davon erfahren.

Trotzdem beschließt Benenson, etwas zu unternehmen. Er will zur portugiesischen Botschaft fahren, um dort seinen persönlichen Protest auszudrücken. Wenigstens das, denkt er, will ich jetzt loswerden. Dann sollen sie mit meinem Protest machen, was sie wollen. Auf der Fahrt dorthin fragt er sich, ob sie ihn überhaupt hineinlassen werden in die Botschaft, und wenn ja, was sein Protest für einen Sinn hat. Die portugiesische Diktatur wird er damit nicht stürzen und für die beiden verhafteten Studenten wird er höchstwahrscheinlich auch nichts erreichen. Also gibt er sein Vorhaben auf.

Am Trafalgar Square steigt er aus, und weil er ein tiefgläubiger Katholik ist, geht er in die St.-Martins-Kirche, um nachzudenken. »Ich ging hinein, um mir darüber im Klaren zu werden, was tatsächlich und effektiv getan werden konnte.« Und dann wurde ihm klar: Einer allein kann mit seiner ohnmächtigen Wut gar nichts ausrichten. Man braucht viele, die wütend sind über das, was täglich auf der Welt passiert. Diese vielen Ohnmächtigen muss man mobilisieren und organisieren und zu einem gemeinsamen Handeln anstiften, dann wird aus Ohnmacht Macht. Die Macht von Menschen, die weder über Reichtümer noch Waffen verfügen, wird natürlich kaum ausreichen, um Diktaturen zu stürzen, aber vielleicht wird sie ja ausreichen, um wenigstens den Opfern der Diktaturen zu helfen. Und vielleicht kann das bisschen Macht helfen, es den Diktatoren schwerer zu machen, ihre Völker zu schikanieren.

Aber wie kann man als Einzelner andere mobilisieren und zum gemeinsamen Handeln aufrufen? Warum sollten die anderen auf irgendeinen Londoner Anwalt hören? Wie soll er sich überhaupt Gehör verschaffen? Der damals 41-jährige Anwalt konnte nicht einfach seinen Beruf an den Nagel hängen, um irgendwelche Volksmassen zu organisieren. Was also tun?

Er kam auf seiner Bank in der Kirche auf eine genial einfache Idee: Ich werde einfach etwas schreiben und es in der Zeitung drucken lassen. Ich werde den Fall dieser zwei portugiesischen Studenten ansprechen und aus diesem Anlass auf das Schicksal politischer Gefangener aufmerksam machen, die überall in der Welt wegen ihrer Einstellung inhaftiert, gefoltert und ermordet wurden. Und dann werde ich die Leser dazu aufrufen, massenhaft Briefe an die Regierungen zu schreiben und zu verlangen, dass diese Menschen freigelassen oder zumindest ihre Haftbedingungen erleichtert werden.

Wenn jemand einen Brief schreibt, ist das sein Privatvergnügen. Das wird niemand interessieren. Wenn hundert Menschen einen Brief schreiben, ist das eine öffentliche Angelegenheit, und die lokale Presse muss darüber berichten. Wenn zehntausend einen Brief schreiben, muss die regionale Presse darüber berichten, bei hunderttausend die überregionale und bei einer Million die Weltpresse.

Aber ist es nicht naiv, als einfacher Bürger etwas zu schreiben, es in eine Zeitungsredaktion zu tragen und zu sagen: Hier bitte, ich habe da etwas geschrieben, das müsst ihr drucken. Ja, das ist naiv. Da könnten ja jeden Tag Hunderte kommen und Texte abliefern, die ihrer Ansicht nach unbedingt gedruckt werden müssen. Was übrigens auch geschieht. Diese Texte landen so gut wie immer im Papierkorb.

Aber Benenson sagte sich: Ich brauche nur einen einzigen Redakteur, der es druckt. Und ich verfolge mit meinem Anliegen nicht irgendein wirtschaftliches Interesse oder sonst einen privaten oder egoistischen Zweck, sondern ich mache auf einen politischen Missstand aufmerksam, der von allgemeinem öffentlichen Interesse ist. Es wird sich doch irgendwo ein Redakteur finden, der einsieht, dass das wichtig ist, was ich schreibe, und der dann auch in der Redaktionskonferenz durchsetzt, dass es gedruckt wird.

Benenson setzte sich hin und schrieb seinen Artikel. Danach machte er sich auf die Suche nach einer Zeitung, die bereit war, seinen Artikel zu drucken. Und wurde fündig. Im *Observer* stand am 28. Mai 1961 unter dem Titel »The Forgotten Prisoners« Benensons Artikel.

Darin sprach er die Leser des *Observer* direkt an und schrieb: »Sie können Ihre Zeitung an jedem x-beliebigen Tag der Woche aufschlagen und Sie werden in ihr einen Bericht über jemanden finden, der irgendwo in der Welt gefangengenommen, gefoltert oder hingerichtet wird, weil seine Ansichten oder seine Religion seiner Regierung nicht gefallen. Millionen solcher Menschen sitzen im Gefängnis (...), und ihre Zahl wächst. Der Zeitungsleser empfindet dabei ein krank machendes Gefühl der Ohnmacht. Doch wenn diese weltweiten Gefühle von Abscheu und Empörung in eine gemeinsame Aktion überführt werden könnten, dann könnten wir wirklich etwas bewegen.«

Er forderte die Leser auf, sich für die Freilassung dieser Gefangenen einzusetzen, indem sie Briefe an die jeweiligen Regierungen verfassen. »Die Teilnahme jeder Gruppe wird begrüßt, die bereit ist, Unterdrückung zu verurteilen, unabhängig davon, wo diese vorkommt, wer dafür verantwortlich ist und welche Ideen unterdrückt werden.«

Er hatte auch noch die Idee, den Gefangenen selbst und deren Angehörigen zu schreiben, damit diese wissen, dass sie nicht allein sind auf der Welt, sondern dass es weltweit Menschen gibt, die in Gedanken bei den Gefangenen und deren Familien sind und dass diese einfachen, normalen Menschen mit den kleinen, ihnen zur Verfügung stehenden Mitteln versuchen werden, die Freilassung oder wenigstens bessere Haftbedingungen zu erwirken.

Es war, als ob die Menschen auf so einen Anstoß nur gewartet hätten. Innerhalb weniger Wochen meldeten sich Tausende von Lesern, die ihre Bereitschaft zur Mitarbeit bekundeten, Leser aus allen Ecken der Welt, denn Benensons Artikel wurde von dreißig anderen Zeitungen in den verschiedensten Ländern nachgedruckt. Der Anwalt aus England hatte offenbar Millionen von Menschen aus dem Herzen gesprochen.

Nun musste er ein Büro mieten, um des Ansturms Herr zu werden, die Sache zu organisieren und erste Aktionen in die Wege zu leiten. Es war ihm wichtig, dass die Interessenten sich treffen, persönlich kennenlernen und über das weitere Vorgehen beraten konnten. Schon im Juli 1961 war es so weit. Teilnehmer aus Belgien, Deutschland, England, Frankreich, Irland, der Schweiz und den USA beschlossen, »eine permanente internationale Bewegung zur Verteidigung der Freiheit von Meinung und Religion« zu gründen. Aus dieser Idee entstand die Menschenrechtsorganisation *amnesty international*, die heute 2,2 Millionen Mitglieder in mehr als 150 Ländern hat und zu einer international anerkannten Instanz in Menschenrechtsfragen geworden ist.

Es war nicht das erste Mal, dass Peter Benenson intervenierte. Schon als Schüler hatte er sich einmal in einem Brief an die Schulleitung über das schlechte Essen beschwert, das die Schulküche produzierte. Der einzige Erfolg dieser Beschwerde bestand in einem Brief der Schulleitung an Benensons Mutter, in dem sie vor den »revolutionären Tendenzen« ihres Sohnes gewarnt wurde. Davon ließ sich dieser aber nicht entmutigen.

Als 16-Jähriger verschaffte er sich seine erste »Kampagnen-Erfahrung«: Er verlangte, dass seine Schule das »Spanish Relief Committee« unterstützte, das Waisen aus dem spanischen Bürgerkrieg half. Er selbst »adoptierte« mit einem finanziellen Beitrag eines der Kinder.

Später interessierte er sich für das Schicksal der Juden, die vor Hitlers Naziregime nach England flüchteten. Benenson sammelte bei seinen Freunden und deren Familien 4000 britische Pfund, um zwei junge deutsche Juden nach Großbritannien zu bringen. Wahrscheinlich rettete er ihnen damit das Leben.

Während des Krieges studierte er ein Jahr Geschichte am Balliol College der Oxford University in London und ging anschließend in die Armee, wo er im Pressebüro des Informationsministeriums arbeitete. Nach dem Krieg verließ er die Armee, um Rechtsanwalt zu werden, und legte sein Examen ab. Benenson wurde Mitglied der Labour Party (Arbeiterpartei) und führendes Mitglied der »Society of Labour Lawyers« (Gesellschaft der Arbeiteranwälte).

In dieser Eigenschaft schickte ihn in den Fünfzigerjahren der Gewerkschaftskongress als Prozessbeobachter nach Spanien, um Gerichtsverhandlungen gegen Gewerkschafter zu verfolgen. Benenson war entsetzt über das, was er sah, und schon dort weigerte er sich, nur den passiven Beobachter zu spielen. Er konfrontierte den Verhandlungsrichter mit einer Reihe von Beschwerden und erreichte tatsächlich Freisprüche. Dadurch erwarb er sich großes Ansehen und wurde nun weltweit als Anwalt in politischen Prozessen beschäftigt.

In Zypern unterstützte er griechisch-zypriotische Anwälte, deren Klienten mit den britischen Machthabern in Konflikt geraten waren. Während des Ungarnaufstandes von 1956 setzte er sich erfolgreich dafür ein, Beobachter nach Ungarn zu schicken, um korrekte Gerichtsverfahren zu gewährleisten. Das Gleiche erreichte er für Südafrika, wo ein wichtiges Gerichtsverfahren wegen Landesverrats bevorstand.

Benenson war also kein unbeschriebenes Blatt mehr, als er 1961 seinen Artikel im *Observer* veröffentlichte. Seine internationale Erfahrung als Anwalt in politischen Angelegenheiten war sicher einer der wichtigsten Gründe für den durchschlagenden Erfolg von *amnesty international*. Mit dieser Erfahrung arbeitete Peter Benenson in den ersten Jahren sehr engagiert für die neue Organisation, die nun entstand. Er kümmerte sich um die Beschaffung von Geld, nahm an Untersuchungen über Menschenrechtsverletzungen in verschiedenen Ländern teil und förderte in den schwierigen Anfangsjahren die Entwicklung seines Projektes mit aller Kraft, so lange, bis es nicht mehr »sein Projekt« war, sondern die Mitglieder erkannt hatten, dass es ihres ist.

Das war 1967, sechs Jahre nach Erscheinen seines Artikels, der Fall. Nun zog er sich aus der Organisation zurück, gab auch seinen Anwaltsberuf auf, betrieb fortan eine Farm, begann zu malen. Ganz zog er sich jedoch nicht aus der Welt zurück. Jahrelang führte er die Organisation »Christen gegen Folter« und war auch beteiligt an der Gründung einer Gesellschaft für Menschen mit Zöliakie (Erkrankung der Dünndarmschleimhaut), einer Krankheit, unter der er selbst gelitten hat.

Über die Gründungsjahre von *amnesty international* sagte Benenson einmal: »Zu dieser Zeit wurden wir ins kalte Wasser geworfen und lernten. Wir probierten jede Technik aus, um die Öffentlichkeit zu erreichen, und wir waren sehr dankbar für die breite Unterstützung von Medienleuten und Fernsehteams überall auf der Welt, die uns nicht nur Informationen wie die Namen von Gefangenen lieferten, sondern, wann immer sie konnten, Berichte über Gefangene veröffentlichten. Ich denke, es ist die Öffentlichkeitsarbeit von *amnesty international*, die die Organisation weltweit bekannt machte. Nicht nur bei Leserinnen und Lesern, sondern auch bei Regierungen – und das ist es, was zählt.«

Das Ziel von *amnesty international* lässt sich mit einem berühmten Wort des Aufklärers Voltaire formulieren: »Ich teile keine deiner Auffassungen, aber ich werde alles in meinen Kräften stehende tun, damit du sie vertreten kannst.« Es ist also egal, wegen welcher Meinung jemand verhaftet wurde. Es ist egal, ob es sich um Kommunisten, Christen, Muslime oder Zeugen Jehovas handelt. Die einzige Bedingung ist, dass der Häftling keine Gewalt angewendet hatte.

Diese absolute politisch-weltanschauliche Neutralität dürfte für den bis heute anhaltenden Erfolg von *amnesty* entscheidend gewesen sein, weil damals, in den Sechzigerjahren, die Welt in zwei Blöcke gespalten war. Durch ganz Europa ging ein Riss in Form des »Eisernen Vorhangs«. Ostdeutschland (DDR) und Osteuropa war kommunistisch und hatte sich durch Stacheldraht und bewaffnete Grenzpolizei von der freien Welt des Westens abgeschottet. Es herrschte Kalter Krieg zwischen Ost und West. Zwei feindliche, bis an die Zähne bewaffnete Armeen standen sich entlang dieser Grenze gegenüber. Und wann immer eine Seite aufrüstete, um dem Gegner militärisch überlegen zu sein, rüstete die andere nach. Irgendwann hatten beide Seiten so viele Atomwaffen angehäuft, dass sie mit deren Sprengkraft die ganze Erde gleich mehrfach hätten vernichten können.

Wenn in diesem Klima des Kalten Krieges auch nur der leiseste Verdacht aufgekeimt wäre, die Leute von *amnesty international* seien Parteigänger des Westens, ein Instrument der kapitalistischen Propaganda, das immer nur die Unfreiheit im Kommunismus anprangert aber für die Unfreiheit im Rest der Welt blind ist, hätte diese Organisation im gesamten Ostblock nichts ausrichten können. Umgekehrt dasselbe: Hätte sie sich auf Häftlinge im Westblock konzentriert, wären die Regierungen rasch mit dem Vorwurf gekommen, bei *amnesty international* handle es sich um eine von Moskau gesteuerte kommunistische Kampftruppe. Dann hätten sie im Westen, wie etwa Spanien oder Portugal, nichts ausrichten können.

Da sich aber *amnesty international* strikt aus diesem Ost-West-Konflikt heraushielt und prinzipiell jede Menschenrechtsverletzung anprangerte, egal in welchem Land und in welchem Block, erarbeitete sich die Organisation eine hohe Glaubwürdigkeit. Sie konnte sich deshalb zu jener unabhängigen Instanz entwickeln, deren Stimme überall in der Welt gehört und ernst genommen wird.

Ein weiterer Erfolgsfaktor ist die klare, für jedermann verständliche Beschränkung auf ein genau umrissenes Ziel. Dort, wo einem gewaltfreien Menschen das universale Menschenrecht auf Meinungsfreiheit oder einen fairen, rechtsstaatlichen Prozess verwehrt wird und er deshalb ins Gefängnis kommt, wird *amnesty international* aktiv. Das Ziel ist immer die Freilassung aller Gewissensgefangenen, also der Menschen, die aufgrund ihres Glaubens, ihrer politischen Überzeugung, ihrer ethnischen Abstammung, ihres Geschlechts, ihrer Hautfarbe, ihrer Sprache oder ihrer nationalen oder sozialen Herkunft oft ohne ordentliches Gerichtsurteil inhaftiert worden sind.

Natürlich nimmt *amnesty international* kein Geld aus Staatskassen, sondern finanziert sich allein durch Mitgliedsbeiträge und Spenden. Bei der Betreuung von Gefangenen wird auch darauf geachtet, dass die Betreuer aus einem anderen Land kommen, um so die Neutralität zu wahren.

Der dritte Erfolgsfaktor liegt in den einfachen, klaren Aktionsformen, die wirklich jedem die Möglichkeit bieten, etwas zu verändern, und ihm dabei auch noch eine Wahl lassen. Man kann sich als Mitglied aktiv an der Arbeit von *amnesty international* beteiligen, man kann sich aber auch darauf beschränken, der Organisation eine Spende zukommen zu lassen. Und man kann sich drittens an einer oder mehreren Aktionsformen beteiligen, ohne Mitglied sein zu müssen.

Im Wesentlichen haben sich im Lauf der Zeit sechs solcher Aktionsformen herausgebildet.

Die erste und älteste besteht in Briefaktionen zugunsten einer verhafteten Person. Es sind »Briefe gegen das Vergessen«. Dabei veröffentlicht *amnesty international* über die Medien, aber auch über die eigene Homepage im Internet (www.amnesty.de) in jedem Monat drei Fälle aus verschiedenen Ländern, in denen jemand zu Unrecht oder aufgrund unfairer Verfahren verurteilt wurde, verschwunden ist oder schon jahrelang oder jahrzehntelang zu Unrecht im Gefängnis sitzt.

Im April 2008 beispielsweise berichtete *amnesty international* über Ronak Safarzadeh und Hana Abdi aus dem Iran, Ding Zilin aus China und Bárbara Italia Méndez aus Mexiko.

Ronak Safarzadeh und Hana Abdi sitzen seit November 2007 im Gefängnis. Ihr »Verbrechen«: friedliches Engagement für die Rechte der Frauen im Iran. *Amnesty international* fordert die Freilassung von Ronak Safarzadeh und Hana Abdi und ein Ende der rechtlichen Diskriminierung von Frauen im Iran.

Die pensionierte Universitätsprofessorin Ding Zilin hat im Juni 1989 bei den Demonstrationen der Demokratiebewegung auf dem Platz des Himmlischen Friedens (Tiananmenplatz) in Peking ihren 17-jährigen Sohn verloren. Er war von Soldaten erschossen worden. Ding Zilin gründete die Gruppe »Mütter von Tiananmen«, die aus etwa 130 Menschenrechtlern besteht. Die Gruppe stellte die Namen der Getöteten zusammen und die von mindestens 70 verletzten Personen. Sie fordert die chinesischen Behörden regelmäßig auf, die Familien der Opfer in der Öffentlichkeit trauern zu lassen, die strafrechtliche Verfolgung der Opfer und ihrer Familien einzustellen, all diejenigen freizulassen, die im Zusammenhang mit den Demonstrationen von 1989 inhaftiert wurden. Die Mitglieder werden wegen dieser Forderungen schikaniert, diskriminiert und willkürlich inhaftiert. *Amnesty international* fordert eine vollständige und transparente Diskussion über das Massaker auf dem Tiananmenplatz mit dem Ziel, die Täter vor Gericht zu stellen und die Opfer und ihre Angehörigen zu entschädigen.

Bárbara Italia Méndez hatte im Mai 2006 in San Salvador Atenco im Bundesstaat Mexiko an einer Demonstration teilgenommen. Am Tag danach wurde sie von der Polizei festgenommen, geschlagen und vergewaltigt. Méndez ist eine von 26 Frauen, die angaben, sie hätten sexuelle und andere Gewalt erfahren, nachdem sie verhaftet worden waren. Méndez wurde in das Santiaguito-Gefängnis im Bundesstaat Mexiko gebracht, wo man sie ärztlich untersuchte. Die Gefängnisärzte nahmen jedoch nicht alle ihre körperlichen Verletzungen in den Bericht auf und versuchten auch nicht, den sexuellen Missbrauch nachzuweisen. Da ihr der Zugang zu einem Anwalt verwehrt wurde, weigerte sie sich auszusagen und erhob stattdessen Anklage wegen Vergewaltigung und weiterer Misshandlungen. Die öffentliche Empörung über die Berichte zu den Missbräuchen führte schließlich dazu, dass die Staatsanwaltschaft Ermittlungen aufnahm. Dennoch wurde bisher keiner der für die Verbrechen verantwortlichen Beamten vor Gericht gestellt.

Amnesty international fordert die Bekämpfung von Vergehen an Frauen und eine gründliche, unabhängige und sofortige Untersuchung der Berichte über Vergewaltigungen und andere Misshandlungen von Bárbara Italia Méndez und 25 weiteren Frauen. Die Verantwortlichen müssen vor Gericht gestellt werden und die Betroffenen eine angemessene Entschädigung erhalten.

Die iranischen Frauenrechtlerinnen, die um ihren Sohn trauernde Chinesin, die um ihr Recht kämpfende Mexikanerin – drei Fälle, wie sie seit rund einem halben Jahrhundert Monat für Monat von *amnesty international* bekannt gemacht werden. Auf ihrer Homepage fordert *amnesty international* dazu auf, den zuständigen Behörden einen Brief zu schreiben, in dem die genannten Forderungen in höfliche Worte gekleidet werden, und nennt die zugehörigen Adressen.

Wenn Menschen aus aller Welt darauf reagieren, können Menschenrechtsverletzungen ins Licht der Öffentlichkeit geholt und beendet werden. Jeder Brief trägt dazu bei, dass Folter gestoppt, ein Todesurteil umgewandelt oder ein Mensch aus politischer Haft entlassen wird. Die Erfolgschancen stehen gut: Etwa die Hälfte aller gewaltlosen politischen Gefangenen kommen frei.

Eine zweite Aktionsform ist die »Fallarbeit«: Ein ganz bestimmter Gefangener wird von einer oder von mehreren Arbeitsgruppen betreut. Deren Mitglieder nehmen Kontakt zu dem Gefangenen und dessen Familie auf, kümmern sich um einen Anwalt, schreiben Briefe, berichten regelmäßig über den aktuellen Stand des Verfahrens und lassen nicht locker, bis der Häftling freikommt.

»Daß wir heute leben, liegt daran, daß Eure Bemühungen uns vor dem Galgen bewahrt haben«, sagte der Kenianer Koigi wa Wamwere, der zu Unrecht im Gefängnis saß, über die Wirkung dieser Fallarbeit. »Daß unser Ansehen ungetrübt geblieben ist, liegt daran, daß Ihr den Mut gezeigt habt, unsere Unschuld anzuerkennen, und uns selbstbewußt gewaltlose politische Gefangene genannt habt. Unser Volk sagt: ›Ein Hund, der das Ufer erblickt, ertrinkt nicht.‹ Daß ich das Ufer erreichte und nicht im Gefängnis ertrank, liegt daran, daß Ihr mir gewunken und mir das Ufer gezeigt habt.«

Die dritte Aktionsform nennt sich »Urgent Actions« (Eilaktionen).

Sobald Mitgliedern zu Ohren kommt, dass irgendwo Menschenrechtsverletzungen geplant sind oder Menschen akut bedroht sind, werden innerhalb von 48 Stunden Mitglieder und Unterstützer mobilisiert, um bei den verantwortlichen staatlichen Stellen zu appellieren.

Ein Beispiel: In Turkmenistan ist im April 2008 der 59-jährige Waleri Pal verhaftet worden unter dem Vorwand, 2004 einen Diebstahl an seinem Arbeitsplatz begangen zu haben. Seine Familie und seine Freunde nehmen aber an, dass es in Wahrheit darum geht, einen missliebigen Kritiker zum Schweigen zu bringen, denn Pal engagierte sich seit 1993 politisch und hat unter anderem an Protestaktionen gegen die Umbenennung seiner Heimatstadt teilgenommen. Er half Bürgern bei der Bewältigung verschiedener sozialer Probleme und hat andere Aktivisten und Menschenrechtler mit seinen Computerkenntnissen unterstützt. Er wusste von Korruptionsfällen in seinem Unternehmen und wer daran beteiligt war.

Was Pals Fall zu einer Eilsache macht, ist seine Gesundheit. Er erlitt 2004 einen Schlaganfall. Seitdem ist seine linke Körperseite teilweise gelähmt. Er benötigt eine regelmäßige Behandlung und Bewegungstraining. Laut Angaben seiner Ehefrau wäre er fast an den Folgen des Schlaganfalls gestorben. Zudem leidet er an einer chronischen Entzündung der Prostata. Er braucht dringend eine medizinische Versorgung, aber die bekommt er nicht. Seine Ehefrau sagte, dass »jeder weitere Tag, den er [unter diesen Bedingungen] im Gefängnis verbringt, sein Leben gefährdet«. Anklage gegen Waleri Pal wurde noch nicht erhoben, aber seinen Familienangehörigen soll angeboten worden sein, dass sie gegen ein Bestechungsgeld von mehreren Tausend US-Dollar an den zuständigen Ermittler die Freilassung von Waleri Pal erwirken könnten.

In solchen Fällen bittet *amnesty international* Mitglieder und Unterstützer, Faxe, E-Mails und Luftpostbriefe an die zuständigen Behörden zu schreiben. Diese sollen aufgefordert werden, den Gefangenen medizinisch zu versorgen, und ihm entweder in einem ordentlichen Gerichtsverfahren seine Schuld zu beweisen oder ihn freizulassen.

Natürlich führen solche Aktionen nicht zuverlässig in jedem Fall zum Erfolg. Aber in ungefähr einem Drittel der Fälle kann erreicht werden, dass sich die Situation der betroffenen Personen verbessert. Einer der bekanntesten Persönlichkeiten, für die Urgent-Actions-Briefe geschrieben worden sind, ist der ehemalige Präsident der Tschechischen Republik Vaclav Havel. Er wurde im Januar 1989 verhaftet. Vier Monate später wurde er aus der Haft entlassen, nachdem eine Flut von Briefen und Faxen bei den Verantwortlichen angekommen war.

»Mein Fall belegt, daß diese Form der Aktion Sinn macht und Erfolg bringt«, sagte Havel nach seiner Freilassung. Eine kleine Mühe – ein Brief – hatte diesen Mann aus dem Gefängnis geholt.

Noch weniger Mühe verlangt die vierte Aktionsform, die Onlinekampagne. Sie erfordert im Grunde nur fünf Mausklicks. Mit dem ersten Klick geht man auf die Kampagnenseite der Homepage von *amnesty international* (http://www.amnesty-einsatz.de). Einmal eingegeben und als Lesezeichen gespeichert kann sie künftig sofort angesteuert werden. Dort berichtet *amnesty* über aktuelle Fälle von Menschenrechtsverletzungen, im April 2008 beispielsweise über den Chinesen Chen Guangcheng, der zu vier Jahren Gefängnis verurteilt wurde. Sein Verbrechen: Er hatte Dorfbewohner aus seiner Heimatprovinz Shandong bei einer Klage gegen lokale Behörden unterstützt, weil sie Frauen zu Sterilisierungen gezwungen haben sollen.

Diesem Mann kann nun jeder helfen mit den nächsten Mausklicks. Ein von *amnesty*-Mitarbeitern vorformulierter Brief an Chinas Ministerpräsident Wen, in dem um Freilassung gebeten wird, muss jetzt nur noch markiert und ins eigene Mailformular kopiert werden. Mit dem nächsten Mausklick kopiert man die Adresse von Ministerpräsident Wen, noch ein Klick auf »Senden« und ab geht die Post.

Solche »E-Cards«, die einem nichts weiter abverlangen als ein paar Mausklicks, sind vielleicht die effizienteste Form des Kampfs für Menschenrechte.

Zwar macht eine einzelne E-Mail bei den Diktatoren dieser Welt weniger Eindruck als ein selbst formulierter Brief, der mit der Post kommt, aber wenn so eine Mail innerhalb kürzester Zeit von Zehntausenden an die Behörden geschickt wird, wissen diese: Oh, da entsteht gerade Öffentlichkeit für einen unserer Häftlinge. Das kann Ärger geben, also Vorsicht. Und dann ergeht die Order an das Gefängnispersonal, diesen bestimmten Häftling gut zu behandeln. Und nach oben wird gemeldet: Achtung, Öffentlichkeit, bitte prüfen, ob Haft wirklich nötig oder Freilassung nicht vorteilhafter. So kann auch der Bequemste mit geringsten Mitteln dazu beitragen, den Diktatoren dieser Welt das Leben ein bisschen schwerer zu machen.

Unterstützt werden diese vier konkreten Möglichkeiten, das Schicksal der politisch Verfolgten dieser Welt zu wenden, von zwei allgemeiner wirkenden Aktionen: der Öffentlichkeits- und Lobbyarbeit und der Menschenrechtsbildung. Durch vielfältige Aktionen, Schriften und Kampagnen soll ganz allgemein die Realität der ständigen Verletzung von Menschenrechten im Bewusstsein der Menschen verankert und die Öffentlichkeit dagegen mobilisiert werden. Um bei jungen Menschen Wissen über die Menschenrechte zu vermitteln, besuchen Mitglieder von *amnesty international* auch Schulen.

Der Einsatz lohnt sich. Regelmäßig berichtet *amnesty international* über Häftlinge, die freigelassen wurden, oder über die rechtzeitige Verhinderung von Menschenrechtsverletzungen.

Zum Symbol für *amnesty international* wurde die brennende Kerze mit dem Kranz aus Stacheldraht. Peter Benenson hat sie anlässlich einer Feier zum 25-jährigen Bestehen der Menschenrechtsorganisation angezündet und dazu gesagt: »Diese Kerze brennt nicht für uns, sondern für alle, die wir nicht aus dem Gefängnis retten konnten, die auf dem Weg ins Gefängnis erschossen wurden, die gefoltert oder entführt wurden, die ›verschwunden‹ sind. Dafür steht diese Kerze.«

Sie steht aber nicht nur für das Schicksal der politischen Gefangenen, sondern schließt auch andere Verletzungen fundamentaler Menschenrechte mit ein, etwa Folterungen, Mord, die Todesstrafe oder das »Verschwindenlassen« im Auftrag des Staates. Seit einiger Zeit kämpft *amnesty international* auch gegen Geiselnahmen, Unterdrückung von Minderheiten und willkürliche Abschiebung von Asylsuchenden, sowie gegen die Missachtung der Rechte von Lesben und Schwulen.

Zum vierzigsten Geburtstag seiner Organisation im Jahr 2001 schrieb Benenson: »Erst dann, wenn der letzte Gefangene aus Gewissensgründen befreit, wenn die letzte Folterkammer geschlossen ist und wenn die Menschenrechtserklärung der Vereinten Nationen für die ganze Weltbevölkerung gilt, wird unsere Arbeit getan sein.«

Dafür reichte sein Leben nicht aus, und auch seine Nachfolger werden noch lange für dieses Ziel kämpfen müssen. Peter Benenson starb, 83-jährig, am 25. Februar 2005 in Oxford.

»Mich hat vor allem seine große Bescheidenheit beeindruckt«, sagte Carola Stern, die Mitgründerin der deutschen Sektion von *amnesty international*, über Peter Benenson. »Er hatte überhaupt nichts von einem Politiker an sich, sondern war ein einfacher Anwalt und überzeugter Pazifist, der unbeirrt seine Anliegen verfolgte. Mir fallen, seiner gedenkend, immer die Worte eines englischen Geistlichen ein: Finde heraus, was dir unmöglich erscheint, und tu es!«

Die heutige Generalsekretärin von *amnesty international*, Irene Khan, sagte nach seinem Tod: »Peter Benenson brachte Licht in die Dunkelheit von Gefängnissen und machte den Horror der Folterkammern und der Todeslager weltweit bekannt.« Er hatte daran geglaubt, »dass gewöhnliche Leute außergewöhnliche Veränderungen bewirken können. Mit der Gründung von *amnesty international* gab er jedem von uns die Möglichkeit, etwas zu verändern.«

Anna Politkowskaja
Größer als die Angst ist die Neugier

* 1958 in New York als Kind ukrainischer Eltern geboren ✿ Journalismusstudium an der Universität Moskau ✿ ab 1982 Mitarbeit in diversen Verlagen und Zeitungen ✿ 1994–1999 leitende Redakteurin für Notfall- und Krisensituationen, Kommentatorin und stellvertretende Chefredakteurin bei der Wochenzeitung *Obschtschaja Gazeta*, später bei der oppositionellen Zeitung *Novaja Gazeta* ✿ 2001 nach Morddrohungen Flucht nach Österreich ✿ 2002 Verhaftung vom russischen Militär in Tschetschenien ✿ 2004 Mordversuch im Rahmen der Berichterstattung der Geiselnahme von Beslan ✿ † 2006 in Moskau ermordet

Nicht immer zahlt sich Mut aus. Nicht immer setzen sich Mutige durch. Und nicht immer werden sie verehrt, mit Preisen und Auszeichnungen bedacht, in hohe Ämter gewählt, mit öffentlicher Anerkennung oder gar finanziell belohnt. Die Gruppe jener, die sich mit ihrer Sache durchsetzen, ist eher klein.

Viel größer dürfte die Gruppe derer sein, die mit ihrer Gesundheit, ja mit dem Leben bezahlt und verloren haben. Und weil sie verloren haben, eingesperrt, gefoltert, getötet, verscharrt und vergessen wurden, noch ehe sie die Chance gehabt hatten, ihre Sache zu gewinnen oder wenigstens berühmt zu werden, wissen wir nichts von ihnen, können wir nur vermuten, dass es wahrscheinlich viele sind.

Es gibt jedoch noch eine dritte Gruppe von mutigen Menschen. Auch sie verlieren ihren Kampf, bezahlen mit dem Leben, aber wenigstens tun sie es unter den Augen der Weltöffentlichkeit. Wenigstens hatten sie Zeit gehabt, sich in der Welt bekannt zu machen und sich ins Gedächtnis der Menschen einzugraben. Jedes Erinnern, jedes Gedenken an sie bestraft ihre Mörder, die dem Irrtum erlegen sind, man müsse nur die Urheber einer lästigen Idee aus der Welt verschwinden lassen und dann verschwänden mit ihnen auch die Ideen.

So ein mutiger Mensch, der öffentlich mit dem Leben bezahlte und uns gerade deshalb in Erinnerung bleiben wird, ist Anna Politkowskaja. Die 48-jährige russische Journalistin wurde am Nachmittag des 7. Oktober 2006 im Aufzug ihres Wohnhauses in der Moskauer Lesnaja-Straße mit vier Pistolenschüssen ermordet. Der fünfte, sogenannte Kontrollschuss, wurde gezielt auf den Kopf abgefeuert.

Der mutmaßliche Mörder, den eine Überwachungskamera aufnahm, war, Polizeiangaben zufolge, ein hochgewachsener, schlanker, dunkelhaariger junger Mann. Das Gesicht war unter einer Schirmmütze kaum zu erkennen. Nach Mafia-Art hatte der Täter die Mordwaffe neben sein Opfer gelegt.

Damit ist dieser Frau widerfahren, worüber sie selbst oft berichtet hatte: die übliche Ausschaltung von Opposition mit allen Mitteln, bis hin zum Auftragsmord. Dass es ein Auftragsmord war, darüber waren sich hinterher die meisten Oppositionellen einig. Dass es Anna Politkowskaja traf, hat im Moment ihres Todes vermutlich nicht einmal sie selbst überrascht. Sie war sich der Gefahr, der sie sich aussetzte, durchaus bewusst. Seit 1999 kam sie den Mächtigen Russlands – Politikern, Oligarchen, Militärs, Geheimdienstlern, Geschäftsleuten – immer wieder in die Quere, weil sie öffentlich über deren Machenschaften berichtete.

Ob sie im Moment ihres Todes wohl bereut hatte, Journalistin geworden zu sein und sich ausgerechnet mit den mächtigsten Männern Russlands angelegt zu haben? Wir werden es nie wissen. Wir wissen nur: Nach ihrer Hochzeit mit dem Journalisten Alexander Politkowskij bekommt sie zwei Kinder und wird Hausfrau. Wäre sie es geblieben, lebte sie vielleicht noch heute. Aber wie das bei intelligenten, gebildeten Frauen so ist: Kinder und Haushalt füllen sie nicht aus. Sie sieht: Ihr Mann hat das interessantere Leben. Das will sie auch. Schreiben vor allem, schreiben, was sie denkt und was sie für wichtig hält, das will sie. Einfach die Wahrheit schreiben, ohne Rücksicht auf irgendwelche Interessen, das wird ihr Ziel. Ein schwer zu erreichendes Ziel. Wo auf der Welt lässt ein Verleger oder Chefredakteur seine Angestellten schreiben, was sie wollen?

Sie versucht es bei verschiedenen russischen Zeitungen und Zeitschriften wie z. B. dem *Lufttransport* oder der *Iswestija*. Nicht das Richtige für sie, das weiß sie selbst, aber wenigstens hat sie jetzt schon mal einen Fuß in der Tür. Etliche Jahre schlägt sie sich so durch. Erst 1994 erobert sie sich eine Position, in der sie weitgehend schreiben kann, was ihr immer vorschwebte: Sie wird Kommentatorin der Wochenzeitung *Obschtschaja Gazeta*, besetzt dort die leitende Position der Abteilung »Außerordentliche Vorfälle« und bringt es zur stellvertretenden Chefredakteurin. Ihren endgültigen Platz findet sie dann in der oppositionellen Zeitung *Novaja Gazeta*.

Jetzt kann sie sich jenen Themen widmen, über die man zu wenig weiß, obwohl es wichtig wäre, gerade über sie mehr zu wissen: Korruption, menschenunwürdige Politik, Gewaltherrschaft sowie Unterdrückung der Meinungsfreiheit in Russland. Gefährliche Themen. Eben deshalb erfährt man ja so wenig darüber. Die meisten Kollegen Politkowskajas widmen sich lieber harmloseren Gegenständen, wollen lieber nicht so genau wissen, was los ist im Land. Und wenn sie es dennoch erfahren, schreiben sie es nicht.

Anna Politkowskaja aber will es wissen. Es ist nicht so, dass sie vor nichts Angst hätte. Aber größer als die Angst ist ihre Neugier. Darum zögert sie nicht, als sie 1999 von ihrem Chefredakteur das Angebot erhält, den Job als Sonderkorrespondentin im zweiten Tschetschenienkrieg zu übernehmen. Tschetschenien, das ist auch so etwas, worüber man viel zu wenig weiß.

Tschetschenien ist eine kleine russische Teilrepublik zwischen dem Schwarzen und dem Kaspischen Meer, ungefähr fünfzehnhundert Kilometer südlich von Moskau. Dort entstand ab ungefähr 1991 während des Zerfalls der Sowjetunion Russlands größte Krisenregion.

Nicht nur die Mauer in Deutschland war gefallen, sondern der gesamte »Eiserne Vorhang«, der den demokratisch-marktwirtschaftlichen Westen vom kommunistischen Ostblock trennte. Seit dieser Zeit drohte das große Sowjetunion genannte Vielvölkerreich zu zerfallen. Es war durch Eroberungen der russischen Zaren zustande gekommen und konnte meist nur mit militärischer Gewalt zusammengehalten werden. Russland verlor zahlreiche Teilrepubliken wie etwa Weißrussland, die Ukraine, Georgien oder Moldawien, die sich von der Moskauer Zentralregierung losgesagt hatten. Das ermunterte andere Völker, sich ebenfalls unabhängig zu machen, zum Beispiel auch die Tschetschenen.

So stimmte im November 1990 der Volkskongress der Tschetschenen für die Unabhängigkeit der Republik. Dabei spielte die Überzeugung eine Rolle, dass man mit den vier Millionen Tonnen Erdöl, die jährlich gefördert wurden, sehr gut ohne das Moskauer Zentrum überleben kann. Eine tragende Rolle spielte dabei Dschochar Dudajew, Generalmajor der Luftstreitkräfte der alten Sowjetunion, der sich im Oktober 1991 an die Spitze der neuen nationalen Befreiungsbewegung in Tschetschenien und der »tschetschenischen Revolution« stellte. Am 1. November 1991 rief Dudajew die unabhängige Tschetschenische Republik Itschkeria aus. Sie wurde jedoch von der noch existierenden Sowjetunion und später von Russland nicht anerkannt.

Unter Dudajews Führung begann eine aktive »Tschetschenisierung« sämtlicher Lebensbereiche, die hauptsächlich darin bestand, die dort lebenden Russen zu schikanieren und aus allen öffentlichen Ämtern zu entfernen. In Moskau sah man der Entwicklung zunächst untätig zu, registrierte jedoch sehr wohl, wie der Erfolg Dudajews in anderen Teilrepubliken ebenfalls Unabhängigkeitsbestrebungen nährte.

Und so kam, was kommen musste. Am 11. Dezember 1994 marschierten die Russen in Tschetschenien ein und belagerten die Hauptstadt Grosny. Der Militäreinsatz endete im August 1996 mit einem vorläufigen Friedensvertrag. Darin stand, über Tschetscheniens Unabhängigkeit solle fünf Jahre später (2001) entschieden werden.

Es kam nicht mehr dazu, denn mittlerweile setzte eine weltweite Islamisierung ein, von der sich auch die überwiegend muslimische Bevölkerung Tschetscheniens anstecken ließ. In ganz Südrussland sickerten arabisch finanzierte islamische Kämpfer ein und verfolgten das Ziel, ehemalige Sowjetrepubliken in islamische Gottesstaaten zu verwandeln, auch Tschetschenien. In Moskau gab es jetzt Terroranschläge, für die Tschetschenen verantwortlich gemacht wurden.

Dort regierte mittlerweile Wladimir Putin als Premierminister. Er zeigte sich entschlossen, Tschetschenien wieder unter Moskauer Kontrolle zu bringen. Am 1. Oktober 1999 marschierte die russische Armee abermals in Tschetschenien ein und von da an eskalierte der Konflikt. Beide Lager bekämpften einander mit grausamer Härte. Es kam zu weiteren Terroranschlägen in Russland, was wiederum die russischen Soldaten zu brutaleren Methoden in Tschetschenien animierte.

Diesen tödlichen Konflikt beschrieb Anna Politkowskaja. Mehr als fünfzig Mal reiste sie nach Tschetschenien, um sich selbst ein Bild von der Lage dort zu machen. Sie sprach mit Opfern der Zivilbevölkerung, mit Politikern, Rebellen und Militärs und wurde zur Zeugin zahlreicher Kriegsverbrechen und Menschenrechtsverletzungen auf beiden Seiten. Sie wurde aber auch zur Hoffnung und Anlaufstelle für geschundene, entrechtete und gedemütigte Menschen. Immer wieder bekam sie Post, mehr als sie bewältigen konnte, mit Hinweisen, denen sie niemals allen nachgehen konnte.

Einigen ging sie aber doch nach, zum Beispiel, als neunzig Familien aus mehreren Dörfern im südtschetschenischen Gebiet Wedeno eine Beschwerde in ihrem Büro abgaben. Mehrere Hundert Menschen hatten darum gebeten, aus dem Süden Tschetscheniens verlegt zu werden – irgendwohin in Russland, so bald wie möglich. Ihre Gründe: ständiger Hunger, unerträgliche Kälte, völlige Isolation von der Außenwelt, fehlende medizinische Versorgung – und vor allem die brutalen Strafaktionen russischer Einheiten gegen ihre Dörfer.

Also reiste die Journalistin Anna Politkowskaja wieder einmal nach Tschetschenien. Dabei hat sie dann am eigenen Leib erlebt, wie ihre russischen Landsleute dort vorgingen, und beinahe wäre sie schon damals gestorben. Aber zunächst ist alles wie immer. Man macht ihr Probleme, lässt sie aber letztlich doch gewähren.

Und so trifft sie Rosita. Sie ist nicht mehr jung, hat viele Kinder und mehrere Enkel und wurde bei Morgengrauen in ihrem Haus verhaftet, als alle noch schliefen. Angeblich soll sie Terroristen beherbergt haben, erzählte Rosita. Doch das sei erfunden, ein Vorwand der Armee. Die Soldaten seien so überraschend gekommen, dass sie nicht einmal mehr ein paar Sachen einpacken konnte. Dann wurde sie in eine Grube auf dem Lagergelände außerhalb von Chottuni geworfen.

Dort, so berichtete Anna Politkowskaja, betrieben Truppen der russischen Armee und Einheiten des Innenministeriums, des Justizministeriums und des Geheimdienstes FSB eine Art Konzentrationslager und zwar als lukratives Geschäft. Das funktioniert nach dem Modell: wehrlose Tschetschenen mit erfundenen Gründen verhaften, sie in eine Grube werfen, wo sie tagelang ausharren müssen, und unterdessen die Angehörigen auffordern, Lösegeld aufzutreiben, um das Familienmitglied wieder aus der Grube zu befreien.

Genau das sei Rosita geschehen. Zwölf Tage habe sie in so einer Grube verbracht. »Hat man Sie gestoßen? Getreten?«, fragte Anna.

»Ja, das ist das Übliche.«

Die Grube war flach, einen Meter zwanzig tief, und so angelegt, dass ihre Insassin zwar der kalten Winterluft ausgesetzt, aber durch Baumstämme am Aufstehen gehindert war.

Rosita erfuhr nie, wen sie angeblich »beherbergt« hatte. Es wurde keine Anklage gegen sie erhoben, obwohl sie drei Mal verhört wurde. Auch gefoltert. Offiziere, die ihre Söhne hätten sein können, legten ihr ein Stromkabel um die Finger beider Hände. Die Drähte liefen über ihren Nacken.

»Ja, ich habe fürchterlich geschrien«, sagt sie. Es habe sehr wehgetan, wenn sie den Strom anstellten. »Du tanzt zu schlecht. Laß uns noch ein paar Volt aufdrehen«, sagten ihre Peiniger. Sie drehten auf und Rosita schrie immer lauter.

Endlich hatten Rositas Verwandte das geforderte Lösegeld beisammen und brachten es ins Lager. Verletzt an Leib und Seele, schmutzig und zerlumpt, ging sie in die Freiheit.

Politkowskaja prüfte Rositas Geschichte nach. Sie ging ins Lager der russischen Armee und wollte wissen: Wer ist Großmütterchen Rosita aus Towseni? Etwa eine Kämpferin? Wenn nicht: Warum wurde sie in Gefangenschaft gehalten? Wenn ja: Warum wurde sie freigelassen?

Sie erhält keine Antwort. Stattdessen trifft sie auf den Kommandeur des 45. russischen Luftlanderegiments, aber der scheint mit der Sache nichts zu tun zu haben. Sie beschreibt ihn als einen Mann, der den Krieg verflucht, sie bereitwillig durch das Lager bei Chottuni führt und ihr auch die Gruben zeigt, in die die Tschetschenen nach den »Säuberungen« geworfen werden. Drei mal drei Meter, einen Meter zwanzig tief, genau, wie sie ihr beschrieben wurden. Gestank dringt daraus hervor, trotz des Winterfrosts. Die Tschetschenen müssen in der Grube ihre Notdurft verrichten. Sie stehen Tag und Nacht. Wer will, kann auch sitzen.

Der Oberst beschreibt die Gruben als Erfindung seines Befehlshabers, General Baranow. Der hatte eines Tages, als er das Regiment inspizierte und die verhafteten Tschetschenen auf einem Feld stehen sah, befohlen, sie in die Gruben zu bringen, die zuvor mit Müll gefüllt waren. »Aber«, sagt der Oberst, sie hätten wirklich »nur die Rebellen dorthin getan. Keine normalen Leute.«

Und dann, nur Minuten nachdem sie sich vom Kommandeur verabschiedet hatte, wurde Anna Politkowskaja selbst verhaftet. Sie musste über eine Stunde auf einem Feld stehen. Dann kam ein Panzerwagen mit bewaffneten Soldaten unter Führung eines Oberleutnants. Sie stießen mit ihren Gewehrkolben nach ihr und führten sie ab.

Begründung: Ihre Papiere seien gefälscht. Sie sei eine Kämpferin. Dann wurde sie verhört, stundenlang. Von Zeit zu Zeit kam ein älterer Oberstleutnant dazu, der die jungen Offiziere aus dem Zelt schickte, »romantische« Musik einschaltete und ihr sexuelle Avancen machte.

Zwischen seinen Auftritten machten sich die jungen Offiziere über Politkowskajas Privatsachen her, betrachteten die Fotos ihrer Kinder und schilderten ihr, was sie ihnen antun würden. Nach drei Stunden kam wieder der Oberstleutnant und sagte: »Komm schon, ich werde dich jetzt erschießen.«

Er führte sie hinaus in die stockdunkle Nacht, ging ein kleines Stück mit ihr und sagte plötzlich: »Drei, zwei, eins – ich komme.« Sie hörte einen ohrenbetäubenden Knall, sah Feuer, und merkte, nachdem sie sich von dem tödlichen Schreck erholt hatte, dass sich der Offizier einen »Scherz« mit ihr erlaubt hatte. Sie stand neben einem Mörser, der abgefeuert wurde.

So trieb der Offizier seine Spielchen noch eine Weile weiter, bis sie schließlich in einen Bunker gesperrt wurde. Sie verlangte, man solle Anklage gegen sie erheben oder wenigstens ein Verhörprotokoll anfertigen. Oder sie ins Gefängnis werfen, wo ihre Verwandten sie besuchen und zumindest eine Zahnbürste mitbringen könnten. »Vergiss es! Du bist eine von diesen Banditen! Wenn du für uns arbeiten würdest, könntest du alles haben. Aber du bist hergekommen, um dir die Gruben anzusehen, du Schlampe (...) Du hinterhältiger Wurm, du Stück Dreck. Dich hat Bassajew [ein tschetschenischer Rebellenführer] bezahlt.«

Irgendwann – vielleicht nach etlichen Telefonaten mit höheren Dienststellen – muss den Offizieren aufgegangen sein, dass eine längere Haft der Politkowskaja oder gar deren Ermordung nicht ratsam sei. Immerhin handelte es sich bei ihr um die stellvertretende Chefredakteurin der vor allem im Ausland geachteten oppositionellen Wochenzeitung *Novaja Gazeta*. Ihr Fall könnte internationales Aufsehen erregen und den Beteiligten großen Ärger einbringen. Und so ließ sie der Oberstleutnant frei mit den Worten: »Wenn es nach mir gegangen wäre: Ich hätte dich erschossen.«

Sie war noch einmal davon gekommen.

Andere hätten das Reisen nach Tschetschenien nach so einer Erfahrung sicher bleiben lassen. Nicht Anna Politkowskaja. Sie reiste trotzdem immer wieder nach Tschetschenien, beschrieb den Alltag der Gesetzlosigkeit, Plünderungen und Folterungen, illegale Geschäfte und Übergriffe auf die Zivilbevölkerung. Vielleicht deshalb bemerkte Politkowskaja hellsichtig und früher als andere, wer Wladimir Putin ist.

Dessen Aufstieg zum unumschränkten Herrscher Russlands verfolgte sie von Anfang an. Und dass sie sich über dessen Charakter keine Illusionen machte, hat vielleicht damit zu tun, dass sie sah, was in Tschetschenien unter seiner Herrschaft angerichtet wurde. Zu Hause in Moskau lächelte er in die Kameras, kehrte er den Familienmenschen hervor, erzählte im Fernsehen von seinen Hundewelpen und ließ sich beim Beten in der Kirche filmen, während im fernen Tschetschenien russische Soldaten und Geheimdienstmitarbeiter mit Angst und Terror »aufräumten«.

Deshalb machte sie sich schon bald keine Illusionen mehr über Russlands Weg in die Demokratie. »Die Demokratie kommt nicht mehr«, schrieb sie im Januar 2004 in ihr Tagebuch. Im Gegenteil. Was Russland an Demokratie bisher hatte, »ist weiter im Abbau begriffen. Nichts in Russland hängt mehr vom Volk ab, sondern alles vom Willen Putins.«

Zweierlei erscheint daran gespenstisch: »Zugegebenermaßen gefällt das der Bevölkerung«, schreibt Politkowskaja. Die Russen lieben offenbar starke Männer. »Also wird Putin die Maske des Menschenrechtlers bald ablegen. Er braucht sie nicht mehr.« Das zweite ist: Seit Putin sich anschickte, die Macht in Russland an sich zu reißen, stirbt die Pressefreiheit. Putins Gegner fliehen ins Ausland oder werden zu Gefängnisstrafen verurteilt oder sterben seltsame Tode. Leichen säumen Putins Weg, aber natürlich ist es unmöglich, ihn als Drahtzieher oder Auftraggeber der Morde zu erweisen. Wahrscheinlich hat er auch wirklich mit den meisten Morden nichts zu tun, vielleicht nicht einmal mit einem einzigen, aber Tatsache ist: Die Tode nützen ihm. Sie jagen den anderen Journalisten Angst ein, machen sie vorsichtig, gefügig, devot.

Ein neues Gesetz soll die Verbreitung »extremistischer Ansichten« verbieten – »ein dehnbarer Begriff«, wie die WDR-Redakteurin Sonia Mikich urteilt: Extremisten sind »möglicherweise die tschetschenische Oma, die sich über ihre Lage beklagt, oder eine Handvoll Schwuler, die demonstrieren. Oder gleich die gesamte politische Opposition. Die Staatsanwaltschaft kann jedes Medium gängeln – bis zum Publikationsverbot. Zu Sowjetzeiten hieß das unsentimental ›Zensur‹.«

Anna Politkowskaja ist nicht das einzige Mordopfer unter russischen Journalisten. Seit 2000 wurden in Russland mehr als ein Dutzend Journalisten getötet, zuletzt im März 2008 gleich zwei an einem Tag: Der Krisenreporter Iljas Schurpajew wurde erstochen und erwürgt in seiner Moskauer Wohnung gefunden, der Fernseh-Chef der russischen Teilrepublik Dagestan auf offener Straße in seinem Auto erschossen.

Außer für Journalisten ist das Leben in Russland auch für Oppositionelle und für sogenannte Oligarchen gefährlich. Als Oligarchen werden in Russland Geschäftsleute – meist ehemalige Parteifunktionäre der Kommunisten – bezeichnet, von denen die Allgemeinheit annimmt, dass sie in der chaotischen Zeit nach dem Ende der Sowjetunion durch unsaubere Mittel zu großem Reichtum und politischem Einfluss gekommen sind. Einer der berühmtesten ist der ehemalige Ölmilliardär Michail Chodorkowski, der im Herbst 2003 in einer Nacht-und-Nebel-Aktion verhaftet, aus seinem YUKOS-Konzern gedrängt, wegen Steuerhinterziehung, Betrug und Bildung einer kriminellen Vereinigung verurteilt und nach Sibirien verbannt wurde.

Warum Chodorkowski? So wie ihn hätte man viele Oligarchen wegen derselben Delikte anklagen können. Aber nun sitzt er im Gefängnis – weil er sich in die Politik eingemischt und Putins Machtanspruch nicht anerkannt hatte. »Er überschritt damit eine Grenze, die Putin als neuer Präsident gezogen hatte, um die Oligarchen von der Politik fernzuhalten«, schrieb der Russland-Korrespondent der FAZ im Juni 2005. Gleich »nach seinem Amtsantritt zwang Präsident Putin die Oligarchen in eine Vereinbarung, nach der sie sich ihren Geschäften widmen und nicht in politische Opposition treten sollten«, schrieb ein Journalist in der Wochenzeitung *Die Zeit* (6.11.03). Die meisten Oligarchen hatten das verstanden. Wer sich daran hielt, macht noch heute gute Geschäfte in Russland. Wer sich nicht daran hielt, lebt heute, wie etwa der ehemalige Jelzin-Vertraute und dann bei Putin in Ungnade gefallene Boris Beresowski, in England im Exil oder sitzt, wie Chodorkowski, in einem sibiri-

schen Gefängnis oder ist, wie etwa Wladimir Golowljew und Sergej Juschen-
kow tot, ermordet.

Mit Beresowski eng verbunden war der Geheimdienstler Alexander Litwinenko. Litwinenko wurde international bekannt, als er 1998 – zusammen mit
einigen anderen maskierten Geheimdienstlern – die Führung des Geheimdienstes FSB der Anstiftung zum Mord beschuldigte. Er und seine Kollegen
hätten von der FSB den Auftrag bekommen, den damaligen Sekretär des
Staatsicherheitsrats, Boris Beresowski, zu töten. Weiter behauptete Litwinenko, dass hinter einigen Attentaten, für die in Russland Tschetschenen verantwortlich gemacht wurden, in Wahrheit der Geheimdienst FSB stecke. Dieser habe beispielsweise die Sprengstoffanschläge von 1999 auf Wohnhäuser
in Moskau und anderen russischen Städten zu verantworten, bei denen rund
300 Menschen den Tod fanden. Ihr Zweck habe darin bestanden, den zweiten
Tschetschenienkrieg zu entfesseln. Damit hatte Litwinenko seine früheren
Geheimdienstkollegen von KGB und FSB und vor allem den früheren FSB-
Chef Wladimir Putin schwer belastet.

Beweise hatte Litwinenko nicht, aber gestützt wurde er von Mitgliedern einer öffentlichen Kommission um Sergei Kowaljow, die aber ihre Arbeit nicht
zu Ende führen konnte. Denn der Kommissionsvorsitzende Sergej Juschen-
kow wurde am 17. April 2003 erschossen. Der Ermittler der Kommission, der
Anwalt Michail Trepaschkin – wie Litwinenko ein ehemaliger FSB-Offizier –
wurde im Mai 2004 wegen Verrats von Staatsgeheimnissen und illegalem Besitz von Munition zu vier Jahren Lagerhaft verurteilt. Nach Angaben von *amnesty international* war das Verfahren »offenbar politisch motiviert« und
entsprach »nicht den internationalen Standards für faire Verfahren«. Russische Menschenrechtsgruppen gingen davon aus, dass »die Anklagen gegen
ihn konstruiert wurden, um zu verhindern, daß er seine Ermittlungen zu den
1999 verübten Bombenanschlägen auf Wohnhäuser fortsetzen konnte«, so
amnesty international.

Ein drittes Kommissionsmitglied, Juri Schtschekotschichin, Vize-Chefre-
dakteur der Wochenzeitung *Novaja Gazeta*, jener Zeitung, für die auch Anna
Politkowskaja arbeitete, starb am 3. Juli 2003. Offizielle Todesursache war
eine schnell verlaufende allergische Reaktion, das sogenannte Lyell-Syn-
drom. Die politischen Freunde des Verstorbenen zweifelten diese Darstellung
an. Sie wiesen darauf hin, dass der Verstorbene nicht an Allergien gelitten

habe und dass nie geklärt wurde, was den angeblichen allergischen Schock auslöste. Ihre Versuche, die Umstände des Todes näher zu untersuchen, wurden jedoch von offizieller Seite behindert; zahlreiche Fragen konnten nicht beantwortet werden. Einige westliche Medien sprechen von Vergiftung. Die russische oppositionelle Internetzeitung *grani.ru* reiht den Fall unter die großen politischen Morde in Russland ein.

Vergiftungen scheinen neben Erschießungen die beliebtesten russischen Mittel zur Beseitigung von Gegnern zu sein. Auch Litwinenko selbst starb spektakulär und mysteriös an einer Poloniumvergiftung.

Vor seinem Tod soll er noch brisantes Material über die Zerschlagung des russischen Ölkonzerns JUKOS gesammelt haben. Er soll Unterlagen besessen haben, die angeblich bewiesen, dass mehrere Mitarbeiter des Unternehmens verschwunden oder gestorben seien und die russische Regierung an diesen Verbrechen direkt beteiligt gewesen sei.

Auch über den Mord an Anna Politkowskaja will er Unterlagen besessen haben. Diese seien ihm von dem italienischen Geheimdienstexperten Mario Scaramella überreicht worden. Darin sollen Mitglieder einer Spezialeinheit des FSB als Urheber des Mordes an Politkowskaja angeführt werden. Litwinenko sei in diesen Unterlagen ebenso wie der in London lebende russische Oligarch Beresowski als nächstes Ziel von Anschlägen genannt worden.

Was daran wahr ist, was schlicht erlogen oder zumindest teilweise wahr ist, wird wohl nie mehr zu erhellen sein. Tatsache ist nur: Auch Litwinenko ist tot.

Am 1. November 2006 suchte Litwinenko schwer krank eine Klinik auf. In den folgenden Tagen verschlechterte sich sein Zustand rasant. Erst wenige Stunden vor seinem Tod fand man in seinem Urin die Todesursache: große Mengen der radioaktiven Substanz Polonium-210. Er starb am 23. November 2006. Die britische Polizei stufte den Tod als Mord ein.

Danach wiederholte sich, was nach so einem Russenmord immer geschieht: Putin wird beschuldigt. Der lässt die Anschuldigung kurz und gelangweilt zurückweisen. Dann kommen die »Experten« und sagen: Es könne natürlich auch die russische Mafia gewesen sein, die eine Rechnung zu begleichen hatte. Es könne außerdem ein Russlandfeind gewesen sein, der bewusst den Verdacht auf »Moskau« lenken wollte. Es könne ein Gegner Putins gewesen sein, der den Verdacht auf ihn lenken wollte.

Die spannendsten James-Bond-Thriller verblassen vor der russischen Realität der Oligarchen, der Mafia und der Geheimdienstmitarbeiter. Während bei James Bond immer klar ist, wer die Guten und die Bösen sind, und während bei diesen Filmen nach 90 Minuten alle offenen Fragen geklärt sind und das Gute gesiegt hat, bleiben in Russlands Realität die meisten Fragen ungeklärt. Und ob das Gute am Ende siegt, vermag schon deshalb niemand zu sagen, weil nie ganz klar ist, wer die Guten und die Bösen sind. Und dort, wo es klar ist, bleiben die Bösen anonym und von der Justiz unbehelligt.

Man wird wohl davon ausgehen können: Der Mord an Litwinenko wird ungeklärt und ungesühnt bleiben wie alle anderen, wie auch der Mord an Anna Politkowskaja.

Auch hier gibt es nur die üblichen Spekulationen auf die Frage, wer die Journalistin ermordet haben könnte, denn viele hatten ein Motiv. Putin? Polizisten oder Soldaten aus dem Tschetschenien-Krieg, die sich rächen wollten? Untergrundkämpfer, die aus dem Lager der Tschetschenen zu den Russen gewechselt sind? Leute vom FSB in eigenem oder fremdem Auftrag? Putin-Gegner, die den Mord Putin in die Schuhe schieben wollten? Oder streifen Todesschwadronen durch Russland, eine marodierende Bande aus Geheimdienstlern a. D. und ehemaligen Tschetschenien- und Afghanistan-Kämpfern, von Putin längst nicht mehr kontrollierbar? Tschetschenische Banden oder korrupte Beamte, die sich von Politkowskaja beobachtet fühlten? Die Russen-Mafia? Exilrussen? Mit allen hatte sich Politkowskaja angelegt.

Nach dem Mord an ihr sind, wie üblich, einige Verdächtige verhaftet worden. Wie üblich sind sie alle wieder auf freiem Fuß. Keinem konnte etwas nachgewiesen werden. Und selbst wenn man eines Tages den Mörder finden sollte, wird man wohl kaum herausbekommen, ob er der alleinige Täter war oder ob er Hintermänner hatte, ob er im Auftrag eines anderen gemordet hat. Der Mordfall Politkowskaja wird mit hoher Wahrscheinlichkeit im Sande verlaufen wie alle anderen Fälle.

Putin wird man auch in diesem Fall nichts nachweisen können. Aber reicht das? Ist er damit fein heraus? Sollte es ihm nicht zu denken geben, dass man es ihm zutraut?

Er kann sich bitter darüber beklagen, dass man es ihm zutraut, kann das zu Unrecht verfolgte Opfer spielen, hat es auch getan. Aber er könnte viel gegen sein schlechtes Image unternehmen, wenn er einfach aufhörte, unabhängige Journalisten, Polizisten und Staatsanwälte an ihrer Arbeit zu hindern, wenn er einfach eine freie Presse, eine unabhängige Justiz und kritische Intellektuelle zuließe. Aber das ist wohl nicht geplant in Putins »gelenkter Demokratie«.

Die Geschichte erinnert an eine viel ältere, rund dreitausend Jahre alte Begebenheit am Hof des Königs David in dem jungen, gerade erst gegründeten Staat Israel. David ist in unserem Bewusstsein jener kühne Jüngling, der mit einer Steinschleuder den bis an die Zähne bewaffneten Riesen Goliath aus dem feindlichen Heer der Philister niederstreckte. Aber nicht deshalb verdient er, noch heute von uns verehrt zu werden. Wäre es nur das, könnten wir ihn getrost vergessen.

Dass der Davidstern bis heute das Symbol Israels ist und an ihn erinnert und David zu Recht bis heute als großer König verehrt wird, wurzelt in einer anderen Geschichte, die ihn zunächst in sehr ungünstigem Licht erscheinen lässt. In dieser Geschichte erscheint David als einer jener typischen Machtpolitiker, die es zu allen Zeiten gegeben hat und bis auf den heutigen Tag gibt. Ein Typ, der seine politische Macht für ganz eigensüchtige, private Zwecke missbraucht.

Dieser Machtpolitiker David sieht eines Tages eine schöne Frau, Bathseba, die er vom ersten Augenblick an begehrt. Aber sie ist schon verheiratet mit Uria, einem seiner Hauptleute. Ist das ein Hinderungsgrund für den mächtigsten Mann Israels? Nein, er beauftragt einen seiner Offiziere, Uria in einem seiner Kriege an die vorderste Front zu schicken, wo es am gefährlichsten ist, damit er in der Schlacht umkomme. Genauso geschieht es und David nimmt Bathseba zur Frau und zeugt mit ihr ein Kind.

Bis hierher handelt es sich um eine ganz normale Geschichte von der Macht und ihrem Missbrauch. Aber dann geschieht etwas Neues, etwas, was die Welt um Jahrtausende nach vorne bringt: Nathan, ein Mann aus dem Volk, erscheint beim König und sagt ihm ins Gesicht, dass er ein Schuft sei. Nathan erinnert David an die in Israel gültigen Gesetze, an denen sich auch ein König messen lassen muss.

Schon die Tatsache, dass Davids Schuftigkeit in der Bibel berichtet wird, zeigt, dass es im alten Israel anders zugeht als im Rest der Welt. Üblich war zu allen Zeiten die Hofberichterstattung, die grenzenlose Lobhudelei auf den Herrscher. Königliche Zensoren achteten streng darauf, dass der Glanz ihres Herrschers durch kein kritisches Wörtchen getrübt wurde. Israel aber kennt kein Erbarmen mit seinen größten Gestalten. Jedes Versagen wird unverblümt ausgesprochen. Das ist der erste Fortschritt in der Geschichte.

Aber es gibt noch eine zweite, noch sensationellere Pointe der Geschichte: David verfällt nicht auf die nächstliegende, damals übliche und noch heute gebräuchliche Lösung. Er sagt seinen Justizbeamten nicht: »Macht Nathan einen fairen Prozess, anschließend wird er gehenkt.« Nein, David zeigt sich erschüttert, sieht seine Schuld ein, bereut, schämt sich und macht diesen Nathan, seinen schärfsten Kritiker, zu seinem Berater. Mehr ist von einem König nicht zu erwarten. Deshalb wird David zu Recht bis heute als großer König gerühmt. Deshalb war David ein Fortschritt in der Menschheitsgeschichte, hinter den die meisten nachfolgenden Machtpolitiker jedoch immer wieder zurückgefallen sind bis auf den heutigen Tag, so auch in Russland.

Aber auch mit Nathan war etwas Neues in die Welt gekommen, die Prophetie, die Vorläuferin der Presse- und Meinungsfreiheit. Der Prophet Israels ist nicht das, was man heute im landläufigen Sinn darunter versteht, also eine Art Orakel, das die Zukunft vorhersagt, sondern ein Intellektueller, der sich über strittige öffentliche Angelegenheiten unabhängig und unkorrumpierbar sein eigenes Urteil bildet und dieses im Namen Gottes öffentlich mitteilt. Ohne Rücksicht auf die Obrigkeit, aber auch ohne Rücksicht auf das Volk.

Die Propheten Israels, die auf Nathan folgen, kritisieren öffentlich, dass die Armen verachtet und ausgebeutet werden. Sie kritisieren den Machtmissbrauch und halten die Erinnerung an Israels eigentlichen Auftrag wach, Volk Gottes und darum gerecht zu sein. Sie reagieren mit einer geradezu seismischen Empfindlichkeit auf Ansätze von Verrat an Israels Auftrag.

Es stehen ihnen dafür keine Machtmittel zur Verfügung, nur das freie Wort, und sie können nicht verhindern, dass sie verhöhnt, verspottet oder einfach ignoriert werden. Aber die Gegenseite kann nicht verhindern, dass die Propheten öffentlich reden. Autoritätshörigkeit ist diesem Volk nicht mehr beizubringen. Während alle anderen Völker sich in Hofberichterstattung üben, leistet sich Israel die Herrschaftskritik. Die Gefahr, den König zu vergöttlichen, besteht in Israel nie. Das provokante Selbstbewusstsein, mit dem die Propheten ihren Königen und dem Volk in die Suppe spucken, erlischt nun nicht mehr.

Machtpolitiker müssen sich daran messen lassen. Lassen sie ihre Gegner beseitigen, verbieten sie das freie Wort, sperren sie ihre Kritiker ein, unterdrücken sie die Wahrheit und umgeben sie sich ausschließlich mit Schmeichlern und Hofberichterstattern, dann bewegen sie sich geistig auf dem Niveau der Zeit vor König David. Ob das mal je ein russisch-orthodoxer Priester dem frommen Kirchgänger Putin stecken könnte? Wir werden es wohl nicht erleben.

Bärbel Bohley

Schwerter zu Pflugscharen

* 1945 in Berlin ✿ 1963 Abitur ✿ Ausbildung als Industriekauffrau ✿ ab 1969 Malerei- und Grafikstudium an der Kunsthochschule Berlin-Weißensee ✿ ab 1974 freischaffende Künstlerin ✿ 1980 Förderpreis des staatlichen Kunsthandels der DDR ✿ 1983 sechs-wöchige Inhaftierung wegen »landesverräterischer Nachrichtenübermittlung«, danach Ausstellungs- und Reiseverbot ✿ 1988 sechsmonatige Haft und Zwangsaufenthalt in England ✿ 1990 Wahl zur Abgeordneten des »Neuen Forum« in der Ostberliner Stadt-verordnetenversammlung ✿ Besetzung der Stasi-Zentrale ✿ 1994 Bundesverdienst-kreuz ✿ 1996 Gründung des Vereins »Bürgerbüro e. V.« in Berlin ✿ Mitarbeit im OHR (Office of The High Representative) in Sarajevo

Wie viele Menschen braucht es, um einen Unrechtsstaat auszuhebeln? Ei-gentlich ist diese Frage unbeantwortbar, aber für die DDR lässt sich sagen, dass ungefähr 2500 Menschen genügt haben, um diesen Staat aus der Ge-schichte zu verabschieden.

Das Gebiet der DDR umfasste rund 108 000 Quadratkilometer. Darauf leb-ten knapp 17 Millionen Menschen. Und 2500 davon – eineinhalb hundertstel Prozent – hatten genügt, das System zu stürzen.

Wir wissen das so genau, weil die Regierung und die Verwaltung der DDR aus gründlichen Deutschen bestanden hatten, die erstens immer darauf be-dacht waren, jeden Einzelnen ihrer 17 Millionen Staatsbürger unter Kontrolle zu haben und deshalb zweitens bestrebt waren, über den Stand ihrer Kontroll-aktionen genauestens Buch zu führen, besonders über jene Menschen, die als schwer oder gar nicht kontrollierbar galten und vor denen sich die mächtige, über alle Gewalt verfügende Regierung fürchtete.

Im Juni 1988 wurde dieser Regierung ein Bericht vorgelegt über die »inne-ren feindlichen, oppositionellen und anderen negativen Kräfte in personellen Zusammenschlüssen«. Davon gebe es ungefähr 160 Gruppen in der DDR. Bei 150 davon handle es sich um »kirchliche Basisgruppen«, darunter »Friedens-kreise«, »Ökologiegruppen«, »gemischte Friedens- und Umweltgruppen«, »Frauengruppen«, »Ärztegruppen«, »Menschenrechtsgruppen« und »Dritte-Welt-Gruppen«. Darüber hinaus wurden noch »personelle Zusammenschlüs-se mit spezifisch koordinierenden Funktionen« genannt und einige »Regio-nalgruppen von Wehrdienstverweigerern«, deren genaue Zahl aber nicht bekannt war. Auch die Zahl der Mitglieder in den einzelnen Gruppen konnte nicht exakt angegeben werden, aber geschätzt wurde: »circa 2500 Perso-nen«, nicht eingerechnet die »Sympathisanten oder politisch Irregeleiteten«.

Gezählt wurden diese »negativen Kräfte« von Beamten eines Ministeri-ums, das sich die Regierung extra zur Kontrolle ihres Volkes leistete: das Mi-nisterium für Staatssicherheit, offiziell zu MfS abgekürzt, bekannter unter der Volksmundbezeichnung Stasi. Die Stasi war das Hörrohr der herrschen-den Klasse. Mit der Stasi hörte die Regierung in das Volk hinein, um zum frü-hestmöglichen Zeitpunkt zu erfahren, wo sich mögliche Feinde des Systems befinden, wo Zusammenrottungen drohen, Pläne für einen Umsturz ge-schmiedet oder einfach nur verbotene Gedanken ausgesprochen werden.

Eigentlich wollte die Kommunistische Partei in der DDR ja etwas ganz an-deres: eine bessere Welt, eine neue Gesellschaft, die klassenlos, gerecht, friedlich und sozial sein sollte. Aber dafür brauchte man auch neue Men-schen. Die gab es nicht. Die mussten sich Staat und Partei erst heranziehen. In der Zwischenzeit musste aber schon die neue Gesellschaft mit den vorhan-denen Menschen aufgebaut werden, also mit unzuverlässigen, wankelmüti-gen, schwachen, ungeduldigen und egoistischen Menschen.

Diesen Menschen konnte man nicht trauen, deshalb mussten sie über-wacht, gelenkt und kontrolliert werden, und dafür wurde das Ministerium für Staatssicherheit geschaffen, die Geheimpolizei. Sie musste in allen Berei-chen des gesellschaftlichen Lebens präsent sein, um für den Staat heimlich zu beobachten, was seine Bürger heimlich oder offen sagen und tun. Daher haben die gründlichen deutschen Beamten dieser Überwachungsbehörde regelmäßig für die politische Führung Berichte über ihre organisierten Gegner erstellt und sie sogar gezählt. Deshalb wissen wir, dass die DDR wegen circa 2500 »innerer Feinde« zugrunde gegangen ist.

Zähneknirschend, schuldbewusst, im Bewusstsein versagt zu haben, wurde vom MfS in jenem Bericht eingestanden: »Im Ergebnis staatlicher und gesellschaftlicher Anstrengungen ist es bisher nicht gelungen, ihre Gesamtzahl zu verringern. Aufgelösten personellen Zusammenschlüssen steht eine gleich große Anzahl neugebildeter gegenüber.« Mit anderen Worten: Der Regierung der DDR drohte die Kontrolle über ihr Volk zu entgleiten. In diesem Bericht kündigte sich jene Katastrophe an, die siebzehn Monate später über die herrschende Klasse der DDR hereinbrach.

Da saß ganz Deutschland vor dem Fernseher und weinte, bestaunte ein Wunder oder machte sich auf nach Berlin oder an die Grenzübergänge zur DDR, um mitzuerleben, wie sich die Bürger ihres Staates entledigten. Wie sie sich zu Fuß oder im Trabi aus der DDR in den Westen, in die Freiheit begaben oder einfach auf die Berliner Mauer kletterten und auf die andere Seite sprangen. Innerhalb weniger Monate war aus dem Häuflein von 2500 Rebellen eine Millionenbewegung geworden, die auf die Straße ging und rief: Wir sind das Volk!

In jenem Stasi-Bericht vom Juni 1988 war auch nicht versäumt worden, Zahlen über das Führungspersonal der »inneren Feinde« und »negativen Kräfte« zu nennen. Sechshundert der 2500 hat die Stasi zur Führung gezählt, und davon wiederum unterschied sie sechzig Personen »fanatischer, von sogenanntem Sendungsbewusstsein, persönlichem Geltungsdrang und politischer Profilierungssucht getriebener, vielfach unbelehrbarer Feinde des Sozialismus«. Namentlich genannt und unter diesen »Profilierungssüchtigen« in so gut wie jedem Stasibericht immer dabei war eine Frau, die schon früh eine wichtige Rolle unter den DDR-Oppositionellen gespielt hatte und die für alle sogenannten inneren Feinde von Jahr zu Jahr immer wichtiger wurde: Bärbel Bohley.

Es gibt einen dicken Tausend-Seiten-Wälzer des Theologen und DDR-Dissidenten Ehrhart Neubert. Es ist eine akribisch dokumentierte Darstellung der »Geschichte der Opposition in der DDR 1949–1989« mit einem Personenregister, das allein 15 Seiten umfasst. Blättert man dieses Namensverzeichnis durch, fällt auf: Der Name »Bohley, Bärbel« gehört neben »Honecker, Erich«[1], »Ulbricht, Walter«[2] und »Stolpe, Manfred«[3] zu denen mit den häufigsten Nennungen. Sie wird ungefähr genauso häufig erwähnt wie Wolf Biermann[4] und Robert Havemann[5], und häufiger als Gregor Gysi[6] und Egon Krenz. Das zeigt: Ohne Bärbel Bohley ging in der DDR-Opposition nichts.

Wie sich Unrechtsregime systematisch jene Gegner heranzüchten, über die sie eines Tages scheinbar überraschend stürzen, lässt sich exemplarisch am Fall der Bärbel Bohley erzählen. Und ebenso lässt sich entlang ihres Schicksals nachvollziehen, wie eine letzte große Menschheitshoffnung starb, eine Hoffnung, deren Ausläufer bis in die Zeit vor zweieinhalb Jahrtausenden zurückreichen. Damals verkündeten jüdische Propheten von einer kommenden Zeit, in der alles gut wird:

»Da wird der Wolf bei dem Lämmlein wohnen, der Leopard bei dem Böcklein niederliegen. Das Kalb, der junge Löwe und das Mastvieh werden beieinander sein, also dass ein kleiner Knabe sie treiben wird. Die Kuh und die Bärin werden miteinander weiden und ihre Jungen zusammen lagern. Der Löwe wird Stroh fressen wie das Rindvieh. Der Säugling wird spielen am Loch der Otter und der Entwöhnte seine Hand nach der Höhle des Basilisken ausstrecken.« (Jesaja 11, 6–8)

»Da werden sie ihre Schwerter zu Pflugscharen und ihre Spieße zu Sicheln machen. Denn es wird kein Volk gegen das andere ein Schwert aufheben, und werden hinfort nicht mehr kriegen lernen.« (Jesaja 2, 4)

»Ein jeglicher wird unter seinem Weinstock und Feigenbaum wohnen ohne Scheu (...)« (Micha 4)

»Und es wird der Herr der Heerscharen auf diesem Berge allen Völkern ein

---

[1] langjähriger Generalsekretär des Zentralkomitees der SED und Staatsratsvorsitzender der DDR bis 1989 (1912–1994)
[2] Generalsekretär des Zentralkomitees der SED und Staatsratsvorsitzender der DDR bis 1971 (1893-1973)
[3] Konsistorialpräsident der Ostregion der Evangelischen Kirche Berlin-Brandenburg bis 1989, später Bundesminister und Ministerpräsident von Brandenburg, geb. 1936
[4] Liedermacher, Lyriker und DDR-Oppositioneller, 1976 aus der DDR ausgebürgert
[5] Kommunist und Widerstandskämpfer im Dritten Reich unter Hitler und wurde in der DDR zu einem der ersten und bekanntesten Regimekritiker, erhielt 1966 Berufsverbot, 1976 Hausarrest, Bärbel Bohley war mit dem Ehepaar Havemann langjährig befreundet und ist es mit dessen Frau Katja noch heute (1910-1982)
[6] Sohn des ehemaligen DDR-Kulturministers Klaus Gysi, Anwalt in der DDR, heute Fraktionsvorsitzender der Linkspartei im Bundestag

Mahl bereiten, ein Mahl von fetten, markigen Speisen und alten geläuterten Weinen.« (Jesaja 25, 6)

»Den Tod wird er auf ewig verschlingen und die Tränen von allen Angesichtern abwischen (...) Denn siehe, ich will einen neuen Himmel und eine neue Erde schaffen (...)« (Jesaja 65, 17)

Diese großartigen Verheißungen sind nachzulesen bei den Propheten Jesaja und Micha. Sie haben sich nicht erfüllt. Jesus wollte deshalb einen Neuanfang riskieren, damit sie sich endlich erfülle. Es wurde nichts daraus. Paulus und die christlichen Urgemeinden waren davon überzeugt, dass sie noch erleben würden, wie diese Verheißungen wahr werden. Sie wurden enttäuscht. Die Kirche und die jüdischen Rabbiner trugen die Geschichte durch die Jahrhunderte und Jahrtausende, sehnten diese verheißene Zukunft herbei, aber sie kam nicht. Sie lebte fort in den Lehren von Karl Marx und Wladimir Iljitsch Uljanow, genannt Lenin, die nicht mehr auf ihre Erfüllung warten, sondern sie mit Gewalt herbeiführen wollten. Ihr Versuch, das Paradies auf Erden zu schaffen, produzierte die Hölle.

Wie die Hoffnung auf dieses Paradies endgültig starb, das lässt sich aus dem Leben der 1945 in Berlin geborenen Bärbel Bohley lernen. Ihr Spielplatz waren die Ruinen auf jenem geschichtsträchtigen deutschen Boden am Berliner Spreebogen, wo früher der Reichstag stand und heute der Bundestag und das Bundeskanzleramt stehen. Als Bärbel Bohley geboren wurde, war dort gerade die größenwahnsinnige Fantasie von der Beherrschung der Welt durch den deutschen Arier versenkt worden, hatten sich aus deutschem Militarismus und Nationalismus geborene Wahnideen in Rauch aufgelöst. Die Rauchschwaden über dem zerbombten Reichstag hatten sich schon verzogen, als die kleine Bärbel dort zu spielen begann, aber in der Luft schwebte noch die Erinnerung an 50 Millionen tote Soldaten und Zivilisten und sechs Millionen ermordete Juden.

Davon wusste Bärbel nichts, aber ihre Eltern erzählten es ihr. Diese hatten zur Politik immer ein distanziertes Verhältnis. Unter Hitler waren sie keine Nazis, unter Ulbricht wurden sie keine Kommunisten, gleichwohl war Politik immer ein Thema in den Familiengesprächen. Man interessierte sich, aber hielt Distanz. Mit dieser Mischung aus Interesse und Distanz ist Bärbel Bohley aufgewachsen.

Anfangs, zwischen 1949, dem Gründungsjahr der DDR, und 1953, sahen ihre

Eltern interessiert zu, wie sich dieser Staat entwickeln würde. Sie waren gespannt, ob er die hohen Erwartungen, die in ihn gesetzt wurden und die er selber schürte, erfüllen würde.

Die DDR war von seinen Gründern als das bessere Deutschland konzipiert worden. Dort sollte auf den Trümmern des Weltkriegs ein gänzlich neuer Staat errichtet werden, ein Friedensstaat, der die Lektion aus zwei Weltkriegen gelernt und mit Militarismus, Rassismus, Antisemitismus und nationalem Größenwahn nie wieder etwas zu tun haben wollte. Dort sollten nicht, wie in Westdeutschland, die alten Nazis nach einer kurzen Schamfrist gleich wieder ihre alten Ämter übernehmen. Dort sollten einfache Arbeiter und Bauern das Sagen haben, eine gerechte, klassenlose Gesellschaft aufbauen und einen neuen Menschen hervorbringen.

Dort sollte das Privateigentum an den Produktionsmitteln (Grundbesitz, Fabriken, Unternehmen) abgeschafft werden. Kein Kapitalist sollte sich durch Ausbeutung seiner Arbeiter bereichern können. Eine »Diktatur des Proletariats« unter Führung einer einzigen Partei, der SED (Sozialistische Einheitspartei Deutschlands), sollte durch freie Diskussion in der Partei, durch Planung, Selbstkritik, Wissenschaft, Kunst, Kultur und technischen Fortschritt im Lauf der Zeit Wohlstand für alle produzieren und jedem einzelnen »Volksgenossen« die volle Entfaltung seiner Persönlichkeit ermöglichen.

Die Überlegenheit des kommunistischen Systems werde auf Dauer auch den Arbeitern und Bauern im »kapitalistischen Westen« nicht verborgen bleiben, hofften die Kommunisten. Daher werde das westliche System früher oder später durch eine Revolution gestürzt werden oder an seinen eigenen Widersprüchen zugrunde gehen, und danach würde der Gegensatz zwischen Ost und West zusammenbrechen. Die ganze Welt werde dann kommunistisch und damit entfielen auch die Gründe für Kriege jeglicher Art. Der Weltfrieden würde also das unvermeidliche Ergebnis sein, wenn der Kommunismus siegt.

So lautete die Theorie. Sie wurde von vielen geglaubt, auch im Westen, besonders von zahlreichen Intellektuellen - Schriftstellern, Dichtern, Künstlern, Journalisten. Sie waren von dem sozialistischen Experiment fasziniert. Manche übersiedelten daher von West nach Ost, um voller Idealismus beim Aufbau des deutschen Arbeiter- und Bauernstaates zu helfen, der endgültig mit

233

seiner nationalistischen, militaristischen und faschistischen Vergangenheit brechen wird.

Bärbel Bohleys Eltern waren von Anfang an skeptisch. Sie hatten gesehen, wie ehemals glühende Nazis sich nach dem Krieg unter russischer Herrschaft plötzlich in glühende Kommunisten verwandelt hatten. Diese hatten unter den Nazis Karriere gemacht. Sie setzten ihre Karrieren fort unter den Kommunisten, und Jahrzehnte später, nach dem Fall der Mauer, konnte man sehen, wie diese schon zweimal gewendeten Opportunisten sich ein drittes Mal wendeten. Als glühende Demokraten und Marktwirtschaftler führten sie ihre Karrieren so bruchlos fort, wie einst die alten Nazis im Westen nach dem Krieg ihre in der Demokratie fortgesetzt hatten. Und manche derer, die unter Hitler Widerstand geleistet hatten und deshalb im Gefängnis saßen, landeten in der DDR ebenfalls wieder im Gefängnis, weil sie sich unter einer Regierung des Volkes etwas anderes vorgestellt hatten als die Herrschaft von ein paar rücksichtslosen, über Leichen gehenden Männern.

Wer das weiß oder erlebt hat, begegnet daher allen, die »oben« sind, mit einer gewissen Reserviertheit. Es könnte sich bei diesen Angehörigen einer Elite um Menschen handeln, die in jedem System oben schwimmen, Menschen, die schon in ihrer Jugend instinktiv wissen oder schnell gelernt haben: So muss ich mich verhalten, um als so fleißig, zuverlässig, kompetent, durchsetzungsstark und führungswillig zu gelten, dass ich rasch von unten nach oben durchgereicht und zur unentbehrlichen Stütze des Systems werde, egal, um welches System es sich handelt. Ich darf mich in gewissen Situationen nicht von moralischen Erwägungen leiten lassen, sondern muss stets skrupellos das größere Ganze und das eigene Fortkommen im Blick haben.

In Bärbel Bohleys Familie wurden solche Menschen mit Misstrauen betrachtet. Das hat sie schon als Kind mitbekommen. Diese Haltung hat sie nicht mehr abgelegt.

Ab dem 17. Juni 1953 wussten die Eltern Bohley dann endgültig, was sie von ihrem DDR-Staat und deren Elite zu halten hatten. Die Tochter Bärbel, damals acht, war noch zu jung, um zu verstehen, was genau sich ereignet hatte. Sie war aber schon alt genug, um zu erspüren, dass etwas Gravierendes, die Zukunft Beeinflussendes vorgefallen sein musste.

An jenem 17. Juni hatten die Arbeiter rebelliert. Sie protestierten gegen die schlechte Versorgungslage, aber vor allem gegen den Druck der Regierung und der Kommunistischen Partei, die den Arbeitern im Rahmen der Planwirtschaft Jahr für Jahr mehr Leistung abverlangte, für immer weniger Geld.

Es war ein Schlag ins Gesicht der Regierenden. Das durfte nicht sein. Das konnte nur das Werk »konterrevolutionärer Rädelsführer« aus der faschistischen, kapitalistischen westdeutschen BRD sein. Daher gab die Regierung den Befehl zur Niederschlagung des Aufstands.

Bärbel Bohley erinnert sich: »Die Panzer rollten durch Berlin. Es gab Tote, Verletzte, Verhaftungen, abendliche Ausgangssperren, und nicht mehr als drei Leute durften zusammen auf der Straße stehen. Bekannte meiner Eltern verschwanden nach Westberlin. Mein kleiner Bruder war in Bad Kösen zur Kur. Die Eltern waren in Panik, hatten Angst vor einem neuen Krieg und fürchteten, dass mein Bruder in den Wirren verloren gehen könnte.« Mindestens vierzig Personen wurden standrechtlich erschossen. Tatsächliche oder vermeintliche Rädelsführer verschwanden für Jahre in den Gefängnissen der DDR.

Nun war klar, mit wem man es in der DDR-Führung zu tun hatte. Jetzt, schreibt Bärbel Bohley, »wurde zu Hause besonders heftig diskutiert, nachts, flüsternd, ob wir in den Westen gehen sollten oder nicht. Die Lebensumstände in den überfüllten Flüchtlingslagern und die Tatsache, daß sie ›alles‹ zurücklassen mußten, selbst die winzige Wohnung mit Außentoilette, hielt meine Eltern davon ab, sich am Bahnhof Friedrichstraße in die S-Bahn zu setzen und am Bahnhof Zoo wieder auszusteigen«. So einfach wäre damals eine Flucht in den Westen gewesen.

Aber viele hofften auf Besserung und blieben. Es kann doch nicht sein, dass eine Regierung immerzu die Überlegenheit des kommunistischen Systems über das kapitalistische verkündet, bessere Zeiten verspricht, die einfachen Menschen in den Mittelpunkt der Politik stellt, und dann von allem das Gegenteil geschieht. Noch waren viele bereit, der Partei Kredit zu geben.

Aber die Partei, vor allem die in Moskau herrschende Kommunistische Partei, die ganz Osteuropa beherrschte, hat so ziemlich alles getan, was man tun muss, um jeglichen Kredit zu verspielen. Den nächsten Akt in diesem Schauspiel bot sie 1956. Da standen in Ungarn die Arbeiter auf. Und wieder rollten die Panzer. Sowjetische Panzer, wie vor drei Jahren in Berlin.

Bärbel war damals elf und hatte diese Geschichte schon ganz bewusst miterlebt. In ihrer Familie wurde offen darüber gesprochen. Und sie erinnert sich:

»Mein Vater hörte immer heimlich RIAS.« Das war der freie Sender in West-Berlin. Es war verboten, sich aus den Medien des »Klassenfeinds« zu informieren, denn sie lügen, sagten die Kommunisten. Westliche Rundfunk- und Fernsehsendungen, westliche Zeitungen, Zeitschriften und Bücher hatten alle nur das eine Ziel: den Arbeiter- und Bauernstaat zu vernichten, die Bevölkerung zu desinformieren, die Bürger gegen ihre Regierung aufzuhetzen. Manche glaubten das damals noch.

In der Bohley-Familie glaubte das damals schon niemand mehr. Und wenn es noch eines Beweises bedurft hätte, dass die ganze Veranstaltung namens Arbeiter- und Bauernstaat eine einzige große Lüge ist, dann lieferte die SED diesen Beweis im Sommer 1961. Da hatte Bärbel sich »als Helferin in einem Kinderferienlager ein wenig Taschengeld« verdient. Und als sie zurückkam, stand die Mauer.

»Ich wollte damals glauben, dass die Mauer notwendig sei, um den Sozialismus aufzubauen. Feinde, Saboteure und Diversanten waren ausgesperrt, jetzt kommt die Freiheit. Keine meiner Freundinnen würde mehr in den Westen abhauen und mich auf meiner Schulbank allein lassen. Leider würden auch die Russischlehrer bleiben. Dann begriff ich, dass die Mauer nach innen gerichtet war. Sie verhinderte, dass ich lesen konnte, was ich wollte. (…) Die Mauer wurde gebraucht, um zu bestimmen, mit welchen Hosen ich in die Schule zu gehen, welche Frisur und Brille ich zu tragen, welche Musik ich zu hören und was ich zu denken hatte. Die Mauer wurde gebraucht, um einen gefügig zu machen und die Gesellschaft in den Griff zu bekommen.« Mit Mauer, Stacheldraht, Selbstschussanlagen, verminten Todesstreifen und Schießbefehl hatte der Arbeiter- und Bauernstaat die Arbeiter und Bauern daran gehindert, aus diesem Staat davonzulaufen. Wer trotzdem versuchte, über die Grenze zu kommen, wurde entweder erschossen oder festgenommen und verhaftet.

Der Glaube an die Partei und das Vertrauen in die Führung der DDR war damit endgültig erstorben, nicht aber, immer noch nicht, der Glaube an den Sozialismus. Im Prinzip, so dachten damals noch viele in Ost und West, auch Bärbel Bohley, ist der Sozialismus schon das bessere, das überlegene System, er wird nur von den falschen Leuten auf falsche Weise realisiert. Um das zu ändern, muss man entsprechend auf die Partei einwirken, mehr Demokratie zulassen und Kritik offen aussprechen dürfen.

Im Jahr 1968 starb auch dieser Glaube in Bärbel Bohley und bei vielen ihrer Freunde. In der Tschechoslowakei war Alexander Dubcek an die Macht gekommen, ein Kommunist. Er wollte genau das, wovon Bohley und viele andere Kommunisten damals träumten: mehr Demokratie, Freiheit, Kritik, Meinungsvielfalt, Unabhängigkeit von der sowjetischen Vorherrschaft, Reformen, einen »Sozialismus mit menschlichem Antlitz«. Einen kurzen Sommer schwankten die Menschen in Ost und West zwischen Hoffen und Bangen. Sie wollten glauben, das Experiment könne gelingen, beteten, es möge gelingen.

Dann rollten die Panzer. Sie kamen aus allen Staaten Osteuropas. Auch deutsche Panzer der Nationalen Volksarmee der DDR dröhnten durch Prag, um eine letzte Hoffnung, »Prager Frühling« genannt, zu zerschlagen. Die Reformkommunisten verschwanden in den Gefängnissen.

»Seit dieser Zeit habe ich nicht mehr an die Reformierbarkeit des Sozialismus geglaubt. Mit der Zerschlagung des Prager Frühlings gingen für viele Menschen politische Hoffnungen zu Bruch. Vor den Ereignissen in der Tschechoslowakei hatte es interessante Streitgespräche über die Reformierbarkeit des Sozialismus gegeben. Unter meinen Bekannten gab es einige SED-Mitglieder. Ein häufiges Argument für ihre Mitgliedschaft war, daß man die SED von innen heraus verändern müsse. Mit der Zerschlagung des Prager Frühlings bekam auch mein damaliger Freundeskreis Risse. Viele meiner Freunde, auch einige Kandidaten der SED, sind in den folgenden Jahren aus Enttäuschung in den Westen gegangen. Nach 1968 sah die Zukunft ziemlich alternativlos aus. Die Mauer stand fester als vorher. Sie würde sich nicht in Luft auflösen. Entweder man versuchte, abzuhauen oder im Osten ein Leben zu führen, in dem man sich nicht zu sehr verbiegen mußte.«

Bärbel Bohley dachte, das ließe sich am besten in der Kunst realisieren. Einerseits stimmte das. Andererseits stimmte es wiederum nicht.

Kunst gedeiht nur, wenn sie frei ist. Wenn sie nicht frei ist, entsteht entweder schlechte Kunst, die sich bei den Unterdrückern anbiedert und das unfreie System verherrlicht, oder es entsteht gute Kunst, die gegen die Unterdrückung rebelliert. Das wissen alle Diktatoren. Also gewähren sie den Künstlern mehr Freiheit als dem Rest der Bevölkerung. Andererseits sind gerade die Künstler, gerade wenn sie freie Geister sind, zugleich die größte Gefahr in jeder Diktatur. Also müssen sie schärfer überwacht werden als alle anderen, also braucht es die Zensur.

Genau diese ambivalente Erfahrung macht Bärbel Bohley, als sie an der Kunsthochschule Malerei studiert. Dort »wurde politischer Druck ausgeübt, der manchmal größer als in Betrieben und anderen Einrichtungen war. Trotzdem gelang es auch hier immer wieder, sich den Ansprüchen der SED zu entziehen. Menschen, die es bis in staatliche Institutionen wie Kunsthochschulen oder Künstlerverbände gebracht hatten, wurde etwas Originalität zugestanden, sie galten als ein ›eigenes Völkchen‹. Rigide Methoden, um die Künstler anzupassen, gab es trotzdem mehr als genug.«

Bei einem Wettbewerb des Staatlichen Kunsthandels der DDR erhielt sie den zweiten Preis, der mit einer 14-tägigen Reise durch die Sowjetunion belohnt wurde. Zusammen mit fünf Meisterschülern der Akademie der Künste flog sie von Leningrad über Moskau, Taschkent, Samarkand und Bratsk nach Irkutsk am Baikalsee.

Was sie erlebte, empfand sie als »niederschmetternd und aufregend zugleich. Wenn es noch einen kleinen Funken Hoffnung für das große Sowjetreich in mir gegeben hatte, so wurde der im November 1976 erstickt. In der Sowjetunion war nicht einmal die Logistik vorhanden, um einen Granatapfel von Taschkent nach Leningrad oder Bratsk zu transportieren. Während sie in Taschkent verfaulten, standen die Menschen in Sibirien in ihren riesigen Kaufhallen vor leeren Regalen.«

In Bratsk, laut Reiseführer eine »junge sozialistische Stadt« im östlichen Sibirien, mehrere Tausend Kilometer hinter dem Ural, die in den 60er-Jahren erbaut worden war, spricht Bärbel Bohley einen jungen Mann an, der vor einem Denkmal für gefallene Rotarmisten Ehrenwache hält. Zu ihrer Verwunderung sagt er, er sei in dieser Stadt geboren. Die Stadt war noch keine zwanzig Jahre alt, aber der Wachsoldat schon fast dreißig – wie das?

Es stellt sich heraus, dass Bratsk aus einem Gulag hervorging. So wurden die Gefangenenlager genannt, die unter Josef Stalin errichtet worden waren. Stalin war seit 1922 der mächtigste Mann in der Sowjetunion und regierte bis zu seinem Tod 1953. Während seiner Herrschaft wurden vermeintliche und tatsächliche politische Gegner sowie Millionen weiterer Sowjetbürger ermordet oder in Gulag-Strafarbeitslager deportiert, wo sie unter unmenschlichen Bedingungen Zwangsarbeit leisteten und viele von ihnen elend starben.

Jener Wachsoldat wurde im Gulag geboren. Die Überlebenden des Lagers galten in der offiziellen Parteipropaganda als die »heldenhaften Gründer«

der Stadt Bratsk. Der Gulag war weg, aber »die Arbeits- und Lebensbedingun-
gen der Menschen waren unglaublich hart. Sie arbeiteten wie die Sklaven.«
Bärbel Bohley sah müde und versteinerte Gesichter in den Straßen. »Fast alle
Menschen sahen grau aus. Die ganze Gesellschaft schien aus Verlorenen zu
bestehen. Nur ein System, in dem das Leben entsetzlich anstrengend und der
Mensch gar nichts wert war, konnte solche traurigen Gesichter hervorrufen.«
Bärbel Bohley machte sich endgültig keine Illusionen mehr über das kommunistische System und erzählte das nach ihrer Rückkehr aus Russland auch ih-
ren Freunden.

Längst schon hatten sich in der DDR Nischen gebildet, private Refugien hinter den verschlossenen Türen der Bürger, die versuchten, den allgegenwärti-
gen Staat wenigstens aus ihrer Wohnung herauszuhalten. »In meinem Freundeskreis herrschte Gedankenfreiheit. Verbotene Bücher kursierten und
wurden diskutiert, Schallplatten wurden ausgetauscht. In Wohnungen fanden Lesungen und Ausstellungen statt. Es wurde gefeiert und gekocht. Wenn
die Wohnungstür geschlossen war, fühlte man sich unbeobachtet. Das war
nicht nur in Berlin so, sondern auch in Halle, Dresden und anderen Städten.«
   Sie fühlten sich unbeobachtet, aber waren es nicht. Sie versuchten, unge-
stört zu sein, aber blieben es nicht. Die Stasi störte, wo sie konnte, versuchte,
den »alternativen Kulturbetrieb zu behindern. Ein paar Polizisten wurden
vorbeigeschickt, die die Lesung verbieten sollten. Es hieß, es sei zu laut oder
aus ›bautechnischen Gründen‹ dürften sich nicht zu viele Leute in der Wohnung aufhalten oder aber die Veranstaltung war ›nicht angemeldet‹. Die
Staatssicherheit war immer dabei, im ›Verband Bildender Künstler‹, in der
Schule meines Sohnes, bei den privaten Lesungen und Ausstellungen, manchmal sogar an meinem Küchentisch«.
   In den Küchenwänden steckten manchmal Wanzen, über die in einigen Kilometern Entfernung die Stasi mithören konnte, was sich im Leben der anderen an Heimlichem, Banalem und Aufregendem so ereignete. Das Schlimmste
und vielleicht das Widerlichste an diesem Staat aber war, dass die Stasi aus
Kollegen, Bekannten, Freunden, Verwandten, ja sogar Ehepartnern Spitzel
machte und über diese Spitzel durch die verschlossenen Türen und alle Rit-
zen in die Wohnungen, privaten Nischen und bis in die intimsten Ecken ein-
drang.

Vielleicht spielte diese Tatsache unbewusst eine Rolle, als die Menschen begannen, nicht mehr nur heimlich über Verbotenes zu sprechen, sondern öffentlich. Wenn die Stasi sowieso weiß, wer wir sind und was wir denken, warum sollen wir das dann nicht auch den anderen, den normalen Bürgern, mitteilen?

Für Bärbel Bohley jedenfalls kam irgendwann der Tag, an dem sie es satthatte, immer nur in ihren eigenen vier Wänden ihren Gedanken freien Lauf zu lassen. Die Gedanken müssen hinaus. Freie Gedanken müssen ins Freie, in die Öffentlichkeit, nur so können sich freie Gedanken zur Freiheit fortentwickeln. Und wenn nicht, dann halt nicht, dann wurden sie wenigstens öffentlich ausgesprochen. Das ist besser, als immer nur heimlich zu reden und öffentlich zu schweigen.

Aber natürlich ist es auch gefährlich. Solange nur hinter verschlossenen Türen heimlich getuschelt wurde und nur die Stasi davon erfuhr, war diese zufrieden. Unangenehm aber wurde der Staat, wenn sich einer der Überwachten und Abgehörten an die Öffentlichkeit wagte. So einer landete schnell im Gefängnis, ohne Anklage, ohne Prozess, ohne Anwalt. Und was mit so einem hinter den Gefängnismauern passieren konnte, erfuhren dessen Angehörige, Freunde und Bekannte, wenn sie diesen als völlig veränderten, gebrochenen und oft auch gesundheitlich ruinierten Menschen vom Staat zurückerhielten. Eben deshalb schwieg man lieber.

»Den anständigen Menschen blieb in der DDR fast immer nur das Schweigen«, sagt Bärbel Bohley, nur »wenige begehrten auf und durchbrachen die Lüge. Sie sprachen das aus, was sie dachten.« Aber »als Einzelne wurden sie fast immer durch staatliche Maßnahmen mundtot gemacht«.

Was aber wäre, wenn sich die Einzelnen zusammenschlössen und sich gemeinsam öffentlich äußerten? Das wäre für die Staatsmacht eine noch viel größere Provokation als die Aktionen von »Einzeltätern«. Sie würde vermutlich noch viel brutaler zuschlagen wollen als gewohnt, aber kann sie es unter den Augen der Öffentlichkeit?

Bärbel Bohley und ihre Freunde wussten es nicht. Also probierten sie es aus. Es war ein unkalkulierbares Risiko, als sie 1982 die Gruppe »Frauen für den Frieden« gründeten. Von jetzt an kritisierten sie den Staat nicht nur öffentlich wegen dessen Militarisierung der Gesellschaft, sondern forderten auch mehr Demokratie. Sie »taten dies zu einer Zeit, in der es nicht viel Aussicht auf Erfolg gab. Sie haben es getan, ohne nach den Folgen zu fragen. Dabei hat jede auf ihre Art Mut bewiesen«, resümierte Bärbel Bohley viele Jahre später.

Diese Frauen »hatten mehr Feinde als Freunde. Nicht nur bei den staatlichen Organen, in den Betrieben, im sozialen Umfeld, sondern auch in der Kirche. (...) Oft haben die eigenen Männer sie nicht verstanden oder Bekannte und Freundinnen ließen sich nicht mehr sehen aus Angst, in ›etwas‹ hineingezogen zu werden.« So begann, eher zufällig, die Geschichte vom Anfang des Endes der DDR. Die »Frauen für den Frieden« zogen in den folgenden Jahren immer mehr Aufmerksamkeit auf sich, gründeten Gruppen im ganzen Land, erhielten mit den Jahren immer mehr Mitglieder, Anhänger und Sympathisanten. Die Geschichte der »Frauen für den Frieden« ist für Bärbel Bohley noch heute eine »Geschichte vom Mut zum politischen Handeln. Es ist eine Geschichte vom Sprechenlernen, Verantwortung übernehmen, von Solidarität und der Verteidigung von Menschenwürde in einer Gesellschaft, die von Willkür und Lüge beherrscht wurde.«

Warum nannten sie sich »Frauen für den Frieden«? Das lag damals einfach in der Luft. Es war die Zeit des atomaren Wettrüstens zwischen Ost und West. Auf beiden Seiten der Grenze hatten die westlichen NATO- und die östlichen Warschauer-Pakt-Staaten ein Bombenarsenal aufgetürmt, das gereicht hätte, um die Erde mehrfach zu vernichten. Auf beiden Seiten fanden sich Bürger zusammen, die diesen Wahnsinn satthatten und ein Ende des Wettrüstens forderten.

Aber die Russen hatten gerade aufgerüstet. Also mussten die Europäer und Amerikaner nachrüsten. Das war die Logik der Abschreckung. Nur ein Gleichgewicht des Schreckens könne den Frieden erhalten, so die Militärstrategen.

Frieden durch Aufrüstung? Richtiger wäre es gewesen, zu sagen: Nichtkrieg durch Gleichstand der Waffen. Wann immer eine Seite sich durch Aufrüstung eine militärische Überlegenheit verschaffte, bestand die Gefahr, dass sie sich diesen Vorteil zunutze machte und einen Krieg begann. Um das zu verhindern, musste schnellstmöglich nachgerüstet und glaubhaft demonstriert werden, dass man bereit sei, im Fall eines Angriffs seine Waffen einzusetzen.

Letztlich hat das Konzept der Abschreckung funktioniert. Ein Wahnsinn war es trotzdem, nicht nur der hohen Kosten wegen, sondern auch, weil im Fall eines Angriffs im Moment der Verteidigung zerstört worden wäre, was verteidigt werden sollte. Ein Krieg zwischen dem Ural und dem Atlantik hätte Europa zerstört. Es hätte keinen Sieger gegeben.

Wenn es also sowieso ausgeschlossen ist, dass ein System das andere militärisch niederringt, ohne selbst Schaden zu nehmen, wäre es doch viel vernünftiger, das Milliarden Dollar, Rubel und Mark verschlingende Wettrüsten zu beenden und das Geld sinnvoller zu verwenden. Eben das war die Forderung einer weltweit entstehenden Friedensbewegung. Diese erinnerte sich jener alten Verheißung der Propheten Micha und Jesaja aus dem Alten Testament und machte deren Wort »Schwerter zu Pflugscharen« zu ihrer Losung. Und zum Symbol der Bewegung wurde das auf jeder Friedensdemonstration mitgeführte Bild von der Taube mit dem Ölzweig im Schnabel – auch das ist ein Motiv aus der Bibel. Die mit einem frischen Olivenzweig im Schnabel zur Arche Noahs zurückkehrende Taube überbringt die Botschaft, dass das Wasser sich zurückzieht, die Sintflut zu Ende ist.

In der Welt der 80er-Jahre war von diesem Hoffnungszeichen nichts zu erkennen. Bärbel Bohley erinnert sich: »Im Dezember 1981 war in Polen das Kriegsrecht ausgerufen worden. Im März 1982 sollte in der DDR ein neues Wehrdienstgesetz in Kraft treten. Nach diesem Gesetz sollten auch Frauen im Verteidigungsfall und im Falle der Mobilmachung zum aktiven Armeedienst eingezogen werden (...) Während die Staatsmacht sich gegenüber der Welt als Friedensmacht darstellte, sollte die ganze DDR-Bevölkerung zu militärischen Befehlsempfängern gemacht werden. Man kann sagen, daß die Bevölkerung seit Jahren direkt oder indirekt einer vormilitärischen Ausbildung unterlag. An den Schulen war 1978 der Wehrkundeunterricht eingeführt worden und an Hochschulen, in Betrieben und öffentlichen Einrichtungen fanden Zivilverteidigungs- und Kampfgruppenübungen statt. Bestimmte Sportarten wie Tauchen oder Segeln konnte man nur in der paramilitärischen Gesellschaft für Sport und Technik betreiben. In den Kindergärten und Schulen stand ein Besuch bei der NVA auf dem Plan. In der Schule lernten die Kinder das Addieren, in dem sie vier Panzer plus drei Panzer zusammenzählen mußten.«

In dieser Situation entschlossen sich Bohley und etliche andere Frauen, öffentlich ein Zeichen zu setzen: Sie schrieben einen gemeinsamen Brief an den Staatsratsvorsitzenden Erich Honecker und teilten ihm mit, dass sie das neue Wehrdienstgesetz ablehnen und sich weigern würden, den verlangten Armeedienst anzutreten. Der Brief wurde von 150 Frauen aus der ganzen DDR unterschrieben und auch westlichen Medien zugespielt. So erfuhr die ganze Welt davon.

Die Staatsmacht reagierte schnell und intelligent. Es gab keine Verhaftungen. Stattdessen haben Stasi-Beamte die Frauen in den Betrieben oder zu Hause aufgesucht und Einzelgespräche mit ihnen geführt. »Damit sie sich nicht abstimmen konnten, fanden sie zeitgleich statt«, erinnert sich Bärbel Bohley. »Die Unterzeichnerinnen sollten zu der Einsicht gebracht werden, daß das neue Gesetz notwendig sei, um die Verteidigungskraft der DDR gegenüber der Bedrohung aus dem Westen zu erhöhen. Waren sie uneinsichtig, wurde ihnen unter Drohungen, z. B. mit beruflichen Konsequenzen, die Tragweite ihres Handelns deutlich gemacht. Trotzdem zogen nur wenige Frauen ihre Unterschrift zurück. Etwa zwei Dutzend Frauen wollten es nicht bei dieser Eingabe bewenden lassen, sie waren über die Nichtachtung und Arroganz der Machthaber so empört, daß sie beschlossen, sich als ›Frauengruppe für den Frieden‹ weiterhin zu treffen. Wir wollten einen Dialog mit der Macht erzwingen.«

Die Staatsmacht hatte zwar schnell und intelligent reagiert, war aber auch verunsichert. Was sie verunsicherte, war die Tatsache, es mit einem weiblichen Widerstand zu tun zu haben. Die Staatsmacht war männlich. Mit Frauen hatte die herrschende Männerriege nicht gerechnet. Im Lexikon der DDR stand unter dem Begriff »Frau« die Erläuterung, sie sei »eine wertvolle Ergänzung des Mannes«.

Daher nahmen die Machos der Stasi diese Friedensfrauen zunächst nicht ganz ernst, konnten nicht richtig glauben, dass diese von ganz allein auf die Idee gekommen waren, diesen Brief zu schreiben und zu veröffentlichen. Das war vielleicht das Glück der Frauen, denn wegen ihres männlich begrenzten Vorstellungsvermögens suchte die Stasi unentwegt nach den »Hintermännern«, den eigentlichen Drahtziehern dieser Aktion. Die gab es nicht, aber die Stasi war lange Zeit überzeugt davon, dass es sie geben musste.

Während die Stasi damit beschäftigt war zu suchen, was es nicht gab, konnten die Frauen um Bärbel Bohley weitermachen. Sie knüpften Kontakte zu den Kirchen, wo sich ebenfalls Widerstand regte und sich Friedenskreise bildeten. Sie machten gemeinsame Aktionen und Veranstaltungen, die von der Stasi gestört oder verhindert wurden. Es gab Drohungen, Repressionen, Festnahmen, aber die Frauen ließen sich davon immer weniger beeindrucken und machten konsequent weiter.

Sie waren »einfach nicht unterzukriegen«, sagt Bohley, und sie trauten sich immer mehr. »Wir waren kreativ, einfallsreich, unsere Ideen waren frech, provokativ und wir trafen fast immer den Nagel auf den Kopf. Das Lachen ist uns auch unter Stasi-Augen nicht vergangen. Im Gegenteil, es war trotz aller Angst ein überwältigendes Gefühl, ›wider den Stachel zu löcken‹. Wir saßen im Warmen, tranken Wein, hatten neue Ideen, heckten neue Pläne aus und vor der Haustür standen ›die‹ sich in der Kälte die Beine in den Bauch. Später stand jahrelang ein alter Bauwagen vor meinem Haus und die Stasi-Akten beweisen, daß sie tatsächlich aus diesem fotografierten. Sie müssen trotzdem vor Kälte gezittert haben, denn fast alle Fotos sind verwackelt.«

Leider war es nicht immer zum Lachen. Im Dezember 1983 wurden mehrere Frauen verhaftet, auch Bärbel Bohley. Weihnachten, Silvester und Neujahr verbrachten sie im Knast. Weil es starke Proteste innerhalb und außerhalb der DDR gab, wurden sie Ende Januar zwar wieder aus dem Gefängnis entlassen, aber diese sechs Wochen Stasi-Einzelhaft »waren ein Kampf um die eigene Würde«, sagt Bärbel Bohley.

»Nicht zeigen, wie schwer das Herz ist, aber sich selbst beweisen, daß man noch einen Willen hatte. Schweigen lernen; kämpfen um Dinge, die unwichtig sind, aber die Möglichkeit boten, sich abzureagieren, z. B. eine Schere, um sich die Haare zu schneiden, keine Zigarette annehmen, um wenigstens innere Freiheit zu dokumentieren. Das Wichtigste war, daß da draußen Menschen waren, denen ich ganz und gar vertraute. Sie würden alles tun, um uns freizubekommen, und alles, um Anselm, meinem Sohn, das Leben zu erleichtern.«

Sie war auf diese Zeit vorbereitet. Sie wusste ja, dass sie irgendwann im Gefängnis landen würde. Daher hatte sie Bücher über Verfolgung, Haft und Isolation gelesen, aus denen sie lernte: »Das Ziel der Herrschenden war immer das Gleiche, ob in den Konzentrationslagern des Dritten Reiches, im sibirischen Gulag, im Fußballstadion von Santiago de Chile oder im Stasi-Knast Bautzen. Sie wollten ihre Gegner, die vermeintlichen oder tatsächlichen, zerbrechen. Ihr Geist, ihre Menschenwürde, notfalls ihr Leben, waren das Mate-

rial, das erbarmungslos vernichtet werden musste. Man konnte nicht viel da-
gegensetzen, nur sich selbst.«

Und man konnte von anderen lernen, zum Beispiel vom Schriftsteller Erich
Loest, der von 1958 bis 1964 in politischer Haft in Bautzen gesessen hatte und
in seiner 1981 im Westen erschienenen Biografie »Durch die Erde ein Riß« beschrieb, wie er diese Zeit überstanden hatte. Jeden Tag sei er 10 000 Schrit-
te in seiner Zelle gegen die Verzweiflung angelaufen. »Die lief ich auch« erzählt Bohley, »und führte stille Gespräche mit ihm oder sang ein Biermann-
Lied«.

Nicht nur mit der endlosen Kette aus Drohung, Einschüchterung, Repression, Vernehmung, Haft und Verhör versuchte die Stasi den Widerstand in
der DDR zu ersticken, sondern auch mit ihren eingeschleusten Spitzeln, die
sich nicht darauf beschränkten, regelmäßig Berichte abzuliefern. Viele von
ihnen bewiesen eine wahre Meisterschaft darin, über Jahre unerkannt in den
oppositionellen Gruppen mitzuarbeiten und dabei aber heimlich Zwietracht
unter ihnen zu säen, Misstrauen zu schüren, Aktionen zu torpedieren und
einzelne Mitglieder in die Resignation zu treiben. Das Ergebnis dieser Wühl-
arbeit war, dass die einzelnen Oppositionellen einander oft nicht mehr trauten, nicht mehr trauen konnten. Und ganz besonders gut wühlen konnten
die Maulwürfe der Stasi, wenn die führenden Oppositionellen aus dem Verkehr gezogen waren und im Gefängnis saßen. Da wurde dann Stimmung gemacht gegen deren Führungsstil und bei manchen fiel das auf fruchtbaren
Boden.

»Ich wollte keine Untergrundkämpferin sein«, sagt Bohley, »aber es war
mir klar, daß man in der DDR politisch nur bedingt demokratisch handeln
konnte. Vieles musste im Verborgenen geschehen, damit es überhaupt geschah. Das bedeutete, nicht jede konnte alles wissen. Die Gefahr der Ge-
schwätzigkeit oder des Verrats gab es immer.«

Trotzdem durfte man nicht aufgeben. Vielleicht wird man scheitern. Vielleicht wird sich am Ende alles als vergeblich erweisen. Vielleicht verrottet
man irgendwo in einem Stasi-Kerker und wird von aller Welt vergessen. Aber
wenigstens hatte man es versucht. Wenigstens müssen sich die eigenen Kinder nicht für ihre Eltern schämen, und vielleicht probieren es ja die Kinder
aufs Neue, und vielleicht haben sie Erfolg.

In diesem Bewusstsein machten die wenigen mutigen DDR-Oppositionellen einfach weiter.»Besonders mutig fühlte sich keine von uns«, sagt Bärbel Bohley heute, »eher wollten wir schlau sein wie die Schlangen. Was uns auch manchmal gelungen ist. Mut war nie ein Thema unter uns. Wir akzeptierten, daß jede Frau selbst entschied, welches Risiko sie einging oder nicht, an welcher Aktion sie sich beteiligte oder was sie unterschrieb.«

Mut wachse meistens, ohne dass man es bemerkt, und ganz besonders dann, wenn man nicht mehr allein ist mit seiner Wut, seiner Angst, seiner Hoffnung, seinen Gedanken, schreibt Bohley. Wenn man Menschen kennenlernt, »die ähnlich denken und fühlen, dann ist man aufgehoben und stark in der Gemeinschaft. Die Frauen, die sich in den unabhängigen Friedensgruppen engagierten, waren überwiegend zwischen 25 und 40 Jahre alt. Die meisten hatten Familie. Obwohl viele alleinerziehende Mütter dabei waren, hielt sie das nicht davon ab, sich dem Risiko einer Verhaftung auszusetzen.«

Und der weibliche Mut und der weibliche Widerstand ist offenbar anders als der männliche. Schon bei den Festnahmen beobachtete Bohley, dass sich Frauen anders verhielten als Männer, »weniger aggressiv«, pragmatischer, entkrampfter, unheroischer. Manche Frauen, erzählt Bohley, hätten ihre Vernehmer entsetzlich genervt, weil sie immer wieder darauf pochten, jetzt nach Hause zu müssen, um die Kinder vom Kindergarten abzuholen. »Frauen sahen in ihren Bedrängern nicht nur die überlegenen Konkurrenten, sondern auch aufgeblasene und schwache Männer.«

Über eine Mitkämpferin erzählt Bohley, sie habe es mit einem Vernehmer zu tun gehabt, der Schnupfen hatte und eigentlich ins Bett gehörte, und das habe sie ihm auch gesagt. So etwas verunsichert einen Stasi-Vernehmer zutiefst. Mit so etwas können sie nicht umgehen. Das haben sie nicht gelernt. Und diese Verunsicherung kann man auf die Spitze treiben, wenn man, wie sie es getan hat, mitten im Verhör an heiklen Stellen plötzlich Kirchenlieder singt, um sich ein wenig Luft zum Nachdenken zu verschaffen. Sie sang »Großer Gott wir loben dich«, und begründete das mit »Jetzt ist eigentlich Gottesdienst.«

Man wurde natürlich trotzdem eingesperrt, hatte trotzdem Angst, manchmal Todesangst, und wurde beinahe verrückt vor Sorge um die eigenen Kinder. Und in früheren Jahren endeten solche Geschichten meistens als Tragödie. Aber in der Spätphase der DDR gab es immer einen Druck der Öffentlichkeit. Deshalb kamen eingesperrte Oppositionelle meistens nach kürzerer oder längerer Zeit wieder frei, wurden von der Bundesrepublik freigekauft oder schlimmstenfalls in sie abgeschoben.

Die Stasi tat trotzdem weiterhin alles in ihrer Macht Stehende, um die Opposition zu zerschlagen. Aber dazu reichte diese Macht, so groß sie auch war, immer weniger. Und als in Moskau wie durch ein Wunder mit Michail Gorbatschow ein Mann die Regierung über das Sowjetreich übernahm und das kollektive Lügen der kommunistischen Parteifunktionäre beendete, war es mit der Macht der Stasi endgültig vorbei.

Die einfachen Bürger der DDR spürten das früher als die Stasi. Immer mehr Menschen fragten sich nun, ob es diesmal vielleicht anders als üblich zugehen würde, wenn sie sich auf die Straße wagten. Dieser Gorbatschow würde keine Panzer schicken, dachten sie. Mit diesem Gorbatschow bricht eine neue Zeit an, dachten sie, aus Moskau weht ein frischer Wind, spürten sie, und wurden immer aufmüpfiger.

Nur in den Mief hinter den fest verschlossenen Fenstern im Zentralkomitee der SED in Ost-Berlin drang nicht ein Hauch der frischen Brise. Draußen veränderte sich die Welt, aber die Führung hinter den dicken Mauern der SED-Zentrale merkte davon bis ganz zuletzt nichts. Oder wollte es nicht merken.

Während sich draußen immer mehr Menschen zu Wort meldeten und sich immer mehr Menschen auf die Straße wagten, bereitete sich die politische Führung auf die Feierlichkeiten zum bevorstehenden 40. Jahrestag der DDR am 7. Oktober 1989 vor. Und tatsächlich wurde diese Jubelfeier inszeniert wie jedes Jahr, mit einem Fackelzug der FDJ (Freie Deutsche Jugend) am 6. Oktober und der Militärparade am 7. Oktober.

Das Volk protestiert gegen diese Farce, und die Staatsmacht schlägt ein letztes Mal zu. Die in allen großen Städten der DDR stattfindenden Demonstrationen gegen die Jubelfeier werden mit massiver Gewalt beendet. Mehr als tausend Menschen werden verhaftet. Es ist das letzte Aufbäumen der alten Macht.

Danach gehen die Demonstrationen weiter. Am 9. November 1989 fällt die Mauer.

Noch im Januar 1989 sagte Erich Honecker, die Mauer werde auch in fünfzig oder hundert Jahren noch stehen. Im Januar 1990 flohen er und seine Frau Margot durch die DDR vor ihrem in Lynchstimmung befindlichen Volk und baten um Asyl in einem Pfarrhaus. Es wurde ihnen gewährt.

Das Volk der DDR marschierte in die Freiheit. Und merkte bald: Das System im Westen ist auch nicht das Paradies, und die Freiheit nützt nicht viel, wenn man kein Geld hat. Viele trieb diese Ernüchterung in die Resignation. Andere, und zu ihnen gehört Bärbel Bohley, sagen heute: Das System ist nicht perfekt, wird nie perfekt sein, aber kann in aller Freiheit kritisiert und verbessert werden. Statt das alte Unrechtssystem der DDR zu verklären, solle man lieber das demokratisch-rechtsstaatliche verbessern. Genau das ist es, was Bärbel Bohley jetzt tut. Und jeder tun kann.

Materialien

Ayaan Hirsi Ali
Die schleichende Machtübernahme

Wir möchten mit Ihnen darüber reden, wie wir über den Islam reden. Wenn Sie sich den westlichen Diskurs über den Islam anschauen – was läuft da richtig, was läuft schief?

»Die Untergrabung der freiheitlichen Gesellschaft ist ein Prozess in mehreren Stufen.«

Richtig finde ich, dass es überhaupt eine derart breite Diskussion gibt, wie wir Sie jetzt haben. Das war nicht immer so. Schief läuft meiner Meinung nach, dass diese Diskussion noch immer eine taktische ist. Im Westen wird die Auseinandersetzung mit dem Islam weitgehend strategisch geführt. Bevor man fragt, was Sache ist, wird gefragt, was das für Auswirkungen haben könnte, wenn man zur Sache kommt. So gehen die Inhalte im Taktischen unter. Man wird das Gespräch differenzierter führen müssen.

Ich unterscheide grundsätzlich zwischen der Philosophie des Islam und den Muslimen. Ich rede nicht über die Muslime, sondern über die Religion. Und da steht für mich fest, dass der Islam mit der liberalen Gesellschaft, wie sie sich im Gefolge der Aufklärung herausgebildet hat, nicht vereinbar ist. Wenn man diese Feststellung für plausibel hält, dann ist es nur richtig, die Muslime auch damit zu konfrontieren. Stattdessen verirren sich die Debatten im Taktischen, alles Problematische wird in Nebel gehüllt und am Ende lässt man sich darauf ein, zu sagen: Der Islam ist Frieden, Mitgefühl, Barmherzigkeit. Weil man Mitleid mit Minderheiten hat, die im Alltag nicht selten massiven Diskriminierungen ausgesetzt sind, glaubt man, es sei besser, die Dinge nicht beim Namen zu nennen. Das ist falsch. Es wäre erwachsener, sich gegenseitig die Wahrheit zu sagen.

Tausende von Migranten sind nach Europa gekommen. Aber Europa ist nicht bloß ein Wirtschaftsraum, sondern teilt auch gewisse Werte. Also ist es nur folgerichtig, den hier lebenden Muslimen zu sagen: Wenn ihr hier lebt, müsst ihr euch an gewisse Spielregeln halten, das Gesetz achten und Toleranz üben und zwar ganz egal, ob euch euer Prophet oder euer heiliges Buch etwas anderes vorschreiben.

Der Islam, nicht die Muslime sind das Problem, sagen Sie. Hängt die Vereinbarkeit also davon ab, dass sich die Muslime nicht an den Islam halten?

In gewisser Weise ja. Nehmen Sie ein paar Beispiele: Im Islam beginnt das Leben erst im Jenseits. Sie müssen sterben, um zum Leben zu gelangen. In unseren

251

Rechtsstaaten schützt der Staat das Leben. Dazu verpflichten ihn die Gesetze, und die Gesetze werden vom Volk gemacht. Das ist ein vernünftiger Aufbau, eine säkulare Verfassung. Im Islam gibt es so etwas nicht. Der Islam anerkennt individuelle Rechte nicht als Wert an sich. Man unterwirft seinen Willen dem Willen des Propheten und erhält erst dadurch Rechte und Pflichten.

Im Islam ist eine Unterscheidung zwischen religiösem und öffentlichem Bereich undenkbar. Alles ist im Koran und im Hadith festgeschrieben, und jede Form des Wissens, die nicht diesen beiden Büchern entspringt, ist *haram* – unrein. Das erklärt auch, warum die arabischen Staaten so wenig Forschung und Wissenschaft betreiben, so wenige Bücher übersetzen. In liberalen Gesellschaften sind Bildung und Wissenschaft keine Ableitungen der Religion. Wenn Sie in liberalen Gesellschaften einem Wissenschaftler widersprechen möchten, brauchen Sie eine bessere Theorie, stichhaltigere Belege. Und wenn die nicht gut genug sind, gehen Sie eben nach Hause und lecken Ihre Wunden, aber Sie gehen nicht los und töten den anderen, wie es die Philosophie des Islam vorschreibt, auch wenn sich zum Glück nicht alle Muslime daran halten. Wenn Sie aber dem Propheten Mohammed widersprechen, dann gibt es keinen Spielraum mehr, dann ist jeder gegen Sie, und Sie werden mit Drohungen überschüttet. Ich könnte immer weiter aufzählen: Das Thema Homosexualität zum Beispiel oder der Umgang mit den sogenannten Nichtgläubigen. Ungläubige müssen der *dahwa* ausgesetzt werden, erst freilich der Predigt, wenn sie die aber ablehnen, tritt die sechste Verpflichtung, der *Jihad* in Kraft. Das ist ein wesentlicher Bestandteil des Islam, der natürlich völlig inakzeptabel ist.

Der Islam hat viele gute Seiten. Aber das ist ein anderes Thema. Es muss möglich sein, in einer getrennten Diskussion nur über solche Aspekte zu reden, die mit einer liberalen Verfassung unvereinbar sind.

Man hört oft die Formel, der Islam werde von Terroristen missbraucht. Dem würden Sie also widersprechen?

Ja. Das ist kein Missbrauch. So wurde uns der Islam überliefert. Jeder Schüler lernt, dass Islam die Unterwerfung unter den Willen Gottes bedeutet. Dann wird er fragen: Wo finde ich denn den Willen Gottes? Dann stößt er auf Koran und Hadith. Und was man dort dann wortwörtlich liest und auswendig lernt, hat eben mehr mit Bin Laden zu tun als mit den schönen Worten europäischer Islamreformer. Darum hat Bin Laden so viele Anhänger, jeder Muslim kann das nachvollziehen.

Aber nur eine Minderheit der Muslime bekennt sich doch zu Bin Ladens Taten – glücklicherweise.

Das stimmt. Darum verfolge ich eine umgekehrte Argumentation: Ich glaube, Bin Laden beruft sich zu Recht auf die Religion. Darum müssen wir – wenn wir diese Gewalt verurteilen und verabscheuen – die Religion ändern. Leider fehlt es dazu an notwendigen Führungspersönlichkeiten, wir haben im Islam eine Krise der theologischen Autoritäten und zwar nicht zuletzt deswegen, weil der Prophet keine Nachfolger hatte beziehungsweise alle ermordet wurden.

In einer Fernsehdiskussion am Sonntag erklärte der Generalsekretär des Zentralkomitees der Muslime in Deutschland, Dschihad heiße im Grunde nichts anderes, als »den inneren Schweinehund zu überwinden«.

Der Betreffende hat nur einen Teil der Wahrheit dargestellt. Die erste Stufe von Dschihad meint tatsächlich den inneren Kampf, die eigene Unterwerfung zu bewerkstelligen, also fünfmal am Tag beten, den Koran lesen, am Ramadan fasten und nach Mekka pilgern. Dann gibt es die Stufe der Mission, friedlich zuerst. Aber die problematische Dimension des Dschihad ist dann erst die nächste Stufe. Sie folgt dem Koran, der sagt, Friede sei erst dann möglich, wenn alle dem Glauben unterworfen sind. Wenn der von Ihnen zitierte Islam-Vertreter ehrlich wäre, müsste er sagen: Letzteres schreibt uns unsere Religion vor, aber wir werden es nicht tun. So wird die Frage nach der Friedlichkeit des Islam zu einer Frage des Vertrauens. Hier im Westen nehmen die Leute erst einmal an, die Aussage eines Gesprächspartners sei auch so gemeint. Die Generalunterstellung ist erst einmal die, dass man sich die Wahrheit sagt. Im arabisch-islamischen Raum ist das nicht unbedingt so, denn es gibt keine Notwendigkeit, einem Ungläubigen gegenüber wahrhaftig zu sein. Es führt nicht weiter, an diesen fundamentalen Punkt nicht rühren zu wollen.

Wie erfolgreich ist Ihrer Meinung nach der Dschihad in Europa?

Ich spreche von der schleichenden Scharia. Die Untergrabung der freiheitlichen Gesellschaft ist ein Prozess in mehreren Stufen. Wenn es in holländischen Gremien um das Für und Wider einer bestimmten öffentlichen Aktdarstellung geht, sprechen sich die muslimischen Vertreter immer dafür aus, die Darstellung verschwinden zu lassen. Vor zehn Jahren wären solche Debatten in Holland noch unvorstellbar gewesen. Oder nehmen Sie die Situation in manchen Gegenden Frankreichs. Dort gibt es manchmal nur noch einen Supermarkt, einen islamischen, in dem kein Schweinefleisch und kein Alkohol zu haben ist. Dort muss man nun also mit dem Bus fahren, wenn man eine Flasche Wein kaufen will. Und in Großbritannien geht es nun so weit, dass die Sparkassen keine Sparschweine mehr aufstellen, um die Gefühle der Muslime nicht zu verletzen, für die Schweine ja unrein sind. Das ist eben die schleichende Scharia. Sie zeigt ihr vollständiges Gesicht erst in den Gesellschaften, in denen die Muslime in die Mehrheit gekommen sind.

Der Genfer Islamwissenschaftler Tariq Ramadan verspricht einen friedlichen Euro-Islam, will die Freiheitsrechte für Frauen garantieren. Was halten Sie von ihm?

Ramadan sagt, was wir alle hören wollen. Ich habe seinen letzten Text über den Papst gelesen. Im ersten Absatz verurteilt er die gewalttätigen Proteste, schreibt, Muslime dürften sich darüber nicht in dieser Form aufregen. Da dachte ich: Wow! Musik in meinen Ohren. Aber wenn man dann weiterliest, fällt auf, was er nicht sagt. Ramadan weicht konsequent der Auseinandersetzung um die aufgeworfene Gewaltfrage aus. Das finde ich nicht in Ordnung. Er gehört für mich zu den Vertretern des Islam, die die Diskussion einäugig führen möchten. Die einfach weglassen, was nicht in die friedliche Wunschvorstellung passt. Ich kann mir nicht vorstellen, wie er bei einer derart einseitigen Argumentation irgendjemanden überzeugen will, dass Islam und westliche Lebensweise zu versöhnen wären. Es muss doch nur eine junge muslimische Frau ankommen und sagen: Ich möchte mit einem nicht beschnittenen Nicht-Muslim zusammenleben. Da würde die Vision des Euro-Islam schon erste Kratzer kriegen. Ramadan redet über den Islam, wie er sein sollte, nicht über den Islam, wie er ist. Man kann aber kein ehrliches Gespräch auf der Basis von Verdrängungsleistungen führen.

Wie stellen Sie sich denn eine Reformation des Islam vor?

Der Ausgangspunkt muss der Prophet sein. Er hat sich selbst als »Bote Gottes« bezeichnet. Er ist nicht gottgleich, sondern fehlbar, eben ein Mensch, der Gottes Wort verkündet. Wir sollten also alle mit den Menschenrechten vereinbaren Bestandteile seiner Lehre behalten, aber den Rest eben in seinem historischen Kontext, der arabischen Halbinsel des siebten Jahrhunderts, belassen. Der zweite Schritt wäre festzustellen, dass auch der Koran nicht von Gott stammt, sondern 150 Jahre nach dem Tod Mohammeds von Menschen verfasst wurde. Darin stehen viele Dinge, die wir heute überwinden sollten. Die Menschheit hat sich schließlich seitdem enorm entwickelt. Und der dritte Punkt ist die Sexualdoktrin. Ich spreche vom Dogma der Jungfräulichkeit vor der Ehe. Wenn wir das überwinden, werden die Frauen frei sein.

Wie steht es mit der Apostasie im Islam? Kann man austreten?
Wenn man es leise tut, schon ...

Also nicht öffentlich, so wie Sie.
Nicht so wie ich, genau. Aber die neuste Mode ist ja, etwa in Ägypten, dass miss-
liebige Intellektuelle gegen ihren Willen aus der Umma ausgeschlossen werden.
Dann werden sie zwangsgeschieden und zum Abschuss freigegeben.

Sie stehen nun schon seit einigen Jahren im Zentrum der Kontroverse, haben
jede Menge Feinde – aber auch Anhänger. Sind Sie ein Vorbild für andere aus der
islamischen Gemeinschaft?
Nein, ich rüttele bloß am Baum. Man kann mich nicht Vorbild nennen. Vorbilder
wird es erst in der nächsten Generation geben. Wir sind da noch ganz am Anfang.
Es gibt aber in den Niederlanden eine leidenschaftliche Diskussion und schon
wichtige junge islamische Autoren und Intellektuelle. Ich stehe zwar am Ausgangspunkt der Debatten – mit der Frage: Bist Du auf ihrer Seite oder nicht? –,
dann aber kommt die Debatte auch auf die eigentlichen, inhaltlichen Fragen.
Diese Debatte innerhalb der muslimischen Gemeinschaft müssen wir unterstützen und fördern, statt auf alte Männer mit Bärten und Kopfbedeckung zu hören,
die uns doch nur mit Friedensillusionen einlullen, staatliche Unterstützung erbitten und versichern, sie hätten die Jugend im Griff, während dieselbe Jugend zum
selben Zeitpunkt Straßenschlachten veranstaltet. (...)

Alles, was Sie sagen, läuft auf die Notwendigkeit einer theologischen Reform
des Islam hinaus. Nun spricht aber nicht nur Navid Kermani von einer akuten
Krise der islamischen Theologie – einer Krise, die der Reform im Wege steht.
Ja. Da Mohammed in einer Stammesgesellschaft gewirkt hat und Krieg und
Schlachten da große Themen waren, ist der Islam eine Religion der Sieger. Das ist
natürlich mit den heutigen Fakten nur schwer zu versöhnen. Und eine Religion
von Siegern braucht auch keine Theologie. Ich halte diese ganze Frage der fehlen-
den theologischen Autorität allerdings für die große Sollbruchstelle des Islam.

Ayaan Hirsi Ali im Gespräch mit den F.A.Z.-Redakteuren Nils Minkmar und Christian Geyer.
Text: F.A.Z., 04.10.2006, NR. 230/S. 39. © Alle Rechte vorbehalten. Frankfurter Allgemeine
Zeitung GmbH, Frankfurt. Zur Verfügung gestellt vom Frankfurter Allgemeine Archiv.

Alice Schwarzer
Emma lebt … und wenn die Jungs sich totärgern!

Konkret wurde es an einem vernieselten Nachmittag im Januar 1976. Im Il Gatto-pardo am Berliner Breitenbach-Platz. Mir gegenüber saß Kollege Hermann Gremliza. Sag mal, Hermann, stimmt das wirklich, dass man zum Start einer Monatszeitschrift mindestens vier Millionen Mark braucht? – Quatsch, antwortete besagter Hermann, der es als konkret-Verleger ja wissen mußte, für die ersten drei Ausgaben genügt eine viertel Million. Und, fügte er großzügig hinzu: Mach bloß nicht denselben Fehler wie ich, miete die Redaktionsräume nicht zu klein, sonst mußt du gleich wieder umziehen.

Für diesen Rat bin ich ihm heute noch dankbar. Seit dem 1. September 1976 logiert der Emma-Verlag auf zwei Etagen des Hauses Kolpingplatz Nr. 1, im Schlagschatten zweier großer Brüder des Kölner Doms und des WDRs. Platz ist genug. Am Anfang hätte es auch eine Etage getan, sogar ein Zimmer. Denn außer mir war da nur noch eine Person fulltime mit der Vorbereitung der ersten Emma beschäftigt: das war die Redaktionssekretärin Christiane Enßlin, bis dahin im Zuge der Sippenhaft arbeitslos.

Die Handvoll Journalistinnen, die einigermaßen ernst machten mit ihrem im Sommer angemeldeten Interesse an der noch vor Erscheinen höhnisch totgesagten Zeitschrift, die waren und blieben festangestellt in den etablierten Medien und schauten am Feierabend oder am Wochenende mal rein. Mein etwas naiver Rundbrief, den ich im Frühling 1976 durchs Land geschickt hatte (»An alle Kolleginnen – bitte weitergeben«) hatte viele zum Mitreden angeregt, das Mitarbeiten aber ließ auf sich warten. Die Kolleginnen warteten erst einmal ab.

Bereits Monate vor Erscheinen der ersten Emma mußte mit Druckereien und Vertrieben verhandelt werden. Zu einem Gespräch mit dem Hamburger Vertrieb IPV im Oktober 76 nahm ich, auf den Rat seiner Tochter hin (»Mein Vater kennt sich da aus«) einen alten Hasen aus der Branche, Hans Huffsky, den ExChefredakteur von ›Constance‹ mit. Ich hatte ihn nie zuvor gesehen und sah ihn danach nie wieder. Dennoch trug uns dieser kurze Auftritt dieses zweiten Mannes in Emmas Vorleben ein vom Herrenmagazin ›Spiegel‹ und von der Schwesternstreitschrift ›Courage‹ hartnäckig verbreitetes Gerücht ein, der »eigentliche Macher« sei Herr Huffsky und das eigentliche Geld komme vom Konzern Gruner&Jahr (ausgerechnet). Cherchez l'homme.

Nur ein dritter wurde nie erwähnt. Der einzige, dem wir wirklich zu Dank verpflichtet sind für fachkundige Unterstützung beim Start. Das war der Buchhersteller Franz Greno, der einst noch beim Fischer-Verlag den ›Kleinen Unterschied‹ produziert hatte. Diesem Franz imponierte das dreiste Husarenstück. Er war es, der mir die erste Druckerei besorgte, mich in Papierfragen beriet und, nach einer durcharbeiteten Nacht, mit rotgeränderten Augen und unrasiert, die ersten 64 Seiten Emma in die Frankfurter Lithographie und von da aus in die Kulmbacher Druckerei fuhr.

So war das am Anfang: Das Wissen um das Machen von Zeitschriften mußte ich, mußten wir uns fast ausschließlich bei den Männern holen. Frauen hatten bis dahin von so was kaum Ahnung. Denn das Zeitungsmachen ist eine ganz andere Sache als das Artikelschreiben. Und ich war und bin ja eigentlich Journalistin und nicht Verlegerin. Verlegerin wurde ich nur aus Verlegenheit: Damit meine und die Artikel anderer engagierter Kolleginnen, die es Mitte der 70er Jahre zunehmend schwerer hatten (»Ihr seid zu voreingenommen, weil ihr betroffen seid«), wieder erscheinen konnten.

Denn das war seit Beginn der neuen Frauenbewegung klar: Wir durften nicht abhängig bleiben von den männerbeherrschten Medien, wir mußten auch eigene Stimmen haben. Die einzige andere deutschsprachige feministische Zeitschrift am Kiosk, ›Courage‹, war zunächst nur als Berliner Stadtzeitung angekündigt worden und erschien, überraschenderweise, überregional erst im Ersterscheinungsmonat von Emma, Februar 77.

Hätte ich die Emma auch gemacht, wenn mir damals, im Herbst 76, jemand alle persönlichen Folgen prophezeit hätte? Vielleicht hätte ich mir das ganze nochmal gut überlegt … Schließlich konnte ich nicht ahnen, dass diese Zeitschrift die nächsten zehn Jahre meines Lebens fressen würde: sie hat mir als Schreiberin oft nicht genug Zeit gelassen und mich zur Macherin verurteilt; sie hat mich in einem mir bis dahin unbekannten Ausmaße den weiblichen Selbstzerfleischungs- und den männlichen Spaltungsmanövern ausgeliefert; sie zwingt mich täglich neu zum Kampf um die (politische) Haltung, die (journalistische) Qualität und das (zum Existieren) notwendige Geld.

Ich gebe zu, es war manchmal fast zuviel. Aber noch war die Freude ungetrübt. Emma wurde geboren. Mit einem Budget, das knapp fünf Prozent des sonst für ein solches Unterfangen üblichen betrug, und in einer Zeit, die atemberaubend kurz war. Vier Monate nach Einzug in die Kölner Redaktionsräume stand das Konzept für die Emma und lag die erste Nummer auf dem Tisch.

Der Name? Der war irgendwann mal aufgetaucht und gefiel uns. Nicht nur wegen der Anspielung auf die Em(m)anzipation, sondern auch, weil er das selbstironische Gegenteil vom platt Erwarteten war: Wie würde sie wohl heißen, diese Zeitschrift dieser jetzt vollends größenwahnsinnig gewordenen Schwarzer? Nora? Die Rächerin? Die Amazone? Alice la castrateuse?

Nein. Emma. Ganz einfach Emma. Ein Name zum Anfassen. Ein guter Name. – Schon wenige Wochen nach Erscheinen war ›Emma‹ nicht mehr der Laden von nebenan und auch nicht mehr die Möwe von Ringelnatz, die so aussah, als ob … Ab jetzt war sie Synonym für die Sache. Aufmüpfige Schulmädchen oder spülunlustige Hausfrauen waren nun als »richtige Emma!« verschrien.

Doch bevor es soweit kam, mußte sie ersteinmal erscheinen. Als ich im Dezember 1976 meine erste Emma-Kolumne schrieb, tat ich das recht unwissend. Daß 58 Jahre zuvor die Feministinnen, Pazifistinnen und Münchner Räterepublikanerinnen, Anita Augspurg und Lida Gustava Heymann in München die Monatszeitschrift ›Die Frau im Staat‹ mit der Absicht herausgegeben hatten, »das politische Leben vom Standpunkt der Forderungen und der Mitwirkung der Frauen zu verfolgen« – ich wußte es nicht.

Daß 82 Jahre zuvor in Berlin die Feministinnen Minna Cauer und Lily von Gizycki ›Die Frauenbewegung‹, eine Monats»Revue für die Interessen der Frauen« mit dem Ziel gestartet hatten, »der Vielfalt der Deutschen Frauenbewegung« eine »gemeinsame Stimme« für den »Kampf der Frauen« zu geben – ich wußte es nicht. Daß 128 Jahre zuvor die erste »Frauen-Zeitung«, initiiert von der Feministin und 48er Revolutionärin Louise Otto mit dem stolzen Motto erschienen war: »Dem Reich der Freiheit werb ich Bürgerinnen«– ich wußte es nicht.

Das ist vielleicht das Zermürbendste am Kampf der Frauen um Menschenrechte für alle, auch und vor allem für die Frauen: dass wir immer wieder ganz von vorn anfangen müssen. Immer wieder neu müssen wir die verschütteten Spuren unserer Geschichte mühsam freilegen. Vollends den Rest gab uns deutschen Feministinnen die 12jährige Barbarei des höchsten Männlichkeitswahns: des Faschismus. Er verwischte endgültig alle Spuren. Feministische Bücher wurden verbrannt, radikale Feministinnen wie Augspurg und Heymann starben im Exil. Und selbst die Gemäßigten, die sich mit ihrem Doch-noch-Frau-sein lieb Kind hatten machen wollen und mit ihrer Ideologie vom natürlichen »Anderssein« des Weibes fatal zum Bild der »deutschen Frau und Mutter« beigetragen hatten – selbst sie waren, einmal benutzt, mundtot gemacht worden; ihre Zeitschriften wurden einige Jahre nach der Vertreibung der Radikalen eingestellt.

Diese seit Beginn des Jahrhunderts ebenfalls erschienenen Publikationen der Gemäßigten, wie Helene Lange oder Gertrud Bäumer, habe ich nicht etwa vergessen. Ich habe sie bewußt nicht genannt, weil sie nicht direkt unsere Vorläuferinnen sind. Emma bewegt sich in der Tradition der »radikalen«, der an die Wurzel des Unrechts gehenden Feministinnen. Das heißt, wir lehnen jeden Glauben an eine angeborene Ungleichheit von Menschen ab – egal ob er nun im Namen des Geschlechts, der Klasse oder der Rasse propagiert wird! Wir sind dem Kampf gegen alle Machtverhältnisse und Ausbeutung verpflichtet, sind für uneingeschränkte Selbstbestimmung und Menschenrechte, auch für die immer wieder »vergessenen« Frauen.

26. Januar 1977. Die erste Emma erscheint. Spätestens an dem Tag muß konkret-Herausgeber Gremliza den guten Tip bereut haben. Der Genosse nämlich ließ in seinem strammen Blatt umgehend eine gewisse Frau Rotkohl (sic) »die schwärzeste Schwarzer« mit dem »schwärzesten Kurs«, den es je gab, rügen. Und nicht nur die Linken reagierten, wie gewohnt, auf uns Feministinnen besserwisserisch und bigott.

Auch die bürgerlichen Männermedien verloren die Kontenance. So hielt das ZDF in der »Drehscheibe« der Nation sämtliche (pingeligst nachgezählten) Kommatafehler von Emma vor, »Der Spiegel« addierte die »Konterfeis von Alice« und ein C.H. Meyer von der »Süddeutschen Zeitung« vermeldete die Sichtung von Emmas krankhaftem Feindbild: »Eine Art King Kong mit einem Penis wie das Empire State Building ...«.

Daß die Männer so reagieren würden, damit hatten wir, ehrlich gesagt, gerechnet. Wir hatten es sogar einkalkuliert. Schließlich hatte Emma keinen Pfennig für Werbung übrig, der von den Männermedien angezettelte Skandal war ihre beste Reklame. Daß allerdings auch einige Kolleginnen und darunter nicht die schlechtesten, Emma für einen sich bei den Kollegen anbiedernden Verriß benutzten, hat uns doch überrascht. Und manchmal auch getroffen. So wie in dem Fall einer als »links« renommierten WDR-Redakteurin, die die Gelegenheit nutzte, ihren Kollegen über den Sender zu versichern, sie sei »nicht lesbisch und sehe darin kein Manko. Geschieden bin ich auch nicht.« Wie schön. Und wie traurig. Doppelt traurig, wenn frau bedenkt, dass auch diese Kolleginnen innerhalb der Männermedien nur deshalb überleben, weil wir von außen Druck machen. Kompromißlos.

Die 200 000 Exemplare der ersten Emma waren innerhalb von drei Tagen vergriffen. Den 100 000 nachgedruckten Heften ging es nicht anders. Was die Laune der etablierten Kollegen nicht gerade hob. Denn hier ging es ja nicht nur um eine feministische, sondern auch um eine journalistische Herausforderung: Eine Handvoll bis dahin lohnabhängiger und quasi mittelloser Frauen hatte eine Zeitung aus dem Nichts gestampft, hatte sich in Zeiten der Übermacht der Konzerne und der gebrochenen Rückgrate meinungsfreudig auf die eigenen Füße gestellt.

Nicht zufällig war Rudolf Augstein der erste »Pascha des Monats«. Sein Blatt beherrscht meisterhaft die hohe Schule der Pseudo-Objektivität, seine Kritik verlässt nie die Männer-Kumpanei und selten die oberste Etage (von Mann zu Mann, von Herausgeber zu Kanzler). Auch journalistisch setzt Emma dem etwas entgegen: Wir haben Schluß gemacht mit der Verschleierung der Zusammenhänge und der Lüge von der angeblichen »Objektivität«. Wir sind eingestanden engagiert. Denn nur durch dieses Eingeständnis unserer Haltung, von der aus wir unseren Blick auf die Welt richten, sind die so gesammelten Informationen und gemachten Analysen für Leserinnen wie Leser nachvollziehbar – und damit erst wirklich objektivierbar.

Daß wir all das nicht nur taten, sondern auch noch selbstbewußt und offensiv vertraten, verletzte vollends die Spielregeln. Vor allem ich, die Initiatorin und Verkörperung der Zeitschrift, stand und stehe im Visier. Doch angegriffen wurden nicht etwa die von mir vertretenen Inhalte, angegriffen wurde meine Person. So was hat Tradition in Deutschland. – Die frustrierte Schwarzer, die keinen mitgekriegt hat. Die bürgerliche Schwarzer, die jetzt einen kapitalistischen Verlag gegründet hat. Die autoritäre Schwarzer, die nun auch noch schlimmer ist als jeder männliche Chef. – Kein Klischee war zu plump. Und natürlich blieb immer etwas hängen. Manchmal etwas zuviel für einen Menschen.

Daß ich, dass wir – das knappe Dutzend Frauen, das Emma seit Jahren mitverantwortlich trägt – es dennoch durchgehalten haben, ist ein kleines Wunder. Einfach war es nicht immer, das sind Wunder nie, aber gelohnt hat es sich. Denn Emma ist so viel mehr als eine Zeitschrift: Emma ist eine Institution. Für viele isolierte Frauen ist sie einzige Ansprechpartnerin, oft sogar »beste Freundin«.

Für so manche, die sich ins Frauenzentrum nicht trauen, ist sie Anlaufstelle für alle Arten von Fragen und Problemen. Für Medien und Institutionen ist sie zentrales Auskunftsbüro. Für die Vielfalt von Frauen in Bewegung ist sie heute die einzige überregionale Stimme, die die Öffentlichkeit erreicht. Und vor allem: Emma ist die Garantie dafür, dass der Widerstand von Frauen nicht mehr so einfach verdreht oder totgeschwiegen werden kann!

Themen, die sich erst heute in ›Brigitte‹ oder ›stern‹ spiegeln, haben vor zehn Jahren in Emma gestanden. Schon 1977 forderte Emma mehr Häuser für geschlagene Frauen, brach Emma das Schweigen über den Inzest und berichtete Emma über den weltweiten Anti-Pornographie-Kampf von Frauen.

Dem schleichenden Zersetzungsprozeß von innen, der sich als Auch-Feminismus präsentierte und auch weite Teile der Frauenbewegung erfaßte, hat Emma früh kritisch gegenüber gestanden: Uns war die Falle der »neuen« (alten) Weiblichkeit (»Frauen sind die besseren Menschen«) und des Rückzugs ins Irrationale immer klar.

Den weltweit ersten Sexismusprozeß gegen die Männermedien initiierte Emma. Diesen Prozeß gegen die erniedrigenden, pornographischen Titelblätter des ›stern‹ hätten wir bei dem anfänglichen allgemeinen Hohngelächter wohl nie durchgestanden ohne die Möglichkeit der differenzierten und kraftvollen Argumentation im eigenen Blatt.

Und auch die neue Friedenspolitik wäre ohne eine Stimme wie Emma vielleicht abgeglitten in eine Befriedungspolitik der Geschlechter, die den Frauen die bequeme Rolle der Friedensengel zuweist und die Sache der Frauen damit vom Tisch wischt.

Emma ist keiner Partei und keinem Trend verpflichtet. Emma hat oft zwischen allen Stühlen gesessen. Emma wird das auch weiterhin tun.

Ich kann das so sicher sagen, weil wir unabhängig sind. Auch ökonomisch (was ja die Voraussetzung für jede Unabhängigkeit überhaupt ist). Entgegen aller wohlmeinenden anderslautenden Gerüchte, die Emma mal bald bankrott, mal von geheimnisvollen Geldgebern finanziert wissen wollen, teilen wir nicht ohne Stolz mit: Emma lebt aus eigener Kraft, ganz und gar ohne fremde Mittel.

Emma ist heute die auflagenstärkste Feministinnen-Zeitschrift in Europa. Nach langen schwierigen Zeiten steigt seit etwa anderthalb Jahren die Auflage wieder, leicht aber stetig. Emma ist radikalfeministisch. Allgemeinpolitisch ist sie als links einzuordnen. Wo sonst. Sie freut sich über (fast) jede Reform, die den Frauen das Leben erleichtert, arbeitet aber auch in diesen eher entmutigenden Zeiten auf eine wirklich tiefgreifende, auf eine revolutionierende Veränderung hin. Emma hat auch in Zukunft nicht die Absicht, Kreide zu fressen.

Ist Emma heute noch nötig? Ja. Nötiger als vor zehn Jahren! Denn wir leben in Zeiten des Fortschritts und Rückschritts zugleich. Und je mehr wir Frauen erreichen, umso mehr versucht man, uns zu verdummen. Längst hat das Patriarchat zurückgeschlagen. Seine Methoden sind vielfältig, subtil und brachial zugleich. Wer darauf antwortet? Hoffentlich nicht nur Emma, aber auch Emma.

Denn Emma lebt. Auch wenn die Jungs sich totärgern.

Alice Schwarzer, 1987

Bartolomé de Las Casas

»Ich, Fray Bartolomé de Las Casas, ward durch Gottes Barmherzigkeit bewogen, mich an den Spanischen Hof zu verfügen, und daran zu arbeiten, dass das Höllenheer aus Indien verjagt würde, damit jene unzählbaren Seelen, die Jesus Christus mit seinem Blute erlöste, nicht rettungslos und auf ewig verloren gehen, sondern vielmehr ihren Schöpfer erkennen und selig werden möchten. Auch bewog mich Liebe gegen mein Vaterland Castilien hierzu, damit Gott dasselbe um der entsetzlichen Sünden willen, welche gegen seine Religion, seine Ehre, und den Nächsten begangen wurden, nicht ins Verderben stürzte. Ferner munterten mich einige an diesem Hofe befindliche angesehene Personen dazu auf, die für die Ehre Gottes eiferten und vom Unglück und Elend anderer gerührt werden. Außerdem war es schon längst mein eigener Vorsatz, den ich aber immer, meiner anhaltenden Beschäftigung wegen, nicht ausführen konnte. Endlich geschah es zu Valencia am achten Dezember im Jahre eintausend fünfhundert zwei und vierzig, dass ich diese Schrift vollendet habe, zu einer Zeit, wo die Gewalttätigkeiten, Drangsale, Tyrannereien, Mordtaten, Räubereien und Verwüstungen, Not, Elend und alle vorerwähnte Greuel, in allen Gegenden Indiens, wo nur Christen hinkamen, aufs höchste gestiegen waren. (...) Ich hege die größte Hoffnung, der Kaiser und König von Spanien, Don Carlos der Fünfte dieses Namens, werde hierdurch erfahren, wie boshaft und pflichtvergessen mit seinen Untertanen und Ländern, gegen Gottes uns Sr. Majestät Willen verfahren worden ist, und noch verfahren wird, und sodann – da man ihm nunmehr die Wahrheit nicht länger, wie zeither, geflissentlich verhelen kann – ernstlich darauf bedacht sein, jenen Übeln abzuhelfen, und dieser neuen Welt, welche Gott ihm als einem Verehrer und Beförderer der Gerechtigkeit anvertraute, Hülfe und Beistand zu leisten. Gott wolle sein glorreiches Leben und seine Kaiserliche Regierung zum Trost der allgemeinen Kirche, und zum Heil seiner Königl. Seele, bis auf die spätesten Zeiten beglücken! Amen.«

Bartolomé de Las Casas: Bericht von der Verwüstung der Westindischen Länder, übersetzt von D. W. Andreä © Insel Verlag Frankfurt am Main 1966.

Martin Luther
Die 95 Thesen

1. Aus Liebe zur Wahrheit und in dem Bestreben, diese zu ergründen, soll in Wittenberg unter dem Vorsitz des ehrwürdigen Vaters Martin Luther, Magisters der freien Künste und der heiligen Theologie sowie deren ordentlicher Professor daselbst, über die folgenden Sätze disputiert werden. Deshalb bittet er die, die nicht anwesend sein und mündlich mit uns debattieren können, dieses in Abwesenheit schriftlich zu tun. Im Namen unseres Herrn Jesu Christi, Amen.

2. Da unser Herr und Meister Jesus Christus spricht: »Tut Buße« usw. (Matth. 4,17), hat er gewollt, dass das ganze Leben der Gläubigen Buße sein soll.

3. Dieses Wort kann nicht von der Buße als Sakrament – d. h. von der Beichte und Genugtuung –, die durch das priesterliche Amt verwaltet wird, verstanden werden.

4. Es bezieht sich nicht nur auf eine innere Buße, ja eine solche wäre gar keine, wenn sie nicht nach außen mancherlei Werke zur Abtötung des Fleisches bewirkte.

5. Daher bleibt die Strafe, solange der Hass gegen sich selbst – das ist die wahre Herzensbuße – bestehen bleibt, also bis zum Eingang ins Himmelreich.

6. Der Papst will und kann keine Strafen erlassen, außer solchen, die er aufgrund seiner eigenen Entscheidung oder der der kirchlichen Satzungen auferlegt hat.

7. Der Papst kann eine Schuld nur dadurch erlassen, dass er sie als von Gott erlassen erklärt und bezeugt, natürlich kann er sie in den ihm vorbehaltenen Fällen erlassen; wollte man das gering achten, bliebe die Schuld ganz und gar bestehen.

8. Gott erlässt überhaupt keinem die Schuld, ohne ihn zugleich demütig in allem dem Priester, seinem Stellvertreter, zu unterwerfen.

9. Die kirchlichen Bestimmungen über die Buße sind nur für die Lebenden verbindlich, den Sterbenden darf demgemäß nichts auferlegt werden.

10. Daher handelt der Heilige Geist, der durch den Papst wirkt, uns gegenüber gut, wenn er in seinen Erlassen immer den Fall des Todes und der höchsten Not ausnimmt.

11. Unwissend und schlecht handeln diejenigen Priester, die den Sterbenden kirchliche Bußen für das Fegefeuer aufsparen.

12. Die Meinung, dass eine kirchliche Bußstrafe in eine Fegefeuerstrafe umgewandelt werden könne, ist ein Unkraut, das offenbar gesät worden ist, während die Bischöfe schliefen.

13. Früher wurden die kirchlichen Bußstrafen nicht nach, sondern vor der Absolution auferlegt, gleichsam als Prüfstein für die Aufrichtigkeit der Reue.

14. Die Sterbenden werden durch den Tod von allem gelöst, und für die kirchlichen Satzungen sind sie schon tot, weil sie von Rechts wegen davon befreit sind.

15. Ist die Haltung eines Sterbenden und die Liebe (Gott gegenüber) unvollkommen, so bringt ihm das notwendig große Furcht, und diese ist umso größer, je geringer jene ist.

16. Diese Furcht und dieser Schrecken genügen für sich allein – um von anderem zu schweigen –, die Pein des Fegefeuers auszumachen; denn sie kommen dem Grauen der Verzweiflung ganz nahe.

17. Es scheinen sich demnach Hölle, Fegefeuer und Himmel in der gleichen Weise zu unterscheiden wie Verzweiflung, annähernde Verzweiflung und Sicherheit.

18. Offenbar haben die Seelen im Fegefeuer die Mehrung der Liebe genauso nötig wie eine Minderung des Grauens.

19. Offenbar ist es auch weder durch Vernunft- noch Schriftgründe erwiesen, dass sie sich außerhalb des Zustandes befinden, in dem sie Verdienste erwerben können oder in dem die Liebe zunehmen kann.

20. Offenbar ist auch dieses nicht erwiesen, dass sie – wenigstens nicht alle – ihrer Seligkeit sicher und gewiss sind, wenngleich wir ihrer völlig sicher sind.

21. Daher meint der Papst mit dem vollkommenen Erlass aller Strafen nicht einfach den Erlass sämtlicher Strafen, sondern nur derjenigen, die er selbst auferlegt hat.

22. Deshalb irren jene Ablassprediger, die sagen, dass durch die Ablässe des Papstes der Mensch von jeder Strafe frei und los werde.

23. Vielmehr erlässt er den Seelen im Fegefeuer keine einzige Strafe, die sie nach den kirchlichen Satzungen in diesem Leben hätten abbüßen müssen.

24. Wenn überhaupt irgendwem irgendein Erlass aller Strafen gewährt werden kann, dann gewiss allein den Vollkommensten, das heißt aber, ganz wenigen.

25. Deswegen wird zwangsläufig ein Großteil des Volkes durch jenes in

Bausch und Bogen und großsprecherisch gegebene Versprechen des Straf-
erlasses getäuscht.

26. Die gleiche Macht, die der Papst bezüglich des Fegefeuers im Allgemeinen
hat, besitzt jeder Bischof und jeder Seelsorger in seinem Bistum bzw. seinem Pfarrbezirk im Besonderen.

27. Der Papst handelt sehr richtig, den Seelen (im Fegefeuer) die Vergebung
nicht aufgrund seiner - ihm dafür nicht zur Verfügung stehenden - Schlüs-
selgewalt, sondern auf dem Wege der Fürbitte zuzuwenden.

28. Menschenlehre verkündigen die, die sagen, dass die Seele (aus dem Fegefeuer) emporfliege, sobald das Geld im Kasten klingt.

29. Gewiss, sobald das Geld im Kasten klingt, können Gewinn und Habgier
wachsen, aber die Fürbitte der Kirche steht allein auf dem Willen Gottes.

30. Wer weiß denn, ob alle Seelen im Fegefeuer losgekauft werden wollen, wie
es beispielsweise beim heiligen Severin und Paschalis nicht der Fall gewesen sein soll.

31. Keiner ist der Echtheit seiner Reue gewiss, viel weniger, ob er völligen
Erlass (der Sündenstrafe) erlangt hat.

32. So selten einer in rechter Weise Buße tut, so selten kauft einer in der rechten Weise Ablass, nämlich außerordentlich selten.

33. Wer glaubt, durch einen Ablassbrief seines Heils gewiss sein zu können,
wird auf ewig mit seinen Lehrmeistern verdammt werden.

34. Nicht genug kann man sich vor denen hüten, die den Ablass des Papstes
jene unschätzbare Gabe Gottes nennen, durch die der Mensch mit Gott ver-
söhnt werde.

35. Jene Ablassgnaden beziehen sich nämlich nur auf die von Menschen fest-
gesetzten Strafen der sakramentalen Genugtuung.

36. Nicht christlich predigen die, die lehren, dass für die, die Seelen (aus dem
Fegefeuer) loskaufen oder Beichtbriefe erwerben, Reue nicht nötig sei.

37. Jeder Christ, der wirklich bereut, hat Anspruch auf völligen Erlass von
Strafe und Schuld, auch ohne Ablassbrief.

38. Jeder wahre Christ, sei er lebendig oder tot, hat Anteil an allen Gütern
Christi und der Kirche, von Gott ihm auch ohne Ablassbrief gegeben.

39. Doch dürfen der Erlass und der Anteil (an den genannten Gütern), die der
Papst vermittelt, keineswegs gering geachtet werden, weil sie - wie ich
schon sagte - die Erklärung der göttlichen Vergebung darstellen.

40. Auch den gelehrtesten Theologen dürfte es sehr schwerfallen, vor dem Volk
zugleich die Fülle der Ablässe und die Aufrichtigkeit der Reue zu rühmen.

41. Aufrichtige Reue begehrt und liebt die Strafe. Die Fülle der Ablässe aber macht gleichgültig und lehrt sie hassen, wenigstens legt sie das nahe.

42. Nur mit Vorsicht darf der apostolische Ablass gepredigt werden, damit das Volk nicht fälschlicherweise meint, er sei anderen guten Werken der Liebe vorzuziehen.

43. Man soll die Christen lehren: Die Meinung des Papstes ist es nicht, dass der Erwerb von Ablass in irgendeiner Weise mit Werken der Barmherzigkeit zu vergleichen sei.

44. Man soll den Christen lehren: Dem Armen zu geben oder dem Bedürftigen zu leihen ist besser, als Ablass zu kaufen.

45. Denn durch ein Werk der Liebe wächst die Liebe und wird der Mensch besser, aber durch Ablass wird er nicht besser, sondern nur teilweise von der Strafe befreit.

46. Man soll die Christen lehren: Wer einen Bedürftigen sieht, ihn übergeht und stattdessen für den Ablass gibt, kauft nicht den Ablass des Papstes, sondern handelt sich den Zorn Gottes ein.

47. Man soll die Christen lehren: Die, die nicht im Überfluß leben, sollen das Lebensnotwendige für ihr Hauswesen behalten und keinesfalls für den Ablass verschwenden.

48. Man soll die Christen lehren: Der Kauf von Ablass ist eine freiwillige Angelegenheit, nicht geboten.

49. Man soll die Christen lehren: Der Papst hat bei der Erteilung von Ablass ein für ihn dargebrachtes Gebet nötiger und wünscht es deshalb auch mehr als zur Verfügung gestelltes Geld.

50. Man soll die Christen lehren: Der Ablass des Papstes ist nützlich, wenn man nicht sein Vertrauen darauf setzt, aber sehr schädlich, falls man darüber die Furcht Gottes fahren lässt.

51. Man soll die Christen lehren: Wenn der Papst die Erpressungsmethoden der Ablassprediger wüsste, sähe er lieber die Peterskirche in Asche sinken, als dass sie mit Haut, Fleisch und Knochen seiner Schafe erbaut würde.

52. Man soll die Christen lehren: Der Papst wäre, wie es seine Pflicht ist, bereit – wenn nötig –, die Peterskirche zu verkaufen, um von seinem Gelde einem großen Teil jener zu geben, denen gewisse Ablassprediger das Geld aus der Tasche holen.

53. Aufgrund eines Ablassbriefes das Heil zu erwarten ist eitel, auch wenn der (Ablass-)Kommissar, ja der Papst selbst ihre Seelen dafür verpfändeten.

54. Die anordnen, dass um der Ablasspredigt willen das Wort Gottes in den

umliegenden Kirchen völlig zum Schweigen komme, sind Feinde Christi und des Papstes.

55. Dem Wort Gottes geschieht Unrecht, wenn in ein und derselben Predigt auf den Ablass die gleiche oder längere Zeit verwendet wird als für jenes.

56. Die Meinung des Papstes ist unbedingt die: Wenn der Ablass - als das Geringste - mit einer Glocke, einer Prozession und einem Gottesdienst gefeiert wird, sollte das Evangelium - als das Höchste - mit hundert Glocken, hundert Prozessionen und hundert Gottesdiensten gepredigt werden.

57. Der Schatz der Kirche, aus dem der Papst den Ablass austeilt, ist bei dem Volke Christi weder genügend genannt noch bekannt.

58. Offenbar besteht er nicht in zeitlichen Gütern, denn die würden viele von den Predigern nicht so leicht mit vollen Händen austeilen, sondern bloß sammeln.

59. Er besteht aber auch nicht aus den Verdiensten Christi und der Heiligen, weil diese dauernd ohne den Papst Gnade für den inwendigen Menschen sowie Kreuz, Tod und Hölle für den äußeren bewirken.

60. Der heilige Laurentius hat gesagt, dass der Schatz der Kirche ihre Armen seien, aber die Verwendung dieses Begriffes entsprach der Auffassung seiner Zeit.

61. Wohlbegründet sagen wir, dass die Schlüssel der Kirche - die ihr durch das Verdienst Christi geschenkt sind - jenen Schatz darstellen.

62. Selbstverständlich genügt die Gewalt des Papstes allein zum Erlass von Strafen und zur Vergebung in besondern, ihm vorbehaltenen Fällen.

63. Der wahre Schatz der Kirche ist das allerheiligste Evangelium von der Herrlichkeit und Gnade Gottes.

64. Dieser ist zu Recht allgemein verhasst, weil er aus Ersten Letzte macht.

65. Der Schatz des Ablasses jedoch ist zu Recht außerordentlich beliebt, weil er aus Letzten Erste macht.

66. Also ist der Schatz des Evangeliums das Netz, mit dem man einst die Besitzer von Reichtum fing.

67. Der Schatz des Ablasses ist das Netz, mit dem man jetzt den Reichtum von Besitzenden fängt.

68. Der Ablass, den die Ablassprediger lautstark als außerordentliche Gnaden anpreisen, kann tatsächlich dafür gelten, was das gute Geschäft anbelangt.

69. Doch sind sie, verglichen mit der Gnade Gottes und der Verehrung des Kreuzes, in der Tat ganz geringfügig.

70. Die Bischöfe und Pfarrer sind gehalten, die Kommissare des apostolischen Ablasses mit aller Ehrerbietung zuzulassen.

71. Aber noch mehr sind sie gehalten, Augen und Ohren anzustrengen, dass jene nicht anstelle des päpstlichen Auftrags ihre eigenen Phantastereien predigen.

72. Wer gegen die Wahrheit des apostolischen Ablasses spricht, der sei verworfen und verflucht.

73. Aber wer gegen die Zügellosigkeit und Frechheit der Worte der Ablassprediger auftritt, der sei gesegnet.

74. Wie der Papst zu Recht seinen Bannstrahl gegen diejenigen schleudert, die hinsichtlich des Ablassgeschäftes auf mannigfache Weise Betrug ersinnen,

75. So will er viel mehr den Bannstrahl gegen diejenigen schleudern, die unter dem Vorwand des Ablasses auf Betrug hinsichtlich der heiligen Liebe und Wahrheit sinnen.

76. Es ist irrsinnig zu meinen, dass der päpstliche Ablass mächtig genug sei, einen Menschen loszusprechen, auch wenn er – was ja unmöglich ist – der Gottesgebärerin Gewalt angetan hätte.

77. Wir behaupten dagegen, dass der päpstliche Ablass auch nicht die geringste lässliche Sünde wegnehmen kann, was deren Schuld betrifft.

78. Wenn es heißt, auch der heilige Petrus könnte, wenn er jetzt Papst wäre, keine größeren Gnaden austeilen, so ist das eine Lästerung des heiligen Petrus und des Papstes.

79. Wir behaupten dagegen, dass dieser wie jeder beliebige Papst größere hat, nämlich das Evangelium, »Geisteskräfte und Gaben, gesund zu machen« usw., wie es 1. Kor. 12 heißt.

80. Es ist Gotteslästerung zu sagen, dass das (in den Kirchen) an hervorragender Stelle errichtete (Ablass-) Kreuz, das mit dem päpstlichen Wappen versehen ist, dem Kreuz Christi gleichkäme.

81. Bischöfe, Pfarrer und Theologen, die dulden, dass man dem Volk solche Predigt bietet, werden dafür Rechenschaft ablegen müssen.

82. Diese freche Ablasspredigt macht es auch gelehrten Männern nicht leicht, das Ansehen des Papstes vor böswilliger Kritik oder sogar vor spitzfindigen Fragen der Laien zu schützen.

83. Zum Beispiel: Warum räumt der Papst nicht das Fegefeuer aus um der hei-

ligsten Liebe und höchsten Not der Seelen willen - als aus einem wirklich triftigen Grund -, da er doch unzählige Seelen loskauft um des unheilvollen Geldes zum Bau einer Kirche willen - als aus einem sehr fadenscheinigen Grund -?

84. Oder: Warum bleiben die Totenmessen sowie Jahrfeiern für die Verstorbenen bestehen, und warum gibt er (der Papst) nicht die Stiftungen, die dafür gemacht worden sind, zurück oder gestattet ihre Rückgabe, wenn es schon ein Unrecht ist, für die Losgekauften zu beten?

85. Oder: Was ist das für eine neue Frömmigkeit vor Gott und dem Papst, dass sie einem Gottlosen und Feinde erlauben, für sein Geld eine fromme und von Gott geliebte Seele loszukaufen; doch um der eigenen Not dieser frommen und geliebten Seele willen erlösen sie diese nicht aus frei geschenkter Liebe?

86. Oder: Warum werden die kirchlichen Bußsatzungen, die »tatsächlich und durch Nichtgebrauch« an sich längst abgeschafft und tot sind, doch noch immer durch die Gewährung von Ablass mit Geld abgelöst, als wären sie höchst lebendig?

87. Oder: Warum baut der Papst, der heute reicher ist als der reichste Crassus, nicht wenigstens die eine Kirche St. Peter lieber von seinem eigenen Geld als dem der armen Gläubigen?

88. Oder: Was erlässt der Papst oder woran gibt er denen Anteil, die durch vollkommene Reue ein Anrecht haben auf völligen Erlass und völlige Teilhabe?

89. Oder: Was könnte der Kirche Besseres geschehen, als wenn der Papst, wie er es (jetzt) einmal tut, hundertmal am Tage jedem Gläubigen diesen Erlass und diese Teilhabe zukommen ließe?

90. Wieso sucht der Papst durch den Ablass das Heil der Seelen mehr als das Geld; warum hebt er früher gewährte Briefe und Ablässe jetzt auf, die doch ebenso wirksam sind?

91. Diese äußerst peinlichen Einwände der Laien nur mit Gewalt zu unterdrücken und nicht durch vernünftige Gegenargumente zu beseitigen heißt, die Kirche und den Papst dem Gelächter der Feinde auszusetzen und die Christenheit unglücklich zu machen.

92. Wenn daher der Ablass dem Geiste und der Auffassung des Papstes gemäß gepredigt würde, lösten sich diese (Einwände) alle ohne Weiteres auf, ja es gäbe sie überhaupt nicht.

93. Darum weg mit allen jenen Propheten, die den Christen predigen: »Friede, Friede«, und ist doch kein Friede.

94. Wohl möge es gehen allen den Propheten, die den Christen predigen: »Kreuz, Kreuz«, und ist doch kein Kreuz. Man soll die Christen ermutigen, dass sie ihrem Haupt Christus durch Strafen, Tod und Hölle nachzufolgen trachten

95. und dass die lieber darauf trauen, durch viele Trübsale ins Himmelreich einzugehen, als sich in falscher geistlicher Sicherheit zu beruhigen.

Nelson Mandela
Acceptance and Nobel Lecture

Your Majesty the King, Your Royal Highness, Esteemed Members of the Norwegian Nobel Committee, Honourable Prime Minister, Madame Gro Harlem Brundtland, Ministers, Members of Parliament and Ambassadors, Fellow Laureate, Mr. F. W. de Klerk, Distinguished Guests, Friends, Ladies and Gentlemen,

I extend my heartfelt thanks to the Norwegian Nobel Committee for elevating us to the status of a Nobel Peace Prize winner.

I would also like to take this opportunity to congratulate my compatriot and fellow laureate, State President F. W. de Klerk, on his receipt of this high honour.

Together, we join two distinguished South Africans, the late Chief Albert Lutuli and His Grace Archbishop Desmond Tuti, to whose seminal contributions to the peaceful struggle against the evil system of apartheid you paid well-deserved tribute by awarding them the Nobel Peace Prize.

It will not be presumptuous of us if we also add, among our predecessors, the name of another outstanding Nobel Peace Prize winner, the late Rev Martin Luther King Jr.

He, too, grappled with and died in the effort to make a contribution to the just solution of the same great issues of the day which we have had to face as South Africans.

We speak here of the challenge of the dichotomies of war and peace, violence and non-violence, racism and human dignity, oppression and repression and liberty and human rights, poverty and freedom from want.

We stand here today as nothing more than a representative of the millions of our people who dared to rise up against a social system whose very essence is war, violence, racism, oppression, repression and the impoverishment of an entire people.

I am also here today as a representative of the millions of people across the globe, the anti-apartheid movement, the governments and organisations that joined with us, not to fight against South Africa as a country or any of its peoples, but to oppose an inhuman system and sue for a speedy end to the apartheid crime against humanity.

These countless human beings, both inside and outside our country, had the nobility of spirit to stand in the path of tyranny and injustice, without seeking selfish gain. They recognised that an injury to one is an injury to all and therefore acted together in defense of justice and a common human decency.

Because of their courage and persistence for many years, we can, today, even set the dates when all humanity will join together to celebrate one of the outstanding human victories of our century.

When that moment comes, we shall, together, rejoice in a common victory over racism, apartheid and white minority rule.

That triumph will finally bring to a close a history of five hundred years of African colonisation that began with the establishment of the Portuguese empire.

Thus, it will mark a great step forward in history and also serve as a common pledge of the peoples of the world to fight racism, wherever it occurs and whatever guise it assumes.

At the southern tip of the continent of Africa, a rich reward in the making, an invaluable gift is in the preparation for those who suffered in the name of all humanity when they sacrified everything – for liberty, peace, human dignity and human fulfillment.

This reward will not be measured in money. Nor can it be reckoned in the collective price of the rare metals and precious stones that rest in the bowels of the African soil we tread in the footsteps of our ancestors.

It will and must be measured by the happiness and welfare of the children, at once the most vulnerable citizens in any society and the greatest of our treasures.

The children must, at last, play in the open veld, no longer tortured by the pangs of hunger or ravaged by disease or threatened with the scourge of ignorance, molestation and abuse, and no longer required to engage in deeds whose gravity exceeds the demands of their tender years.

In front of this distinguished audience, we commit the new South Africa to the relentless pursuit of the purposes defined in the World Declaration on the Survival, Protection and Development of Children.[1]

The reward of which we have spoken will and must also be measured by the happiness and welfare of the mothers and fathers of these children, who must walk

---

[1] The Declaration of the Rights of the Child, approved unanimously by the United Nations General Assembly on 20 November 1959, proclaimed ten fundamental rights, including those Mandela mentions.

the earth without fear of being robbed, killed for political or material profit, or spat upon because they are beggars.

They too must be relieved of the heavy burden of despair which they carry in their hearts, born of hunger, homelessness and unemployment.

The value of that gift to all who have suffered will and must be measured by the happiness and welfare of all the people of our country, who will have torn down the inhuman walls that divide them.

These great masses will have turned their backs on the grave insult to human dignity which described some as masters and others as servants, and transformed each into a predator whose survival depended on the destruction of the other.

The value of our shared reward will and must be measured by the joyful peace which will triumph, because the common humanity that bonds both black and white into one human race, will have said to each one of us that we shall all live like the children of paradise.

Thus shall we live, because we will have created a society which recognises that all people are born equal, with each entitled in equal measure to life, liberty, prosperity, human rights and good governance.

Such a society should never allow again that there should be prisoners of conscience nor that any person's human right should be violated.

Neither should it ever happen that once more the avenues to peaceful change are blocked by usurpers who seek to take power away from the people, in pursuit of their own, ignoble purposes.

In relation to these matters, we appeal to those who govern Burma that they release our fellow Nobel Peace Prize laureate Aung San Suu Kyi, and engage her and those she represents in serious dialogue, for the benefit of all the people of Burma.[2]

We pray that those who have the power to do so will, without further delay, permit that she uses her talents and energies for the greater good of the people of her country and humanity as a whole.

Far from the rough and tumble of the politics of our own country. I would like to take this opportunity to join the Norwegian Nobel Committee and pay tribute to my joint laureate. Mr. F. W. de Klerk.

---

[2] Aung San Suu Kyi was granted the 1991 Nobel Peace Prize.

He had the courage to admit that a terrible wrong had been done to our country and people through the imposition of the system of apartheid.

He had the foresight to understand and accept that all the people of South Africa must through negotiations and as equal participants in the process, together determine what they want to make of their future.

But there are still some within our country who wrongly believe they can make a contribution to the cause of justice and peace by clinging to the shibboleths that have been proved to spell nothing but disaster.

It remains our hope that these, too, will be blessed with sufficient reason to realise that history will not be denied and that the new society cannot be created by reproducing the repugnant past, however refined or enticingly repackaged.

We would also like to take advantage of this occasion to pay tribute to the many formations of the democratic movement of our country, including the members of our Patriotic Front, who have themselves played a central role in bringing our country as close to the democratic transformation as it is today.

We are happy that many representatives of these formations, including people who have served or are serving in the »homeland« structures, came with us to Oslo. They too must share the accolade which the Nobel Peace Prize confers.

We live with the hope that as she battles to remake herself, South Africa, will be like a microcosm of the new world that is striving to be born.

This must be a world of democracy and respect for human rights, a world freed from the horrors of poverty, hunger, deprivation and ignorance, relieved of the threat and the scourge of civil wars and external aggression and unburdened of the great tragedy of millions forced to become refugees.

The processes in which South Africa and Southern Africa as a whole are engaged, beckon and urge us all that we take this tide at the flood and make of this region as a living example of what all people of conscience would like the world to be.

We do not believe that this Nobel Peace Prize is intended as a commendation for matters that have happened and passed.

We hear the voices which say that it is an appeal from all those, throughout the universe, who sought an end to the system of apartheid.

We understand their call, that we devote what remains of our lives to the use of our country's unique and painful experience to demonstrate, in practice, that the normal condition for human existence is democracy, justice, peace, non-racism, non-sexism, prosperity for everybody, a healthy environment and equality and solidarity among the peoples.

Moved by that appeal and inspired by the eminence you have thrust upon us, we undertake that we too will do what we can to contribute to the renewal of our world so that none should, in future, be described as the »wretched of the earth«.[3]

Let it never be said by future generations that indifference, cynicism or self-ishness made us fail to live up to the ideals of humanism which the Nobel Peace Prize encapsulates.

Let the strivings of us all, prove Martin Luther King Jr. to have been correct, when he said that humanity can no longer be tragically bound to the starless midnight of racism and war.

Let the efforts of us all, prove that he was not a mere dreamer when he spoke of the beauty of genuine brotherhood and peace being more precious than diamonds or silver or gold.

Let a new age dawn!

Thank you.

---

[3] »Arise, ye wretched of the earth« is a line in the English version of the *Internationale*, a revolutionary socialist hymn written in Paris in 1871 and sung thereafter by socialists and communists.

Rosa Parks

In einem der seltenen Interviews mit Rosa Parks am 2. Juni 1995 erfährt der Leser aus erster Hand Persönliches über ihre Familie, ihre Kindheit, der Situation in Montgomery und dem Busboykott. Rosa Parks erzählt davon, was ihr wichtig ist, welche Eigenschaften ein Mensch braucht, um etwas zu bewegen, was der »American Dream« für sie bedeutet und berichtet von ihrer Begegnung mit Martin Luther King.

Diese und andere Fragen beantwortete Rosa Parks in dem Interview:
What people inspired you as a child?
How did she impart that to you?
Was there a teacher that influenced you?
What books did you like to read?
Do you think reading is important?
What was it like in Montgomery when you were growing up?
Could you tell us exactly what happened that day on that Montgomery bus?
Did they take you down to the police station?
Did the public response begin immediately?
When you refused to stand up, did you have a sense of anger at having to do it?
What are your thoughts when you look back on that time in your life. Any regrets?
What personal characteristics do you think are most important to accomplish something?
What would you like to tell us about your life since the bus boycott?
What has the American Dream meant to you?
What advice would you give to a young person who wants to make a difference?
Did you feel Dr. King had a special gift?
Did it surprise you when he became a national hero?

Die Antworten auf diese Fragen sind nur über das Internet zugänglich unter:
http://www.achievement.org/autodoc/page/par0int-1

Mahatma Gandhi

»Ich strebe danach, eins zu werden mit allem, was da lebt (...) So ist meine Vaterlandsliebe für mich nur eine Strecke auf meiner Reise in das Land ewiger Freiheit und ewigen Friedens. Woraus denn ersichtlich wird, dass es für mich keine Politik gibt, die nicht zugleich Religion wäre. Politik dient der Religion. Politik ohne Religion ist eine Menschenfalle, den sie tötet die Seele.«

Gandhi über das Verhältnis von Religion und Politik. In: Mahatma Gandhi, Mein Leben, © Suhrkamp Verlag Frankfurt am Main 1983.

Aber die Satyagrahis können versichert sein: wenn auch nur einer unter ihnen ist, der rein ist wie Kristall, so wird sein Opfer genügen, um das ersehnte Ziel zu erringen. Die Welt beruht auf den Grundfelsen von Satya oder Wahrheit. Asatya, gleichbedeutend mit Unwahrheit, bedeutet auch »nicht vorhanden«; und Satya oder Wahrheit bedeutet »das, was ist«. Wenn Unwahrheit nicht einmal vorhanden ist, kann auch ihr Sieg niemals sein. Und die Wahrheit kann als »das, was ist« niemals vernichtet werden. Das ist in Kürze die Lehre von Satyagraha.

Gandhis Definition der ethischen Grundlage der Gewaltfreiheit. In: Mahatma Gandhi, Mein Leben, © Suhrkamp Verlag Frankfurt am Main 1983

Wangari Maathai

Am Vormittag des 8. Oktober 2004 war ich auf dem Weg von Nairobi zu einer Besprechung in meinem Wahlkreis Tetu, als mein Mobiltelefon klingelte. Ich lehnte mich ans Fenster des Vans, in dem ich saß, damit ich den Anrufer über das Knistern und die Schlaglöcher hinweg besser verstehen konnte. Es war der norwegische Botschafter, der mich bat, die Leitung für einen Anruf aus Oslo frei zu halten. Etwas später kam er. Am Apparat war Ole Danbolt Mjos, Vorsitzender des Nobelkomitees in Norwegen. Seine leise Stimme war gut zu verstehen. »Spreche ich mit Wangari Maathai?«, fragte er. (...)

Ich war überhaupt nicht darauf vorbereitet, den Friedensnobelpreis zu bekommen. Aber ist das überhaupt jemand? Die Nachricht traf mich wie ein Donnerschlag. Wie sollte ich damit umgehen? Warum ich? Wie hatten sie einen Menschen wie mich gefunden? Ich konnte es kaum glauben. (...)

Die Nachricht verbreitete sich auch rasch im Hotel und unter den Gästen. Der Manager und seine leitenden Mitarbeiter kamen sofort, um mir ihre Glückwünsche auszusprechen. Dann reagierte der rührige Manager prompt auf meine Bitte, ein Bäumchen und eine Schaufel zu besorgen, damit ich auf die schönste Art feiern konnte, die ich kenne: indem ich einen Baum planzte. Ein Hotelangestellter hob schnell ein Loch aus, dann scharten sich Journalisten der lokalen und internationalen Presse, Hotelgäste und Arbeiter um mich, und ich machte mich daran, das Bäumchen zu pflanzen am Rand des grünen Hotelgartens mit Blick auf den imposanten Mount Kenya im Norden. Ich kniete nieder, steckte die Hände in die sonnenwarme rote Erde und pflanzte den Setzling in das Erdloch. Man reichte mir einen Eimer sauberes Wasser, und ich goss den Baum. (...)

Der Friedensnobelpreis eröffnete mir außergewöhnliche Möglichkeiten. Bei meinen Reisen, ob zu Hause oder im Ausland, besteht das größte Problem nach wie vor darin, den zahllosen Bitten nachzukommen, ich möge die riesige Gemeinde besuchen, die sich durch den Preis mitgeehrt fühlt: die Umweltbewegung, die Menschen, die sich für Frauen- und Geschlechterthemen engagieren, Menschenrechtsaktivisten, alle, die sich für gute Regierungsführung einsetzten, und die Friedensbewegung. Das Interesse bei Staatslenkern, akademischen Einrichtungen, Entwicklungsagenturen, in der Wirtschaft und den Medien ist ungebrochen.

Dieses Interesse ist zum Teil auf die Verbindung zurückzuführen, die das norwegische Nobelkomitee zwischen Frieden, nachhaltigem Umgang mit Ressourcen und guter Regierungsführung herstellte. Es war das erste Mal, dass das Komitee dies alles in Beziehung setzte, und das erste Mal, dass es die Bedeutung dieser Verbindung herausstrich, indem es den Friedensnobelpreis einer Person verlieh, die seit mehr als dreißig Jahren in diesem Bereich arbeitete. Wie wir schon seit vielen Jahren sagen, die Menschheit muss sich neue Gedanken über Frieden und Sicherheit machen und auf eine Kultur des Friedens hinarbeiten: durch demokratisches Regieren, die Wahrung des Rechts und der Menschenrechte, die Förderung von Gerechtigkeit und Gleichberechtigung und den verantwortlichen Umgang mit Ressourcen – nicht nur der jetzigen, sondern auch der kommenden Generationen wegen.

Um diese Verbindung zu erklären, verfiel ich auf das Gleichnis mit einem afrikanischen Schemel, der drei Beine und eine Sitzfläche hat. Für mich symbolisieren die drei Beine die drei wesentlichen Säulen einer gerechten, stabilen Gesellschaft. Das erste Bein steht für demokratische Freiheit, die alle Rechte respektiert, ob allgemeine Menschenrechte oder die der Frauen, der Kinder, der Umwelt. Das zweite Bein symbolisiert nachhaltigen und gerechten Umgang mit Ressourcen, und das dritte Bein eine Kultur des Friedens, die innerhalb von Gemeinschaften und Nationen bewusst gefördert wird. Wenn nicht alle drei Beine intakt sind und die Sitzfläche tragen, kann keine Gesellschaft florieren, können ihre Mitglieder ihre Fähigkeiten und ihre Kreativität nicht umsetzen. Fehlt ein Bein, ist der Schemel instabil, fehlen zwei Beine, ist es unmöglich, einen Staat am Leben zu halten; und wenn alle Beine fehlen, gibt es keinen Staat mehr, kann keine Entwicklung mehr stattfinden. Dann sind Konflikte unausweichlich.

Epilog »Blätterdach der Hoffnung« In: Wangari Maathai: Afrika, mein Leben. Erinnerungen einer Unbeugsamen, © 2008 DuMont Buchverlag, Köln, S. 369ff.

Bertha von Suttner
Die Entwicklung der Friedensbewegung
Nobelvorlesung, gehalten vor dem Nobel-Comité des Storthing zu Christiania am 18. April 1906

Die ewigen Wahrheiten und ewigen Rechte haben stets am Himmel der menschlichen Erkenntnis aufgeleuchtet, aber nur gar langsam wurden sie von da herab geholt, in Formen gegossen, mit Leben gefüllt, in Taten umgesetzt.

Eine jener Wahrheiten ist die, dass Frieden die Grundlage und das Endziel des Glückes ist, und eines jener Rechte ist das Recht auf das eigene Leben. Der stärkste aller Triebe, der Selbsterhaltungstrieb, ist gleichsam eine Legitimation dieses Rechtes, und seine Anerkennung ist durch ein uraltes Gebot geheiligt, welches heißt: »Du sollst nicht töten«.

Doch wie wenig im gegenwärtigen Stande der menschlichen Kultur jenes Recht respektiert und jenes Gebot befolgt wird, das brauche ich nicht zu sagen. Auf Verleugnung der Friedensmöglichkeit, auf Geringschätzung des Lebens, auf den Zwang zum Töten ist bisher die ganze militärisch organisierte Gesellschaftsordnung aufgebaut.

Und weil es so ist und weil es so war, solange unsere – ach so kurze, was sind ein paar tausend Jahre? – sogenannte Weltgeschichte zurückreicht, so glauben manche, glauben die meisten, dass es immer so bleiben müsse. Dass die Welt sich ewig wandelt und entwickelt, ist eine noch gering verbreitete Erkenntnis, denn auch die Entdeckung des Evolutionsgesetzes, unter dessen Herrschaft alles Leben – das geologische wie das soziale – steht, gehört einer jungen Periode der Wissenschaftsentwicklung an.

Nein; der Glaube an den ewigen Bestand des Vergangenen und Gegenwärtigen ist ein irrtümlicher Glaube. Das Gewesene und Seiende flieht am Zeitstrome zurück wie die Landschaft des Ufers; und das auf dem Strom getragene mit der Menschheit befrachtete Schiff treibt unablässig den neuen Gestaden dessen zu, was wird.

Dass das Werdende, das Erzielte immer um einen Grad besser, höher, glücklicher sich gestaltet als das Gewesene, das Ueberwundene, das ist die Ueberzeugung derer, die das Entwicklungsgesetz erkannt haben und die an seiner Betätigung mit zu helfen sich bemühen. Erst durch die Erkenntnis und bewusste Benützung der Naturgesetze und Naturkräfte, sowohl auf physischem wie auf moralischem Gebiete, werden die technischen Erfindungen und die sozialen Einrichtungen geschaffen, welche unser Leben erleichtern, bereichern und veredeln.

Ideale nennt man diese Dinge, solange sie noch im Reiche der Idee schweben, als erreichte Fortschritte stehen sie da, sobald sie in eine sichtbare, lebendige und wirkungskräftige Form gebracht worden sind.

»Wenn Sie mich auf dem Laufenden erhalten und ich erfahre, dass die Friedensbewegung den Weg der praktischen Betätigung einzuschlagen beginnt, dann will ich dabei mit pekuniären Mitteln weiterhelfen.«

Dies sind die Worte, die der edle Nordländer, dem ich die Ehre verdanke, vor Ihnen, meine Herren und Frauen, hier zu erscheinen – die Alfred Nobel im Jahre 1892 in Bern an mich richtete, als er dort, wo eben ein Friedenskongress tagte, mit uns, meinem Mann und mir, zusammentraf.

Dass Alfred Nobel sich allmählich überzeugt hat, dass die Bewegung aus dem Wolkengebiet der frommen Theorien auf dasjenige der erreichbaren und praktisch abgesteckten Ziele übergegangen ist, das hat er durch sein Testament bewiesen. Neben den anderen Dingen, die er als zur Förderung der Kultur dienend erkannt hat, nämlich die Wissenschaft und die idealistische Literatur, hat er auch die Ziele der Friedenskongresse, nämlich Erlangung internationaler Justiz und daraus folgend Herabminderung der Heere, angereiht.

Auch Alfred Nobel war der Ansicht, dass die sozialen Wandlungen sich nur langsam und mitunter auf indirekten Wegen vollziehen. Er hatte für die Nordpolexpedition Andrees 80 000 Frcs gespendet. Er schrieb mir darüber, dass dies der Friedenssache mehr nützen könne, als ich glaube.

»Wenn Andree sein Ziel erreicht, selbst wenn er es nur halb erreicht, so wird dies eines jener Lärm und Gärung verursachenden Erfolge sein, welche die Geister bewegen und das Entstehen und die Aufnahme neuer Ideen und neuer Reformen bewirken.«

Aber auch einen näheren und unmittelbareren Weg sah Nobel vor sich. Ein anderes Mal schrieb er mir: »Man könnte und sollte bald zu dem Ergebnis gelangen, dass sich alle Staaten solidarisch verpflichten, denjenigen anzugreifen, der zuerst einen andern angriffe. Das würde den Krieg unmöglich machen und müsste auch die brutalste und unvernünftigste Macht zwingen, sich an das Schiedsgericht zu wenden oder ruhig zu bleiben. Wenn der Dreibund alle, statt drei Staaten umfasste, so wäre der Friede auf Jahrhunderte gesichert.«

Alfred Nobel hat die großen Fortschritte und die entscheidenden Ereignisse nicht mehr erlebt, durch welche die Friedensidee zu lebendigen Organen, d. h. funktionierenden Institutionen gelangt ist. Im Jahre 1894 konnte er doch noch erfahren, dass der große englische Staatsmann Gladstone, noch über das Schiedsgerichtsprinzip hinaus, die Einsetzung eines ständigen Völkertribunals vorschlug. Ein Freund des grand old man, Philip Stanhope, hat der interparlamentarischen Konferenz von 1894 diesen Antrag im Namen Gladstones überbracht und erreicht, daß der Plan eines solchen Tribunals an die Regierungen versendet werde. Auch diese Versendung hat Alfred Nobel noch erlebt. Aber die Folgen davon: die Einberufung der Haager Konferenz und die Gründung des dortigen ständigen Schiedsgerichtshofes, die haben sich erst nach seinem Tode vollzogen. Es bleibt ein unberechenbarer Schaden für die Bewegung, dass ihr Männer, wie Alfred Nobel, Moritz v. Egidy und Johann v. Bloch, zu frühzeitig entrissen worden sind! Zwar wirken ihre Werke und Taten noch über das Grab fort, aber wären sie lebendig unter uns, wie viel würde ihr persönlicher Einfluß und ihre wirkende Kraft noch zur Beschleunigung der Bewegung beitragen. Wie tapfer würden sie den Kampf aufgenommen haben, der gerade jetzt von der Seite des Militarismus geführt wird, um das erschütterte alte System aufrecht zu erhalten. (...)

Peter Benenson

Die Arbeit eines Amnesty-Researchers

Im Internationalen Sekretariat von Amnesty International in London arbeiten mehr als 80 Ermittler – sogenannte Researcher. In Teams ermitteln sie Menschenrechtsverletzungen in »ihrer« Region. Jedes Research-Team besteht aus drei bis fünf Researchern und einer etwa gleich großen Zahl an »Campaignern«, die die Forschungsergebnisse in Mitgliederaktionen umsetzen. Die Teams der Regionen sind zu Großregionen zusammengefasst, die ein Programmdirektor leitet. Die jeweilige Länderstrategie legt der Researcher nicht alleine fest, sondern in Absprache mit anderen Abteilungen – etwa denen für Öffentlichkeitsarbeit oder Mitgliedschaft und dem Generalsekretariat. Für juristische Fragen steht Beratung zur Verfügung. Die vielleicht wichtigste Arbeit eines Researchers ist das Verfassen von Länderberichten oder Kapiteln in anderen Amnesty-Veröffentlichungen, etwa dem Jahresbericht. Die Berichte werden intern mehrfach auf ihren Wahrheitsgehalt und die Zuverlässigkeit der benutzten Informationen kritisch überprüft.

Sorgfältig recherchiert, gewissenhaft geprüft

Viele Details machen gute Ermittlungsarbeit aus. Researcher lesen Tageszeitungen und politische Magazine aus den Ländern, die sie bearbeiten. Sie erhalten Informationen von anderen Nichtregierungsorganisationen, Journalisten oder Rechtsanwälten aus der Region. Regelmäßig gehen Hilferufe von Opfern ein, manchmal auch in der Hoffnung, Amnesty könnte Regierungen unmittelbar zwingen, auf die Organisation zu hören. Oft müssen Amnesty-Researcher schnell handeln; sie prüfen Informationen, recherchieren bei anderen Quellen gegen. Manchmal genügt ein Anruf, von dem man weiß, dass er abgehört wird, um das Schlimmste zu verhindern: Die Tatsache, dass Amnesty zu einer Menschenrechtsverletzung ermittelt, kann die Zuständigen bisweilen beeinflussen und die Opfer schützen. Sind schnelle Massenproteste sinnvoll, startet Amnesty eine Eilaktion, eine Urgent Action. Informationen erhält ein Researcher auch durch Ermittlungsdelegationen in das Zielland. In der Regel recherchieren die Amnesty-Researcher zwei bis drei Wochen pro Jahr vor Ort. Auch längere Delegationen sind derzeit in der Diskussion. Die Researcher sprechen mit Opfern, Anwälten, Angehörigen oder auch Vertretern von Nichtregierungsorganisationen. Alle Reisen werden den Regierungen zuvor bekannt gegeben. Manchmal wird um ein Gespräch mit Regierungsvertretern und den zuständigen Behörden ersucht. Gelegentlich dient die Reise der Beobachtung politischer Prozesse.

Die wenigsten Regierungen begrüßen die »Besuche« von Amnesty-Mitarbeitern, dennoch wird im Normalfall die Einreise und Forschungsarbeit genehmigt. Einige wenige Staaten – etwa Myanmar oder China – verweigern Amnesty-Ermittlern die Einreise. Amnesty International startet dann keine Under-Cover-Unternehmungen, sondern konzentriert sich auf andere Quellen, wie Menschenrechtsverteidiger vor Ort oder Flüchtlinge, die das Land verlassen haben. Da solche Delegationen sehr kostspielig für Amnesty sind, sind die Arbeitstage eines Researchers oft sehr lang. Oft spricht es sich herum, dass Amnesty im Land ist: Dann kann sich der Researcher vor dem Andrang der Menschen, die ihre Anliegen an die Organisation herantragen wollen, kaum retten. Einige politische Gruppen versuchen zudem, die Amnesty-Mitarbeiter für ihre politischen Ziele einzuspannen. Die Researcher prüfen jedoch gerade in solchen Situationen besonders sorgfältig die Gegenseite und betonen gegenüber allen Gesprächspartnern, dass sie politisch neutral und allein am Einsatz für die Menschenrechte interessiert sind. Ermittlungsreisen können auch dazu dienen, den Kontakt zur Presse im Land aufzubauen. Journalisten sind maßgeblich an der Meinungsbildung beteiligt, und es ist sinnvoll, sie für die Idee der Menschenrechte zu gewinnen. Sie können neben Menschenrechtserziehung auch wichtige Recherche-Arbeit leisten. Das auf Delegationsreisen gesammelte Material – Zeugenaussagen, Gerichtsakten, medizinische Atteste, Notizen, Bücher und Berichte – arbeitet der Researcher meist innerhalb eines halben Jahres auf, dann wird es in Dokumentationen und Aktionen umgesetzt. Es kommt auch vor, dass Delegationen noch aus dem Land heraus eine Eilaktion initiieren oder eine Pressekonferenz abhalten. Die Mitarbeiter des Internationalen Sekretariats stellen den Kern der Amnesty-Delegationen, zunehmend nehmen aber auch spezialisierte Ehrenamtliche aus den Sektionen an den Reisen teil. Deutsche Länderexperten haben mit Amnesty-Delegationen bisher u. a. die Türkei, den Sudan, Afghanistan, Australien und Peru bereist.

AMNESTY INTERNATIONAL ist eine von Regierungen, politischen Parteien, Ideologien, Wirtschaftsinteressen und Religionen unabhängige Menschenrechtsorganisation. Amnesty kämpft seit 1961 mit Aktionen, Appellbriefen und Dokumentationen für die Opfer von Menschenrechtsverletzungen auf der ganzen Welt. Die Organisation hat weltweit 2,2 Millionen Unterstützer. 1977 erhielt Amnesty den Friedensnobelpreis.

Presseinfomation von amnesty international Deutschland

Anna Politkowskaja

Die Umerziehung der Schahiden.
Ein Porträt Buwadi Dachijews, stellvertretender OMON-Kommandant der
Tschetschenischen Republik
Essay

10.10.2006. »Es gibt in Tschetschenien immer mehr geradlinige Einzeller. Jeman-
den zu töten bedeutet für sie gleichviel wie Tee zu schlürfen. Einen Menschen zu
verstehen, der im Voraus zum Feind erklärt wurde, weil er anders lebt, ist für
einen Einzeller unmöglich.« Der Perlentaucher übersetzt eine der letzten Repor-
tagen Anna Politkowskajas für die Nowaja Gazeta. Die Reporterin porträtiert
hier eine Ausnahme: Buwadi Dachijew, den stellvertretenden OMON-Komman-
dant der Tschetschenischen Republik, der an der Grenze zu Inguschetien erschos-
sen wurde.

Im offiziellen Tschetschenien sind widersprüchliche Menschen äußerst rar. Einer
der Letzten von ihnen ist tot – Buwadi Dachijew.

Am 13. September wurde der stellvertretende OMON-Kommandant der Tschetschenischen Republik, Buwadi Dachijew, in dem inzwischen hinlänglich bekannten Schusswechsel zwischen tschetschenischen und inguschischen Milizen am
Grenzkontrollpunkt zwischen Tschetschenien und Inguschetien nach einer
lebensgefährlichen Kopfverletzung getötet. Ohne überhaupt auf die Hinter-
gründe dieses Schusswechsels einzugehen – sie sind geklärt, wurden überall verbreitet und kommentiert –, möchte ich etwas über Buwadi berichten, was zu seinen Lebzeiten nicht geschrieben werden durfte. Ich möchte damit nicht allein das
Andenken eines Menschen ehren, der mir während des Krieges oft half, meine
Arbeit zu tun, noch dazu in Augenblicken, wo ein Verzicht auf Hilfe ein durchaus
letales Ende hätte bedeuten können.

Buwadi war eine außergewöhnliche Persönlichkeit, er bestand aus lauter
Widersprüchen, aus zwei Hälften. Wenn es dazu irgendwelche Assoziationen gab,
so war es das Grabmal Chrustschows auf dem Friedhof des Neujungfrauen-Klos-
ters in Moskau. Eine Hälfte ganz schwarz, die andere – ganz weiß.

Einerseits war Buwadi durch und durch ein Militär, wie es sie in Tschetschenien
zuhauf gibt, ein Offizier der sogenannten Moskau treuen tschetschenischen
Streitkräfte; doch war er keiner jener neuen Sorte, die entstand, als in Kadyrows
Aufgebot Kriminelle und Terroristen die Führung übernahmen. Er war ein Vertreter der seinerzeitigen Dudajew-Opposition, der er seit 1995 treu ergeben im tsche-

tschenischen OMON diente, was eine absolut prorussische und prinzipienfeste Haltung bedeutete - Tschetschenien war lediglich ein Teil Russlands. Dafür erhielt er Medaillen und den Tapferkeitsorden und wurde zum Obersten ernannt. Als Maschadow und Bassajew an der Macht waren, lebte Buwadi in Tschetschenien, ohne Prinzipien. Dann kam der zweite Krieg, er begann in den vordersten Reihen gegen Maschadow und Bassajew zu kämpfen.

Mitunter war er dabei äußerst brutal. Nennen wir die Dinge bei ihrem Namen: die tschetschenischen OMON-Leute sind keine harmlosen Burschen, die kein Wässerchen trüben können - dort arbeiten Menschen, um zu schießen, und sie schießen, um zu töten, bis es sie selbst erwischt. Der OMON hat immer wieder Menschen verschleppt, verschwinden lassen, geprügelt und weiß Gott was alles getan.

Es war im August in Grosny, bei meiner allerletzten Begegnung mit Buwadi: er hielt den Blick gesenkt und biss wütend in eine Melone, als wäre sie an irgendetwas schuld, war nervös und futterte das rote Fruchtfleisch mit der Gier eines Verhungernden in sich hinein; er tat alles, um das Gespräch über den tschetschenischen Studenten abzuwürgen, den der OMON verschleppt und in seiner Gewalt hatte, der dann aber spurlos verschwunden war. Und nun rennt Aminat Kulojewa, Pensionistin und Mutter des Studenten Alichan Kulojew, gemeinsam mit anderen betroffenen Müttern durch ganz Tschetschenien und fleht alle, die ihr begegnen, an, sie mögen bei Buwadi ein gutes Wort für sie einlegen - vielleicht kann er sagen, wo ihr einziger Sohn ist.

Ich habe es, übrigens, getan. Doch Buwadi schwieg: da gibt es nichts zu antworten - da war ein Student - weg ist er.

Buwadi: »Er hatte sich überhaupt nichts zuschulden kommen lassen.«

»Und warum habt ihr ihn dann nicht laufen lassen?«

Buwadi schwieg und zerstückelte die Melonenschale.

Andererseits war Buwadi ebenso oft brutal wie auch sanft, während viele andere niemals auch nur im Mindesten sanft waren. Die tschetschenischen Militärs teilen sich in solche, die erst überlegen, ehe sie töten, und jene, die sich das Denken längst abgewöhnt haben. Buwadi versuchte zu verstehen, wen er im Visier hatte. Und das hat vielen das Leben gerettet, darunter auch - entsprechend den Gesetzen des Tschetschenienkrieges - gleichsam hoffnungslosen Fällen.

Intern war Buwadi in tschetschenischen Kreisen als der Mann bekannt, der die Witwen der Kommandanten rettete, die als potenzielle Schahiden (Schahid - »der/die für den Glauben Gefallene«, die Übers.) generell zu liquidieren waren. Worin bestand diese Rettung? Buwadi entführte sie und nahm sie zu sich in sein Haus, wozu er keinerlei Recht hatte.

Was machten sie bei Buwadi? Sie befanden sich gewissermaßen in Hausarrest, in Quarantäne, wenn man so will. Buwadi kehrte nach dem Dienst heim und führte die ganze Nacht hindurch mit ihnen Gespräche. Hier, in seinem Haus, das einer Kaserne glich, hatte Buwadi potenzielle Schahiden einquartiert – und es ist wahrlich keine Übertreibung, denn sie waren in der Tat absolut bereite Bombenattentäterinnen, die, als sie zu Buwadi kamen, bereits von ihren Männern und deren Kameraden eingeschult und darin ausgebildet worden waren, wie man mit Sprengstoff umgeht und einen Autobus lenkt, um auf Befehl damit jederzeit und überall irgendwo hineinzukrachen.

»Warum mussten Sie das tun?«

»Alle hatten ihre Kinder bei sich.«

»Und die Kinder haben auch da gewohnt?«

»Ja, mit den Kindern waren sie da. Ich wollte herausfinden: sind sie alle unrettbar verloren? Werden sie noch imstande sein, die eigenen Kinder großzuziehen, oder ist schon ›alles vorbei‹?«

Ich schicke voraus: keine Einzige von ihnen hat sein Haus als »unrettbar Verlorene« verlassen. Das Ergebnis dieser seltsamen Erziehungsarbeit des OMON – Mannes Buwadi in einem geächteten tschetschenischen Milieu, wie man es sich schlimmer nicht vorstellen kann, waren Mütter, die nach Buwadis Gehirnwäsche tatsächlich zu begreifen begannen, dass sie in erster Linie Mütter waren.

»Anfangs wollten sie nur noch für ihren Mann sterben. Nahmen kein Stück Brot von mir«, erzählte Buwadi. »Weil mein Brot von den Verrätern kommt. Rührten ihre Kinder nicht an, als ob sie gar nicht da wären. Sitzen verschleiert da, wie tot, und sonst nichts.«

»Und was geschah dann?«

»Ich hab mit ihnen ständig geredet, und nach zwei, drei Tagen begannen sie zu essen. Einige nahmen den Schleier ab, banden sich – wie in Tschetschenien üblich – nur ein Kopftuch um. Eine war dabei, die hat uns bestohlen. Eine Wahhabitin – dass ich nicht lache! Es war aber nur diese eine. Als sie allmählich wieder auflebten, brachte ich sie irgendwo unter. Im Ausland, und auch hier, in Russland. Suchte nach Verwandten, damit sie irgendwo, möglichst weit weg von den Großstädten, leben konnten, telefonierte, traf Verabredungen.«

Wir reden über seine Motivation: wozu hatte er denn das alles nötig?

»Was kannten sie denn schon, diese jungen Dinger?«, erklärte mir Buwadi. »In ihrem Alter waren wir junge Pioniere, fuhren ins Ferienlager, gingen ins Kino, aßen Gefrorenes! Doch sie haben von all dem nie etwas gesehen. Und so ist es eben gekommen. Ich fühlte mich ihnen gegenüber schuldig.«

»Und Ihr Resümee über die Schahiden? Sind sie unverbesserlich?«

»Nein, die Wahhabitinnen – die meisten von ihnen sind nicht zu verurteilen. Man hat ihnen bloß das Gehirn vernebelt.«

Ich werde die Namen der von Buwadi geretteten jungen Witwen nicht nennen – das ist nicht nötig. Hauptsache, sie wissen selbst, wer gemeint ist und wem sie ihr zweites Leben verdanken. Nachdem Buwadi sie möglichst weit weg vom Kaukasus geschickt hatte, riefen sie ihn immer wieder an, holten seinen Rat ein, was sie in dieser oder jener Situation tun sollten. Bis zum 13. September dieses Jahres.

Es war ungefähr im Jahr 2002 ... Oder vielleicht ganz am Ende des Jahres 2001. Winter. Ein schwieriger Winter – Schießereien, Explosionen, aber wenigstens steht Kadyrows Sohn noch in der Ecke, wenn sich die Erwachsenen unterhalten. In Grosny gibt es jede Menge an Untergrundgemeinden, und zumeist sind es Halbwüchsige – 14- bis 16-Jährige.

»Sie tun mir so leid«, erzählte Buwadi, der oftmals Vernichtungsaktionen gegen sie befehligt hatte. »Wir umzingeln sie – sie wissen, dass sie bald sterben werden, und ich höre übers Funkgerät, worüber sie sprechen.«

»Wieso taten sie Ihnen leid?«

»Nun, das ist wie mit den Schahiden. Sie haben noch gar nicht gelebt, überhaupt nichts gesehen. Für mich ist das wie eine persönliche Schuld, dass man ihnen die Kindheit gestohlen hat. Wie oft baten sie mich, schrien es aus den Häusern heraus, die wir umstellt hatten: »Lass mich sterben, Onkel!« Und ich ließ sie in die Luft fliegen, denn ich wusste, was passiert, wenn wir sie lebend fassen. Und mitunter überbrachte ich ihren Eltern noch ihre letzten Worte.«

Aus irgendeinem Grund erinnerten wir uns in diesem August wieder besonders ausführlich an die Geschichten von den Jungen der Untergrundgemeinden, die er liquidiert hatte. Buwadi war froh gewesen, dass es damals noch nicht das idiotische Gesetz gab, das eine Rückgabe der Leichname verbot.

»Ich selbst habe Eltern die Leichen übergeben. Wie könnte ich das jetzt noch bewerkstelligen?«

Damals, 2002 oder 2003, diskutieren wir darüber, wer seiner Meinung nach die Wahhabiten sind. Und was man mit ihnen tun soll. Damals hörte man vonseiten der prorussischen Tschetschenen über die Wahhabiten lauter Verunglimpfungen, nur Beschimpfungen, und man brachte sie um, ohne mit der Wimper zu zucken.

Doch Buwadi erlaubte es sich, Folgendes laut zu sagen:

»Unter ihnen gab es Banditen. Und absolut anständige Menschen. Aber umgebracht wurden sie alle.«

Ich habe das Bild vor Augen, wo er das zu mir sagt. Das zweite Stockwerk in dem »weißen Kasten«, dem OMON-Gebäude in Grosny – das Büro des damaligen OMON-Kommandanten Mussah Gasimagomedow, der später getötet wurde. Da schlendern seltsame, betrunkene Offiziere der russischen Sondereinheiten (»die Russen«) mit entrücktem Mörderblick umher – die »Todesschwadronen« des Inland-Geheimdienstes und des Militär-Nachrichtendienstes. Genosse Buwadi im Krieg. Buwadi stellt einen Imbiss und Flaschen hin – und erklärt auch ihnen etwas.

»Anständige Menschen? Wieso anständig – wenn überhaupt!« Und wiederum erzähle ich etwas Schreckliches aus dem Leben jener, die sich als Wahhabiten bezeichneten.

Buwadi schneidet mir das Wort ab:

»Mein Bruder war Wahhabite. Er war ein absolut anständiger Mensch. So anständige Menschen sind mir nie wieder begegnet. Weder vor ihm. Noch nach ihm. Anständig in jeder Hinsicht – in seinem Denken und seinem täglichen Handeln. Hat nicht getrunken, nicht geraucht, nichts Ungutes getan.«

»Hat er Sie bearbeitet?«

»Niemals. Er hat mir nichts aufgezwungen.«

»Und wo ist er jetzt?«

»Er ist tot.«

Und nach einer halben Schweigeminute sagt er mit unbeschreiblichem Stolz, ja sogar mit Freude und einem Lächeln, als hätte der Bruder den Nobelpreis erhalten:

»Er ist im Kampf gefallen. Wie es sich gehört.«

Wer in diesem Augenblick trank oder aß, hielt inne. Für diese Art von Stolz auf einen Wahhabiten mitten im Bollwerk der antiwahhabitischen Bewegung, konnte man ganz schnell dem Bruder nachfolgen.

Danach folgte Kadyrows Sohn. Und wie er Buwadi hasste! Ständig versuchte er, ihm den Terroristen anzuhängen: »Du unterstützt sie!« Den ganzen Sommer hindurch versuchte er, Buwadi aus dem OMON hinauszuschmeißen, ihn aus Tschetschenien zu verjagen. Als die Tschetschenisierung ihre übelsten Formen annahm und im Lande die Niedertracht als ebenso ehrenvoll galt, wie Tapferkeit, begann man Buwadi, einem Krieger bis ins Mark, seinen Bruder vorzuhalten und Buwadi zu beschuldigen, er liebäugle mit den Terroristen, weil er in seinem Haus Rettungskurse für Schahiden eingerichtet habe.

Doch Buwadi war nach wie vor stolz auf seinen anständigen wahhabitischen Bruder, und dass er den Kindern ihre Mütter wiedergegeben hatte. Er ließ sich niemals dazu herab, auch nur darüber zu schweigen. In einer solchen Situation wie Buwadi, wo die leiblichen Brüder in alle Richtungen davonlaufen, sind heute sehr viele in Tschetschenien. Der Bürgerkrieg hat die Familien so durchgebeutelt, nachdem er ihre Moral zerstört hat, dass etwas ganz anderes Usus geworden ist: sich öffentlich von den Brüdern loszusagen, wenn sich diese nicht auf die richtige Seite schlagen.

Es gibt zwei Versionen über den Tod von Buwadi. Die erste, die »schwarze«, lautet, dass er an den Ort des Feuergefechts zwischen tschetschenischen und inguschischen Milizen fuhr, einem inguschischen Milizionär eine Ohrfeige verpasste und sofort erschossen wurde.

Ich glaube es nicht: schießen ja, doch eine in die Fresse – nein, das war nicht sein Stil, er kannte nur zu gut die Folgen aus einem Streit unter Wainachen.

Die zweite Version: als das Scharmützel losging, war Buwadi nicht dort, er befand sich aber unweit davon und eilte hin, um die Leute zu beruhigen. Er stieg aus dem Wagen, redete auf sie ein, sie mögen aufhören und sich besinnen – da traf ihn eine Salve aus einem Maschinengewehr.

So war es wohl. Und ich bin froh, dass Buwadi bis zum Schluss er selbst war: er versuchte, sie vom Schießen abzuhalten. Obschon er selbst hervorragend bewegliche Ziele treffen konnte. Doch die letzten Stunden seines Lebens verbrachte Buwadi immerhin auf seiner »weißen« Hälfte.

»Alle haben den Krieg bereits satt«, sagte er einen Monat vor seinem Tod zu mir. »Alle müssen sich aussöhnen.«

Heutzutage herrscht im offiziellen Tschetschenien ein eklatanter Mangel an solchen Menschen – keine Engel, doch solche, die sich betroffen fühlen und leiden. Es gibt in Tschetschenien immer mehr geradlinige Einzeller. Jemanden zu töten bedeutet für sie gleichviel, wie Tee zu schlürfen. Einen Menschen zu verstehen, der, im Voraus zum Feind erklärt wurde, weil er anders lebt, ist für einen Einzeller unmöglich.

Was bedeutet »verstehen« in tschetschenischen Verhältnissen? Verstehen bedeutet – Leben zu bewahren. Das ist der Preis der Toleranz, einen anderen gibt es dort derzeit nicht. Dabei glauben so manche nach wie vor, dass die Spielereien mit der Amnestie eine Story über die Kadyrow'sche Toleranz sei, und dass er dadurch »Kämpfer rettet« und die Nation bewahrt.

Alles nur Lügen. Man bindet alle mit noch mehr Blut aneinander, auf dass diese Fesseln die Menschen festhalten mögen. Buwadi hingegen wollte durch die Möglichkeit verbinden, ohne sein Zutun zu leben – das war sein Prinzip. Er schenkte den Menschen einen zweiten Versuch, obwohl seine Stellung ihn dazu verpflichtete, selbst den ersten zu unterbinden. Er schenkte, einfach so – und es gibt niemanden, der ihn hier ersetzen kann.

»Hast du wenigstens in dem Haus, in dem du übernachtest, ein Maschinengewehr?«, fragte Buwadi besorgt.

»Da gibt es kein Maschinengewehr. Ich will auch keines«, murmle ich. »Ich habe die Maschinengewehre schon satt. Sieben Jahre gibt es sie schon. Hast du sie denn noch nicht satt?«

Buwadi schweigt, aber stimmt zu. Auch Buwadi hat die Maschinengewehre und die ewige Angst satt. Er ist todmüde davon, sich nie von der Waffe trennen zu dürfen und im Tarnanzug in einem Haus zu schlafen, das einer Kaserne ähnelt. Es heißt, wer müde ist, stirbt.

Diese Reportage *vom 21. September 2006 ist die letzte, die Anna Politkowskaja in der Nowaja Gazeta veröffentlichen konnte. Politkowskaja wurde am 17. Oktober in ihrem Wohnhaus erschossen.*

Übersetzung aus dem Russischen: Ruth Berg. Erschienen in *Perlentaucher*, 2006

Bärbel Bohley

Faksimile des Briefes zum Wehrdienstgesetz von Bärbel Bohley,

12. Oktober 1982

BÄRBEL BOHLEY   Berlin, den 12.10.1982
1054 Berlin, Fehrbelliner Straße 91

Staatsratsvorsitzender
Gen. Erich Honecker
Staatsrat der DDR

4020 Berlin
Marx-Engels-Platz

                    Eingabe
_____

Geehrter Herr Staatsratsvorsitzender!

In diesem Brief möchten wir Ihnen einige Gedanken vorlegen, die uns seit
der Verabschiedung des neuen Wehrdienstgesetzes vom 25.3. 1982 in Bezug auf di
die Wehrpflicht für Frauen bewegen.
Wir sind Frauen, mit und ohne Kinder, katholisch, evangelisch oder nicht
kirchlich gebunden, einige von uns haben einen Krieg erlebt, anderen ist
diese böse Erfahrung erspart geblieben, aber eines verbindet uns, daß wir m
nicht gleichgültig sind, und nicht unsere schweigende Zustimmung zu einem
Gesetz geben wollen, das den Frauen ganz neue Pflichten auferlegt, die nicht
mit unserem Selbstverständnis zu vereinbaren sind.

-Wir Frauen wollen den Kreis der Gewalt durchbrechen und allen Formen der
 Gewalt als Mittel zur Konfliktlösung unsere Teilnahme entziehen.

-Wir Frauen sehen den Armeedienst für Frauen nicht als Ausdruck ihrer Gleich-
 berechtigung, sodern als einen Widersinn zu ihrem Frau-Sein. Wir sehen unsere
 Gleichberechtigung dem Mann gegenüber nicht darin, daß wir neben den
 Männern stehen, die die Waffe in die Hand nehmen, sondern neben denen, die
 wie wir erkannt haben, daß die Abstraktion "Feind" und "Gegner" eigentlich
 Menschenvernichtung bedeuten, die wir ablehnen.

-Wir Frauen verstehen die Bereitschaft zum Wehrdienst als eine Drohgebärde,
 die dem Streben nach moralischer und militärischer Abrüstung entgegensteht
 und die Stimme der menschlichen Vernunft im militärischem Gehorsam unter-
 gehen läßt.
-Wir Frauen fühlen uns besonders dazu berufen,das Leben zu schützen, die alter
 kranken und schwachen Menschen zu unterstützen. Gegen den Krieg und für den
 Frieden tätig zu sein, kann nur im sozialen und erzieherischem Bereich geschehen, wenn wir nicht vor der künftigen Generation versagen wollen.

-Wir Frauen wehren uns dagegen, daß wir eines Tages in den Reihen der NVA
 stehen und ein Land verteitigen sollen, das unbewohnbar sein wird, selbst wen
 nach einem konventionellem Krieg, der in Europa wyhrscheinlich in einer
 nuklearen Katastrophe enden würde.

-Wir Frauen glauben, daß die Menschheit heute an einem Abgrund steht und daß
 die Anhäufung von weiteren Waffen nur zu einer whnsinnigen Katastrophe
 führt. Dieser schreckliche Untergang kann vielleicht verhindert werden,
 wenn alle Fragen, die sich aus dieser Tatsache ergeben, öffentlich diskutiert werden. Laut Art. 65, Abs. 3 der Verfassung der DDR sind Entwürfe
 grundlegender Gesetze vor ihrer Verabschiedung der Bevölkerung zur Erörterung zu unterbreiten, um die Ergebnisse der Volksdiskussion beider endgültigen Fassung auszuwerten. Unserer Meinung nach, handelt es sich um

ein grundlegendes Gesetz auf Grund seiner Thematik und nicht zuletzt
deshalb, weil die Hälfte der Bevölkerung der DDR unmittelbar betroffen
ist. (Stat. Taschenbuch der DDR 1981)

-Wir Frauen erklären uns nicht dazu bereit, in die allgemeine Wehrpflicht
einbezogen zu werden und fordern eine gesetzliche verankerte Möglichkeit
der Verweigerung. Das Recht der Verweigerung ist notwendig, weil sich
durch Erlaß dieses Gesetzes, das den Frauen die Pflicht zu einem allgemeinen Wehrdienst auferlegt, eine Einschränkung unserer Gewissensfreiheit
ergibt.

Da zu diesem Gesetz keine öffentlichen Diskussionen möglich waren, haben
einige von uns diese auf dem Weg der Eingabe erbeten, andere hofften, sich
an den daraus ergebenden Gesprächen beteiligen zu können. Leider sind diese
Erwartungen enttäuscht worden, denn es fand sich niemand bereit, ein Gespräch
über die uns so dringend beschäftigenden Fragen zu beginnen.
Die Rede, die das Akademiemitglied Prof. Arbatow auf dem Friedenskongreß
der Weltreligionen in Moskau gehalten hat, ermutigte uns, uns noch einmal
mit unseren Fragen an Sie zuwenden. Wir sprechen die Bitte aus, daß auch
die für dieses neue Wehrgesetz Verantwortlichen die Bereitschaft aufbringen,
ein offenes Gespräch zu führen. Sicher ist Ihnen diese Rede bekannt, trotzdem möchten wir einige Sätze zitieren.
Prof. Arbatow geht u.a. auf die psychologischen und moralischen Verbündeten
des Wettrüstens ein und erwähnt dabei den Mythos, daß die Anhäufung von
Waffen und Streitkräften zur Sicherheit beitragen würden.
"Alle diese Mythen fördern das Wettrüsten. Man versucht, sie heute in die
Form komplizierter Auffassungen und Rätsel zu hüllen, indem man eine für
dem Laien unverständliche Terminologie gebraucht. Ich schließe nicht aus,
daß das speziell gemacht wird, um sich von "Uneingeweihten" vom "Mann auf
der Straße" zu distanzieren. Man sagt sogar manchmal, man solle diesen
Mann nicht zu Fragen der Kernwaffen, zu Problemen von Krieg und Frieden
heranlassen, denn er werde alles durcheinanderbringen und schaden. Aber
meiner Meinung nach ist das der größte, gefährlichste und schädlichste Mythos! ... Dieses Problem soll mit aktiver Teilnahme aller gelöst werden,
... wenn sie den Menschen und nicht den Waffen dienen wollen."
(begegnung 8/82)
Ein besseres Plädoyer für die Notwendigkeit unserer Eingabe hätten wir
nicht finden können.
Wir bitten Sie, uns die Möglichkeit für ein offenes Gespräch zu geben.

Zur Kenntnisnahme 1 Durchschlag

                    Ministerrat der DDR
                    Volkskammer der DDR

Quellen- und Literaturverzeichnis
(in alphabetischer Reihenfolge)

zu Ayaan Hirsi Ali

Hirsi Ali, Ayaan: Ich klage an. Plädoyer für die Befreiung der muslimischen Frauen (Taschenbuch), Piper Verlag, München 2005

Hirsi Ali, Ayaan: Mein Leben, meine Freiheit. Die Autobiographie. Aus dem Englischen von Anne Emmert und Heike Schlatterer. Piper Verlag, München 2006

Hirsi Ali, Ayaan im Interview: Die schleichende Scharia, in: Frankfurter Allgemeine Zeitung, 04.10.2006, Nr. 230

Hirsi Ali, Ayaan: Sie wissen nichts vom Holocaust, in: Die Welt, 16. 12. 2006

Benali, Abdelkader: Das Ende der Toleranz? Die Niederlande nach dem Wirbel um die Islamkritikerin und Frauenrechtlerin Ayaan Hirsi Ali, in: Neue Zürcher Zeitung, 21. 05. 2006

Buruma, Ian: Die Grenzen der Toleranz. Der Mord an Theo van Gogh, Hanser Verlag, München 2007

Geyer, Christian: Der Islam befindet sich in einer furchtbaren Krise, in: Frankfurter Allgemeine Zeitung, 22.09.2006

Kranenberg, Annieke: Nachbarsjunge, Gotteskrieger, in: DIE ZEIT, 28.07.2005, Nr.31

Ross, Andreas: Prozeß in Amsterdam. Warum Theo van Gogh?, in: Frankfurter Allgemeine Zeitung, 12.07.2005

Ross, Andreas: Prozeß in Amsterdam. Bouyeri: Ich würde jederzeit wieder das gleiche tun, in: Frankfurter Allgemeine Zeitung, 12.07.2005

Schümer, Dirk: Holland in Not, in: Frankfurter Allgemeine Zeitung, 17.03.2007

Schümer, Dirk: Theo van Gogh. Die Niederlande nach dem Mord, in: Frankfurter Allgemeine Sonntagszeitung, 07.11.2004

Willms, Johannes: Islamismus und Nationalsozialismus. Ungetrübte Bewunderung. Ein algerischer Roman über Nationalsozialismus und Islamismus, in: Süddeutsche Zeitung, 23. 01. 2008

zu Peter Benenson

Benenson, Peter: The Forgotten Prisoners, in: The Observer, 28. 05. 1961, nachzulesen unter: http://www.amnestyusa.org/about-us/london-office-to-gather-facts/page.do?id=1101201&n1=2

Platthaus, Andreas: Ein Zeitungsleser steht auf. Peter Benenson, Gründer von Amnesty International, wird achtzig Jahre alt, in: Frankfurter Allgemeine Zeitung, 31.07.2001

Pax Christi: Peter Benenson. Two articles that changed the world, unter: http://www.paxchristi.org.uk/PeacePeople/Peter%20Benenson.pdf

amnesty international Deutschland: Wir über uns, Geschichte, unter: http://www2.amnesty.de/internet/aiallgem.nsf/WaiDok?OpenView&Start=1&Count=50

amnesty international Großbritannien: Peter Benenson's biography, unter: http://www.amnesty.org.uk/content.asp?CategoryID=10090

zu Bärbel Bohley

Bohley, Praschl, Rosenthal: Mut. Frauen in der DDR, Herbig Verlag, München 2005
Neubert, Ehrhart: Geschichte der Opposition in der DDR 1949-1989, Bundeszentrale für
  politische Bildung, Schriftenreihe Band 346, zweite durchgesehene und erweiterte sowie
  korrigierte Auflage, Bonn 2000
Weblinks:
  http://www.baerbelbohley.de
  http://www.havemann-gesellschaft.de

zu Bartolomé de Las Casas

Eggensperger, Thomas/Engel, Ulrich: Bartolomé de las Casas. Dominikaner – Bischof – Verteidiger der Indios, Topos Taschenbücher Bd.207, Mainz 1992
Lewis, Norman: Die Missionare. Über die Vernichtung anderer Kulturen. Ein Augenzeugen-
  bericht, Klett-Cotta, Stuttgart 1991
Paczensky, Gert von: Verbrechen im Namen Christi. Mission und Kolonialismus, Orbis Verlag, München 2000
Weyhofen, Hans-Theo: Der Verteidiger der Indianer - Bartolomé de Las Casas. Vom Eroberer
  zum Anwalt der Indios, unter: http://www.boswirt.musin.de/~hsweyhof/kapitel5.htm
Zander, Hans Conrad: Las Casas. Der Kolonialismus, in: Gottes unbequeme Freunde. Heilige
  für unsere Zeit, Stern-Buch, Hamburg 1962

zu Mahatma Gandhi

Rau, Heimo: Mahatma Gandhi: In Selbstzeugnissen und Bilddokumenten, (rororo Monogra-
  phien), Reinbek 2005
Franz, Angelika: Der eitle Asket. Gandhis Weg der Gewaltlosigkeit erwies sich als Sack-
  gasse, in: DIE ZEIT, 09/2005
Kallscheuer, Otto: Exerzitien. Salz und Wahrheit, in: Frankfurter Allgemeine Sonntagszei-
  tung, 13.03.2005
Rushdie, Salman: Gandhi – der spindeldürre Freiheitskämpfer einer Nation sitzt Modell für
  Apple, in: DIE ZEIT, 19/1998
Wolle, Stefan: »We Shall Overcome«. Das Jahrhundert der Befreiung, gewaltfreier Wider-
  stand. Der Inder Mahatma Gandhi zeigte der Welt, dass durch zivilen Ungehorsam eine
  Großmacht besiegt werden kann, in: DER SPIEGEL 12/1999 vom 22.03.1999
Web-Links:
  http://www.gandhiserve.org/gss/gandhi.html
  http://www.gandhifoundation.org

zu Martin Luther:

Luther, Martin: Gesammelte Werke, herausgegeben von Kurt Aland, Digitale Bibliothek
  Band 63, Directmedia,Berlin 2002
Denzler, Georg/Andresen, Carl: Wörterbuch Kirchengeschichte. Digitale Bibliothek Band 81,
  Directmedia, Berlin 2003
Fausel, Heinrich: D. Martin Luther. Leben und Werk, 1483-1521, Gütersloher Verlagshaus,
  Gütersloh 1977

Jedin, Hubert (Hrsg.): Handbuch der Kirchengeschichte. Digitale Bibliothek Band 35, Directmedia, Berlin 2000

Kaufmann,Thomas: Martin Luther, Verlag C. H. Beck, München 2006

Krockow, Christian Graf von: Martin Luther, in: Porträts berühmter Männer, List Verlag,
München 2004

Zitelmann, Arnulf: »Widerrufen kann ich nicht«. Die Lebensgeschichte des Martin Luther,
Beltz Verlag, Weinheim 1999

Leicht, Robert: Luther brauchte keinen Hammer. Auch der neueste Fund klärt nicht, ob der
Reformator seine Thesen wirklich angeschlagen hat, in: DIE ZEIT, 10/2007

Zahrnt, Heinz: Glaubst du, so hast du. Luther nach dem Tod Gottes: Was bleibt von dem Reformator, der das Evangelium ans Licht und die Welt zu Ehren brachte? Frankfurter Allgemeine Zeitung, 17. 02. 1996

Web-Links:
　http://www.luther.de
　http://www.martinluther.de
　http://www-igh.histsem.uni-bonn.de/EinfuehrungMA/fuenfzehntesjahrhundert.asp
　http://www.theology.de

zu Wangari Maathai

Maathai, Wangari: Afrika, mein Leben. Erinnerungen einer Unbeugsamen, Dumont, Köln
2008

Maathai, Wangari im Interview mit Lisa Heemann und Moritz Behrendt : Bäume als Botschafter, in: Zenith, Zeitschrift für den Orient, 01.09.2004

Buch, Hans Christoph: Kenia und der kaputte Kontinent, in: Frankfurter Allgemeine Zeitung, 15.02.2008

Dieterich, Johannes: »Kenia, Land der Minister«. Kenia hat jetzt 94 Kabinettsmitglieder,
in: Financial Times Deutschland, 15.04.2008

Remmert, Jochen: »Es wird Jahre dauern«. Tausende Flüchtlinge leben in Kenia noch in Lagern, in: Frankfurter Allgemeine Zeitung, 15.02.2008

Scheen, Thomas: Nur eine Bande von Vielfraßen?, in: Frankfurter Allgemeine Sonntagszeitung, 10.10.2004

Siemons, Mark: Bäume der Erkenntnis, in: Frankfurter Allgemeine Zeitung, 11.12.2004

zu Nelson Mandela

Mandela, Nelson: Der lange Weg zur Freiheit. Fischer TB, Frankfurt am Main 2002

Gottschalk, Maren: »Die Morgenröte unserer Freiheit«. Die Lebensgeschichte des Nelson
Mandela, Beltz Verlag, Weinheim 2002

Marx, Christoph: Apartheid in Südafrika, Bibliographisches Institut & F. A. Brockhaus AG,
2006

Geschichte Südafrikas, Bibliographisches Institut & F. A. Brockhaus AG, 2006

Web-Links:
　http://www.anc.org.za/people/mandela.html
　http://www.nelsonmandela.org/index.php/memory/views/chronology

zu Rosa Parks

Eisenhauer, Bertram: Rosa Parks' arme Enkel. In Montgomery hat vor 50 Jahren die amerikanische Bürgerrechtsbewegung begonnen. Vielen Schwarzen hat sie nichts genutzt. Frankfurter Allgemeine Sonntagszeitung, 04. 12. 2005

Klüver, Reymer: Jeder Traum hat seine Zeit. Memphis und das Vermächtnis von Martin Luther King, in: Süddeutsche Zeitung, 03. 04. 2008

Rüb, Matthias: Die Busfahrerin. Rosa Parks machte mit einer Geste Geschichte. Nach ihrem Tod erfährt sie eine große Ehre, in: Frankfurter Allgemeine Sonntagszeitung, 30.10.2005

Winkler, Willi: Als die Geschichte sitzenblieb. Zum Tode von Rosa Parks, in: Süddeutsche Zeitung, 25.10.2005

Loeb, Paul Rogat: The Real Rosa Parks, in: CommonDreams.org, 31.10.2005, http://www.commondreams.org/views05/1031-32.htm

Carson, Clayborne: 50 Jahre Bus-Boykott von Montgomery: der aufrechte Gang, http://www.lebenshaus-alb.de/magazin/003010.html

Carson, Clayborne: Erinnerung an Rosa Parks, unter: http://www.lebenshaus-alb.de/magazin/ 003436.html

Schmid, Michael: Vor 50 Jahren: Busboykott in Montgomery, »Ohne Mut und Inspiration sterben die Träume von Freiheit und Frieden«, unter: http://www.lebenshaus-alb.de/magazin/003378.html

Schmid, Michael: »Die Welt stand auf, als Rosa Parks sitzen blieb«, unter: http://www.lebenshaus-alb.de/magazin/002777.html

Web-Links:
http://www.e-portals.org/Parks
http://www.watson.org/~lisa/blackhistory/civilrights-55-65/montbus.html

zu Anna Politkowskaja

Politkowskaja, Anna: Russisches Tagebuch, Dumont, Köln 2007

Politkowskaja, Anna: Im Bunker der Folterer. Tortur, Vergewaltigung, Mord – Alltag in den Gefangenenlagern der russischen Armee in Tschetschenien, in: DIE ZEIT, 10/2001

Schreiber, Norbert (Hrsg.): Anna Politkowskaja. Chronik eines angekündigten Mordes, Wieser Verlag, Klagenfurt 2007

Neudeck, Rupert: Anwältin der Tschetschenen. Zum Tod der Moskauer Journalistin Anna Politkowskaja, in: DIE ZEIT, 11.10.2006

Web-Links:
http://www.anstageslicht.de/
index.php?UP_ID=1&NAVZU_ID=16&STORY_ID=33&M_STORY_ID=270

zu Alice Schwarzer

Schwarzer, Alice: Der »kleine Unterschied« und seine großen Folgen. Frauen über sich – Beginn einer Befreiung, S. Fischer Verlag, Frankfurt/Main 1975

Schwarzer, Alice: So fing es an. Die neue Frauenbewegung, dtv, München 1983

Schwarzer, Alice: Die Antwort, Kiepenheuer & Witsch, Köln 2007

Beauvoir, Simone de: Das andere Geschlecht. Sitte und Sexus der Frau, rororo, Reinbek 1983

Gottschalk, Maren: Der geschärfte Blick. Sieben Journalistinnen und ihre Lebensgeschichte, Beltz Verlag, Weinheim 2001

Stopczyk, Annegret: Was Philosophen über Frauen denken, Matthes & Seitz Verlag, München 1980

zu Bertha von Suttner
Hamann, Brigitte: Bertha von Suttner. Ein Leben für den Frieden, Piper Verlag, München 2006
Kant, Immanuel: Kritik der Urteilskraft. Digitale Bibliothek, Sonderband: Kant: Werke, S. 2674 (vgl. Kant-W Bd. 10, S. 187)
Kerner, Charlotte: Madame Curie und ihre Schwestern. Frauen, die den Nobelpreis bekamen, Beltz Verlag, Weinheim 1997
Wunderlich, Dieter: WageMutige Frauen. 16 Porträts aus drei Jahrhunderten, Piper Verlag, München 2004
Knudsen, Jørgen: Schlägt Stockholms Herz für Anarchisten? Alfred Nobels Bombe: Die Geschichte zum Literatur-Nobelpreis, der heute vergeben wird, in: Frankfurter Allgemeine Zeitung, 12.10.2006
Rekord-Rüstungsausgaben, Waffen für eine Billion Dollar, dpa 22. 05. 2007

zum Vorwort
Gauck, Joachim: »Die Liebe zur Wahrheit«, in: Chrismon 05.2008

Allgemein
Der Koran. Übersetzung von Rudi Parek. 7. Auflage. Verlag W. Kohlhammer, Stuttgart, Berlin, Köln, 1996
   © 1979 W. Kohlhammer GmbH
   Digitale Ausgabe: Digitale Bibliothek. Band 46
Schlachter, Franz Eugen: Die Bibel, Genfer Bibelgesellschaft, Genf 1952
Die Bibel. Nach der Übersetzung Martin Luthers. Bibeltext in der revidierten Fassung von 1984. Deutsche Bibelgesellschaft, Stuttgart 1985
Elberfelder Bibel. R. Brockhaus Verlag, Wuppertal 1974
Peisker, Carl Heinz: Zürcher Evangelien-Synopse. Wuppertal 1962
Hamp, Vinzenz/Stenzel, Meinrad/Kürzinger, Josef (Hrsg.): Die Heilige Schrift des Alten und Neuen Testaments nach den Grundtexten. Pattloch Verlag, Aschaffenburg 1956

Nürnberger, Christian:
Mutige Menschen – für Frieden, Freiheit und Menschenrechte
ISBN 978 3 522 30184 8

Innenillustrationen: Katharina Bußhoff
Einbandgestaltung und -typografie: init. büro für gestaltung, Bielefeld
Texttypografie: Sabine Conrad
Schrift: Eidetic
Satz: KCS GmbH, Buchholz/Hamburg
Reproduktion: Medienfabrik, Stuttgart
Druck und Bindung: Friedrich Pustet, Regensburg
© der Originalausgabe 2008 by Gabriel Verlag
(Thienemann Verlag GmbH), Stuttgart/Wien
© dieser Schulausgabe 2009 by Gabriel Verlag
(Thienemann Verlag GmbH), Stuttgart/Wien
Printed in Germany. Alle Rechte vorbehalten.

5 4 3 2 1° 09 10 11 12

www.gabriel-verlag.de

Mehr mutige Menschen

Mutige Menschen
Widerstand im Dritten Reich

ca. 256 Seiten, Gebunden
ISBN 978 3 522 30166 4
ab Herbst 2009

Mutig sind sie: die Menschen, die Widerstand gegen Hitler leisten. Sie riskieren alles, denn sie können nicht schweigen. Viele bezahlen dafür sogar mit ihrem Leben.

Christian Nürnberger erzählt von Frauen und Männern, die den Mut zum Widerstand hatten: Mut, Hitlers Pläne zu durchkreuzen, Mut, Hitlers Befehle zu verweigern, Mut, Menschenleben zu retten: Dietrich Bonhoeffer, Willy Brandt, Georg Elser, Mildred Harnack, Robert Havemann, Fritz Kolbe, Janusz Korczak, Helmuth James Graf von Moltke, Martin Niemöller, Sophie Scholl, Irena Sendler, Claus Schenk Graf von Stauffenberg